北京大學"雙一流"建設成果
方李邦琴北京大學人文學科文庫出版基金資助

北京大學 北大古典學
人文學科文庫 研究叢書

《十三經注疏校勘記》研究

Studies of *Collations on Annotations and*
Exegesis of the Thirteen Classics

劉玉才 等 著

北京大學出版社
PEKING UNIVERSITY PRESS

圖書在版編目(CIP)數據

《十三經注疏校勘記》研究/劉玉才等著. —北京：北京大學出版社，
2023. 4

（北京大學人文學科文庫. 北大古典學研究叢書）

ISBN 978-7-301-33858-2

Ⅰ.①十… Ⅱ.①劉… Ⅲ.①經學②《十三經》－研究 Ⅳ.①Z126.2

中國國家版本館CIP數據核字（2023）第051820號

書　　　名	《十三經注疏校勘記》研究
	《SHISANJING ZHUSHU JIAOKANJI》YANJIU
著作責任者	劉玉才 等　著
責 任 編 輯	吳遠琴
標 準 書 號	ISBN 978-7-301-33858-2
出 版 發 行	北京大學出版社
地　　　址	北京市海淀區成府路205號　100871
網　　　址	http://www.pup.cn　　新浪微博:＠北京大學出版社
電 子 信 箱	dj@pup.cn
電　　　話	郵購部 010-62752015　發行部 010-62750672
	編輯部 010-62756449
印 　刷 　者	北京中科印刷有限公司
經 　銷 　者	新華書店
	650毫米×980毫米　16開本　22印張　301千字
	2023年4月第1版　2023年4月第1次印刷
定　　　價	72.00元

教育部人文社會科學重點研究基地重大項目
"儒家經典整理與研究"〔19JJD750001〕成果

作者單位

劉玉才　北京大學中國古文獻研究中心、北京大學中文系
張學謙　北京大學中國古文獻研究中心、北京大學中文系
王耐剛　華東師範大學中文系暨古籍所
袁　媛　國家圖書館古籍館
唐田恬　東北師範大學文學院
張　文　華東師範大學中文系暨古籍所

總　序

袁行霈

　　人文學科是北京大學的傳統優勢學科。早在京師大學堂建立之初，就設立了經學科、文學科，預科學生必須在五種外語中選修一種。京師大學堂於1912年改爲現名，1917年，蔡元培先生出任北京大學校長，他"循思想自由原則，取相容並包主義"，促進了思想解放和學術繁榮。1921年北大成立了四個全校性的研究所，下設自然科學、社會科學、國學和外國文學四門，人文學科仍然居於重要地位，廣受社會的關注。這個傳統一直沿襲下來，中華人民共和國成立後，1952年北京大學與清華大學、燕京大學三校的文、理科合併爲現在的北京大學，大師雲集，人文薈萃，成果斐然。改革開放後，北京大學的歷史翻開了新的一頁。

　　近十幾年來，人文學科在學科建設、人才培養、師資隊伍建設、教學科研等各方面改善了條件，取得了顯著成績。北大的人文學科門類齊全，在國內整體上居於優勢地位，在世界上也佔有引人矚目的地位，相繼出版了《中華文明史》《世界文明史》《世界現代化歷程》《中國儒學史》《中國美學通史》《歐洲文學史》等高水準的著作，並主持了許多重大的考古項目，這些成果發揮着引領學術前進的作用。目前北大還承擔着《儒藏》《中華文明探源》《北京大學藏西漢竹書》的整理與研究工作，以及《新編新注十三經》等重要項目。

　　與此同時，我們也清醒地看到：北大人文學科整體的絕對優勢正在減弱，有的學科只具備相對優勢了；有的成果規模優勢明顯，高度優勢還有待提升。北大出了許多成果，但還要出思想，要產生影響人類命運和前途的思想理論。我們距離理想的目標還有相當長的距離,需要人文學科的老師和同學們加倍努力。

我曾經說過:與自然科學或社會科學相比,人文學科的成果,難以直接轉化爲生產力,給社會帶來財富,人們或以爲無用。其實,人文學科力求揭示人生的意義和價值,塑造理想的人格,指點人生趨向完美的境地。它能豐富人的精神,美化人的心靈,提升人的品德,協調人和自然的關係以及人和人的關係,促使人把自己掌握的知識和技術用到造福於人類的正道上來,這是人文無用之大用!試想,如果我們的心靈中沒有詩意,我們的記憶中沒有歷史,我們的思考中沒有哲理,我們的生活將成爲什麼樣子?國家的強盛與否,將來不僅要看經濟實力、國防實力,也要看國民的精神世界是否豐富,活得充實不充實,愉快不愉快,自在不自在,美不美。

一個民族,如果從根本上喪失了對人文學科的熱情,喪失了對人文精神的追求和堅守,這個民族就喪失了進步的精神源泉。文化是一個民族的標誌,是一個民族的根,在經濟全球化的大趨勢中,擁有幾千年文化傳統的中華民族,必須自覺維護自己的根,並以開放的態度吸取世界上其他民族的優秀文化,以跟上世界的潮流。站在這樣的高度看待人文學科,我們深感責任之重大與緊迫。

北大人文學科的老師們蘊藏着巨大的潛力和創造性。我相信,只要使老師們的潛力充分發揮出來,北大人文學科便能克服種種障礙,在國內外開闢出一片新天地。

人文學科的研究主要是著書立說,以個體撰寫著作爲一大特點。除了需要協同研究的集體大項目外,我們還希望爲教師獨立探索,撰寫、出版專著搭建平臺,形成既具個體思想,又彙聚集體智慧的系列研究成果。爲此,北京大學人文學部決定編輯出版"北京大學人文學科文庫",旨在彙集新時代北大人文學科的優秀成果,弘揚北大人文學科的學術傳統,展示北大人文學科的整體實力和研究特色,爲推動北大世界一流大學建設、促進人文學術發展做出貢獻。

我們需要努力營造寬鬆的學術環境、濃厚的研究氣氛。既要提倡教師根據國家的需要選擇研究課題,集中人力物力進行研究,也鼓勵教師按照自己的興趣自由地選擇課題。鼓勵自由選題是"北京大學人文學科文庫”的一個特點。

我們不可滿足於泛泛的議論，也不可追求熱鬧，而應沉潛下來，認真鑽研，將切實的成果貢獻給社會。學術品質是“北京大學人文學科文庫”的一大追求。文庫的撰稿者會力求通過自己潛心研究、多年積累而成的優秀成果，來展示自己的學術水準。

我們要保持優良的學風，進一步突出北大的個性與特色。北大人要有大志氣、大眼光、大手筆、大格局、大氣象，做一些符合北大地位的事，做一些開風氣之先的事。北大不能隨波逐流，不能甘於平庸，不能跟在別人後面小打小鬧。北大的學者要有與北大相稱的氣質、氣節、氣派、氣勢、氣宇、氣度、氣韻和氣象。北大的學者要致力於弘揚民族精神和時代精神，以提升國民的人文素質爲己任。而承擔這樣的使命，首先要有謙遜的態度，向人民群眾學習，向兄弟院校學習。切不可妄自尊大，目空一切。這也是“北京大學人文學科文庫”力求展現的北大的人文素質。

這個文庫目前有以下 17 套叢書：

“北大中國文學研究叢書”（陳平原 主編）

“北大中國語言學研究叢書”（王洪君 郭鋭 主編）

“北大比較文學與世界文學研究叢書”（張輝 主編）

“北大中國史研究叢書”（榮新江 張帆 主編）

“北大世界史研究叢書”（高毅 主編）

“北大考古學研究叢書”（沈睿文 主編）

“北大馬克思主義哲學研究叢書”（豐子義 主編）

“北大中國哲學研究叢書”（王博 主編）

“北大外國哲學研究叢書”（韓水法 主編）

“北大東方文學研究叢書”（王邦維 主編）

“北大歐美文學研究叢書”（申丹 主編）

“北大外國語言學研究叢書”（甯琦 高一虹 主編）

“北大藝術學研究叢書”（彭鋒 主編）

“北大對外漢語研究叢書”（趙楊 主編）

“北大古典學研究叢書”（李四龍、彭小瑜、廖可斌 主編）

"北大古今融通研究叢書"（陳曉明、彭鋒 主編）

"北大人文跨學科研究叢書"（申丹、李四龍、王奇生、廖可斌主編）①

　　這17套叢書僅收入學術新作，涵蓋了北大人文學科的多個領域，它們的推出有利於讀者整體瞭解當下北大人文學者的科研動態、學術實力和研究特色。這一文庫將持續編輯出版，我們相信通過老中青學者的不斷努力，其影響會越來越大，並將對北大人文學科的建設和北大創建世界一流大學起到積極作用，進而引起國際學術界的矚目。

---

　　①　本文庫中獲得國家社科基金後期資助或入選國家社科基金成果文庫的專著，因出版設計另有要求，因此加星號注標，在文庫中存目。

叢書序言

　　近年來，"古典學"在北大校園漸成熱詞。圍繞這個概念，相關院系的古文獻學、語言學、歷史學、哲學、考古學和藝術史等多個學科在無形之間形成了相互支撐的"學科群"，涌現出不同形態的學術共同體。

　　2010年北京大學啓動人文基礎學科本科拔尖人才培養計劃"古典語文學"專案，旨在強化本科階段對古代經典和古典語言的學習，北大哲學系、歷史系、中文系、外國語學院、考古文博學院、藝術學院和元培學院七家院系共同參與，設立了"中國古典學""西方古典學"和"亞非古典學"三個方向。2011年北京大學成立西方古典學研究中心，陸續引進一批青年才俊，推動了北大對古希臘羅馬文獻、歷史、哲學和文化的研究。該中心把研究範圍從古希臘延伸到中世紀，並從古典語言教學入手，形成了古希臘語和拉丁語並重的特色。2017年以來，北京大學人文學部跨學科跨院系搭建"古典學研究平臺"，組織了多個平臺研究專案，分別支持中文系、歷史系和哲學系舉辦跨院系的第一屆、第二屆和第三屆"古典學國際研討會"；還支持中文系和西方古典學研究中心分別創辦了跨學科的學術集刊《中國古典學》《古典與中世紀研究》。北大中文系近年還在着力建設"中國古典學平臺"。

　　古典學，這門英語稱爲 classics 的學問，最早專門研究古希臘羅馬文明，包括其語言、文學、歷史、哲學、藝術、法律等。文藝復興以後古希臘羅馬文明被重新理解和發現，西方人將之視爲現代西方文明的根源。歐洲人大規模收集、整理和翻譯古希臘羅馬著作，一系列古希臘作品被翻譯成拉丁文，亞里斯多德、西塞羅、奧古斯丁等人的著作得到精心的校勘。這些學術工作，幫助歐洲社會走出中世紀，在基督教的世界裏釋放人文主義和理性主義的光芒。琳琅滿目的文物和博大精深的經典撞擊現代人的心靈，古典時空油然而生，藝術史、解釋學得以發展。在現代大學的學科體系裏，古典學與這兩個學科關係密切，使注重實證的學術研究與人文教養有了深度融合的可能。

現代學科體系裏的古典學，並不以古典主義的人文教養爲目的，但它推動了19世紀以來歐洲古典教育的繁榮，還意外地刺激了"東方學"在歐美國家的興起和發展，並影響到亞洲社會對自身的認知。在19世紀的歐洲大學，除了古典學，還有一批研究方法相似但研究物件被歸入"東方"的學術領域，比如近東、中東和遠東研究，中國學、印度學、日本學，乃至印度宗教研究、佛教研究等。這些研究物件，都被列在"東方"的名下。

從古典學到東方學，世界文明體系的圖景在西方社會變得清晰，得以建構影響至今的"世界史"。豐富的東方知識，成功地建構了西方對東方的話語權，東方成爲西方的"他者"。在此之後，世界文明逐漸形成了一個以歐洲爲中心的圈層結構。二次世界大戰之後，國際政治的中心從歐洲轉移到美國，但這並沒有改變以歐洲文化爲中心的世界文明體系。比較重要的改變是美國大學看重"區域研究（area studies）"，而不是古典學，也不愛多談"東方學"。斯賓格勒、湯因比、亨廷頓、沃勒斯坦從各自不同的視角、不同的立場講述這個圈層結構。

直到今天，我們仍在不斷引用西方學者對中國古代文化或東方社會的解釋，却很少能對西方社會、西方思想做出學理上的批評或重構。在這樣的語境下，古典學對今天的中國大學教育特別重要。我們需要一批熟知西方歷史、思想和社會的專家，更要有一批真正能給中華文明賦予一種世界意義的專家學者。這裏包括了兩個不同層次的需要：前者是狹義的古典學，主要研究英文 classics 所説的古希臘羅馬乃至西方中世紀的學問；後者是廣義的古典學，已經進入漢語的"古典學"可以被賦予全新的内涵，語言學、文獻學、考古學、藝術史，以及文學、歷史學和哲學的研究方法都可以被用來研究古代東方文明或經典。"中國古典學"，正是在借鑒西方古典學研究方法和東方學世界史框架的意義上提出的，旨在傳承中國自身的文獻學傳統，走出疑古時代，重新理解和建構面向未來的中華文明經典系統。

中華文明確實不同於西方。支撐中華文明的力量，不僅有世代流傳的經典系統，還有蘊含在這些經典裏的核心價值觀，它們塑造了中國社會的基本結構。因此，中國古典學的使命並不僅是新建一套學術規範，同時也是重建一個實踐體系。這個體系與傳世的價值系統有直接的關聯。事實上，西方古典學與他們的古典教育也曾一度相得益彰。這就意味着，我們應該重視歷代對古典的詮釋。語言學、文獻學、世界史和解釋學，是中國古典學最重要的學術工具。

就此而言，雖然明確的"古典學"學科意識在北大的傳播只是近些年的事情，但相關的研究早已展開，其學術傳統分散在北大人文學部的各個院系。以中國古典學爲例，該領域與北大過去一百多年深厚的國學研究傳統密切相關。今天要在以往中國古代史、中國古代文學和中國古代哲學研究的學術基礎上，借鑒古典學新方法，以世界史的眼光重新詮釋中華文明的歷史和價值。又如亞非古典學，該領域的學者主要分布在北大歷史系、外國語學院和藝術學院，人數不多，但有相對完整的學科群組合。

本叢書收錄北大學者在古典學領域的學術成果。選題的多樣性呈現了古典學內涵的豐富性和複雜性，也反映出該領域在當代中國學科體系裏的重要性和前沿性。我們相信，這些優秀學術成果能幫助大家更好地理解中國、理解世界、理解歷史、理解未來。

　　　　　　　　　　　　　李四龍　彭小瑜　廖可斌
　　　　　　　　　　　　　2023 年 5 月

目　　録

第一章 《十三經注疏校勘記》論略

劉玉才

　　校勘之學是古典文獻學的基石，而對於儒家經典文本的校勘，更是經學乃至中國古典學術的核心內容。在寫本時代，校訂刊正經書文字，即已超越經師授經講學需求，而承擔起正定學術的職能。兩漢經今、古文之爭，此後刊立熹平石經、正始石經及至唐開成石經，無不致力於通過文本校訂刊正以確立權威定本。五代馮道始據唐石經刻印《九經》。兩宋以降，刻本漸繁，然經書文本歧異仍未消弭。儒家經典相沿有"五經""九經三傳""十三經"諸說，加之權威注釋義疏，蔚爲大觀。諸經之經注與義疏，原本別行，南宋坊刻本爲便利起見，匯合經注、義疏、釋文於一書。南宋之後，十三經的組合方式，經、注、疏、釋文的文本結構，逐漸形成固定搭配，《十三經注疏》遂成爲士人閱讀的最基本文獻，影響深遠。然而由於經疏文字率而搭配，章節分合、長短無定，而且相互遷就改易，又人爲造成經典文本的混淆。宋板《十三經注疏》在宋、元、明三朝不斷刷印，但後印本多有補板、修板，字迹漫漶，明代又據之翻刻爲閩本、監本、毛本諸本，文本訛誤更甚。

　　清康乾以降，考據之學興起，校訂經書文字漸成風尚，而日本山井鼎《七經孟子考文》的校勘成果引進之後，亦頗爲中土學人所推重。惠棟、盧文弨、浦鏜諸儒可謂開風氣之先，錢大昕、段玉裁、王念孫等踵行其後，至阮元《十三經注疏校勘記》，則堪稱清儒經典校勘的集大成之作。其間，盧文弨有志遍校群經，纂爲一書，且在清儒中最先揭示"經注""義疏""釋文"原本別行,其《重雕經典釋文緣起》(乾隆五十六年)云:"古來所傳經典,類非一本。陸氏所見,與賈、孔所見本不盡同。今取陸氏書附於'注疏本'中,非强彼以就此,即强此以就彼。欲省兩讀,翻致兩傷。"①盧文弨此項觀點及其校訂經書文字的實踐,頗爲錢大昕、段玉裁、王念孫諸儒所認同與發揚。段玉裁《與劉端臨第三書》云:"弟意欲將三禮經注校爲定本,刊之垂後,亦不朽之盛業也。"②王念孫、王引之的《經義述聞》亦有相當部分内容屬於校訂經書文字。阮元在此學術氛圍影響之下,於嘉慶初年出任浙江學政、巡撫期間,邀集江浙學人,編纂《經籍籑詁》,創建"詁經精舍",並組織匯校《十三經注疏》,籑成《十三經注疏校勘記》。

一

關於校勘《十三經注疏》的緣起,阮元自謂弱冠即有此志,其《恭進十三經注疏校勘記摺子》云:

> 臣幼被治化,肄業諸經,校理注疏,綜核經義,於諸經本之異同,見相沿之舛誤,每多訂正,尚未成書。乾隆五十六年,奉敕分校太學石經,曾以唐石經及各宋板悉心校勘,比之幼時所校,又加詳備。自後出任外省,復聚漢、唐、宋石刻暨各宋元板本,選長於校經之士,詳加校勘,自唐以後單疏分合之不同,明閩附音之有别,皆使異同畢録,得失兼明,成《十三經注疏校勘記》二百十七卷,附《孟子音義校勘記》一卷,《釋文校勘記》二十五卷。③

段玉裁《十三經注疏併釋文校勘記序》亦云:

> 臣玉裁竊見臣阮元,自諸生時至今校誤有年,病有明南北雝及琴川毛氏《十三經注疏》本紕繆百出。近年巡撫浙中,復取在館時校石經《儀禮》之例,衡之群經,又廣搜江東故家所儲各善

---

① 盧文弨撰,王文錦點校《抱經堂文集》卷二,中華書局,1990年,第24頁。
② 段玉裁撰,鍾敬華校點《經韻樓集》,上海古籍出版社,2008年,第393頁。
③ 阮元撰,鄧經元點校《揅經室集》(二集)卷八,中華書局,1993年,第589—590頁。

本,集諸名士,授簡詁經精舍,令詳其異同,抄撮會萃之,而以官事之暇,篝燈斃燭,定其是非。復以家居,讀禮數年,卒業於鄭氏《三禮》,條分縷析,犁然悉當,成此巨編。①

但阮元校經緣起之説,并不全爲後世學者所認同。清蕭穆《記方植之先生臨盧抱經手校十三經注疏》有云:"抱經先生手校《十三經注疏》本,後入山東衍聖公府,又轉入揚州阮氏文選樓,阮太傅作《校勘記》,實以此爲藍本。"②蕭氏此説之根據,自謂源於方東樹臨盧文弨手校《十三經注疏》的校語記載。蕭文過録了數則方東樹批校,因其中頗涉及《十三經注疏校勘記》與惠氏、盧氏原校本的關係,今逐録於下:

> 此校惟論傳注同異、各本如何分別正俗得失處,至於經義之是非,與此無涉也。又見惠氏、盧氏諸家原校本,於傳注、釋文、正義三者所校更爲繁細,助語多寡,偏旁增減,或不足爲重,然精核可采者,亦復不少。又此記所載及惠氏、盧氏所刻《古義》《拾補》,於此原校本詳略異同甚多,所遺亦甚多。余今以此本甄録之,然所遺仍多,須取一善本注疏本一一傳校,一字不遺,留爲家塾讀本,亦經學一大助也。原校本《三禮》尤精博也。

> 段氏每盗惠氏之説,阮氏即載之,何也? 蓋阮爲此記成,就正於段,故段多入己説,以掩前人而取名耳。又所改原文多不順適,真小人哉。

今人汪紹楹根據盧文弨曾纂集《周易注疏輯正》《毛詩注疏校纂》《尚書注疏校纂》《儀禮注疏詳校》,其弟子臧庸從學段玉裁,受知於阮元,參與校勘《十三經注疏》,而盧文弨手校《十三經注疏》又歸於阮元,故斷定阮元校經,乃是受到盧文弨的啓發與影響③。筆者經

---

① 阮元《十三經注疏校勘記》卷首,清嘉慶阮氏文選樓刻本。《經韻樓集》卷一亦録有該序,文字微有差異。

② 蕭穆撰,項純文點校,吴孟復審訂《敬孚類稿》卷八,黄山書社,1992 年,第209—213 頁。

③ 汪紹楹《阮氏重刻宋本十三經注疏考》,《文史(第三輯)》,中華書局,1963 年,第26 頁。

過文獻考察，認爲阮元延客校勘《十三經注疏》主要還是受到當時學術氛圍的影響，盧文弨只是啓發者之一，阮元《十三經注疏校勘記》與盧文弨手校《十三經注疏》並没有直接繼承關係，故今存李鋭《周易注疏校勘記》原始稿本甚至没有直接引用盧文弨本人的校勘意見，是嚴杰補校時方將盧氏《羣書拾補》與浦鏜《十三經注疏正字》的校勘成果一起增加進去①。其實各經《校勘記》對"盧文弨校本"的引用數量並不多，最多的《周禮注疏校勘記》也不過七十餘條，而且僅《禮記注疏校勘記》之《引據各本目録》載有"盧文弨校本"名目，主要價值在盧氏轉録的各家校記。

二

根據張鑒《雷塘庵主弟子記》的記載，阮元編纂《經籍纂詁》始於嘉慶二年（1797），刊成於嘉慶四年，董其事者浙江歸安丁杰，總司校勘者江蘇武進臧庸，另有兩浙各郡經古之士擔任具體分纂。其間，嘉慶二年還翻刊過《七經孟子考文》。阮元設立"十三經局"，延客校勘《十三經注疏》，約始於嘉慶六年。主其事者段玉裁，分任其事者有臧庸、顧廣圻、徐養源、洪震煊、嚴杰、孫同元、李鋭等人。諸經校勘人情況，阮元在《十三經注疏校勘記》各序中交代如下："元和生員李鋭"校《易》《穀梁》《孟子》，"德清貢生徐養源"校《書》《儀禮》，"元和生員顧廣圻"校《詩》，"武進監生臧庸"校《周禮》《公羊》《爾雅》，"臨海生員洪震煊"校《禮記》，"錢塘監生嚴杰"校《左傳》《孝經》，"仁和生員孫同元"校《論語》。實際各人參與的時間並不一致。據段玉裁嘉慶七年《與劉端臨書》："雖阮公盛意，而辭不敷文。初心欲看完《注疏考證》②，自顧精力萬不能。近日亦薦顧千里、徐心田兩君

---

① 劉玉才《阮元〈十三經注疏校勘記〉成書蠡測》，《國學研究（第三十五卷）》，北京大學出版社，2015年。據《李鋭致何元錫書札》，李鋭返還的參考書有十行《周易》八本、閩本《周易》六本、《釋文》兩本、浦校一本，以及盧本《釋文》一部。（嘉定博物館編《一代儒宗——錢大昕》，上海書畫出版社，2021年，第168頁。）

② 《十三經注疏校勘記》原擬名《十三經注疏考證》。

而辭之。"①嘉慶九年《與王懷祖書》:"唯恨前此三年,爲人作嫁衣而不自作,致此時拙作不能成矣。"②據劉盼遂《段玉裁先生年譜》,嘉慶八年六月,段玉裁之父卒於蘇州,很可能此後即較少參與《十三經注疏校勘記》審訂事宜。顧廣圻與徐養源一起爲段玉裁延入,但因與同僚,特別是主事的段玉裁,產生學術分歧③,根據其行歷,大約至遲在嘉慶八年即脫離"十三經局"。而臧庸在嘉慶七年九月完成《周禮》《公羊》《爾雅》的校勘任務後,也提前離開了"十三經局"④。李銳當是在嘉慶七年十一月完成分校任務歸里,並將所有稿本、參考本就近呈給段玉裁⑤。《十三經注疏校勘記》後期的補校、審訂,及至最後刊刻成書,當以嚴杰出力最多⑥。除卻分校的《左傳》《孝經》,尚有九經留存其校勘印記,《釋文》部分校勘記,也不乏其論斷。今存《周易注疏校勘記》稿本的補校部分,多爲嚴杰的手迹,足可見一斑。此外,徐養源或參與其事較久,因遲至嘉慶二十一年印行《十三經注疏校勘記》進呈本,其分校《儀禮注疏》尚有較多與之相關的内容增補。

----

① 《經韻樓集》,第 413 頁。

② 《經韻樓集》,第 414—415 頁。

③ 段、顧之爭,起因於注疏合刻始於北宋抑或南宋的分歧,延及周禮學制問題的辯論,最後勢如水火。雙方往返文字,具見各自文集,前賢亦多有闡發,此不贅述。

④ 臧庸《送姚文溪大令還濟南》序:"儀徵阮公撫浙之明年,校勘十三經,招鑛堂與其事,越三載壬戌九月,鑛堂分校者先竣,因請歸。"《拜經堂文集》卷四,民國十九年(1930)宗氏石印本。

⑤ 《李銳致何元錫書札》:"別來數日,想閣下已得麟兒,不勝遥賀。弟承校諸書,已全數告竣,所有稿本擬於日内就近呈茂堂先生,其經局書存弟處者(十行《周易》八本,閩本《周易》六本,《釋文》兩本,浦校一本)共十七本,並尊藏盧本《釋文》一部,當俟小溪過吳面繳。歲内恐不及來杭,須俟春和再作湖山遊矣。見中丞希爲道謝請安,並致此意。專此。順請夢華三兄大人近安。愚弟李銳頓首。十一月廿五日。"(《一代儒宗——錢大昕》,第 168 頁。)

⑥ 李遇孫云:"(嚴杰)究心古學,爲芸臺師所賞識,久館節署,《十三經注疏校勘記》等書皆面承指示而助成之。"《金石學錄》卷四,民國二十三(1934)年羅氏石印《百爵齋叢刊》本。

　　《十三經注疏校勘記》的纂修流程,文獻記載無多,幸賴國家圖
書館近年入藏李鋭分校《周易注疏校勘記》的稿本和謄清本,據云得
自阮氏後人家藏,可以略窺一二。李鋭(1769—1817),字尚之,號四
香,江蘇元和人。清乾隆末年,肄業蘇州紫陽書院,從錢大昕習算學,
頗受青睞,後與焦循、談泰諸人并稱曆算名家。嘉慶初年,應阮元之
聘,先是從事《經籍纂詁》和《疇人傳》的纂修編輯,隨後又參與編纂
《十三經注疏校勘記》的工作,分任《周易正義》《春秋穀梁傳注疏》
及《孟子注疏》三書校勘之役。國家圖書館所存《周易注疏校勘記》
稿本①,以"日增泰記"紅格(部分緑格)紙書寫,半葉二十行,行二十
三字,現存卷一至卷三,卷八至卷十一,毛裝兩册。文本內容包括作
者的原稿及修訂,兩种筆迹的朱筆校訂。第二册卷末朱筆題署"甲
子仲春三日嚴杰校補",與稿內朱筆之一筆迹相同,故此可以判斷校
訂較多的朱筆文字出自嚴杰之手,另一朱筆批校,當出自段玉裁之
手。② 國家圖書館同時入藏有《周易注疏校勘記》謄清本全卷,紅格
正楷抄寫,半葉二十行,行二十三字,毛裝三册(卷一至卷三、卷四至
卷七、卷八至卷十一)。文本內容有少量墨筆校改增補和朱筆審訂,
推測分別爲孫同元和嚴杰手迹。第一册封底題有"約二萬乙千七百
六十六/三本約五萬八千九百六十二""甲子十二月十七日鐙下對畢
同元記";第二册封底題有"約二萬○百七十""甲子十二月十八日同
元對畢";第三册封底題有"約乙萬七千○廿六""甲子十二月十九日
同元對畢"。由此可見,謄清本是孫同元擔任復核,嚴杰最後審定,
且復核的時間僅有三天。根據筆者簡單的文字比對,謄清本基本依
照原稿修訂本的文字抄録,但以旁批形式補入部分內容,阮氏文選樓
刊本依照謄清本刻印,亦有少許增補。

　　根據《周易注疏校勘記》的稿本、謄清本和刻本提供的信息綜合
分析,其纂刊流程可作如下推測:一、分任者李鋭完成對校初稿并作

――――――――――

　　①　此稿與今存李鋭《觀妙居日記》等文稿書風有異,或非李鋭親筆。
　　②　此朱筆批校,原推測爲阮元所作,筆者曾據之撰文,相沿其說。今經薛龍
春教授幫助鑒別,並非阮元筆迹,當屬段玉裁批校。特此說明,並訂正前說。

自我修訂；二、嚴杰校補調整；三、段玉裁批校；四、謄清成稿；五、孫同元復核，并有少量增補；六、嚴杰校定（或與段玉裁同校）；七、刊刻成書（刊本校樣仍有少量增補）。故諸經校勘雖未必如阮元所云"授經分校，復加親勘"，但是校經、補校、審訂、復核，存在相對嚴格的流程，有助於提高校勘水準。此外，從稿本到刻本，文字內容甚至文本結構都有更動，而這些變化背後寓含有豐富的學術信息。試舉例略作闡發：

（一）嚴杰校補

現存《周易注疏校勘記》七卷稿本，在李銳原稿之外，以嚴杰校補的文字最多。如第一卷共有校勘記二百七十六條，其中新增和訂補的就有四十七條，而且基本出自嚴杰之手。嚴杰校補的工作主要體現在兩個方面：一是通過新增條目和訂補校記文字，補入李鼎祚《周易集解》異文以及清儒盧文弨、浦鏜等人的校勘成果；二是李銳原稿只校文字異同，甚少論斷，嚴杰校補則對諸本異文間下按語、斷語。分別舉例如下：

增補獨立條目

①卑謙而不可踰越 《集解》作"卑者有謙而不踰越"。盧文弨云《論語疏》所引正同。（卷二）

②未有居眾人之所惡而爲動者所害 郭京云"而"乃"不"字之誤。盧文弨謂"而"下脱"不"字耳。（卷二）

③此於九事之第一也 浦鏜云"於"字衍，是也。（卷八）

④待隼可射之動而射之 盧文弨云上"之"字下當有"時"字。嚴杰云"動"疑"時"字之誤。（卷八）

訂補校記文字（黑體字爲嚴杰校補）

①起契之過職不相監 閩本同。**岳本、監、毛本"監"作"濫"，《釋文》亦作"濫"。**宋本、古本、足利本無上四字，岳本同（李銳原稿"岳本"下爲"亦無上四字，'監'作'濫'，《釋文》出'相濫'"）。（卷二）

②爲己寇難 岳本、宋本、古本、足利本同，**《集解》亦作"難"。**閩、監、毛三本誤"雖"。（卷三）

③棟爲末 閩、監、毛本同。錢本、宋本"棟"作"橑"。**盧文弨云："橑"**

是也。（卷三）

④故言其辭游也 閩、監、毛本同。錢本、宋本"游"上有"浮"字。盧文弨云："言"字疑衍。（卷八）

增加按語、校語（黑體字部分）

①輔嗣之注若此 錢本、閩、監二本同。毛本"注"作"註"。○**按，漢唐宋人經"注"字無作"註"者。**（卷一）

②其德乃耳 錢本、宋本、閩本同。監、毛本"耳"作"爾"。○**按，監、毛本是也。"爾"作如此解，"耳"作而已解。其德乃爾，猶云其德乃如此。"爾"在古音十五部，"耳"在一部，二字音義絕不相同也。**（卷三）

③不敢菑發新田 宋本閩本同。錢本、監、毛本"菑"作"首"。○**按，盧文弨云首發新田正謂菑也，錢本是。**（卷三）

（二）段玉裁批校

在現存稿本中，間有段玉裁的批注、按語，雖然爲數不多，但或辨析學術，或闡明訓詁，頗具考據學旨趣。如"周易兼義上經乾傳第一"條校記（卷一），段玉裁增入"蓋其始，注疏無合一之本。**北宋之末**，有以疏附於經注者，謂之某經兼義。至其後，則直謂之某經注疏，此變易之漸也"。頗有意味的是，文選樓刊本"北宋之末"改作"南北宋之間"。衆所周知，注疏合刻始於北宋還是南宋，正是段玉裁、顧廣圻分歧所在，而此處阮校定本有調和之嫌。"其唯聖人乎"條校記（卷一），段玉裁有按語云："按王肅本大非。此經依《釋文》所載，無末五字者是最古本。此是倒裝文法，故曰'其唯聖人乎'，知進退存亡者而不失其正者。如《檀弓》'誰與哭者'，即'哭者誰與'。""輿説輹"條校記（卷三），原稿校記作"石經、岳本、閩、監、毛三本同。《釋文》：輿，本或作'譽'；輹，蜀才本同，或作'輻'"。段玉裁按語云："按作'輹'是也。輹者，伏兔也，可言脱；輻貫於牙轂，不可言脱。"段玉裁還對部分校記異文，作出簡單的是非判斷，有"作某爲是""是也""不可從"等用語。謄清本對於段玉裁的批校有文必録，但也導致某些單純的批注濫入校語，如"古本多不可信""毛本不誤，查閩監本"之類即是。此外，段玉裁也對原稿及校補的幾處文字作了刪訂。如卷八"皆習包犧氏之號也"條，嚴杰校記作"浦鏜云：'習'當作

‘襲’。按，段玉裁云：經典‘習’‘襲’二字同音多通，用浦説非也”。段玉裁即刪去了按語文字，當是對己説有所保留。段玉裁、嚴杰的按語文字在刻本中均以“○”或空格的方式與原稿校記區别。曾有學者撰文將其作爲不同角度的兩類校記加以研究，甚或判定“○”後按語乃段玉裁所作，實際並不盡然。在《周禮注疏校勘記》的“○”後按語中，甚至有對段玉裁《周禮漢讀考》校勘結論進行評判、反駁的情形。而有些校勘記按語雖無“○”或空格區隔，但顯然爲復校增入，或是謄清、刊刻時遺漏。此外，嚴杰分校的《孝經注疏校勘記》無“○”後按語，當是後期自行定稿，未經段玉裁批校。

（三）序文問題

《周易注疏校勘記序》在稿本中係單獨成文，當是他人代阮元所作。據文義揣測，或與《春秋左傳校勘記序》一樣，出自段玉裁之手。稿本序文，段玉裁、嚴杰均有修改，謄清稿據修改稿録文，然刻本又有增删。文字變動主要涉及兩處：

一是稿本、謄清本作“爲書十卷，别校陸氏《釋文》一卷”，而刻本作“爲書九卷，别校《略例》一卷，陸氏《釋文》一卷”。《周易略例》，《石經》古本、宋十行本均附屬經後，然南昌府學刊《宋本十三經注疏》本獨缺此卷。汪紹楹文推斷因阮氏藏本适缺此卷，故未刊刻。今存稿本、謄清本均有此卷校勘記，只是註明“此校以岳本爲主”，附於九卷正文之後，《續修四庫全書》影印文選樓刊本則置於《釋文》校勘記之後。大概還是慮及底本原因，稿本、謄清本序文未列《略例》，刊刻時則予以補正。

二是序文涉及惠棟的批評文字，從稿本到刻本，變動較多，其中寓意，頗可玩味。阮氏文選樓本序文有如下文字：

國朝之治《周易》者，未有過於徵士惠棟者也，而其校刊雅雨堂李鼎祚《周易集解》與自著《周易述》，其改字多有似是而非者。蓋經典相沿已久之本，無庸突爲擅易，況師説之不同，他書之引用，未便據以改久沿之本也，但當録其説於《考證》而已。

稿本、謄清本在此段文字後原本還有如下內容：

而惠棟於“天地絪緼”則更爲“□□”，以爲本《説文》，而不知其駴俗也。又如"突如其來如",改"突"爲倒子字,以爲本《説文》,而不知《説文》□部下引《易》,以突訓□,乃同音相訓之例。是其所爲本《説文》者,大乖於《説文》也。又如"亹亹"字亦見《詩》《爾雅》古訓,猶勉勉也,没没也,從無作"娓娓"者。惠棟徑爲改爲,成天下之娓娓。其説本於宋徐鉉之妄,而實非《説文》之説也。又如"眇能視,跛能履",徑改爲"而視""而履",不知古"能""而"通用,此正《周易》古字,而不當議改者也。後之宗惠棟治《易》者,當知其字有不可從如此。

黑體字部分爲稿本墨筆勾掉的文字,又有朱筆擬勾除全段;謄清本仍保留黑體字之外内容,文字略有改易,但有墨筆擬勾除全段;最後文選樓本方將此整段删除。該篇序文字數并不多,可是批評惠棟之學的内容,竟不憚其煩,幾占原稿大半篇幅,明顯是在借題發揮。那麽究竟是阮元還是段玉裁借題發揮,似乎段玉裁的可能性更大。《周易注疏校勘記》稿本、謄清本完全不見對惠棟之説的徵引,本身也不正常。

(四)謄清本、刻本的增補

李鋭并不以經學見長,加之成書倉促,故《周易注疏校勘記》在參校本選擇、文字校訂諸方面,頗遭詬病。嚴杰、段玉裁的訂補雖然有助於原稿的完善,但有待補充的内容仍然很多。因此,謄清稿在訂補稿的基礎上,又有所增補,而文選樓刊本較之謄清稿,還有少許增補。兩次增補的内容主要是吸收當代學者的校勘成果,涉及的學者有惠棟、王念孫、錢大昕、孫志祖等人,列舉如下:

①"童蒙求我"條(卷一),按語作"案,惠棟《周易古義》引《吕覽·勸學》篇注'《易》曰:匪我求童蒙,童蒙來求我',王念孫云'注云童蒙之來求我',又蔡邕處士圂叔則碑'童蒙來求,彪之用文',是漢魏時經文多有'來'字"。未見於稿本和謄清本。

②"力小而任重"條(卷八),校記引"錢大昕云:當從唐石經爲正。《後漢書·朱馮虞鄭周傳》'贊'注引《易》與石經同。《三國志·王脩傳》注引《魏略》'力少任重'。又《漢書·王莽傳》'自知德薄位尊,力少任大',今本'少'作'小',唯北宋景祐

本是'少'字"。此條係謄清本添補。

③"理而無形"條(卷八),原校記作"閩、監、毛本同。岳本、宋本、古本、足利本'无'作'未'",嚴杰補"《集解》同",謄清本又增補"孫志祖云:據《乾·文言》'可與幾也',疏當作'有理而未形'"。

今人論及《十三經注疏校勘記》的缺失,每每指其吸收當代學術成果不夠,這自無不當,但對《校勘記》成書前彌補此項缺失的努力,似乎有所忽視。

阮元於諸經《校勘記》均有序文,言己舊有校本,今囑某某取校各本,己復定其是非。但纂修的真實情況,恐並非如此,阮元挂名的成分更多一些,甚至各篇序文,都是他人代筆。如段玉裁嘉慶八年(1803)冬至日,撰有《春秋左傳校勘記目錄序》,云:"錢塘嚴生杰博聞強識,因授以慶元所刻淳化本并陳氏考證,及《唐石經》以下各本及《釋文》各本,令其精詳捃撅,觀其所聚,而於是非難定者,則予以暇日折其衷焉。"①文字與阮元《春秋左氏傳校勘記》序文頗為一致,當是段代阮捉刀。《周易注疏校勘記》稿本序文,亦是原有成稿,阮元施以文字删訂,且兩易其稿。當然,阮元畢竟是考據學大家,經學研究的造詣有目共睹,亦有相當部分成果融入校勘記之中,也不排除"作某為是""是也""不可從"之類簡單按語是阮元意見。至於段玉裁,既然負責全書審定,自當做過不少"定其是非"的工作,至少在纂修前期是如此。當然,段玉裁的部分校訂文字,因涉及與顧廣圻的意氣之爭,亦頗遭物議②。此外,根據目前對諸經校勘記的初步整理來看,段玉裁無論校勘理念還是具體校經成果,都有滲透影響③。

---

① 《經韻樓集》卷四,第 65 頁。

② 蕭穆《記方植之先生臨盧抱經手校十三經注疏》文即過錄有方東樹如下批語:"阮序'臣復定其是非',按嚴云'臣復定其是非',此語專為段氏駁《詩經》而設,因以施於群序云爾。按《校刊記》成,芸臺寄與段懋堂復校,段見顧所校《詩經》引用段說未著其名,怒之,於顧所訂肆行駁斥,隨即寄粵付凌姓司刻事者開雕,而阮與顧皆不知也。故今《詩經》獨不成體。此事當時無人知者,後世無論矣。乙酉(1825)八月,嚴厚民杰見告,蓋以後諸經乃嚴親齎至蘇共段同校者也。"

③ 可參考水上雅晴《十三經注疏校勘記的編纂以及段玉裁的參與》,《中國經學(第六期)》,廣西師範大學出版社,2010 年。

　　有關《十三經注疏校勘記》的纂修經過，尚存在不少文獻缺失，學界對此亦有爭議。我們只是根據《周易注疏校勘記》稿本、謄清本和刻本的文本狀況，結合《十三經注疏校勘記》纂修過程的文獻考察，作些初步梳理，詳情還有待進一步研究發掘。

三

　　阮元廣羅善本，延納學界菁英，纂成《十三經注疏校勘記》，其中備列諸本異同，廣采山井鼎《七經孟子考文》和清儒校經成果，堪稱經典文本校訂的典範之作，迄今恐尚無出其右者。阮元自矜爲“我大清朝之《經典釋文》也”，段玉裁亦謂“俾好古之士，知讀注、疏、釋文者，以是鱗次櫛比，詳勘而丹黄之，庶不爲南北雕及毛本所囿，家可具宋、元本，人可由是得漢、唐本。其在我朝，挍唐之陸德明《釋文》爲無讓矣”①。《校勘記》刊行之後，即爲學界所重。焦循有評價曰：“群經之刻，譌缺不明。校以衆本，審訂獨精。於説經者，饋以法程。”②胡培翬撰著《儀禮正義》，凡涉經注校勘必引阮元《校勘記》，所引將近千條之多，在所據文獻中最爲重要。正如日本加藤虎之亮所云：“清儒校勘之書頗多，然其惠後學，無若阮元《十三經注疏校勘記》。凡志儒學者，無不藏《十三經》，讀注疏者，必并看《校勘記》，是學者不可一日無之書也。”③《校勘記》的優長之處，約略有三：

　　首先，廣羅善本，備列異同。根據全書《凡例》，《十三經注疏校勘記》以宋版十行本爲主（實際爲元刊明修本），與其他宋版諸本以及明刊注疏本（閩、監、毛）進行對校，又以《經典釋文》、唐、宋石經以及各經注本作爲經注文字的校勘材料，此外，《十三經注疏正字》《七經孟子考文》以及各種經解著作亦在參考文獻之列。阮校之前，無論宋儒毛居正、岳珂、張淳校經，還是山井鼎《七經孟子考文》、浦鏜

---

　　①　張鑒等撰，黄愛平點校《阮元年譜》，中華書局，1995 年，第 65 頁。

　　②　焦循《讀書三十二贊》，《雕菰樓集》卷六，清道光四年（1824）阮元嶺南節署刊本。

　　③　加藤虎之亮《周禮經注疏音義校勘記·序説》，日本無窮會，1957 年，第 1 頁。

《十三經注疏正字》，不惟規模有限，參校版本亦屈指可數。而阮元藉助地位之便，又有學界菁英協力，得以博采唐石經、宋元善本、明刊舊鈔，以及當代通行本，施以詳盡對勘，備列諸本異同，在校勘規模和采納文獻數量方面，確可稱前無古人。試舉《儀禮注疏校勘記》爲例，其卷首引據各本目録列有唐石經、宋嚴州單注本、翻刻宋單注本、明鍾人傑單注本、明永懷堂單注本、宋單疏本、李元陽注疏本、國子監注疏本、汲古閣注疏本、國朝重修國子監注疏本、《經典釋文》、《儀禮識誤》、《儀禮集釋》、《儀禮經傳通解》、抄本《儀禮要義》、《儀禮圖》、《儀禮集説》、浦鏜《十三經正字》内《儀禮》二卷、《儀禮詳校》、《九經誤字》、《儀禮誤字》、《石經考文提要》，幾乎把主要版本和前人校經成果網羅殆盡。

其次，校勘理念先進，校勘方法全面。山井鼎、盧文弨已經揭示"經注""義疏""釋文"原本别行的文獻實際。盧文弨批評浦鏜《正字》對於古書的層次構成缺乏基本區分，"其書微不足者，不盡知釋文之本與義疏之本元不相同，後人欲其畫一，多所竄改，兩失本真，此書亦未能盡正也。又未得見古本、宋本，故釋文及義疏有與今之傳注不合者往往致疑，此則外國本（指《考文》）甚了然也"①。段玉裁則更進一步提出"以賈還賈，以孔還孔，以陸還陸，以杜還杜，以鄭還鄭"之説。《校勘記》正是遵此文獻理念，在以注校經、以疏校經注的同時，不妄改文字，充分考慮並區分文本的歷史層次。此外，還注意辨析古今、正俗、通假字，以求還原隱藏版本，反對全據他書輕改本經。《十三經注疏校勘記》對校諸本，不僅備列文本異文，還詳細記録卷題形式、提行縮格以及文字磨改、剜擠、剜改、補刊之類版刻信息，這對於我們辨析文本源流，鑒定版本，校訂經、注、疏、釋文在流傳過程中所產生的譌、脱、衍、倒，都具有重要意義。因此，《十三經注疏校勘記》在校勘底本的同時，實際還具有標注參校諸本訛誤的功能，而這正符合其勘正通行經書，尤其是毛本舛誤的目的。

《十三經注疏校勘記》不惟校勘理念先進，校勘方法亦頗爲全

---

① 盧文弨《十三經注疏正字跋》，《抱經堂文集》卷八，第 107 頁。

面。山井鼎《考文》多依賴對校，對於諸本皆誤的情況缺少按斷，故盧文弨《十三經注疏正字跋》指其雖載舊本文字，"然特就本對校而已，其誤處相同者，雖間亦獻疑，然而漏者正多矣"。浦鏜《正字》則因所據版本無幾，故校語多誤作、當作、疑作之類，頗有疑所不當疑、以不誤爲誤之處。《十三經注疏校勘記》彌補了《考文》《正字》的缺陷，其校勘方法雖仍以對校爲主，但同時注重以注校經、以疏校經注及注文前後互校，並旁取他書引據，廣泛使用本校和他校之法。對於諸本皆誤，且無他書可證者，則引證資料或援據注疏體例加以考訂，且多有不刊之論，堪稱清儒理校成果之典範。

再次，學術考訂成果豐碩。《十三經注疏校勘記》編纂正值乾嘉學術鼎盛之時，故得以廣泛汲取匯輯漢唐古注、校訂經書文字的成果，可謂取精用弘、博考詳辨。以《周禮注疏校勘記》爲例，總計羅列5821條校記，不僅徵引歷代文獻遍及四部，還列述清儒惠士奇、惠棟、戴震、臧琳、段玉裁、孫志祖、盧文弨、程瑤田、沈彤、方苞等十餘人的考訂成果，并施以辨析取捨①。如顧廣圻《毛詩注疏校勘記》"引用諸家"列入段玉裁《校定毛傳》《詩經小學》，對段說多有徵引參考，於其未妥之處，則或存備一説，或審慎辨析，二人針對具體校勘個案，還有書札交流②。相反對於因臧庸之介而列入引用書目的臧琳《經義雜記》，顧氏則多糾其誤説，不假辭色。《校勘記》參考清儒成果，意圖集思廣益令校勘工作更加詳備，而其間辨析取捨則不僅體現校勘者的理念，同時亦透露出清儒成果的傳播與影響幅度，可以此略窺當時學界樣貌。校勘記引述的清儒校經成果，許多並未成書流傳，故還有保存文獻之功。

《十三經注疏校勘記》分校者因學術背景、學術功力有別，呈現水準不無參差，但大致都已訂正文字爲旨歸。其中如成就較爲突出

---

① 唐田恬《周禮注疏校勘記平議》，劉玉才、水上雅晴主編《經典與校勘論叢》，北京大學出版社，2015年，第284頁。

② 顧廣圻著，王欣夫輯《顧千里集》卷七，上海古籍出版社，2007年，第101頁。

的《毛詩注疏校勘記》,在例行的版本比勘、引證他書材料之外,還善於發現材料之間的關聯,綜合運用各類文獻,進行文本校勘。顧廣圻憑藉出色的文獻功力,考辨異文來源,不僅判斷是非,更力求還原不同時代的文本,達至考鏡源流之功,同時還注意歸納通例,以揭示古典文獻、古代漢語中具有普遍性的規律。因此,《毛詩注疏校勘記》就不只是羅列異文、排比材料的簡單校語集合,而是一部考證精詳、具有很高學術價值的考據學著作。

當然,誠如前賢批評,《十三經注疏校勘記》亦存在相當程度的局限與缺失,且與上述優長之處長短互現。《校勘記》以備列版本取勝,但實際參校版本,仍頗有缺失。其中既有因存藏所限無緣利用者,也有因不明刊刻源流而忽視者。各經卷首所列引據各本目錄,亦不乏與實際采用版本不符或轉引他人校本者。以《校勘記》所用底本而論,《凡例》稱《周易》等十經以宋版十行本爲據,《孝經》以翻宋本(明正德刊本)爲據,《儀禮》《爾雅》以北宋刊單疏本爲據,實際情況與此並不相符。阮元所謂宋版十行本,學界已傾向只是元刊補修本,且並非注疏萃刻之祖本。各經所用底本與《凡例》亦有出入,如《尚書》《儀禮》實際是以毛本爲校勘底本;《爾雅》分別使用明刻仿宋經注本和宋刻單疏本作爲經注和疏文底本的特殊形式;《論語注疏校勘記》則底本不明,或可視爲不主一本。各經引據參校本多寡不一,缺失情況既受限於版本掌握數量,也與分校者文獻功力相關。如《周易注疏校勘記》以今存善本考量,僅據《七經孟子考文》間接采入八行本,據武英殿翻刻本采入岳本,而撫州本、建刊附釋文本、纂圖互注本、單疏本等均未得利用。《孟子注疏校勘記》引據十四種校本,不惟遺漏了重要的宋本,且直接目驗者僅有七種,另外七種則或據前人校勘學著作,或據他人校本,可靠程度自然大打折扣。因爲引據注疏本系統單一,故無法全面反映疏文的差異。《校勘記凡例》對監本評價頗低,然《周易》諸經所據當爲重修之本,並不符合萬曆監本初印之實;據通行劣本而非初印本指摘毛本之誤,其病相同。

《校勘記》對於《經典釋文》的校勘,《凡例》意指以葉林宗影鈔本爲底本,校以通志堂本和抱經堂本,而實際情況亦有出入。如《尚書注疏校勘記》就是以通志堂本爲底本,校以葉林宗影鈔本、十行本及毛本注疏所附釋文,又參以抱經堂本和段玉裁校本。其中對於段玉裁之説幾乎全部接受,亦可見段氏與《校勘記》修纂的密切關係。實際《校勘記》所據葉本並非原本,而極可能是何元錫臨段玉裁傳校之本①。

《十三經注疏校勘記凡例》雖云"授經分校,復加親勘",校勘亦有相對嚴格的流程,但諸經參校采摭,實際是各自爲政,故成品水準因分校者學術態度、文獻功力而異。如《周易注疏校勘記》利用文獻既不齊備,且多間接使用,不加區分;校勘則以對校異文爲主,甚少按斷考訂。《公羊傳校勘記》實際參校版本數量亦較他經《校勘記》爲少,導致校勘質量不能盡如人意,故《鐵琴銅劍樓藏書目録》批評"阮氏挍勘此經,最多疏舛"。總體而言,顧廣圻、嚴杰、洪震煊分校諸經質量較好。《十三經注疏校勘記》書成衆手,體例風格亦存在較大差異。如就出校情況而言,徐養原、嚴杰、孫同元所校各經,在校記中通常只注明與底本文字相異的版本,而李鋭、顧廣圻、臧庸所校各經,則對與底本相同的版本亦皆注出。此外,《校勘記》采録前人成果,不甚嚴謹。如臧庸《公羊傳》的校語多用惠、何校本,但往往不言出處,致使鄂本、元本、蜀大字本等未列引據各本目録的校本出現在校語中,徒增困惑。《左傳校勘記》與陳樹華《春秋經傳集解考正》存在明顯承襲關係,陳書既爲《校勘記》提供了基本思路,也提供了大量的校勘事例和他人成果,但只有部分被《校勘記》標記出來,更多的内容未加注明,需要比照二書才能發現②。此外,《校勘記》徵引前代文獻,多是據清人著作轉引,而非自行翻檢所得,不甚可靠;而徵引時人成果仍不夠全面,且多有武斷之處,輕易排斥他説,動輒譏言"淺人""妄改",殊失厚道。

正因《十三經注疏校勘記》自身存在缺失,故在其流傳之後,不斷有補訂之作。其中如汪文臺《十三經注疏校勘記識語》、孫詒讓

---

① 《顧千里集》"《經典釋文》三十卷(校本)",第 266—267 頁。
② 袁媛《阮元〈左傳注疏校勘記〉成書管窺》,《經典與校勘論叢》,第 353 頁。

《十三經注疏校記》、劉承幹《周易單疏校勘記》，日本野間文史《十三經注疏の研究》、海保元備《周易校勘記舉正》、吉川幸次郎《尚書正義定本附校勘記》、加藤虎之亮《周禮經注疏音義校勘記》、倉石武四郎《儀禮疏考正》、常盤井賢十《宋本禮記疏校記》等都對阮校頗多補訂增益。目前上海古籍出版社在陸續出版《十三經注疏》整理本并附新撰校勘記，山東大學杜澤遜教授主持開展《十三經注疏彙校》項目，日本野間文史教授進行以完成校定本爲目標的《春秋左傳正義》校勘，這些工作相信都會促進十三經注疏文本校勘走向深入。

四

《十三經注疏校勘記》的成書及初刻時間，張鑒《雷塘庵主弟子記》有明確記載，云嘉慶十一年（1806）十月"纂刊《十三經校勘記》二百四十三卷成"，此即所謂文選樓刊本。嘉慶十三年八月，段玉裁撰《十三經注疏釋文校勘記序》，今所見文選樓本多將此序置於卷首，落款云"嘉慶戊辰（十三年）酉月金壇前玉屏縣知縣臣段玉裁敬記"，此序錄入《經韻樓集》，惟落款文字改爲"嘉慶戊辰歲酉月貢士前巫山縣知縣臣段玉裁記"。嘉慶廿一年十二月，經過連年校改，阮元又將此本敬裝十部，具表進呈御覽，其《恭進十三經注疏校勘記摺子》亦見載《揅經室集》二集卷八。根據我們初步比勘，今存文選樓刊《十三經注疏校勘記》諸本之間文字略有出入，當是初刊之後，又經歷挖改、修補、增訂，并陸續印行。日本京都大學人文科學研究所藏本卷首無段玉裁序與阮元進表，而有王念孫"淮海世家""高郵汪氏藏書印"鈐印和少量批校，當是初印之本。該本卷首總目末葉原題"臣嚴杰校字"，文選樓後印本則挖改作"臣阮亨校字"。現存文選樓其餘各本，大致可分作有段玉裁序和有阮元進表、段玉裁序兩類，但具體到同類前後印本，文字仍有細微差別，其中尤以徐養源分校之《尚書》《儀禮》兩經爲甚。如《儀禮注疏校勘記》原刻並無許宗彦之説，而後出印本則多補入許氏之説，涉及校記凡二十二條，在

所增補内容中最爲矚目①。此或可與阮元進表"連年校改方畢"之
語相互印證。

阮元校勘《十三經注疏》,原本是爲重刊宋本《十三經注疏》作準
備,故書成命名爲《宋本十三經注疏併經典釋文校勘記》,不意段、顧
諸君各持己見,勢同水火,遂致重刊之議延滯。嘉慶二十一年
(1816)前後,江西南昌府學始重刊宋本《十三經注疏》,即後世所稱
"阮本"②。阮元《江西校刻宋本十三經注疏書後》云:"嘉慶二十年,
元至江西,武寧盧氏宣旬,讀余《校勘記》而有慕於宋本,南昌給事中
黃氏中傑,亦苦毛板之朽,因以元所藏十一經至南昌學堂重刻之,且
借校蘇州黃氏丕烈所藏單疏二經重刻之。近鹽巡道胡氏稷亦從吳中
購得十一經,其中有可補元藏本中所殘缺者,於是宋本注疏可以復行
於世。"③此時,原參與校經的諸君或亡或散,刊刻乃由江西鹽法道胡
稷和士人盧宣旬主持。盧宣旬據文選樓本摘録《校勘記》部分内容,
并予以删補校訂,附於各卷之後,由此形成《十三經注疏校勘記》有
别於文選樓單行本的南昌府學重刊《宋本十三經注疏》附録本。但
是南昌府學本因成書倉促,主事者學識有限,校勘不精,頗受譏評。
阮元《書後》文末附阮福按語,即云:"此書尚未刻校完竣,家大人即
奉命移撫河南,校書之人不能如家大人在江西時細心,其中錯字甚
多,有監本、毛本不錯而今反錯者,要在善讀書人,參觀而得益矣。校
勘記去取亦不盡善,故家大人頗不以此刻本爲善也。"道光六年
(1826),南昌府學教授朱華臨對嘉慶版予以重修,訂正不少訛誤,詳
見其《重校宋本十三經注疏跋》。重修本流行甚廣,衍生出許多覆刊
本,包括學界最常使用的中華書局影印世界書局本。

道光初年,阮元調任兩廣總督,於廣東學海堂編刊《皇清經解》,

---

① 徐養原與許宗彦既是同鄉,又是論學之友,過從頻密。在《十三經注疏校
勘記》中,惟有徐養原所校《尚書》和《儀禮》采擇許宗彦之説。
② 阮本的刊行時間,嘉慶本阮元記、胡稷後記與道光重校本朱華臨跋所言不
同,汪紹楹認爲是朱跋所云嘉慶二十一年(1816)仲春至二十二年仲秋,見《阮氏重
刻宋本十三經注疏考》,第27—28頁。
③ 《揅經室集》(三集)卷二,第620頁。

又名《學海堂經解》,嚴杰主持其事。纂刊始於道光五年(1825)八月,終於道光九年九月,收書凡一百八十三種,版存學海堂側之文瀾閣①。咸豐七年(1857),英軍進攻廣州,版片殘佚過半。咸豐十年,兩廣總督勞崇光募資補刊,補刻板片版心下方皆鎸"庚申補刊",並增刻馮登府著作七種,此所謂"庚申補刊本"。《皇清經解》據文選樓本編入《十三經注疏校勘記》,然卷首未載阮元進表和段玉裁序文,其中卷八〇七末附有嚴杰識語,表明重刊《校勘記》以正視聽之意:

> 注疏之善冊,未有過於十行本者,若毛氏汲古閣本,缺佚錯訛,棼不可理。十行本初次修板在明正德時,即日本山井鼎《七經孟子考文》所載正德本,非別有正德注疏本也。正德後遞有修改,誤書棘目,不若毛本多矣。近年南昌重刻十行本,每卷後附以《校勘記》,董其事者不能辨別古書之真贋,時引毛本以訂十行本之訛字,不知所據者乃續修之冊。更可詫異,將宮保師《校勘記》原文顛倒其是非,加補校等字。因編《經解》,附正於此,俾後之讀是《記》者知南昌本之悠繆有如是夫。錢塘弟子嚴杰謹識于廣州督糧道署,時道光六年八月朔日。

學海堂本雖據文選樓本翻刻②,但與文選樓諸本、南昌府學本文字存在一定出入,且各經情況又不相同,其中既有翻刻時的字形統一、校記前後次序的改正,也有内容的校訂增補。道光原刻學海堂本不乏訛誤之處,咸豐庚申補刊本校勘似更爲精審,改正原刻訛誤較多,但亦有原刻不誤而補刻反訛者。因此參校學海堂本的文字異同,還應區分道光九年原刻與咸豐庚申補刊之别。

《十三經注疏校勘記》在上述諸本之外,據日本學者關口順調查,尚有光緒二十四年(1898)至二十五年蘇州江蘇書局重刊本。此刊原爲重刊阮本《十三經注疏》,附"阮氏足本《校勘記》"(即文選樓本《校勘記》),後未畢而停工,僅刊成《十三經注疏校勘記》,以單行

---

① 夏修恕《皇清經解序》,《皇清經解》書前,道光九年(1829)廣東學海堂本。

② 據王耐剛初步比對,當是以嘉慶二十一年(1816)定本爲底本。參見本書第三章"《尚書注疏校勘記》編纂考述"。

本行世①。此外，日本曾據文選樓本翻刻《周易注疏校勘記》，增刻句讀，阮元進表、段序、凡例、總目等一仍原本，長澤規矩也考定爲天保十年（1839）至弘化二年（1845）間福井藩刊行②。

五

南昌府學本《校勘記》散附阮刻《十三經注疏》各卷後，易於參看，讀者稱便，加之阮本的流行，以致此後學者所用《十三經注疏校勘記》多以南昌府學本爲準，文選樓單行之本反而不顯。但是南昌府學重刊《十三經注疏》成書倉促，主持校讎的盧宣旬學力有限，加之《校勘記》文選樓原本書成衆手，體例風格存在較大差異，而涉及校勘底本的轉換，更增加了摘録改寫的難度，因此導致南昌府學本《校勘記》存在前人指摘的諸種問題。具體而言，盧宣旬摘録文選樓原本校記，舉凡引古本、足利本“也”“之”“其”等虛字的校記，以及引《釋文》所載異文的校記，皆予删去。如《儀禮注疏》所删校記數量超過三分之一，以致忽略大量版本信息。諸經《釋文》校語減省更甚，文選樓本《毛詩釋文校勘記》總共 533 條，南昌府學本僅保留 70 條③。南昌府學本《校勘記》均以南昌府學重刊《宋本十三經注疏》作爲底本，對於《尚書》《儀禮》《論語》等更改底本者，不僅變換出文，校記亦相應改寫，由此產生不少文字錯亂。南昌府學本依據版本有限，除重刊之底本十行本外，似乎只有北監本和毛本，故所補異文不出此二本，而改造文選樓本《校勘記》時每每遺漏閩本，或因無法檢核。當然，南昌府學本《校勘記》間有訂正文選樓本之失，增補條目和校語，案斷亦不乏獨到之見，但數量無多。總體而言，南昌府學本對文選樓本《校勘記》

---

① 關口順原著，水上雅晴譯注《十三經注疏校勘記略説》原注五〇，《經典與校勘論叢》，第 232 頁。

② 長澤規矩也《和刻本十三經注疏に就いて》，《長澤規矩也著作集》第一卷《書誌學論考》，汲古書院，1982 年，第 49—50 頁。

③ 袁媛《阮元〈十三經注疏校勘記〉文選樓本和南昌府學本比較研究：以〈周易〉〈毛詩〉〈爾雅〉爲例》，北京大學碩士論文，2010 年，第 50 頁。

取捨比較隨意，並無明確的標準，且摘録改寫均存在明顯的疏誤，不宜視作阮校成果直接使用。

有鑒於南昌府學本的不可憑藉，筆者遂利用主持國家社科基金重點課題"《十三經注疏校勘記》研究"之機，邀集幾位年輕同道，共同進行文選樓本《十三經注疏校勘記》的系統整理，以求爲學界提供可以依賴且便利使用的整理本。整理本選擇上海古籍出版社《續修四庫全書》影印南京圖書館藏嘉慶阮氏文選樓刻本作爲底本，同時考慮到此前學界通用南昌府學本的實際，又以未經改訂的藝文印書館影印嘉慶二十年（1815）南昌府學《宋本十三經注疏》附録《校勘記》作爲校本，力求既忠實反映文選樓本《校勘記》的本來面目，又吸收南昌府學本的校勘成果，並注明二者的差異，以爲使用《校勘記》提供便利。此外，還酌情參校道光九年（1829）學海堂刻《皇清經解》本，并留意到其原刻本與庚申補刊本的文字差別。在整理方式上，除校勘異文和施加新式標點之外，另以卷爲單位，逐條標記序號，以便於引用，同時爲建立電子檢索數據庫、多角度提取數據奠定文本基礎。由於各經情況有別，具體校勘整理方法，可參見全書凡例和各經整理説明。整理本 2015 年在北京大學出版社出版以來，學界稱便，頗受好評。

《十三經注疏校勘記》原書既成於衆手，分校者運用體例不一，加之采掇文本多源，徵引方式繁複，頗具整理難度。整理本雖然歷經十餘次專題研討，四次較大的體例修訂，以及主編和責任編輯的通稿，但仍然難稱體例統一、標校一致，内容也不乏訛誤。适值北京大學《儒藏（精華編）》又列入該書，我們遂在原整理本的基礎上，進行了校本的調整，標校的統一，以及訛誤更正和校記改訂等項補充完善工作。其中主要的改進如下：首先，通過對文選樓本不同版次印本的比勘，確認其屢經校改的後印本更爲完善，故改用華東師範大學圖書館盛宣懷舊藏（愚齋本）爲底本，而以《續修四庫》本、學海堂本對校，適當參校南昌府學本、庚申補刊本，力求全面揭示文選樓本前後印次和衍生諸本的變化，以及其中藴含的重要學術信息；其次，儘量規範標點、校勘格式，並遵照《儒藏（精華編）》體例改用簡式標點，取消序號標記;再次,根據調整之後的底本、校本,改寫校記,原有的文選樓本與南昌府學本的異同校記,則酌情保留。但願《儒藏》本能夠後出轉精,爲學界提供質量可靠的整理本,奠定《十三經注疏校勘記》研究的文本基礎。

第二章 《周易注疏校勘記》編纂考述

張學謙

一、《周易注疏校勘記》之分任者

關於《周易注疏校勘記》的分任者，阮元《周易注疏校勘記序》云：“臣元於《周易注疏》舊有校正各本，今更取唐宋元明經本、經注本、單疏本、經注疏合本，讎校各刻同異，屬元和生員李鋭筆之。”《校勘記》各卷末亦署“臣李鋭校字”。據此則《周易注疏校勘記》出於李鋭之手。李鋭嘉慶初應阮元聘，參與編纂《經籍籑詁》《疇人傳》。所著有《周易虞氏略例》《召誥日名考》《方程新術草》《句股算術細草》《弧矢算術細草》《開方説》等①。殁後阮元爲刻《李氏遺書》十一種十八卷。除《周易》外，李氏所任尚有《春秋穀梁傳注疏》及《孟子注疏》二經。

中國國家圖書館近年入藏《周易注疏校勘記》稿本和謄清本，劉玉才師有專文介紹，並據此推測《周易注疏校勘記》的編纂流程：（一）分任者李鋭完成初稿並作自我修訂。（二）嚴杰校補調整：一是通過新增條目和訂補校記文字，補入李鼎祚《周易集解》異文以及盧文弨、浦鏜等人的校勘成果；二是李鋭原稿只校文字異同，甚少論斷，

---

① 阮元撰，鄧經元點校《揅經室集》（二集）卷四《李尚之傳》，中華書局，1993年，第483頁。《清史列傳》卷六十九《儒林傳》，中華書局，1987年，第5589—5590頁。

嚴杰校補則對諸本異文間下按語、斷語。（三）段玉裁批校。（四）謄清成稿。（五）孫同元復核，并有少量增補（孫志祖校語均爲孫同元增入）。（六）嚴杰校定。（七）刊刻成書（刊本校樣仍有少量增補）①。

　　稿本第二册卷末有朱筆題署"甲子仲春三日嚴杰校補"，謄清本各册封底有甲子（嘉慶九年，1804）十二月十七日至十九日孫同元題記，《周易注疏校勘記》定稿當在此後不久。

二、《周易注疏校勘記》引據之版本

　　《宋本十三經注疏併經典釋文校勘記》二百四十五卷於嘉慶十一年（1806）十月由儀徵阮氏文選樓刊行②。其中《周易注疏校勘記》九卷，《略例校勘記》一卷，另附《釋文校勘記》一卷。校記凡2333 條，包括《周易注疏》正文校記 1939 條（卷一 277 條，卷二 261 條，卷三 328 條，卷四 218 條，卷五 228 條，卷六 171 條，卷七 181 條，卷八 157 條，卷九 118 條），《略例》校記 152 條及《釋文》校記242 條。

（一）底本

　　正如《宋本十三經注疏併經典釋文校勘記凡例》所云"《周易》……以宋版十行本爲據"，《周易注疏校勘記》以十行本爲底本，即各條校記之出文爲十行本文字。但亦有少量條目因十行本有闕文或文字筆畫舛訛，出文改從其他版本者，如：

　　　　夫兩雄必争　十行本"夫兩雄"三字，"夫"字、"雄"字筆畫舛誤，"兩"誤"用"。閩本亦作"用"，缺"夫"字。岳本、監、毛本如此。（卷一）

　　　　此象既釋卦名　十行本"此象既釋卦"五字闕。閩、監、毛

---

　　① 劉玉才《阮元〈十三經注疏校勘記〉成書蠡測》，《國學研究（第三十五卷）》，北京大學出版社，2015 年。補注：原文推測稿本朱筆批校之一爲阮元所作，後在《〈周易註疏校勘記〉稿本、謄清本解題》一文中修訂爲段玉裁批校。

　　② 張鑒等撰，黃愛平點校《阮元年譜》卷二，中華書局，1995 年，第 65 頁。

本如此。（卷三）

又十行本有宋刻、元刻之別，《凡例》雖云此本爲"宋版"，實際乃元刊明修十行本①。《周易兼義》宋刊十行本今已不存，未經明代修補的元刊元印本亦甚爲稀見，現僅美國伯克利加州大學東亞圖書館有藏②。《周易兼義》九卷《略例》一卷《釋文》一卷，對於"兼義"之義，盧文弨云："蓋《正義》本自爲一書，後人始附於經注之下……明乎向者之未嘗兼也。"③《周易注疏校勘記》亦云："'兼義'字乃合刻注疏者所加，取'兼并《正義》'之意也。"④元刊《周易兼義》板片在明代至少經過明初、正德六年（1511）、正德十二年、嘉靖初四次較大規模的修補。《校勘記凡例》云：

> 《周易》《尚書》《毛詩》《周禮》《禮記》《春秋左氏傳》《公羊傳》《穀梁傳》《論語》《孟子》凡十經，以宋版十行本爲據。《孝經》以翻宋本爲據。他本注疏每半葉九行，此獨十行，雕版南宋，遞有修補，下至明正德間，其版猶存，爲注疏中之善本。

似乎《周易注疏校勘記》所據爲正德修補印本。然洪頤煊《讀書叢錄》卷二十四云：

> （《周易註疏》《毛詩註疏》《周禮註疏》《禮記註疏》《左傳註疏》《公羊註疏》《穀梁註疏》《孝經註疏》）以上八種皆南宋閩中所刊，即世所稱十行本也，間有明正德、嘉靖補刻葉。唯《孝經》殘缺最多，原葉幾無一二存矣。阮尚書南昌學宮刊本即從此本翻雕。⑤

所謂"阮尚書南昌學宮刊本"即嘉慶二十年（1815）至二十一年南昌

---

① 長澤規矩也《正德十行本注疏非宋本考》，《長澤規矩也著作集》第一卷《書誌學論考》，汲古書院，1982 年，第 32—39 頁。有蕭志強中譯，載《中國文哲研究通訊》第 10 卷第 4 期，中研院中國文哲研究所，2000 年。

② 《伯克萊加州大學東亞圖書館中文古籍善本書志》，上海古籍出版社，2005 年，第 3 頁。

③ 盧文弨著，王文錦點校《抱經堂文集》卷七《周易注疏輯正題辭》，中華書局，1990 年，第 85 頁。

④ 《周易注疏校勘記》卷一"周易兼義上經乾傳第一"條。

⑤ 洪頤煊《讀書叢錄》卷二十四，道光二年（1822）富文齋刻本。

府學《重刊宋本十三經注疏》，重刊所據與文選樓《校勘記》所據皆爲阮元藏本①，故知《周易注疏校勘記》底本實爲嘉靖印本。瞿氏鐵琴銅劍樓藏有正德修版本（正德十二年印本），《鐵琴銅劍樓藏書目録》云：

> 阮氏《挍勘記》、南昌府學重刊宋本皆據是書……顧以是本核之，頗多不同。其不同者，是本往往與家藏宋單注本、宋八行注疏本及《挍勘記》所引岳本、錢本、宋本合，阮本多誤同閩、監、毛本。均是十行本，何以違異若此？蓋阮本多修版，其誤皆由明人臆改，是本修版較少，多可藉以是正。②

阮氏《周易注疏校勘記》以嘉靖印本爲底本，故較正德印本訛誤增多。瞿《目》此條後附校記，以家藏十行本校阮氏《校勘記》及重刊本，可參看。

以上所論僅爲經、注、疏部分，即《周易注疏校勘記》卷一至卷九所據之底本。至於《略例》，《引據各本目録》“十行本”下云：“凡九卷，附《音義》一卷，無《略例》。”《校勘記》以岳本爲底本③。今檢伯克利加州大學藏元刊元印本、瞿《目》著録正德印本及北京市文物局藏嘉靖印本《周易兼義》④，皆有《略例》，故知阮元藏本有闕，而《校勘記》誤以十行本本無《略例》。

雖然阮藏十行本《周易兼義》附有《音義》一卷，而文選樓本《釋文校勘記》仍以通志堂本爲底本，校以宋本、十行本、閩本、監本、盧本（參下文）。

---

① 《重刊宋本十三經注疏附校勘記》内封題“用文選樓藏本挍定”，又《重刻宋板注疏總目録》後阮元跋云：“因以元所藏十一經至南昌學堂重刻之。”見《十三經注疏》（清嘉慶刻本）書前，中華書局影印本，2009 年。

② 瞿鏞《鐵琴銅劍樓藏書目録》卷一“《周易兼義》九卷《略例》一卷《音義》一卷，宋刊本”，光緒常熟瞿氏家塾刻本，第六葉左。

③ 《周易略例校勘記》卷端注云：“此校以岳本爲主。”

④ 《中華再造善本》影印北京市文物局藏元刊明修本《十三經注疏》之一，其中卷四至卷六配嘉靖李元陽刻本。

（二）校本

《引據各本目録》有如下校本：

1. 唐石經

　　唐石經始刻於唐文宗大和七年（833），刻成於開成二年（837），故又稱"開成石經"。包括《易》《書》《詩》《三禮》《三傳》及《孝經》《論語》《爾雅》，共十二種，並附《五經文字》《九經字樣》二種。立石長安國子監太學，清代在陝西西安府府學，今存西安碑林。其中《周易》九卷、《略例》一卷，僅刻經文，然"周易上經乾傳第一"至"周易下經豐傳第六"及《周易略例》卷端題"王弼注"，"周易繫辭上第七"至"周易説卦第九"題"韓康伯注"，知其亦來自經注本。唐石經改刻情況極爲複雜，關於唐代的修改，嚴可均《唐石經校文》云：

> 　　有未刻之前曠格、擠格以改者，蓋鄭覃校定。有隨刻隨改及磨改字迹，文誼竝佳者，蓋唐玄度覆定。有文誼兩通而字迹稍拙者，蓋韓泉詳定……若初刻誼長，而磨改繆戾，字迹又下下者，及未磨而遽改者……蓋乾符中張自牧勘定……《易》《書》《詩》《左氏傳》《論語》多旁增字，當出張自牧手。[①]

此外，後梁時又有補刻，北宋時有據監本旁改添注處。明嘉靖三十四年（1555）地震，石經倒損。萬曆十六年（1588），西安府學官薛繼愚、葉時榮及生員王堯典（典多誤爲惠）、王汝魁、張尚德等按舊文集其闕字，別刻小石立於碑旁，雖紕繆甚多，而尚不與原碑相亂[②]。嘉靖地震前之拓本流傳極少，僅《石墨鐫華》謂"華下東生文豸家有乙卯（嘉靖三十四年）以前搨本"[③]，嚴可均亦云："唐石經以嘉靖乙卯前

---

①　嚴可均《唐石經校文》卷一《敘例》，民國十五年（1926）張宗昌皕忍堂《景刊唐開成石經》附，中華書局影印本，1997 年，第 2995 頁。

②　王昶《金石萃編》卷一百九"石刻《十二經》并《五經文字》《九經字樣》"條引《蛾術編》，嘉慶十年（1805）刻同治錢寶傳等修補本。王鳴盛《蛾術編》原稿分十門（姚承緒跋），其中《説刻》一門十卷多已采入《金石萃編》，迮鶴壽以爲"無庸贅述"（沈梫憙識語、迮鶴壽凡例），故不見於今傳道光沈氏世楷堂刻本。

③　趙崡《石墨鐫華》卷二《唐刻石經考》，《知不足齋叢書》本。

摹本爲勝,今絕不可得,而士大夫家所藏舊摹本都補綴可疑。"①流傳拓本多經裱匠裝册,爲求經文完具,乃取小石之字剪配嵌入原碑闕文中,"裝合輻湊,竟如一手搨出者"②。清初顧炎武作《金石文字記》即據此類裱册拓本,誤以補字爲正本,極詆石經之非,實失於查核。

拓本之外,日本天保十五年(1844)松崎慊堂(明復)刊行《縮刻唐石經》③。民國十五年(1926),張宗昌陌忍堂刊行《景刊唐開成石經》,取新拓依樣鉤摹,"字有殘缺,按儀徵阮元覆刻宋槧十行本注疏之經文雙鉤補入,以示區別"④。

唐石經爲五代國子監本(後唐長興三年〔932〕刻印《九經》)所據,乃後世經書版本之祖,故爲《校勘記》取校。阮元乾隆末充石經校勘官,分校《儀禮》,於唐石經多所利用,故對其磨改、添字、補刻的情況有一定的認識。《儀禮石經校勘記》區別乾符磨改、朱梁重刻、明人補字,其《序》云:"唐開成石經所校,未盡精審,且多朱梁補刻及明人補字之訛。"⑤《周易注疏校勘記》區分初刻、改刻、後增、後删等,如:

　　　　君子以自强不息　　岳本同。石經初刻"彊",後改"强"。(卷一)

　　　　履霜堅冰陰始凝也　　岳本、閩、監、毛本同。石經初刻無"也"字,後增。(卷一)

　　　　不耕穫未富也　　岳本、閩、監、毛本同。古本"穫"上有"而"字。石經初刻亦有"而"字,後改删去,故此行止九字。(卷三)

以上《引據各本目録》爲"單經本"。

①　嚴可均《唐石經校文》卷一《敍例》,第 2995 頁。

②　王昶《金石萃編》卷一百九"石刻《十二經》并《五經文字》《九經字樣》"條引《蛾術編》。

③　劉玉才《松崎慊堂與縮刻唐石經芻議》,《嶺南學報(復刊號第一、二輯合刊)》,上海古籍出版社,2015 年,第 247—257 頁。

④　《景刊唐開成石經》卷首《例言》。

⑤　阮元《儀禮石經校勘記》,《叢書集成初編》,中華書局,1991 年,第 1 頁。

2. 岳本

《校勘記》以爲宋岳珂所刻,實則元代荆溪(宜興)岳浚刊行①。《引據各本目録》云:"今據武英殿重刊《五經》本。"乾隆四十八年(1783),高宗命以五經萃室所藏岳本《五經》交武英殿仿寫刊刻,行款、版式、點畫及歷代藏印一仍原本之舊。各卷末附考證,並據考證改動部分正文文字。《校勘記》偶有以殿本改字爲岳本原文者,乃失檢考證之誤,如:

> 以既济为安者　岳本、閩、監、毛本同。錢本、古本、足利本"安"作"象",宋本作"家"。案,"家"即"象"之誤。(卷六)

今按,殿翻岳本確作"安",然卷末考證云:"《既濟》彖注:以既济为象者,道極无進○案,'象'字武英殿注疏本作'安'。"據考證出文,知岳本原本實作"象",殿翻本改"安",考證未明言改字,《校勘記》失於查核。

岳本《周易》現存一部,明太倉周天球、睢州袁樞舊藏,清乾隆間入四庫館,爲各閣《四庫全書》據以抄録之底本。自翰林院流出後,經張元濟收歸涵芬樓,現藏中國國家圖書館②。

3. 古本、足利本

此二本皆據《七經孟子考文補遺》。《七經孟子考文補遺》是日本江户時代學者山井鼎考文、物觀補遺而成的經書校勘著作。主要利用足利學校所藏諸經版本,以《周易》爲例,摘句據崇禎本(毛本),經、注校古本、足利本(參宋板),疏校宋板,正德本(元刊明修十行本)、嘉靖本(李元陽本)、萬曆本(北監本)亦在參校之列,少量條目有案語。崇禎本無《略例》《釋文》,故《略例》以嘉靖本校以諸本,《釋文》以萬曆本爲主,校以《經典釋文》單行本及正德本、嘉靖本等。

所謂"古本"即"足利學所藏書寫本",其中《周易》三通,各三

---

① 張政烺《讀〈相臺書塾刊正九經三傳沿革例〉》,《張政烺文集·文史叢考》,中華書局,2012 年。

② 岳本相關情況參張學謙《"岳本"補考》,《中國典籍與文化》2015 年第 3 期。

本。《略例》一通”,《考文補遺凡例》云:“皆此方古博士家所傳也……其經文、註文皆與宋板、明板頗有異同,助字甚夥……《周易》王弼註與《略例》別行,凡如此之類,皆唐以前所傳者。”一部寫本闕《夬》至《未濟》。對於這三部寫本,《考文補遺》的處理是:“寫本三通各有出入,故三通同者作‘三本同’,二通同者作‘二本同’,共稱曰古本。”故《校勘記》轉引時有“古本(古一本、古二本)作某,一本作某”之表述。

需要注意的是,《校勘記》卷一有七條校記引及“寫本”,而“寫本”並不見於《引據各本目錄》。清人徐時棟對此即頗爲疑惑:

　　　此所開並無“寫本”之目,而其第一卷前數葉所謂“寫本”,此是何本耶? 或即是影宋鈔本,然此明云稱“鈔本”,何改稱“寫本”耶? 且第一葉“考察其事”條下阮稱“鈔本”,又稱“寫本”,似“寫本”非影宋鈔本矣。然則究是何本耶?①

今檢《七經孟子考文補遺》,此七處確稱“寫本”,《校勘記》轉引無誤。而七條校記均不出孔穎達《周易正義序》及《八論》部分,《考文補遺》稱足利學所藏寫本中有“孔穎達《正義序》及《八論》共一本”,所謂“寫本”即指此本。

所謂“足利本”,《考文補遺凡例》謂“亦本學所印行活字板也”,實即“伏見版”,爲日本慶長四年至十一年(1599—1606)德川家康命足利學校第九世庠主元佶(三要)於京都伏見圓光寺印行之木活字本,其中《周易》印行於慶長十年②。楊守敬《日本訪書志》云:“其原係據其國古鈔本,或去其注末虛字,又參校宋本,故其不與宋本合者

---

① 《周易注疏校勘記》(清嘉慶刻本,中國國家圖書館藏)卷首《引據各本目錄》末徐時棟跋。

② 川瀨一馬《增補古活字版之研究》第二編第四章第三節《德川家の開版事業》,Antiquarian Booksellers Association of Japan(日本古書籍商協会),1967 年。又東京大學史料編纂所編纂《大日本史料(第十二編之三)》,東京大學出版會,1969年,第 54 頁、第 69 頁;《(第十二編之二十三)》補遺,1997 年,第 23 頁。

皆古鈔本也。"①足利本《略例》有邢璹序并注。

　　對於《考文補遺》所載古本，阮元雖信其"竟爲唐以前别行之本"②，但對於其中大量虚字，《校勘記凡例》頗有批評："其所謂古本，又多攘摭於《釋文》《正義》中，亦不免錯誤。其餘則私爲改易，更喜句中增加虚字，尤失古義。"故"多慎取之，間亦辨其似是而非之處"。經注多虚字乃沿隋唐鈔本之遺，阮氏等人所見皆南宋以來刻本，故有此疑。

　　《七經孟子考文補遺》享保十六年（1731）初刻於日本，十七年即由長崎傳入中國③。乾隆二十六年（1761），翟灝即借校汪啓淑藏本，撰寫《四書考異》④。乾隆三十七年，高宗諭旨徵訪遺書，汪氏以所藏日本原刻本進呈，《考文補遺》收入《四庫全書》，影響大增。此後盧文弨撰《群書拾補》《經典釋文考證》，王鳴盛撰《尚書後案》等，皆以之參校。嘉慶二年（1797），阮元以揚州江春隨月讀書樓所藏"日本元板箬紙印本"翻刻於杭州，即小琅嬛僊館刻本（後收入《文選樓叢書》）；底本似闕序文及凡例，故阮氏刻本别依文瀾閣寫本刊列卷首；原板譌字仍之，别爲訂譌於卷末⑤。《校勘記》所據當即此本。

　　以上《引據各本目録》爲"單注本"。

　　4. 宋本

　　《引據各本目録》云："據錢遵王校本。案，錢跋有單疏本一、單

① 楊守敬撰，張雷校點《日本訪書志》卷一，遼寧教育出版社，2003 年，第 1頁。

② 《揅經室集》（一集）卷二《刻七經孟子考文並補遺序》，第 43 頁。

③ 狩野直喜《山井鼎と七經孟子考文補遺》，《支那學文藪》，京都弘文堂書房，1927 年。中譯改名《七經孟子考文補遺考》，見江俠庵編譯《先秦經籍考》，上海文藝出版社，1990 年。

④ 顧永新《七經孟子考文補遺考述》，《北京大學學報（哲學社會科學版）》2002 年第 1 期。

⑤ 《揅經室集》（一集）卷二《刻七經孟子考文並補遺序》，第 45 頁。文淵閣《四庫全書》本無《七經孟子考文補遺叙》。

注本二、注疏本一,今不復能識別,但稱'錢校本'。"錢遵王即錢曾。
然中國國家圖書館藏八行本《周易注疏》書前陳鱣迻録錢孫保跋語
云:"予所獲單疏本一、注疏合刻一,又單注本二,皆宋刻最精好完善
者。"則此錢氏似當爲錢孫保,故汪紹楹謂"錢遵王本、錢求赤本,實
爲一本"①。孫保字求赤,號非庵,謙貞子。錢孫保曾藏一鈔本,後歸
周錫瓚,陳鱣借鈔《五經正義表》《周易正義序》及卷一,以補己藏八
行本之闕。陳氏並録錢孫保題識數則,又於錢跋後加以己注。據陳
氏注記,錢氏鈔本"全書俱用朱筆句讀點勘","此'所以重錢',是本
作'重體'。'故交其錢',是本作'其體'。下方朱筆校云:'二體字,
宋作錢。'……既係影宋鈔本,而求赤校語又何以云宋作某,皆屬可
疑"。是鈔本有錢孫保校語,《校勘記》所謂"錢遵王校本"當爲"錢
孫保校本"之誤,汪氏之説是。

惟《校勘記》卷二《師》下云:"按,錢校本起此,已前缺。"則其所
據當爲他人過録的錢孫保校跋之本,且闕《師》之前,其來源並非下
文所説的盧文弨傳校本。也就是説,錢校本與錢本雖實爲同本,但
《校勘記》引據來源有二,其中錢校本的來源有殘缺,故致此誤。引
及錢校本之校記凡十六條,其中十三條錢校本與錢本均同,惟卷二
"進則无應"條(02—062)②有錢校本而無錢本,餘二條(02—050、
02—052)均爲錢校本體例。

又《校勘記》既不能區分錢校異文來源,卻仍以此本置於"單疏
本"標目下,不當。日本江户後期儒者海保漁村以己藏舊抄單疏本
《周易正義》校《周易注疏校勘記》,乃知《校勘記》所謂"單疏本"爲
虚標其目,其《周易校勘記舉正序》云:

> 始讀至此,以爲所謂錢校本者,必其以單疏相比校者矣。及
> 徧檢通篇,其專指引單疏者,僅一見《乾》象内,餘皆不復能識
> 別,則又以爲所謂單疏者,與宋注疏本亦不甚徑庭矣。迨獲舊

---

① 汪紹楹《阮氏重刻宋本十三經注疏考》,《文史(第三輯)》,第31頁。
② 此爲《十三經注疏校勘記》整理本編碼,北京大學出版社,2015年。本書凡
涉校記阿拉伯數字編碼皆據此本。

抄單疏校之，則疑其異同紛然出於錢校本之外者，何其夥也。意者所謂宋單疏本者，錢氏蓋偶一寓目，而未經點校。當阮氏校書時，則此種已屬絶響，於是僅存其目於卷首，猶據《七經考文》所引，直標宋本，實未始目擊而檢尋之也。①

錢校所引宋本，版本情況不明。單疏本《周易正義》十四卷，現存宋刻遞修本一部，藏於中國國家圖書館。此本清末藏於徐坊處，秘不示人。民國間爲傅增湘所得，乃於民國二十四年（1935）由北平人文科學研究所影印。今有《古逸叢書三編》《續修四庫全書》《中華再造善本》等影印本。

《周易正義》單疏尚存日本舊鈔本二十餘種②，經過日本學者對其中部分鈔本的研究，這些鈔本很可能出自唐鈔本系統③。楊守敬於日本獲狩谷望之舊藏單疏鈔本④，後爲劉承幹輾轉購入，民國三年（1914）刻入《嘉業堂叢書》，並附《周易單疏校勘記》（校阮本）。這是中國學界第一次得見《周易》單疏。

以上《引據各本目録》爲“單疏本”。

5. 影宋鈔本

《引據各本目録》云：“據餘姚盧文弨傳校明錢孫保求赤校本，今稱‘錢本’。”所據即盧氏手校本《周易兼義》轉録之錢本異文，部分内

---

①　海保漁村撰，張學謙整理《周易校勘記舉正》，劉玉才、水上雅晴主編《經典與校勘論叢》，北京大學出版社，2015 年，第 465—466 頁。

②　分藏於日本各地及臺北故宮博物院。日藏見阿部隆一《本邦現存漢籍古寫本類所在略目録》（《阿部隆一遺稿集》第一卷《宋元版篇》，汲古書院，1993 年，第 212—213 頁），臺北故宮所藏爲楊守敬觀海堂故物，見阿部隆一《“故宮博物院”藏楊氏觀海堂善本解題》（《中國訪書志》，汲古書院，1983 年）。

③　研究論文目録及簡介詳參野間文史撰，童嶺譯《近代以來日本的十三經注疏校勘記研究》，《中國經學（第十一輯）》，廣西師範大學出版社，2013 年，第 31—37 頁。

④　《日本訪書志》卷一：“《周易正義》十四卷，舊鈔本。單疏古鈔本，無年月，狩谷望之求古樓舊藏，相傳爲弘治、永禄間鈔本。”澀江全善、森立之編《經籍訪古志》卷一：“序及第一卷以他本補。”（《日藏漢籍善本書志書目集成》第一册影印清光緒徐承祖聚珍排印本，第 32—33 頁）

容已收入盧氏《群書拾補初編》。盧氏補《五經正義表》，校《周易注疏》《周易略例》皆引錢孫保影宋鈔本（亦稱“錢本”），其跋云：“此元本半葉九行，每行十七字，其‘勑’字唐人皆作‘勅’，今并提行皆仍之，以不失其舊。”陳鱣於此本有更爲詳細的記述：

> 常熟錢求赤所藏鈔本《周易注疏》十三卷，後附《略例》一卷、《音義》一卷，前有《五經正義表》四葉。每葉十八行，行十七字。表後半葉有朱筆題識，凡三條，其弟二條書于上方。全書俱用朱筆句讀點勘，每卷首有“彭城”“天啓甲子”“匪庵”“求赤氏”“錢孫保印”，凡五印，卷尾有“錢孫保一名容保”一印。

> 錢求赤此記亦用朱筆，在弟十三卷後。庚戌爲康熙九年，求赤生于明天啓四年甲子，則其時年四十七矣。是書記但稱爲鈔本，而後有亭林跋，則稱爲影宋鈔。今以鱣所得宋刻本較之，凡宋本避諱字，是本惟避玄、鏡字，而不避敬、弘、恒、貞等字。宋本注小字雙行，是本注作中等字單行。宋本經文大字與注疏小字俱頂格相連，每節不提行。是本每節次行俱低一格，次節提行。又以山井鼎《七經孟子考》所引宋本較之，如《乾》卦初九疏“他皆放此”，是本作“倣”。此“所以重錢”，是本作“重體”。“故交其錢”，是本作“其體”。下方朱筆校云：“二‘體’字，宋作‘錢’。”……斯類甚多。且既係影宋鈔本，而求赤較（校）語又何以云宋作某，皆屬可疑。然注疏次序與宋本悉合，其書法工整，非影宋鈔者不能。且《五經正義表》巋然冠首，正賴此以存，誠所謂天下至寶也。今藏吳中周氏香嚴堂，餘姚盧弓父學士《群書拾補》曾據以是正。鱣所得宋刻本亦最爲精美，惜缺首卷，更無它本可補，借此繕録，得成完書，幸莫甚焉。①

對於錢氏影宋鈔本的底本，《鐵琴銅劍樓藏書目録》認爲是八行

---

① 《古逸叢書三編》影印中國國家圖書館藏南宋兩浙東路茶鹽司刻宋元遞修本《周易注疏》（序、表、卷一配清陳氏士鄉堂鈔本）書前陳鱣迻録錢孫保跋語。

本："考十三卷本此外惟錢求赤鈔宋本、山井鼎《考文》所引宋本而已,錢本悉與此同,蓋即此所自出,但轉寫不無譌脱。(案錢校蓋據明監本,故失校處每同監本)。"①但據陳鱣跋語,此本行款格式與八行本頗有不同,異文亦有出入,錢校又有"宋作某"之處,不可遽以"錢校蓋據明監本"釋之。至於底本爲何,尚待研究②。值得注意的是,除卷數外,錢本的注疏綴合方式亦與八行本相同,錢孫保跋已言之:"此古注疏原本也,蒙古刊本割截可恨,明興,諸監本皆因之,而始失其舊。""此古注疏本也。經下列注,注後疏自釋經,疏釋經後,疏復釋注……不知何年腐儒割裂疏文,逐句逐行列於經注之下。"③所謂"蒙古刊本"蓋元刊十行本或其祖本,皆割裂疏文附於各注之下,故錢本絶非十行本系統可知矣。

6. 宋本

亦據《七經孟子考文補遺》。此宋本即足利學校所藏八行本《周易注疏》十三卷,現存日本足利學校遺迹圖書館,南宋兩浙東路茶鹽司刻本,未經修補,有南宋陸子通識語,1973 年日本汲古書院影印。另存一八行本即上舉陳鱣藏本,爲宋元遞修本,序、表、卷一配清陳氏士鄉堂鈔本,《校勘記》未見,已經《古逸叢書三編》《續修四庫全書》《中華再造善本》影印。

7. 閩本

《引據各本目録》云:"凡九卷,附《略例》一卷、《音義》一卷。"閩本爲明嘉靖中福建巡按御史李元陽、提學僉事江以達刊

---

① 瞿鏞《鐵琴銅劍樓藏書目録》卷一"《周易注疏》十三卷,宋刊本",第三葉 b。

② 補注:顧永新指出,此本實際是以宋刻宋元遞修八行本和明萬曆北監本爲主體,兼及單疏本和經注本,彙校各本異文重構而成的、新的校定本。見氏著《錢求赤鈔本〈周易注疏〉考實》,《文獻》2018 年第 1 期。

③ 《古逸叢書三編》影印中國國家圖書館藏南宋兩浙東路茶鹽司刻宋元遞修本《周易注疏》(序、表、卷一配清陳氏士鄉堂鈔本)書前陳鱣迻録錢孫保跋語。

於福州①，乃《十三經注疏》的第一次彙刻。此本出於元刊明修十行本，但改易版式爲半葉九行，經大字單行，注中字單行，釋文、疏小字雙行。十行本版片明代存於福州府學②，嘉靖修補刻工與閩本刻工多同。閩本《周易兼義》對所據底本（底本爲正德印本抑或嘉靖印本尚不十分明確）頗有訂正補闕處，如卷三《離》，正德補板有數十字均爲墨釘，閩本補足（見《校勘記》卷三"此象既釋卦名"至"今有上下二體故云明兩作離也"條）。然亦有不能填補處，如《周易略例·明象》"夫象者，出意者也。言者，明象者也"注"若乾能變化，龍是變物，欲明乾象，假龍以明乾。欲明龍者，假言以象龍。龍則象意者也"，明初補刊葉闕"乾""假""龍""則"四字，閩本補"乾""假"二字，仍闕"龍""則"二字爲墨釘。

閩本初印甚爲稀見，"每卷首葉第三行竝署云'明御史李元陽、提學僉事江以達校刊'"③，後印本削去，以其位置補刻疏人。

8. 監本

監本《十三經注疏》爲萬曆十四年（1586）至二十一年北京國子監刊行，故稱"北監本"。監本據閩本重雕，故行款、分卷皆與閩本同，惟注文改閩本中字單行爲小字單行，空左偏右。各經版心上方刻刊版年份，卷端次行起刻校刊者祭酒、司業銜名。其中《周易兼義》版心刻"萬曆十四年刊"，卷端次行、三行刻"皇明朝列大夫國子監祭

---

① 李元陽《中谿家傳彙稿》卷八《遊龍虎山》云："余嘉靖丙申使閩，戊戌五月得代出疆。"（《叢書集成續編》影印民國三年〔1914〕刻《雲南叢書》本，第142冊，第707頁）知李元陽任福建巡按御史在嘉靖十五年（1536）至十七年五月間，閩本即刻於此時。補注：李振聚認爲，閩本刊刻主要由江以達任其事，時間在其任福建提學僉事的嘉靖十四年冬至十七年十月間。見氏著《明嘉靖閩刻〈十三經注疏〉非成於李元陽考——以〈毛詩注疏〉爲例》，《閩學研究》2020年第3期。

② 程蘇東《"元刻明修本"十三經注疏修補彙印地點考辨》，《文獻》2013年第2期。

③ 莫友芝《宋元舊本書經眼錄》附錄一《書衣筆識·春秋公羊傳註疏》，同治獨山莫氏刻本，第五葉a。繆荃孫著，黃明、楊同甫標點《藝風藏書續記》卷一，上海古籍出版社，2007年，第229頁。王國維撰，王亮整理《傳書堂藏書志》，上海古籍出版社，2014年，第62頁。

酒臣李長春等奉/敕重校刊"。監本《周易兼義》經過校勘,有優於閩本處,如《坤》彖注"夫兩雄必爭",閩本"夫"字爲墨釘,"兩"訛"用",監本補正(見《校勘記》卷一"夫兩雄必爭"條)。又《坤》象疏"不敢干亂先聖正經之辭",閩本"干"訛"于",監本改正。臧庸家藏初印監本《周易兼義》,亦謂"譌字較毛爲少,往往與兩宋本相合"①。然亦有沿閩本訛闕而未能補正者,如上舉《略例·明象》注,"龍""則"二字監本仍爲空闕。

　　監本於崇禎間有修版,重修本將萬曆校刊者銜名由大字單行改爲小字雙行,"校"譌改"較",並於其後增刻"皇明朝列大夫國子監祭酒臣吳士元、承德郎司業仍加俸一級臣黃錦等奉/旨重修",版心刊版年份未改。吳士元,字長吉,進賢人。崇禎四年(1631)"管北司業事",五年升北京國子監祭酒②。重修本"有崇禎六年祭酒吳士元題疏,稱板一萬二千有奇,始刻於萬曆十四年(1586),成於二十一年,至崇禎五年冬,奉旨重修"③。至清康熙二十五年(1686),北京國子監又對版片進行了修補。每卷首葉版心改鎸"康熙二十五年重修",餘葉將萬曆刊記删去。卷端舊銜名亦改刻"康熙二十五年國子監祭酒臣常錫布、祭酒加一級臣翁叔元、司業臣宋古渾、司業加一級臣達鼐、司業臣彭定求、學正臣王默、典籍臣程大畢奉旨重校脩"。舊刊記、銜名亦有未删,或删而未刻者。

　　萬曆監本經過崇禎、康熙間兩次修補,質量每況愈下,浦鏜《十三經注疏正字例言》云:"修板視原本誤多十之三。"《校勘記凡例》對監本評價頗低,所據實爲重修之本,不符萬曆監本之實。通觀各經校勘記,亦有明晰監本初印與重修之別者。如嚴杰分任之《左傳注疏校勘記》即區分"監本"與"重修監本",且一云"錯字較少,非毛本可

　　① 臧庸《拜經堂文集》卷二《周易注疏挍纂序》,《續修四庫全書》影印民國十九年(1930)上元宗氏石印本,第1491册,第528頁。
　　② 盧上銘、馮士驊《辟雍紀事》,《四庫全書存目叢書》史部影印明崇禎刻本,第271册,第180頁。
　　③ 錢大昕撰,竇水勇校點《竹汀先生日記鈔》卷一《所見古書》,遼寧教育出版社,1998年,第9頁。

及”，一云“譌字較原本爲多”。徐養原分任之《儀禮注疏校勘記》，所據亦有監本、國朝重修監本之別。至於《周易注疏校勘記》，其《引據各本目録》未明言所據，今檢《校勘記》所謂監本誤字、脱文，如：

> 文王囚而演易　閩、毛本同。監本“囚”誤“卦”。（卷一）
>
> 並依此説也　閩、毛本同。監本“依”誤“爲”，闕“此”字。
（卷一）
>
> 周易雜卦第十一　○按，監本此節注文全脱，當依此補。
（卷九）

萬曆初印監本多不誤、不脱，知李鋭所用實爲崇禎或康熙重修之本。

9. 毛本

《引據各本目録》云：“凡九卷，無《略例》《音義》。”毛本《周易兼義》爲崇禎四年（1631）常熟毛晉汲古閣刻本，故又稱“汲古閣本”。別將《略例》刻入《津逮秘書》①。毛氏刻《十三經注疏》，始崇禎元年，終十二年，各經末均鐫刊版年份，其中《周易兼義》爲“皇明崇禎四年歲在重光協洽古虞毛氏繡鐫”。毛本據監本重刻，而校正粗疏，誤字甚多，故《校勘記凡例》譏之爲“魯魚豕亥之譌，觸處皆是，棼不可理”。然其初印本亦多有佳處，蓋嘗對校宋元善本②。

　　毛本版片後於乾隆四十年（1775）由常熟席世宣修補印行，嘉慶間書坊並有翻刻本③，“譌字又倍之”④。毛本於清代極爲流行，盧文弨云：“唯是外間所通行，唯毛本獨多，故仁和沈萩園廷芳、嘉善浦聲之鐋作《十三經註疏正字》，日本國足利學山井鼎等作《七經孟

---

① 王鳴盛著，顧美華標校《蛾術篇》卷二“北國子監板”：“汲古閣毛刻……別將《略例》刻入其所謂《津逮秘書》，最爲可笑。”上海書店出版社，2012年，第33頁。

② 原三七《汲古閣刻板考稿》，《東方學報·東京》第六册，東方文化學院東京研究所，1936年。加藤虎之亮《周禮經注疏音義校勘記·引據各本書目解説》，無窮會，1957年，第十二葉。

③ 長澤規矩也《汲古閣本注疏の序跋封面に就いて》，《長澤規矩也著作集》第一卷《書誌學論考》，第40—41頁。

④ 《宋本十三經注疏併經典釋文校勘記凡例》。

子考文》,皆據毛本爲説。"①阮元登第前校《十三經注疏》,亦以毛本爲底本②。對於毛本的流行,葉德輝的解釋是:"由於南北兩監刻本版片日就散佚,乾隆武英殿刻版尚未告成,士人舍此無他本可求,故遂爲天下重也。"③但即使在殿本刊行之後,毛本仍以其易得而盛行不衰。

以上引據各本目録爲"注疏本"。

除以上諸本外,唐李鼎祚《周易集解》亦是《周易注疏校勘記》的重要參校本,李鋭原稿僅寥寥數條,多數爲嚴杰補入,故《引據各本目録》未載。

《周易釋文校勘記》以通志堂本爲底本,所校除上舉注疏本所附者,尚有明崇禎間震澤葉林宗仿明閣本影寫本、盧文弨校定《抱經堂叢書》本《經典釋文》,並參據盧氏《經典釋文考證》。所謂"明閣本"即明文淵閣舊藏宋刻本,流出後爲錢謙益所得,崇禎十年(1637)"葉林宗購書工影寫一部"④。通志堂、抱經堂二本皆以葉鈔爲底本,而多有改動。明文淵閣藏宋刻《經典釋文》數部,錢氏所得本毀於絳雲樓之火,然清宮"天禄琳瑯"尚有一部宋刻宋元遞修本,今藏中國國家圖書館。《釋文校勘記》中有所謂"宋本",如:

> 宴 徐烏殄反安也下同鄭云享宴也李軌烏衍反○宋本"下"作"干","宴"作"宜",並誤。

今檢宋本"下"確誤"干",然"宴"不誤,惟葉鈔本誤"宜"⑤,乃知《校勘記》所謂"宋本"實即葉本。《釋文校勘記》所附《注解傳述人》部分均作"葉本"。稿本及謄清本《校勘記》皆無《注解傳述人》,知此

---

① 盧文弨《群書拾補・周易注疏》,乾隆刻《抱經堂叢書》本。

② 《阮元年譜》卷二:"先生弱冠時,以汲古閣本《十三經注疏》多譌謬,曾以《釋文》、唐石經等書手自校改。"(第65頁)

③ 葉德輝撰,楊洪升點校《郋園讀書志》卷一,上海古籍出版社,2010年,第13頁。

④ 通志堂本《經典釋文》卷末馮斑跋,中華書局影印本,1983年,第439頁。

⑤ 宋本據上海古籍出版社影印中國國家圖書館藏宋刻宋元遞修本《經典釋文》,2013年,第79頁。葉鈔本異文據黃焯《經典釋文彙校》,中華書局,1980年,第11頁。

部分爲後增,故與前文稱引體例不一。葉鈔原本舊藏吳縣朱文游處,盧文弨校刻《抱經堂叢書》本《釋文》時曾借校,乾隆末歸同邑周錫瓚。乾隆五十八年(1793),段玉裁借此本屬臧庸細校,臧氏因復自臨一部①,顧廣圻又臨臧校②。諸君與纂《校勘記》時,葉鈔原本仍在周錫瓚處③,《校勘記》所謂葉本乃其傳校之本(以葉本臨於通志堂本之上)。顧氏謂校《毛詩》"用何夢華臨段本",又云"段茂堂據葉鈔更校,屬其役於庸妄人"(指臧庸)及"阮芸臺辦一書曰《考證》,以不識一字之某人臨段本爲據"(指何元錫)爲《釋文》之厄④。據此則《校勘記》所用葉本蓋即何元錫(夢華)臨段玉裁校葉本。

(三)關於"盧文弨校本"

上文已經指出,《周易注疏校勘記》所用"錢本"乃據盧文弨校本轉引。盧校《十三經注疏》原本今已不存,道光四年(1824),方東樹曾借錄盧校於阮刻《十三經注疏校勘記》之上,其跋云:"抱經先生手校《十三經注疏》本,後入衍聖公府,又轉入揚州阮氏文選樓,阮作《校勘記》,以此爲本。道光四年樹館廣東督署,傳校一過,惜無疏本傳其句讀也。東樹。"⑤對於盧校本的面貌,方氏記其中的《毛詩注疏》"於傳注、釋文、正義三者所校更爲繁細,助語多寡,偏旁增減,或不足爲重,然精核可采者,亦復不少"。盧校諸經部分内容已采入

---

① 乾隆五十八年(1793)十月初九日臧庸跋,見蕭山朱氏藏王筠轉錄陳奂所抄段校本(陳奂鈔本當出自臧庸自臨之一部)。此據羅常培(手民誤植爲"羅四培")《段玉裁校本經典釋文跋》,《圖書季刊》1939 年第 2 期,第 145 頁。此文收入《羅常培文集》第八卷《恬庵語文論著甲集》,山東教育出版社,2008 年。

② 顧廣圻著,王欣夫輯《顧千里集》"《經典釋文》三十卷(校本)":"武進臧庸堂在東氏用葉林宗景宋本校,元和顧廣圻臨。近知此人好變亂黑白,當不足據,擬借元本一覆之。壬戌正月記。"(上海古籍出版社,2007 年,第 266 頁)

③ 《顧千里集》"《經典釋文》三十卷(校本)"顧氏嘉慶九年跋:"元本今藏香嚴氏。"(第 268 頁)

④ 《顧千里集》"《經典釋文》三十卷(校本)",第 266—267 頁。

⑤ 蕭穆撰,項純文點校,吳孟復審訂《敬孚類稿》卷八《記方植之先生臨盧抱經手校十三經注疏》,黃山書社,1992 年,第 213 頁。

《群書拾補》①,各經《校勘記》引用盧校時又有甄選,故方東樹謂"此記所載及惠氏、盧氏所刻《古義》《拾補》,於此原校本詳略異同甚多,所遺亦甚多"。

《周易注疏校勘記》稿本中有一些稱引"盧校本"的條目被墨筆勾删,如卷三:

> 震剛而兌至大矣哉　閩、監、毛三本同。盧校本無"而兌""大"三字。

> 居隨之始至何所失哉　閩、監、毛三本同。盧校本作"居隨至失哉"。

> 四俱无應至小子也　閩、監、毛三本同。盧校本作"陰之至小子也"。

> 王道之可觀至有孚　閩、監、毛三本同。盧校本無"之可觀""有孚"五字。

亦有一些引用"錢校本"的條目同樣被墨筆勾删,如同卷:

> 處得尊位至乃得終吉也　閩、監、毛三本同。錢校本作"處得至終吉也"。

> 坤順而艮止也至君子之所尚也　閩本同。監、毛二本作"坤順至尚也",錢校本作"坤順至所尚也"。

按此類校記所涉皆疏文提示語(標明所疏經文、注文起訖的文字),經檢,這幾處盧校本、錢校本異文皆與單疏本、八行本相同,當是源自曾校以"單疏本一、注疏合刻一"的錢孫保影宋鈔本,此數處所謂"盧校本"僅是記録錢本異文②。按《周易注疏校勘記》體例,應稱作"錢本"或"錢校本"。由於錢本和十行本的疏文綴合方式有異,故疏文提示語的不同之處甚夥,若一一出校,則失於繁冗。實際上,李鋭原

---

① 盧文弨《群書拾補》收有《易經注疏》《尚書注疏》《春秋左傳注疏》《禮記注疏》《儀禮注疏》五經之校正,其中《春秋》僅序,《禮記》僅《曾子問》等八篇,《儀禮》僅《士冠禮》《士昏禮》二篇。

② 補注:檢中國國家圖書館藏清佚名過録盧文弨校本《周易兼義》(校於毛本,索書號:善 09905),凡錢本與毛本疏文提示語差異,盧校皆以删除符號"⌐"標識於相應文字之上。

稿於此類差異僅偶一出之。《校勘記》於卷二"師貞丈人吉无咎○正
義曰條"即已指出："按,錢按《正義》每卦分數段,繇辭下一段,象曰
下一段,象曰下一段,六爻下六段,或象、象下共一段,並在經注之末。
釋經在前,釋注在後。其釋經者,皆引經文,不標起止。釋注者標起
止,所標起止較今本爲省文。後皆放此。"或即鑒於此條校記已將此
類情況説明,故上舉此類異文皆被整條删去。今《周易注疏校勘記》
刻本稱"盧文弨挍本"者僅卷七"而載易之爻辭也"一條:"盧文弨挍
本'而'作'兩'。"盧校蓋據武英殿本①。

三、《周易注疏校勘記》徵引之清人成果

《周易注疏校勘記》引及前代經書校勘成果者僅寥寥數條,且多
據清人著述轉引。如卷二"未有居衆人之所惡而爲動者所害"條引
唐郭京説(《周易舉正》)見盧文弨《群書拾補》,引宋毛居正《六經正
誤》僅二處(卷二"而志存于五"條、"盡夫陰陽交配之宜"條),前者
見於武英殿岳本考證及《群書拾補》。引據清人成果以浦鏜《周易注
疏正字》、盧文弨《群書拾補》爲主,餘如惠棟(見《周易古義》)、張惠
言(見《周易虞氏義》)、錢大昕(見《十駕齋養新録》)、王念孫、王引
之(皆見《經義述聞》)等説,僅偶一及之。盧、浦二氏校語皆嚴杰補
入。引孫志祖説凡十條,亦李鋭原稿所無,乃孫同元(志祖子)復核
時添入②。

對於浦鏜《十三經注疏正字》,《校勘記凡例》評價不高:"雖研覈
孜孜,惜未見古來善本。又以近時文體讀唐代義疏,往往疑所不當
疑。又援俗刻他書肆意竄改,不知他書不必盡同義疏所引,而他書之
俗刻尤非唐代所傳之本也。"據浦氏《十三經注疏正字例言》,所見惟
監本、監本修板、閩本、毛本四種,《釋文》僅見通志堂本,故浦氏並校
以注疏所引之書,多以己意按斷之。《十三經注疏正字》未經刊行,

① 補注:檢國圖盧校本云:"新,兩。""新"即殿本。
② 劉玉才《阮元〈十三經注疏校勘記〉成書蠡測》。引嚴杰説僅一處,亦嚴杰
校補時自行增入。

僅以鈔本流傳,《校勘記》所用當即傳鈔本。此書乾隆間進呈四庫館,收入《四庫全書》①。

四、《周易注疏校勘記》之評價

《十三經注疏校勘記》薈萃諸本異文,是清代經書校勘的標志性成果,阮元自矜爲"我大清朝之《經典釋文》"②,段玉裁亦謂"其在我朝,挍唐之陸德明《釋文》爲無讓矣"③。《校勘記》甫一刊行,即爲學界所重,至今仍是經學研究者的必備之書。加藤虎之亮云:"清儒校勘之書頗多,然其惠後學,無若阮元《十三經注疏校勘記》。凡志儒學者,無不藏《十三經》,讀注疏者,必并看《校勘記》,是學者不可一日無之書也。"④

然《校勘記》成於衆手,各經水平不一,李鋭分任之《周易注疏校勘記》即頗爲後人詬病。

(一)搜羅版本不全。上文已經指出,《周易注疏校勘記》底本所用之十行本爲嘉靖修補印本,乃十行本印本中刷印最晚、訛誤最多者。李鋭實際寓目的校本,惟唐石經拓本、乾隆武英殿翻岳本、閩本、監本、毛本,加上《周易集解》,亦僅六種,且所用監本尚爲重修劣本,餘皆據《七經孟子考文》《群書拾補》轉引,殊不符段玉裁序"廣搜江

①　見《浙江采集遺書總錄》丙集,《四庫全書提要稿輯存》影印乾隆四十年(1775)刻本,北京圖書館出版社,2006年,第1册,第318頁。《欽定四庫全書總目》卷三三《經部·五經總義類》,中華書局影印浙本,1965年,第278頁。二目誤以《十三經注疏正字》歸於沈廷芳名下,當時學者如盧文弨、阮元等皆知之,故盧氏於《浙錄》書眉批"嘉善浦鏜纂輯",《校勘記》所署亦不誤。惟《四庫》官書,不便指摘其誤,故盧文弨亦偶有稱二人同撰(《群書拾補·周易注疏》),或稱"嘉善浦君鏜所訂,仁和沈萩園先生廷芳覆加審定"(《抱經堂文集》卷八《十三經注疏正字跋》)處。民國初有印行《四庫全書》之議,最早指出此誤者爲浦氏鄉人蔡文鏞,見一九二五年十月十日蔡氏致章士釗函,載《甲寅周刊》第一卷第二十九期(1926年)《通訊》,今附入《章士釗全集》第六卷,文匯出版社,2000年,第117頁。

②　《阮元年譜》卷二,第65頁。

③　段玉裁《十三經注疏併釋文校勘記序》。

④　加藤虎之亮《周禮經注疏音義校勘記·序說》,第1頁。

東故家所儲各善本"之語。《引據各本目録》又誤以錢校本、錢本爲
二,虚標單疏本之目。《校勘記凡例》謂浦鏜"未見古來善本",此語
反之於《周易注疏校勘記》,亦差可比之。

（二）引據清人校勘成果不足。徵引所及以浦鏜《周易注疏正
字》、盧文弨《群書拾補》爲主,餘皆偶一及之,殊不能反映乾嘉考據
學成果。

（三）僅校異同,甚少按斷。與其他各經《校勘記》相較,《周易注
疏校勘記》按語甚少,且多爲嚴杰、段玉裁補入,李鋭原稿幾乎全爲
文字異同。

（四）直引、轉引不事區分。此爲阮氏《十三經注疏校勘記》之通
病,清人徐時棟即批評《校勘記》體例不佳:

> 所校者或有殘缺,宜于首行下注云:此卷以某本爲主,用某
> 本、某本校,用某者、某者參校。每卷如此,閲者自可瞭然。所云
> 用某本某本校者,是眼前所據之者,如石經、岳本、閩、監、毛本是
> 也。所云用某者某者參校者,是轉引他人校勘之者,如《考文》
> 及錢、盧校本是也。凡引他人校勘之者,宜云某者云某本作某。
> 如《考文》云足利本"凡"作"九",不得徑稱足利本。何則? 我
> 固未嘗見足利本也,此亦慎重之義有應爾者。又凡所見者與吾
> 所主本同者,俱不必注,但注其異者足矣。文達著此頗費心力,
> 而體例則不甚佳。①

現存《周易》宋元刻本中,經注本以南宋淳熙撫州公使庫刻遞修
本(卷七至卷十配清影宋鈔本)爲佳,今藏中國國家圖書館,有《四部
叢刊》影印本。又天禄琳瑯舊藏一宋刻本,避諱至孝宗"慎"字,今藏
中國國家圖書館,本人曾粗略校之,質量不及撫州本。經注附釋文本
有鐵琴銅劍樓舊藏南宋建陽坊刻本,今亦藏中國國家圖書館,《中國
版刻圖録》推爲撫州本外最善之本。一九二八年日本東京文求堂影
刊此本,後附孟森所撰《校記》。今有《中華再造善本》影印本。又有

---

① 《十三經注疏校勘記·周易注疏校勘記》(清嘉慶刻本,中國國家圖書館
藏)首葉書眉徐時棟跋。

臺北"國家圖書館"藏宋刊纂圖互注本。餘如岳本、單疏本、宋刊八行本、元刊十行本等，上文皆已言之。

以上所舉諸本，《校勘記》多難獲見，故未嘗利用。然有可怪者，乾隆四年（1739）至十二年武英殿校刊之《十三經注疏》亦未被《校勘記》采用。殿本以北監本爲底本，經過校勘，卷末附考證，且經、注、疏文字均有句讀，頗便閱讀。盧文弨《群書拾補》即利用了殿本，書中稱"官本"。然而，殿本在校勘時往往對底本體例進行了較大規模的改動。殿本《周易注疏》十三卷附《略例》一卷，據書末朱良裘跋，校勘時曾"得文淵閣所藏不全《易疏》四冊，則上經三十卦釐爲五卷"，即八行本。殿本據此不全八行本，改易北監本九卷爲十三卷，前五卷依八行本，六卷以下則自行分卷，徒增混亂①。疏文綴合體例亦改從八行本②。又將所附《周易釋文》散入各卷中，於書前增加《釋文》之《注解傳述人》。故殿本雖以北監本爲底本，但卻改易了十行本系統的體例，更接近於八行本，而又不盡然。殿本經過編輯，實際上已經形成了一個新的版本系統。《校勘記》未用殿本，或礙於其官本身份，不便指摘其誤。

以現存善本衡量《周易注疏校勘記》，則其僅據《七經孟子考文補遺》間接利用了八行本，據武英殿翻刻本利用了岳本，餘如撫州本、建刊附釋文本、纂圖互注本、單疏本等異文皆未能采入，這是今日使用《周易注疏校勘記》需要特別注意的地方。

---

① 張麗娟《宋代經書注疏刊刻研究》第四章"單疏本"，北京大學出版社，2013年，第272—273頁。

② 關於八行本、十行本系統疏文綴合體例的差異，上文所舉錢孫保跋中已言之，盧文弨亦據錢氏影宋鈔本云："如正義，此經之例，每節有數段者，其經文與注皆相連，先整釋經文都畢，然後釋注。毛本則遇凡有注者，輒割裂疏語附其下，致有語氣尚未了者，亦不復顧。今官本則從善本中出，已改其失矣。"山井鼎於此亦瞭然。《周易注疏校勘記》據盧文弨、山井鼎所言，於此問題亦有説明，見卷一"正義曰夫子所作象辭"條、"正義曰文言云"條。

五、《周易注疏校勘記》之版本

（一）嘉慶十一年儀徵阮氏文選樓刻本

即《宋本十三經注疏併經典釋文校勘記》之一。上文已指出，此本於嘉慶十一年（1806）十月由儀徵阮氏文選樓刊行。京都大學人文科學研究所藏本爲最初印本，無嘉慶戊辰酉月段玉裁序，《揔目》末葉刻"臣嚴杰校字"①，刷印時間在嘉慶十三年八月前。此本爲王念孫舊藏，當爲刊成即刷印就正者。《續修四庫全書》影印南京圖書館藏本則已有段序，"嚴杰"之名亦改爲"阮亨"，刷印時間當在嘉慶十三年之後②。此後又有附載嘉慶二十一年十二月《進表》的印本，刷印時間則更晚。而《進表》謂"連年校改方畢，敬裝十部，進呈御覽"③，則刻成後又續有修改，故初印、後印文字偶有不同④。

（二）嘉慶二十年江西南昌府學刻《周易兼義》附本

嘉慶二十年（1815）至二十一年，阮元在江西南昌府學開雕《重刊宋本十三經注疏》，即後世所稱"阮本"⑤。無《十三經注疏併釋文

---

① 關口順原著，水上雅晴譯注《十三經注疏校勘記略説》，《經典與校勘論叢》，第 231、233 頁。

② 《續修四庫全書》影印本《周易注疏校勘記》，《釋文校勘記》在前，《略例校勘記》在後。然《校勘記揔目》作"《周易校勘記》九卷、《略例校勘記》一卷，附《釋文校勘記》一卷"，與影印本次序不符。今檢中國國家圖書館藏《周易注疏校勘記》稿本、文選樓本（索書號：14872）及學海堂本，皆《略例》在前，《釋文》在後，與《揔目》同。《略例》《釋文校勘記》葉數皆各自起訖，《續修四庫》所據底本當爲裝訂時誤倒。然伯克利藏元刊本及北京市文物局、北京大學藏元刊明修本《周易兼義》確是《周易音義》在前，《周易略例》在後。

③ 《揅經室集》（三集）卷二《江西校刻宋本十三經注疏書後》阮福案語，第621 頁。

④ 關口順原著，水上雅晴譯注《十三經注疏校勘記略説》原註四九，《經典與校勘論叢》，第 234 頁。

⑤ 對於阮本的刊行時間，嘉慶本阮元記、胡稷後記與道光重校本朱華臨跋所言不同，汪紹楹認爲是朱跋所云嘉慶二十一年（1816）仲春至二十二年仲秋，見氏著《阮氏重刻宋本十三經注疏考》，《文史（第三輯）》，第 27—28 頁。

按勘記序》《宋本十三經注疏併經典釋文按勘記凡例》《宋本十三經
注疏併經典釋文按勘記揔目》,各經卷末附《校勘記》,皆武寧縣貢生
盧宣句據文選樓本摘録。大致説來,引古本、足利本、錢本、宋本
"也""之""其"等虛字的校記,以及引《釋文》所載異文的校記,皆被
删去(經文校記保留)。此外各類校記,或删或留,並無特別明確的
標準。故阮福謂此本"《校勘記》去取,亦不盡善"①。阮本《周易兼
義》無《略例》(阮藏十行本原闕),故亦未附《略例校勘記》。

南昌本摘録文選樓本《校勘記》,亦有修改及補充之處,均標
"補"字。

1. 回改出文

因南昌本《校勘記》附於重刊十行本後,校記出文需與經注疏正
文保持一致,故將文選樓本中少量改正的出文改回十行本,校文因之
作相應改動,前標"補"字,但實際異文與文選樓本同。如上舉卷一
"夫兩雄必争"條,南昌本改作:

　　夫用雄必争　補:岳本、監、毛本"用"作"兩",是也。閩本
作"用",缺"夫"字。十行本"夫""雄"字筆畫舛誤,今正。

又文選樓本《釋文校勘記》以通志堂本爲底本,南昌本改回十行
本,故凡十行本與通志堂本不同處,校記均有改動,標"補"字。改造
後的校記多漏載通志堂本,如:

　　不累劣偶反　○監本、盧本同。宋本、十行本、閩本"劣"作
"力"。(文選樓本)

　　不累力偶反　○補:宋本、閩本同。監本、盧本"力"作
"劣"。(南昌本)

原底本通志堂本亦作"劣",校記改造後當與監本、盧本同列,南
昌本遺漏。

2. 修改錯誤

如卷四:

———————————

① 《揅經室集》(二集)卷八《恭進十三經注疏校勘記摺子》,第 590 頁。

　　　　巧所避也　　闔、監本同。古本、足利本"巧"作"乃"。岳本、毛本"避"作"辟"。（文選樓本）

　　　　巧所辟也　　補:岳本、毛本同。古本、足利本"巧"作"乃"。閩本、明監本"辟"作"避"。（南昌本）

　　今檢岳本、伯克利藏元刊十行本、北京大學藏元刊明修十行本（此葉爲正德十二年補刊）、閩本、初印監本、毛本均作"辟"，南昌本雖有所改正，然所録閩、監本異文仍誤。

　　又如《釋文》，文選樓本作:

　　　　嗟市制反　　○宋本同，是也。十行本、閩、監本、盧本"制"作"利"。

　　南昌本則謂"盧本'利'作'制'"，與此異。今檢盧本《釋文》作"制"，南昌本是。

　　按《校勘記》體例，經文頂格，注文低一格，疏文低二格，文選樓本個別條目有誤，如卷九"則得出入也"條爲注文，文選樓本低二格，誤作疏文，南昌本改正。亦有南昌本改正各條校記次序之誤者，如卷五"正義曰驗注以訓震爲懼"條與"象曰震蘇蘇"條、卷七"故法其陰陽變化"條與"其受命也如響"條、卷八"待隼可射之動而射之"條與"小懲而大誡"條，文選樓本原皆誤倒。

　　然南昌本亦偶有誤改之處，如文選樓本卷六"故不出門庭則凶也"條原在"不出門庭凶"條前，南昌本乙之。今按，經文"不出門庭凶"，見於兩處，一爲"九二不出門庭凶"，一爲"象曰不出門庭凶"。檢《考文補遺》:"古本經'象曰不出門庭凶'，二本'凶'上有'之'字。"知此經文在注"故不出門庭則凶也"後，南昌本誤改。

　　3. 增補條目

　　南昌本所補多爲毛本異文，亦有徑下斷語者，如卷一所補計六條:

　　　　存物之終若　　補:案，"若"當作"者"。

　　　　正義取夫乾者　　補:毛本"取"作"曰"。案，所改是也。

　　　　牝對牝爲柔　　補:毛本下"牝"作"牡"。案，所改是也。

　　　　象曰至行合无疆　　補:案，"合"當作"地"。

改云敬以直正者　補：案，"正"當作"內"。

何長也　補：各本作"何可長也"，此十行本原脱"可"字。
案，正義曰"何可長者"，又曰"何可久長也"，是"何"下當有
"可"字，今補。

然南昌本所補條目標注文、疏文偶有誤，如卷四"隼於人家高高
墉"條爲疏文，南昌本僅低一格，誤爲注文。

南昌本《釋文校勘記》增補條目均爲盧本異文，部分條目增補盧
文弨《經典釋文考證》案語。

重刊十行本《周易兼義》多據盧宣旬所補毛本異文改易底本文
字，如卷四《晋》注"能不用柔"，南昌本《校勘記》增"補：毛本'柔'作
'察'"，重刊十行本即改爲"察"。亦有不改者，如卷四《解》疏"非理
之當也"，南昌本《校勘記》增"補：毛本'當'作'常'"，重刊十行本仍
作"當"。有所補《校勘記》以毛本爲誤，而重刊十行本仍據毛本者，
如卷四《遯》注"危至而後未行"，南昌本《校勘記》增"補：毛本'未'
作'求'。案，'未'字宜衍，《正義》'是遯之爲後也'可證"，重刊十行
本仍改從毛本作"求"。

對於《重刊宋本十三經注疏》的底本，阮元云："以元所藏十一經
至南昌學堂重刻之，且借校蘇州黃氏丕烈所藏單疏二經重刻之。近
鹽巡道胡氏稷亦從吳中購得十一經，其中有可補元藏本中所殘者。"
可見除了文選樓《校勘記》所依據的阮元自藏十行本，尚以胡稷所得
十行本補阮藏本殘闕。南昌本《周易注疏校勘記》即偶有據胡稷藏
本增補條目，訂正阮藏本之誤者，如卷六《中孚》經"九二鳴鶴在陰"，
南昌本增：

補：案，十行本初刻與諸本同，正德補板"鳴鶴"誤作"鶴
鳴"，今訂正。

胡藏本此葉是否確爲元刊尚不能確定，然至少爲明初補板。

南昌本《校勘記》散附阮刻《十三經注疏》各卷後，易於參看，讀
者稱便，加之阮本的流行，大部分學者所用《校勘記》皆爲南昌本，文
選樓單行之本反而不顯。

(三) 道光學海堂刻《皇清經解》本

阮元調任兩廣總督後,於廣東學海堂編刊《皇清經解》,又名《學海堂經解》,命嚴杰主其事,始道光五年(1825)八月,終道光九年九月,收書凡一百八十三種,版存學海堂側之文瀾閣①。咸豐七年(1857),英軍進攻廣州,版片殘佚過半。咸豐十年,兩廣總督勞崇光募資補刊,並增刻馮登府著作七種,即所謂"庚申補刊本"。

《皇清經解》收入《十三經注疏校勘記》,其中卷八〇七至卷八一七爲《周易校勘記》:首《周易注疏校勘記序》,次《宋本十三經注疏併經典釋文校勘記揔目》,次《宋本十三經注疏併經典釋文校勘記凡例》,次《周易校勘記》,次《周易略例校勘記》,末《周易釋文校勘記》。卷八〇七末有嚴杰跋,於重刻《校勘記》之因交待甚明。嚴杰跋中謂"十行本初次修板在明正德時",不確,謂"正德後遞有修改,誤書棘目,不若毛本多矣"則爲的論。上文已經指出,文選樓本《周易注疏校勘記》與重刊十行本《周易兼義》,所據皆爲嘉靖印本,即嚴杰所謂"續修之冊",十行初印本與正德印本雖佳,但當時未能羅致。底本有誤,南昌本《校勘記》以毛本訂之,並無不可。嚴杰深所不滿的,實際是南昌本《校勘記》對文選樓本的變亂,即"將宮保師《校勘記》原文顛倒其是非,加補校等字"。

故學海堂本《周易校勘記》完全據文選樓本翻刻,惟於校記前後次序之誤偶有改正,如卷八一一(《校勘記》卷五)《震》疏"正義曰驗注以訓震爲懼"條與經"象曰震蘇蘇"條,文選樓本原誤倒。亦偶有改正文選樓本訛誤處,如卷八〇七(《校勘記》卷一)"故易者所以斷天地"條,文選樓本原誤"盧文弨"爲"盧文韶",學海堂本改正。又學海堂本在翻刻時對字形作了統一,偶有致誤處,如卷八一〇(《校勘記》卷四)《解》:

> 自我致戎　石經、岳本、閩、監、毛本同。《釋文》:"本又作'致寇'。"
>
> 言此寇雖由己之招　閩、監、毛本同。錢本、宋本"雖"作

---

① 夏修恕《皇清經解序》,《皇清經解》書前,道光九年(1829)廣東學海堂本。

“難”。

文選樓本上“寇”字原作“寇”，下“寇”字原作“寇”。今檢《釋文》及十行本，文選樓本是，學海堂本統一字形爲“寇”，不符《釋文》及十行本原貌。

咸豐補刊本《周易校勘記》雖據道光本翻刻，但亦偶有訛誤。如卷八〇七（《校勘記》卷一）“以爲伏羲畫卦”條，文選樓本、道光學海堂本皆作“盧文韶”，不誤，咸豐本誤改“盧文弨”，蓋涉上條而誤。又如卷八一五（《校勘記》卷九）“其於木也爲科上槁”條，文選樓本云“閩本‘槁’作‘稿’”，稿，道光學海堂本同，咸豐本誤“搞”。

（四）其他版本

除了上舉三種主要版本，《十三經注疏校勘記》尚有光緒二十四（1898）年至二十五年蘇州江蘇書局重刊本。原爲重刊阮本《十三經注疏》，附“阮氏足本《校勘記》”（即文選樓本《校勘記》），後未畢而停工，僅刊成《十三經注疏校勘記》，以單行本行世①。

《周易注疏校勘記》尚有日本刻本，據文選樓本翻刻，增刻句讀，阮元《進表》、段《序》、《凡例》、《揔目》等一仍原本，長澤規矩也考定爲天保十年（1839）至弘化二年（1845）間福井藩刊行②。

本文原載《版本目録學研究（第七輯）》，收入本書時略有修訂。

---

① 關口順原著，水上雅晴譯注《十三經注疏校勘記略說》原註五〇，《經典與校勘論叢》，第 234 頁。

② 長澤規矩也《和刻本十三經注疏に就いて》，《長澤規矩也著作集》第一卷《書誌學論考》，第 49—50 頁。中譯有蕭志強譯《關於和刻本十三經注疏》，《中國文哲研究通訊》第 10 卷第 4 期。

附:《周易注疏校勘記》與盧文弨《周易兼義》校本關係補考

道光四年(1824),方東樹館阮元兩廣總督府,將阮氏所藏盧文弨手校本《十三經注疏》過録於《校勘記》之上,並在題記中提出"阮作《校勘記》,以此爲本"。之後,蕭穆亦據以發揚此説①。由此,阮元校經緣起及《十三經注疏校勘記》與盧文弨校本的關係成爲清代學術史上的一段公案。不過,方、蕭二氏之説僅是泛言,蕭穆追録的方東樹批記僅爲《毛詩注疏校勘記》和《周禮注疏校勘記》兩種②,其印象不一定合於每種《校勘記》的實際情況。若要明確《周易注疏校勘記》與盧文弨校本的關係,仍需將兩者的文本進行直接比對。由於資料所限,前人僅能轉述方、蕭之説,或是依靠間接材料進行推測,理據不足。近來有學者依據清人過録的盧文弨校本,對兩者關係進行了重新梳理③。但所據材料不夠原始,推論過程亦有不合理處,導致結論有所偏頗。因此,這一問題仍有重新考察之必要。

(一)盧文弨《周易兼義》校本的基本情況

盧文弨《周易兼義》校本原本雖佚,但有兩部過録本存世。中國國家圖書館藏一部明崇禎四年(1631)毛氏汲古閣刻本《周易兼義》(索書號:善09905),著録爲佚名録清盧文弨校跋,清張爾耆、韓應陛

---

① 《敬孚類稿》卷八《記方植之先生臨盧抱經手校十三經注疏》,第209—213頁。

② 蕭穆於咸豐九年(1859)在方濤(字山如,方東樹孫)處得見方東樹批校本《校勘記》,此書後毀於寇亂,僅存《周禮注疏校勘記》一册(卷十一、卷十二及《釋文校勘記》二卷)、《儀禮注疏校勘記》兩册(卷一至卷七),方濤得以過録的僅有《周易注疏校勘記》《毛詩注疏校勘記》兩種。僅存的三册原本及兩種過録本皆歸蕭穆收藏,又毀於光緒六年(1880)的鄰人之火。故蕭穆在《記方植之先生臨盧抱經手校十三經注疏》中云:"今偶記《詩經校勘記》及《周禮校勘記》植翁批記,追録數則於後。"(《敬孚類稿》,第210頁)

③ 樊寧《稀見清儒稿校題跋本五種探微》,《古籍整理研究學刊》2019年第3期。樊寧《阮元〈周易注疏校勘記〉引據盧文弨校勘成果來源考述》,《周易研究》2019年第3期。

（1813—1860）跋①。此書鈐"丹邨子"朱方、"丹邨子"白方、"金華張氏翠薇山房"白長方等印，知爲清人張作楠（1772—1850）舊藏，過錄者或即此人。先將張爾耆、韓應陛二家跋語迻錄如下：

> 抱經盧氏所校《周易注疏》依錢求赤影宋本，阮芸臺相國重刊十行宋本注疏亦取資焉，謂在十行本之上。書中徵引各種以考異同，如陸德明《釋文》、李鼎祚《集解》及他刻本曰宋、曰古、曰足利者，證諸《校勘記》中，尚有遺漏。又有曰沈者，案即浦鏜《十三經注疏正字》。朱墨間出，校閱非止一二過，洵稱完善。惟中有曰盧本者，未知所指，疑此本已非抱經原書，或後人所增也。戊午夏日從渌卿舍人借校畢，書此以志歲月。央齋學人張爾耆識。（書末。鈐印："爾耆"白方、"伊卿"朱方）②

> 盧氏校本得之蘇州書友蔣恕齋，時在戊午三月中。央齋主人借校錄一過，并多是正處，徧爲貼籤，而後此書方成善校本。蓋此本原非盧氏手校，係他人度本，致多錯誤耳。咸豐八年六月十六日記，應陛。（首冊書衣。鈐印："价藩宝此過于明珠駿馬"白長方）③

由張、韓二氏跋語可知，咸豐八年（1858）韓應陛經蘇州書商蔣恕齋之手收得此書，張爾耆借錄校語於自藏本，并留識語於原本之上。張氏轉錄之本今藏湖北省圖書館，亦是批於汲古閣本④。卷首張氏跋文與上引略異，後收入《央齋雜著》中⑤，可參看。

---

① 《北京圖書館古籍善本書目·經部》，書目文獻出版社，1989年，第13頁。《中國古籍善本書目·經部》，上海古籍出版社，1989年，第42頁。

② 張氏懷疑書中校語有後人所增，甚是（說詳下文），然所舉"盧本"確是盧校原有，乃盧氏轉引自浦鏜《正字》。此"盧本"指明盧復《三經晉注》本，參見王曉靜《清代浦鏜〈周易注疏正字〉"盧本"發覆》，《天一閣文叢（第16輯）》。

③ 此爲韓繩夫（1916—？）藏印。繩夫，一名熙，字价藩，亦作介藩，號致軒。松江韓氏世系：韓應陛—韓載陽—韓德均—韓繩夫，參見李軍《松江讀有用書齋韓氏家世考》，《中國典籍與文化》2012年第4期。

④ 樊寧《稀見清儒稿校題跋本五種探微》。

⑤ 張爾耆《央齋雜著》卷上，影印民國七年（1918）刻本，《北京師範大學圖書館藏稀見清人別集叢刊》第23冊，廣西師範大學出版社，2007年，第284—285頁。

此書卷端及書末過録有盧文弨跋語：

明天啓時有錢孫保求赤號匪莪影宋鈔本，與毛氏科段大不相同。今武英殿本略近之，而亦未全是也。今取以校正，稱"錢本"，其殿本稱"新本"。盧文弨識。

大清乾隆四十四年歲在屠維大淵獻四月十有八日文弨校。辛丑又五月十一日復細校。

盧氏先後於乾隆四十四年（1779）、四十六年兩次校勘此書，正與其《周易注疏輯正題辭》（乾隆四十六年作）所言相合：

余有志欲校經書之誤，蓋三十年於兹矣。乾隆己亥，友人示余日本國人山井鼎所爲《七經孟子考文》一書。歎彼海外小邦，猶有能讀書者，頗得吾中國舊本及宋代梓本，前明公私所梓復三四本，合以參校，其議論亦有可采。然猶憾其於古本、宋本之譌誤者，不能盡加別擇，因始發憤爲之刪訂，先自《周易》始，亦既有成編矣。庚子之秋，在京師又見嘉善浦氏鏜所纂《十三經注疏正字》八十一卷，於同年大興翁秘校覃溪所假歸讀之，喜不自禁。誠不意垂老之年，忽得見此大觀，更喜吾中國之有人，其見聞更廣，其智慮更周，自不患不遠出乎其上。雖然，彼亦何可廢也。余欲兼取所長，略其所短，乃復取吾所校《周易》，重爲整頓，以成此書，名之曰《周易注疏輯正》。《正字》於郭京、范諤昌之説，亦有取焉。余謂其皆出於私智穿鑿而無所用，故一切刊去。若漢以來諸儒傳授之本字句各異已見於《釋文》者，今亦不録。惟《釋文》本有與此書異者著焉。唐宋人語之近理者，雖於注疏未盡合，亦間見一二焉。如欲考經文之異同，則自有前明何氏楷所著《古周易訂詁》在，學者自求之可耳。毛氏汲古閣所梓，大抵多善本，而《周易》一書，獨於正義破碎割裂，條繫於有注之下，致有大謬戾者。蓋正義本自爲一書，後人始附於經注之下，故毛氏標書名曰"周易兼義"，明乎向者之未嘗兼也。此亦當出自宋人，而未免失之鹵莽。《正字》亦未見宋時佳本，故語亦不能全是，此則今之官本爲近古也。《周易》舊本獨不載《釋文》於經注閒，可無竄易遷就之弊。<u>今就通志堂梓本併爲校之。</u>輔嗣《略例》，余案頭祇有官本，<u>亦就校之。</u>噫！余非敢自詡所見出《正字》《考文》上也。既覩兩家之美，合之而美始完，其有未及，更以愚管參之。夫校書以正誤也，而粗略者或反以不誤爲誤。《考文》於古本、宋本之異同，不擇是非而盡載之。此在少知文義者，或不肯如此。然今讀之，往往有義似難通，而前後參證，不覺渙然者。則正以其不持擇之故，乃得留其本真於後世也。既再脫稿，遂書其端云。①

由此可知，盧氏先於乾隆四十四年據山井鼎、物觀《七經孟子考文補遺》校《周易》，又於次年據浦鏜《十三經注疏正字》復校，至乾隆四十六年校畢，所謂《周易注疏輯正》即其手校之本。臧庸《周易注疏挍纂序》云："余師盧紹弓學士撰《周易注疏輯正》九卷、《略例》一卷，以校正《易疏》之譌。……今所纂從錢孫保影鈔本爲多，有真載其異同而不書所據者，皆錢本也。"②九卷即《周易兼義》之卷數③，亦證明《輯正》即手校本。毛本《周易兼義》無《略例》及《釋文》，故盧氏校《釋文》於通志堂本，校《略例》於武英殿本，今皆不存，亦未見有迻録本傳世。

此本迻録盧氏校語有朱、墨二色：字旁、行間以朱筆標記"「」""乚"等符號（表示删除）及異文。頁眉、頁脚以墨筆記録版本及相應異文，亦有部分用朱筆。過録者之所以用朱、墨二色，應是盧文弨原本即有區分。盧校所涉主要版本有錢本、新本、宋本、古本、足利本、沈本等。錢本即所謂錢孫保影宋鈔本，新本即乾隆武英殿刻注疏本，宋本、古本、足利本録自《七經孟子考文補遺》，沈本即《十三經注疏

① 《抱經堂文集》卷七《周易注疏輯正題辭》，第85—86頁。據同卷《七經孟子考文補遺題辭》（第87頁），友人爲鮑廷博。

② 《拜經堂文集》卷二《周易注疏挍纂序》，《續修四庫全書》，第1491册，第528頁。

③ 臧庸《皇清故日講官起居注前翰林院侍讀學士盧先生行狀》（《拜經堂文集》卷一，第602頁）謂盧氏自著書"有《周易注疏輯正》十卷"，乃是合計《周易兼義》及《略例》卷數。

正字》。乾隆間,沈世煒以《正字》進呈四庫館,而撰者已改題其父沈廷芳之名,故盧文弨初見此書時稱爲沈本①。

需要注意的是,此本除盧校外,尚有一些後人校語,用綠筆。如《周易正義序》第 1b 頁:"阮芸臺相國重刊十行宋本,'九'作'凡',以下有似此者,稱阮本。"第 5a 頁:"阮元《校勘記》云:寫本'簡'上有'周'字。"卷二第 4b 頁:"阮本'待',云宋同,毛誤'于'。"綠筆校語與過録的盧校字體相同,或是過録時已有,亦可能爲過録時增補。《校勘記》及阮本刊行時,盧氏已卒,自不得見,討論盧校時應注意排除此類校語。

此外,書中尚有一些浮簽,除極個別爲盧校外,皆張爾耆過録時所校,韓應陛跋文已言之。張爾耆跋文未提及綠筆校語,過録時又因盧校"朱墨間出,莫辨先後",所有校語皆用朱筆録之,泯滅了盧校與後人補校的標識,故湖北省圖藏本不及國圖藏本豐富、原始。

(二)《周易注疏校勘記》稿本的基本情況

再來看《周易注疏校勘記》的情況。2010 年中國國家圖書館入藏的《周易注疏校勘記》稿本(索書號:善 19958)各條校記下多注明頁碼,應是嚴杰復核時所記。經檢核,這些頁碼均與毛氏汲古閣本相應,而非十行本。也就是説,《周易注疏校勘記》雖以阮元所藏十行本《周易兼義》爲底本,但李鋭的工作本卻可能是毛本。揆之情理,時人視十行本爲宋本,阮元亦必寶惜之,不便將衆多校語寫録其上,以通行易得的毛本爲工作本更爲妥當②。這也可以解釋爲何阮藏十行本《周易兼義》附有《音義》,而《釋文校勘記》卻以通志堂本爲底本(因爲作爲工作本的毛本無《音義》)。由此推測,李鋭的工作流程大致爲:(一)以毛本爲底本,通校唐石經、武英殿重刊岳本、十行本、閩本、監本,將異文記於毛本之上。(二)據《七經孟子考文補遺》迻録古本、足利本、宋本異文,據所謂錢校本迻録宋本異文,據盧文弨校

① 關於《十三經注疏正字》作者題署的情況,詳參張學謙《〈孝經注疏校勘記〉編纂考述》,《經學文獻研究集刊(第十五輯)》。

② 《尚書注疏校勘記》出文即以毛本爲底本,未經轉換。

本迻録錢本異文,亦記於毛本之上。(三)將底本由毛本轉換爲十行本,以十行本文字爲出文,於校語中記録諸本異文。至此,僅記異文而無按斷的李鋭初稿便形成了。此後,初稿又經嚴杰增補(墨筆、朱筆)及段玉裁按斷(朱筆)。

(三)《周易注疏校勘記》對盧校本的利用及其所引盧氏按語的來源

《周易注疏校勘記·引據各本目録》中明確説:"影宋鈔本,據餘姚盧文弨傳校明錢保孫(當作"錢孫保")求赤校本,今稱錢本。"李鋭初稿從盧校本中轉録錢本異文,絶無掩飾來源之舉。

至於明確引及盧文弨校勘意見的條目,皆嚴杰於李鋭初稿中補入。李鋭初稿於各條間多留空行,嚴杰於行間增補內容,字體與初稿有別,較易區分。如"故易者所以斷天地"整條爲嚴杰補入,而"以爲伏羲畫卦"條中,"盧文弨云"以下爲嚴杰補入(圖1)。這些盧氏按語皆采自《群書拾補》,而非盧校本。最近,樊寧根據湖北省圖書館所藏張爾耆過録的盧文弨《周易兼義》校本,比勘《周易注疏校勘記》,認爲《校勘記》所引盧氏按語皆來自盧校本[①],這是一種誤判。

樊文統計《周易校勘記》卷一、八、九三卷引用盧氏按語12條,謂皆見於盧校本。然經檢核,其中卷一序"故易者所以斷天地"條,所謂盧校本按語乃後人以綠筆補録《校勘記》文字,而非盧氏原校:

盧校本:盧文弨(示)〔云〕:案《乾鑿度》本作"繼天地",此"斷"字疑誤。(序,頁6b)

《群書拾補》:案《乾鑿度》本作"繼天地",此"斷"字疑誤。

《校勘記》稿本、謄清本:盧文弨云:案《乾鑿度》本作"繼天地",此"斷"字疑誤。

《校勘記》刻本:盧文弨云:案《乾鑿度》本作"繼天地",此"斷"字疑誤。

盧校本中的盧氏校語皆直言各本異文及按斷意見,引其弟盧文弨之説稱"召音弟云",不會直呼其全名。上文在介紹國圖藏佚名過

---

① 樊寧《阮元〈周易注疏校勘記〉引據盧文弨校勘成果來源考述》。

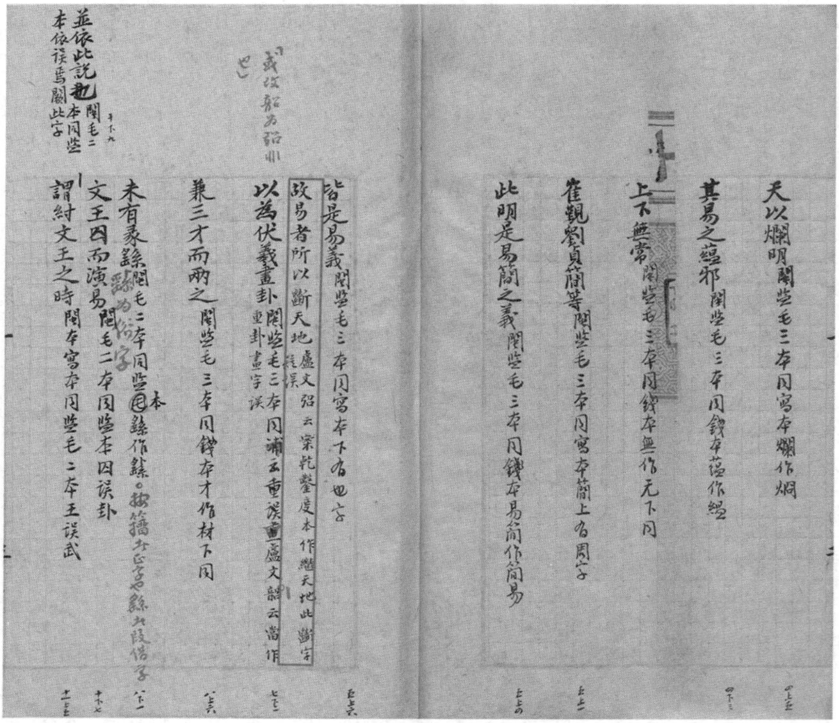

圖 1　《周易注疏校勘記》稿本（卷一，頁 2b—3a）

錄盧校本《周易兼義》時已經指出，此本中引及《校勘記》和阮本的緑筆校語乃後人所增，而非盧文弨原批。此條校語在《羣書拾補》中未標人名，説明是盧文弨己説，《校勘記》稿本及謄清本自然引作“盧文弨”，而刻本卻涉下條而誤作“盧文詔”。這也證明盧校本中的此條校語乃是後人從《校勘記》刻本轉錄，該文倒轉兩者關係。總之，此例恰好説明《校勘記》此條乃嚴杰據《羣書拾補》增補，而非采自盧校本。

其餘 11 條盧氏按語中，有 10 條盧校本與《羣書拾補》基本一致①，皆嚴杰補入。僅卷一疏文“心處僻陋”一條爲《羣書拾補》所無：

---

① 若仔細比對，《校勘記》所引實際與《羣書拾補》更爲接近。

　　盧校本:"心"當作"身"。（卷一,頁17a）

　　浦鏜《十三經注疏正字》:"心"疑"身"字誤。（卷一）

　　《校勘記》謄清本、刻本:盧文弨云:"心"疑"身"之誤。

《校勘記》稿本中並無此條,乃謄清本所補。從文字的一致性上看,顯然是源自浦鏜《正字》,只是誤冠盧文弨之名,不能作爲《校勘記》襲用盧校本而致誤的例子。

　　該文還舉了盧校本、《群書拾補》及《校勘記》均有,《校勘記》内容與前者同而與後者異的兩個例子,以證明《校勘記》所據爲盧校本。不過,兩例("決必有所遇""昔者聖人")皆屬《校勘記》自行校勘所得並據《七經孟子考文》轉引,與盧校本及《群書拾補》皆無關涉。該文在"《校勘記》大量襲用盧氏校勘成果"的先行觀念下加以推衍,與事實不符,此處不再贅述。

（四）《周易注疏校勘記》引《七經孟子考文補遺》是據原書還是轉引自盧校本

　　李鋭在《引據各本目録》中言明所引古本、足利本、宋本皆據《七經孟子考文補遺》,本無疑義。但樊寧在考察盧校本之後認爲,《周易注疏校勘記》並未翻檢《考文補遺》原書,而是承襲盧校本①。該文舉出兩個《校勘記》引古本、足利本、宋本有誤,而與盧校本相同的例子,來説明兩者的承襲關係。

　　例一爲卷一疏文"猶豫遲疑"條,《校勘記》云:"閩、監、毛本同,下同。宋本'遲'作'持',與注合。"毛本此段疏文中共出現四處"遲疑"（頁6b—7a）,《考文補遺》所校僅爲"居非所安,遲疑猶豫"一條,而盧校本則將四處"遲"皆改作"持"②,並云:"宋,持。"因此,該文認爲《校勘記》承襲盧校本之誤,而未核對原書。實際情況可能較爲複雜,《校勘記》稿本中"下同"二字乃後來補入,且與原條目筆迹不同,很可能是嚴杰覆核時添入（圖2）。若不考慮此二字,則李鋭初稿僅

---

　　① 樊寧《稀見清儒稿校題跋本五種探微》。

　　② 國圖藏盧校本僅於"欲進於王位,猶豫遲疑""居非所安,遲疑猶豫"兩條之"遲"字旁注"持"。

是出文之誤，即"猶豫遲疑"當作"遲疑猶豫"，尚難坐實爲沿襲盧校本之誤。

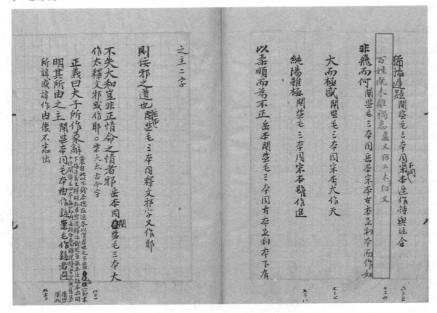

圖2　《周易注疏校勘記》稿本（卷一，頁8b—9a）

　　例二爲毛本卷八疏文："情謂實情，僞謂虛僞，虛實相感。若以情實相感，則利生。"（頁33b）盧校本勾畫"實情"二字，云："錢乙，宋乙。"即謂錢本、宋本作"情謂情實"。《校勘記》刻本出"情謂情實"云："閩、監、毛本同。錢本、宋本'情實'作'實情'。"檢核《考文補遺》卷八云："若以情實相感，'情實'作'實情'。"盧校本、《校勘記》刻本所校疏文對應均誤，而所記異文又相反，令人費解。實際上，《校勘記》原稿作：

　　　　若以情實相感　　閩、監、毛三本同。宋本"情實"作"實情"。
與《考文補遺》完全一致，並無錯誤，説明李鋭依據的是原書。只是後來嚴杰復核時，爲了增補錢本，據盧校本將出文改爲"情謂情實"，又於"宋本"下添補"錢本"二字，製造了錯誤（圖3）。

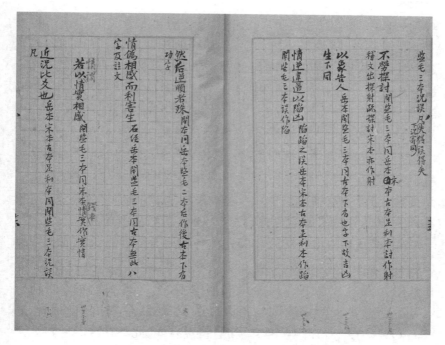

圖3 《周易注疏校勘記》稿本（卷八，頁15b—16a）

經過分析，以上二例都難以確認爲《校勘記》轉引盧校本。我們在考慮《校勘記》據原書還是轉引時，除了比對《校勘記》和盧校本的重合條目，更應注意到《校勘記》中一些徵引"寫本"異文的内容不見於盧校本，只能是李鋭據《考文補遺》原書所録。如《校勘記》稿本卷一"欲取改新之義"條云："閩、監、毛三本同，寫本‘新’作‘辛’。"同卷"考察其事"條云："閩、監、毛三本同，錢本、寫本‘察’作‘案’。"同卷"崔覲劉貞簡等"條云："閩、監、毛三本同，寫本‘簡’上有‘周’字。"同卷"皆是易義"條云："閩、監、毛三本同，寫本下有‘也’字。"以上諸條，盧校本皆無。又卷一"天以爛明"條云："閩、監、毛三本同，寫本‘爛’作‘烱’。"盧校本云："足利本，烱。"經檢《考文補遺》，知是寫本異文，盧氏誤記，亦可證明李鋭所據爲《考文補遺》原書，而非襲用盧校。嘉慶二年（1797），阮元於杭州翻刻《七經孟子考文補遺》，四年後開局編纂《十三經注疏校勘記》，李銳利用此本亦在情理之中。

至於李鼎祚《周易集解》，李銳、嚴杰所用似爲《集解》原書，故有超出浦鏜《周易注疏正字》、盧文弨《周易兼義》校本及《群書拾補》所引之外者。然嚴杰所補亦偶有誤從《群書拾補》轉引者，如《校勘記》卷九注文“謙者不自重大”條云：“《集解》作‘不自任也’。”然《周易集解》並無此句。經檢核，異文源頭爲浦鏜《正字》：“重大，盧本作‘任也’。”所謂“盧本”指明盧復《三經晋注》。盧文弨校本《周易兼義》於“重大”旁批“任也”二字，並轉錄《正字》此條作：“盧，任也。”此後寫入《群書拾補》時亦作：“盧本作‘不自任也’。”嚴杰轉引《拾補》時，誤以“盧本”即盧見曾刻本《周易集解》，故有此誤。

浦鏜《周易注疏正字》，李銳初稿僅卷一引及數條，稱“浦云”，其中頗有不見於盧校本者，應是引自原書。李銳校畢《周易》諸書後，在致何元錫札中提及“其經局書存弟處者”，其中就有“浦校一本”[1]。此後的浦鏜之説則均爲嚴杰復校時據《群書拾補》補録，稱“浦鏜云”。以上二書與《考文補遺》情況有異，此不具論。

結　語

《周易注疏校勘記》的編纂是一個漸進的過程，從初稿、謄清本到刊刻成書，經過李銳、嚴杰、段玉裁、孫同元等多人之手[2]，各人既有分工，所用材料亦不盡相同。我們應當充分認識到集體項目的複雜性，以及《校勘記》文本的不同層次。《周易注疏校勘記》和盧文弨《周易兼義》校本均以異文校爲主，兩者存在大量重合是自然之事。《周易注疏校勘記》對盧文弨《周易兼義》校本的利用僅限於轉引錢本異文，李銳在《引據各本目録》中言之甚明。此後嚴杰復校，又據《群書拾補》補入盧氏校勘意見，《周易集解》異文、浦鏜《正字》亦有從此書轉引者。至於《七經孟子考文補遺》，李銳所據乃是阮元新刻之原書，而非據盧校本轉引，故內容多有溢出盧校本之外者。因此，

---

① 嘉定博物館編《一代儒宗——錢大昕》，上海書畫出版社，2021 年，第 136、168 頁。

② 劉玉才《〈周易註疏校勘記〉稿本、謄清本解題》。

盧校本《周易兼義》只是引據資料的一種,其對編纂《周易注疏校勘記》的重要性不應過度誇大,《校勘記》的纂修仍應視爲當時整體學術氛圍的影響。

  附記:本文寫作於 2020 年 12 月,此後樊寧又發表《阮元〈周易注疏校勘記〉修纂考述——以與盧文弨〈周易注疏〉校本對勘爲中心》(《文獻》2021 年第 3 期),其基本結論與上引二文相同,故本文不再增補,謹附此説明。又,"中華古籍資源庫"有國圖藏佚名過録盧文弨《周易兼義》校本全文影像,劉玉才、陳紅彦主編《國家圖書館藏未刊稿叢書·著作編》(鳳凰出版社,2021 年)也將《周易注疏校勘記》稿本、謄清本影印出版,讀者自可參看。

第三章 《尚書注疏校勘記》編纂考述

王耐剛

《尚書注疏校勘記》（本章以下簡稱"《校勘記》"）二十卷，又附《尚書釋文校勘記》二卷。其初校工作由徐養原負責。徐養原（1758—1825），字新田，浙江德清人，嘉慶六年（1801）副貢生。長於《三禮》，精通算學，著有《頑石廬經説》十卷，《清史列傳》卷六九《儒林》有傳。《尚書》而外，徐氏還承擔了《儀禮》的初校工作。

一、《尚書》版本源流略述

《古文尚書》本是與《今文尚書》相對的以古字書寫的《尚書》文本，有所謂孔子家傳本、中古文本、河間獻王本，但影響最大的是東漢杜林漆書古文本，經賈逵、馬融、鄭玄等人訓釋，在東漢逐漸成爲《尚書》學的主流，在曹魏、西晉曾立於學官，可謂盛極一時。至西晉永嘉之亂，群書亡佚，此《古文尚書》亦式微。東晉時梅賾獻孔安國《古文尚書傳》，即今所謂《古文尚書》。經宋至清學者系統考訂，其乃是將伏生所傳《今文尚書》二十八篇析爲三十三篇，又采擿古書中所引《尚書》之文撰爲二十五篇，並託名孔安國作傳，是爲僞古文及僞孔傳。陸德明撰《經典釋文》，孔穎達主持修纂《尚書正義》，皆用梅賾所獻之僞《古文尚書》，此後，梅賾所獻本定於一尊。

僞《古文尚書》中多有古字，即所謂"隸古字"本，時人遂用通行文字書寫，所謂今字《尚書》。唐玄宗天寶三載（744），乃命衛包將《尚書》隸古字改爲今字。至唐文宗開成二年（837），又據衛包改本刻開成石經。後世所傳《尚書》，皆出自開成石經。

（一）寫本時代之版本

在雕版印刷廣泛應用以前，經典的傳布主要依賴手抄。現存偽《古文尚書》的寫本主要包括敦煌與新疆出土古寫本和日本所藏古寫本。敦煌寫本中涉及寫卷編號與《尚書》篇目如下：

P.4900a 孔安國《尚書序》

BD14681＋S.9935《堯典》《舜典》

P.3015《堯典》《舜典》

S.3111v3＋S.3111v4《大禹謨》

S.5745＋S.801＋S.8464《大禹謨》《泰誓中》《泰誓下》

P.3605＋P.3615＋P.3469＋P.3169《益稷》《禹貢》

P.5522＋P.4033＋P.3628＋P.4874＋P.5543＋P.3752＋P.5557《禹貢》《甘誓》《五子之歌》《胤征》

P.2533《禹貢》《甘誓》《五子之歌》《胤征》

BD15695《禹貢》

Дx.08672《仲虺之誥》

P.2643《盤庚上》《盤庚中》《盤庚下》《說命上》《說命中》《說命下》《高宗肜日》《西伯戡黎》《微子》

S.11399＋P.3670＋P.2516《盤庚上》《盤庚中》《盤庚下》《說命上》《說命中》《說命下》《高宗肜日》《西伯戡黎》《微子》

P.2523p3《泰誓上》

S.799《泰誓中》《泰誓下》《牧誓》《武成》

Дx.02883《洪範》

Дx.02884《洪範》

P.2748《洛誥》《多士》《無逸》《君奭》《蔡仲之命》

S.6017《洛誥》

P.3767《無逸》

S.10524a＋L2409＋S.5626＋S.6259《君奭》《蔡仲之命》《多方》

S.2074《蔡仲之命》《多方》《立政》

  P. 2630《多方》《立政》

  P. 4509《顧命》

  Дх. 10698 + Дх. 10838 + P. 3871 + P. 2980 + P. 2549《費誓》

《秦誓》及《尚書》目録

除以上經注寫本外,尚有陸德明《尚書音義》寫卷:

  P. 3315《堯典》《舜典》釋文

  P. 3462a《舜典》釋文

這些寫本的時代,以唐代爲主,如 P. 5557 署"天寶二年八月十七日寫了也",P. 2642 署"乾元二年正月廿六日義學生王老子寫了故記之也"。或有早於唐者,如 Дх. 10698 + Дх. 10838 + P. 3871 + P. 2980 + P. 2549《費誓》《秦誓》及《尚書》目録,王重民先生認爲是六朝寫本。這些寫本與今本互有異同,可證今本之譌舛疏誤,有重要的文獻學價值①。

  新疆寫本涉及尚書篇目如下:

  《大禹謨》,吐魯番出土唐寫本,殘,今藏柏林普魯士博物館。

  《太甲上》,和闐出土唐寫本,殘,日本大谷光瑞舊藏,見氏著《西域考古圖譜》。

  《大禹謨》,吐魯番高昌地區出土唐寫本,殘,今藏中國社會科學院考古研究所。②

  日本的《尚書》古寫本亦主要是孔傳,較爲主要的有以下兩種:

  東洋文庫藏初唐人寫本《古文尚書》殘卷,今存卷三、卷五與卷十二,嚴紹璗《日藏漢籍善本書録》云:"此卷爲日本今存隸古定《尚書》中最古寫本之一種。卷中不諱唐太宗之'民'字,當爲初唐寫得。

---

  ① 敦煌各寫本之内容、價值,可參王重民《敦煌經籍敘録》,中華書局,2010年;吳福熙《敦煌殘卷古文尚書校注》,甘肅人民出版社,1992年;許建平《敦煌文獻叢考》,中華書局,2005年;許建平《敦煌經籍敘録》,中華書局,2006年;張湧泉主編《敦煌經部文獻合集》,中華書局,2008年。

  ② 新疆本之詳細情況,可參劉起釪《尚書源流及傳本考》,遼寧大學出版社,1997年;顧頡剛、顧廷龍輯録《尚書文字合編》,上海古籍出版社,1996年。

與後世刊本相比較,則可是正之處甚多。"①

東京國立博物館藏初唐人寫本《尚書》殘卷,存卷六。《日藏漢籍善本書録》云:"卷中不避唐太宗諱。全文用隸古字,係唐玄宗改定用字前寫定。從筆迹考定,此殘卷與東洋文庫藏《古文尚書》唐寫本殘卷中的第五、第十二當爲同本,紙背抄録《元秘抄》亦爲同筆迹。"②

日本所藏《尚書》孔傳之鈔本甚多,如十二世紀寫本《尚書》孔傳殘本九卷,天理圖書館藏十三世紀初期中原家寫《古文尚書》殘本一卷,伊勢神宫藏十三世紀中期清原家寫本《古文尚書》,東洋文庫藏後醍醐天皇元德二年(元至順元年,1330)中原康隆寫本《尚書》孔傳殘本一卷,足利學校遺迹圖書館藏室町時代寫本《古文尚書》十三卷、十五世紀初期寫本《尚書》孔傳殘本三卷,大谷大學圖書館藏後柏原天皇永正十一年(明正德九年,1514)清原宣賢寫《尚書》孔傳殘本二卷,内閣文庫藏十七世紀初期寫本《尚書》孔傳十三卷等,這些寫本多爲日人抄寫,或自唐寫本而來,或自刻本而來。

經典在傳抄的過程中易有魯魚亥豕、矛盾錯訛之處,因此有石經之刻,這是寫本時代官方規範經書文本最爲重要的措施。

我們在上文已經指出,開成石經是後世文本的源頭,這是因爲五代時後唐長興年間(930—933)國子監所刻九經的經文即出《唐石經》,而北宋監本又是翻刻的五代監本,可見開成石經可以視作寫本時代與刻本時代的樞紐之一。

開成石經之前,漢有熹平石經,其《尚書》乃是今文歐陽氏本。曹魏有正始石經,乃是《古文尚書》鄭玄本,與東晉所出偽本不同。

開成石經而後,雕版印刷普及,刻本漸多,石經作爲規範經典的方式也逐漸爲官方刻書所取代,但依然有石經之刻。後蜀有廣政石經,它是石經中唯一經注並刊者,其《尚書》經文部分亦出唐石經。北宋有嘉祐石經、南宋有臨安石經,清有乾隆石經,各自《尚書》部分皆是僞《古文尚書》。又明萬曆二年(1574),太僕寺刻《尚書·冏命》一篇。

(二)宋元以來刻本

經書刻本之始,自五代後唐長興年間(930—933)。《資治通鑒》云:"初,唐明宗之世,宰相馮道、李愚請令判國子監田敏校正九經,刻板印賣,朝廷從之。丁巳,板成獻之。由是,雖亂世,九經傳布甚廣。"此事自後唐長興三年始,至後周廣順三年(953)告竣,凡歷四代二十二年,《册府元龜》《五代會要》皆詳載其經過。自此而後,《尚書》及其他經典之版本皆以刻本爲主。下文分白文、經注、單疏、注疏本簡述其源流。

1. 白文本

《景定建康志·文籍志》著録《尚書》有監本正文、建本正文、婺本正文,此所謂"正文",當是與注、正義、注疏相區別,故知是白文本。《景定嚴州續志》卷四《書籍》亦有《六經正文》,惜無存焉。

《尚書》之白文本存世較早者有二,一是国家圖書館藏宋刻遞修"八經"本,一是日本静嘉堂文庫藏宋刊婺州"九經"本。

"八經"本每半葉二十行,行二十七字,細黑口,左右雙邊,版心下方記刊工姓名,《尚書》部分存二十二頁。宋諱貞、恒、桓、慎、惇皆缺末筆,"廓"字則不諱,故傅增湘先生以爲寧宗以前刻板。又傅氏云:"今此本結體方峭,筆鋒犀銳,是閩工本色,決爲建本無疑。"①明清以來又有諸多翻刻,如明靖江王府翻刻本、民國時陶湘涉園影印本。

宋婺州刊"九經"本原爲陸心源皕宋樓舊藏。每半葉二十行,行二十七字,眉間有音切。版心有"易""書""詩""禮"等書名簡稱,並有刻工姓名及字數。《尚書》部分存二十六葉。此本避宋孝宗及以前諱,光宗之後則不諱,故陸心源《儀顧堂題跋》以爲孝宗時所刻。又陸氏云:"婺本重言《尚書》《周禮》兩書款格狹小,與此書近,字體

---

① 傅增湘《藏園群書題記》,上海古籍出版社,1989年,第2頁。

方勁,亦復相同,證以《建康志》,定爲婺本,當不謬爾。"①明崇禎秦鑛刻"九經",陸氏以爲即從此本出,唯改爲半葉十八行。此本傅增湘以爲明本,而非宋刻。

2. 經注本

前揭五代長興監本《尚書》即是經注本,也是六朝以降《尚書》孔傳最爲主要的文本形態。後之經注附《釋音》本、注疏合刻本之經注亦由此經注本而來。所以自五代監本而下,版本衆多。岳浚《刊正九經三傳沿革例》云:"今以家塾所藏唐石刻本、晋天福銅版本、京師大字舊本、紹興初監本、監中見行本、蜀大字舊本、蜀學重刊大字本、中字本、又中字有句讀附《釋音》本、潭州舊本、撫州舊本、建大字本、俞韶卿家本、又中字凡四本、婺州舊本,併興國于氏、建安余仁仲凡二十本,又以越中舊本注疏、建本有音釋注疏、蜀注疏,合二十三本,專屬本經名士反覆參訂,始命良工入梓。"②岳氏所列諸本,經注本最多。大致而言,可分爲中央官刻、地方官府刻、家刻本與坊刻本四類。中央官刻主要是國子監刻本。王應麟《玉海》云:"九月,國子監言,《尚書》《孝經》《論語》《爾雅》四經字體訛缺,請以李鶚本別雕,命杜鎬、孫奭校勘。"③由此可見,北宋國子監在景德以前所印行的"九經"經注是李鶚本,即五代國子監刻本。但由於日久歲深,所以到了景德時,書板間有損壞,故有重刻之舉。由此亦可知,北宋國子監重刻《尚書》孔傳在景德二年(1005)。

經靖康之亂,北宋國子監書板遭損毀劫掠,故南宋初主要是取諸州書板入國子監,至紹興九年(1139),始據北宋監本以鏤版。《玉海》卷四三《藝文》云:"紹興九年九月七日,詔下諸郡,索國子監元頒善本,校對鏤板。"④由此可見,南宋國子監所刊印經注本出自北宋監

---

① 陸心源著,馮惠民整理《儀顧堂書目題跋彙編》,中華書局,2009 年,第 29 頁。

② 岳浚《刊正九經三傳沿革例》,孫欽善選注《中國古文獻學文選》,江蘇教育出版社,2008 年,第 121 頁。

③ 王應麟《玉海》,廣陵書社,2016 年,第 566 頁。

④ 王應麟《玉海》,第 846 頁。

本,這大概就是《刊正九經三傳沿革例》所説的"紹興初監本"。至嘉定十六年(1223),毛居正又主持刊正經籍,張麗娟《宋代經書注疏刊刻研究》推測毛居正主持校刻的本子或即《刊正九經三傳沿革例》所謂"監中見行本"。兩宋監本《尚書》皆已不存,自監本《爾雅》來推測,其行款當爲每半頁八行,行十六字,注文小字雙行,行二十一字。

除中央官署刻本外,地方官府亦有刻本。如撫州公使庫刻本、興國軍學刻本。黃震《修撫州六經跋》云:"六經官板,舊惟江西撫州、興國軍稱善本。己未虜騎偷渡,興國板已毀於火,獨撫州板尚存。"①可見撫州本及興國軍學本皆爲六經,其中之《尚書》皆不存焉。從現存撫州本《周易》《禮記》等及興國軍學所刻《春秋經傳集解》來看。撫州本《尚書》每半頁十行,行十六字,小字雙行二十四字,白口,四周雙邊,同時又附《釋文》二卷。興國軍學本則每半頁八行,行十七字,小字雙行同,白口,左右雙邊,亦附《釋文》。

現今所存經注本《尚書》中,以北京大學圖書館藏宋刻《尚書》十二卷爲最早。是本每半頁十行,行二十字,白口,左右雙邊,避諱至"慎"字止。原爲李盛鐸木犀軒舊藏,是宋刻《尚書》中唯一一部經注本。

家刻本之中,則以廖瑩中世綵堂本最爲有名。廖瑩中世綵堂本是經注附《釋音》本。原刻已經不存,賴翻刻諸本傳世。義興岳氏所刻"九經三傳"之《尚書》即出自廖瑩中本,岳本今亦不存。清乾隆中曾據岳本翻刻,即所謂"仿宋相臺五經",雖經輾轉翻刻,然廖本《尚書》之風貌得見一斑。據乾隆仿宋本知,廖瑩中世綵堂本《尚書》每半頁八行,行十七字,小字雙行同,四周雙邊,有書耳。

坊刻本之中,有余仁仲萬卷堂本。余氏萬卷堂所刊《九經三傳》亦爲經注附《釋音》本,其《尚書》亦亡佚不存。從現存余氏所刻《禮記》來推測,其《尚書》行款當是每半頁十一行,行十八、十九字不等,注文小字雙行,行二十七字,左右雙邊。

---

① 黃震《黃氏日鈔》卷九二,《黃震全集》,浙江大學出版社,2013 年,第 2418 頁。

宋代以來，版刻興盛，書坊亦極多，除上述余仁仲萬卷堂外，坊刻《尚書》有如下重要版本：

《尚書》十三卷，宋乾道、淳熙間建安王朋甫刊本。每半葉十行，行十九字，注文小字雙行，行二十五字，左右雙邊，白口。避諱至"慎"字止。此本爲經注附《釋音》本，卷首附《堯九族圖》《舜巡四岳圖》等十八圖。日本學者阿部隆一稱此本爲"字畫纖細，撫刻精良，楮墨清爽之美本"①。今藏臺北"中央"圖書館。

纂圖互注《尚書》十三卷，又圖一卷。《第二批國家珍貴古籍名録圖録》著録爲宋刻本。每半葉十一行，行二十一字，小字雙行行二十五字，細黑口，左右雙邊。此本原爲天禄琳瑯舊藏，今所存者爲殘卷，且散藏於不同處：卷一、卷二藏於韋力芷蘭齋，卷五、卷六藏於哈爾濱圖書館，卷七至卷十三藏於國家圖書館。

纂圖互注《尚書》十三卷，又圖一卷，宋紹熙年間（1190—1194）建安宗氏刻本，行款與上本同。張麗娟《宋代經書注疏刊刻研究》指出，此本與上述國圖等地藏本相比稍有不同，可見並不同版，但整體相似，有密切的淵源關係。此本今藏日本京都市。

婺本點校重言重意互注《尚書》十三卷，宋刻本。每半葉十行，行二十字，小字雙行同，細黑口，左右雙邊。慎、敦字皆見避諱。有白文陰刻"重言""重意""互注"標目。原爲鐵琴銅劍樓舊藏，今藏臺北故宮博物院。

監本纂圖重言重意互注《尚書》十三卷，《四部叢刊》據劉氏嘉業堂藏本影印，《嘉業堂藏書志》卷一著録。是本每半頁十行，行十八字，小字雙行二十四字，白口，四周雙邊。避諱至"惇"字止。有重言、重意、互注等。此本今僅有影印本，原本下落不詳，蓋已亡佚。以上二本，雖稱"婺本""監本"，但實際皆出自建陽書坊。

3. 單疏本

《玉海》卷四三《藝文》云："端拱元年（988）三月，司業孔維等奉勅校勘孔穎達《五經正義》百八十卷，詔國子監鏤板行之。《易》則維

① 阿部隆一《增訂中國訪書志》，汲古書院，昭和五十八年（1983），第 384 頁。

等四人校勘,李説等六人詳勘,又再校,十月板成以獻。《書》亦如之,二年十月以獻。"又云:"咸平元年(998)正月丁丑,劉可名上言,諸經板本多誤,上令頤正詳校。可名奏《詩》《書正義》差誤事。二月庚戌,巽等改正九十四字。沆預政。二年,命祭酒邢昺代領其事,舒雅、李維、李慕清、王涣、劉士玄預焉,《五經正義》始畢。"①又云:"(紹興)十五年(1145)閏十一月,博士王之望請群經義疏未有板者,令臨安府雕造。二十一年五月,詔令國子監訪尋五經三館舊監本刻板。"②王之望《乞頒行群經義疏奏》云:"臣愚欲望陛下仿端拱、咸平故事,悉取近地所刊群經義疏並《經典釋文》,付國子監印數百部,頒其書於四方,詔郡縣以贍學或係省錢各市一本,置之於學。"③由以上我們可以歸納出兩宋國子監校勘單疏本《尚書正義》之經過如下:第一,其初刻經由校勘、詳勘、再校等步驟,負責人爲孔維,在端拱二年十月完成印刷,是爲《尚書正義》之初刻本。第二,初刻本不無疏誤,因又有刊正之舉,其完成在咸平二年。第三,南宋經靖康之亂后,群經義疏未有印本,因此王之望在紹興十五年請取近地已經刊行的群經義疏書板加以印行,所取書板可能就是各地翻刻的北宋監本《尚書正義》。至紹興二十一年,國子監又陸續刊刻經籍,亦當有單疏本。

《尚書》之單疏本今僅有南宋刻本傳世,藏日本宮內廳書陵部。是本每半頁十五行,行二十四字,白口,左右雙邊。避諱至"慎"字,可見是南宋孝宗以後的刊本。卷前有端拱元年(988)三月孔維上書表及官員銜名,可以推測爲南宋所翻刻北宋監本。原本之外,民國五年(1916)嘉業堂據抄本刻印行世,即《嘉業堂叢書》本。1929 年日本大阪每日新聞社又將原本影印,有内藤湖南所撰解題及跋文。又有《四部叢刊三編》影印本。

---

① 《玉海》,第 845 頁。
② 《玉海》,第 846—847 頁。
③ 黄淮、楊士奇編《歷代名臣奏議》卷二七五,文淵閣《四庫全書》本。

4. 注疏本

《尚書》的注疏合刻本主要有以下幾種：

越中八行本，即《刊正九經三傳沿革例》所謂"越中舊本注疏"。八行本《尚書正義》每半頁八行，行十九字，小字雙行同，白口，左右雙邊。考八行本《禮記正義》載黄唐跋文云："六經疏義，自京、監、蜀本皆省正文及注，又篇章散亂，覽者病焉。本司舊刊《易》《書》《周禮》，正經、注、疏萃見一書，便於披繹，它經獨闕。紹熙辛亥仲冬，唐備員司庾，遂取《毛詩》《禮記疏義》，如前三經編彙，精加讎正，用鋟諸木，庶廣前人之所未備。乃若《春秋》一經，顧力未暇，姑以貽同志云。壬子秋八月，三山黄唐謹識。"由此跋文可知，在紹熙二年（1191）至三年刊印《禮記正義》之前，已經先後刊刻《周易》《尚書》《周禮》之注疏合刻本。就《尚書》而言，其八行本今存兩部，一藏國家圖書館，一藏日本足利學校遺迹圖書館。藏於國家圖書館者，卷七、八、十九、二十配日本影宋鈔本，其避諱至"構"字止，孝宗嫌名不諱，故李致忠先生認爲是高宗紹興年間刊刻。足利學校所藏者，則歷經宋、元、明三代修補。

宋魏縣尉宅刻附《釋文》本《尚書注疏》。是本每半葉九行，行十六字，小字雙行，行二十二字，細黑口，左右雙邊，有書耳。慎、敦等字皆缺末筆，卷一末有刊記"魏縣尉宅校正無誤大字善本"一行。傅增湘先生《藏園訂補邵亭知見傳本書目》稱此本"字體峭勁流麗，建本之至精者"①。但此本僅存前十六卷，卷十七以下用元刊明修十行本補配。今藏臺北故宫博物院。此本附入《釋文》之方式乃是逐句散入，而非十行本逐段散入。

十行本系統，今《尚書》所存者乃是元刊十行附《釋音》本《尚書注疏》，此本影響極大，明代李元陽閩中刻本即從此出。萬曆間，北京國子監又據李元陽本重雕，是爲北監本，明崇禎毛氏汲古閣本與清乾隆初武英殿刊本則又出自北監本。此系統之注疏合刻本是明清以

---

① 莫友芝撰，傅增湘訂補《藏園訂補邵亭知見傳本書目》，中華書局，2009 年，第 39 頁。

降影響最大的版本。多家圖書館有藏。

平水刊《尚書注疏》二十卷,又《新彫尚書纂圖》一卷。半葉十三行,行二十六至二十九字不等,小字雙行,行三十五字,白口,四周雙邊,每卷後附《釋文》。傳世有三:一爲國家圖書館藏瞿氏鐵琴銅劍樓舊藏,《鐵琴銅劍樓藏書目錄》著錄爲金刻本;一爲日本天理圖書館藏傅增湘舊藏金刻本,存卷十八;一爲國家圖書館藏蒙古刻遞修本,存卷六至卷十、卷十六至卷二十。後二者爲清內閣大庫舊藏。據顧永新《經學文獻的衍生和通俗化》,此三本中傅氏藏本爲金刊本,而瞿氏藏本與國圖所藏內閣大庫本皆是覆刻傅氏舊藏金刊本,間有翻刻,唯瞿氏本爲較早印本,而國圖藏內閣大庫本則爲晚出之本。顧氏亦指出:平水所刊《尚書注疏》當出自宋本,其"所據宋本必在八行本之後,但絕非八行本,必在十行本之前,應該是十行本所據不附《釋文》的注疏合刻本相近或同版的本子"①。

二、《尚書注疏校勘記》的基本内容

(一)《尚書注疏校勘記》引據版本簡述

《校勘記》卷首有"引據各本目錄",共列十七種,可以分爲如下幾類:

第一,白文本,主要是唐石經和臨安石經。

第二,經注本,包括古本、岳本和葛本。所謂古本是據山井鼎《七經孟子考文》所引述之足利學校藏古鈔本。岳本乃是武英殿翻刻相臺岳氏本。葛本即永懷堂本,雖爲經注,實則出自閩本注疏。

第三,注疏本,主要包括宋板、宋十行本、閩本、明監本、毛本五種,其中宋板即前揭越中八行本《尚書正義》,校勘者是根據《七經孟子考文補遺》引據,而非目驗。宋十行本實是元刊明修本,閩本、明監本和毛本皆與十行本同一系統。其中毛本爲校勘之底本。

第四,參考資料一類。其中陸德明《經典釋文》、毛居正《六經正

---

① 參顧永新《經學文獻的衍生和通俗化》第一章第五節"金元平水注疏合刻本研究",北京大學出版社,2014 年。

誤》、王天與《尚書纂傳》主要是作爲版本資料使用,注重各自所載異文,《石經考文提要》、顧炎武《九經誤字》、浦鏜《十三經正字》、盧文弨《群書拾補》則注重其校勘結論,山井鼎、物觀《七經孟子考文補遺》則兩者兼而有之。

這裏附帶説明一下《尚書釋文校勘記》所使用的版本。《宋本十三經注疏併經典釋文校勘記凡例》説:"《經典釋文》明代無單行之本,崇禎間,震澤葉林宗仿明閣本影寫一部。國朝徐乾學取以刻入《通志堂經解》,盧文弨又刻之抱經堂。雖皆據原書訂正,亦或是非互易,棄瑜録瑕,今仍取原書以校徐、盧兩刻,拾遺訂誤,分配各經。"據此,各經《校勘記》的《釋文》部分當是以葉林宗影鈔本爲底本,校以通志堂和抱經堂二本。但實際情形並不如此。就《尚書釋文校勘記》而言,是用通志堂本作底本,校以葉林宗影鈔本(《記》中稱爲"葉本"或"葉鈔")、十行本及毛本《注疏》所附《釋文》,又參以盧文弨抱經堂本(《記》中稱爲"盧本"或"盧文弨校本")和段玉裁校本。

(二)《尚書注疏校勘記》的主要内容

《尚書注疏校勘記》二十卷共有校記 3037 條,《釋文校勘記》388 條,合計 3425 條,但以下的討論我們主要以《尚書》經、注與疏的校記爲主。《校勘記》詳細羅列各本差異,這些差異不僅包括經、傳、疏諸種校本的異文,還包括各本卷題、書名之差異。在此基礎上,《校勘記》對《尚書》經、注、疏在流傳過程中所産生的譌、脱、衍、倒進行校訂。

在校勘的過程中,校勘者還注重吸收他人的校勘成果,尤其是清人的校勘成果,除了在引據版本中説明的《石經考文提要》《九經誤字》《七經孟子考文補遺》《十三經正字》和《群書拾補》外,還包括以下諸人、諸書:

王念孫:一次;

許宗彦:十五次;

段玉裁:二十三次,主要出自《古文尚書撰異》;又《釋文校勘記》部分亦多引段玉裁説,有四十七次;

孫志祖：二十六次；

臧琳：一次，出《經義雜記》；

《岳本考證》：六次；

閻若璩：一次，出《尚書古文疏證》；

胡渭：一次，出《禹貢錐指》；

朱長孺：一次；

王鳴盛：四次；

錢大昕：一次；

齊召南：五次；

趙佑：一次；

《經典釋文考證》：一次；又《釋文校勘記》引盧文弨說者亦多出《經典釋文考證》，計二十七次。

上述諸家之說中，《校勘記》對於段玉裁說幾乎全部接受，由此可見段玉裁與《十三經注疏校勘記》修纂之密切關係。

（三）《尚書注疏校勘記》的主要問題

《校勘記》在"引據各本目錄"中"閩本"下云："《記》中與《考文》所引並載，以見此詳彼略云。"即《校勘記》中記錄閩本之文字，同時也以"嘉本"作某的方式記錄《七經孟子考文補遺》中的記載。除閩本之外，十行本、明監本也有這種情形：

卷一016條：循蜚七也　蜚，宋板、十行、正德本俱作"飛"。

卷一046條：天下學士　嘉靖、閩、監俱脫"天下"二字。

校記中正德本與十行本實是一種，嘉靖本與閩本爲一種。稍嫌重複，但體例言明也無不可。但是《校勘記》中這種情形也有所記錄的文字前後矛盾之處，即記載所謂正德本與十行本或嘉靖本與閩本不一致，如：

卷十五148條：所以居王中　居王中，古、岳、宋板、閩本作"居土中"，是也。十行、葛、正德、嘉、萬俱作"君上中"，亦非。

據校記所云，閩本作"居土中"，嘉本作"君上中"，但閩本和嘉本實際是同一種版本，並無修版或補版與原版之別，不可能文字不一致。今核閩本《尚書注疏》此作"君土中"，則《校勘記》所記閩本、嘉本文字皆非。又《七經孟子考文補遺》云"正德、嘉、萬三本'居土中'作'君土中'",則《校勘記》所云"君上中"當是"君土中"之誤。由此條可見,《校勘記》所記諸校本文字有誤,引用資料亦有誤,因而造成了對同一版本前後矛盾的記載。

《校勘記》還有其他一些問題,如版本使用不全,存在漏校等問題,且據上文版本源流部分亦可知《校勘記》所遺漏重要版本,但其他諸經疏《校勘記》亦存在類似問題,爲避免行文重複,因此我們這裏不再詳論。

三、《尚書注疏校勘記》的主要版本

《校勘記》的主要版本有以下幾類:一是嘉慶間文選樓刻本(以下統稱爲"文選樓本"),一是嘉慶二十年(1815)至二十一年南昌府學刻《十三經注疏》所附本(以下簡稱爲"南昌本"),一是《清經解》所收《十三經注疏注疏校勘記》(以下統稱爲"學海堂本"),其中文選樓本和學海堂本是全本,南昌本則是盧宣旬摘録本。

(一)文選樓本

文選樓本存世較多,但據我們調查,諸本之間有先後印次之不同。我們所調查的文選樓本如下:

《續修四庫全書》影印南京圖書館藏本,以下簡稱"南圖本",文中所引《校勘記》,如無注明,皆出此本,下不一一説明。

上海圖書館藏本(索書號:002871),以下簡稱"上圖本"。

上海圖書館藏葉景葵藏本,以下簡稱"葉藏本"。此本上圖目録著録爲嘉慶十一年(1806)刻本,然卷首有段玉裁嘉慶十三年序文,故當是十三年以後印本。此本封面有葉景葵先生題記,録之如下:"凡例内所夾一簽似唐鷦安手書。《儀禮》缺卷補抄極工整。丙子年以廉價得於上海城内書攤,己卯年重裝訖。揆初記。"其中《禮記注疏校勘記》卷一至卷四,《儀禮注疏校勘記》卷一至卷八皆係抄配。

華東師範大學圖書館藏本(盛宣懷愚齋圖書館舊藏),以下簡稱"愚齋本"。此本華師大圖書館著録爲嘉慶二十一年(1816)刻本,以其段玉裁嘉慶十三年序后又有嘉慶二十一年阮元進書奏表。此奏表爲其他三本所無,因此四本之中,此本應該是刷印最晚的本子。

以上四個版本,雖然都是文選樓本,但四者之間,存在着細微的差別。此處略舉數例:

如卷七第 049、050 條,今録之如下:

> 楚語稱堯有重黎之後　有,宋板、十行、監本俱作“育”。閩本亦誤作“有”。

> 廢天地　地,十行、閩本俱作“時”。按,“地”字非也。

南圖本之順序如此,上圖本亦同,而葉藏本和愚齋本此兩條的順序互換,與南圖本相反。今按,宋八行本《尚書正義》有兩“廢天時”,一在“楚語稱堯有重黎之後”前,一在其後。在前者,毛本作“廢天地”,在後者毛本作“廢天時”。出文既作“廢天地”,則應在“楚語稱堯有重黎之後”前,是則葉藏本與愚齋本爲是。

又如卷十第 029 條:

> 官不至其言　十行本“至”誤“全”。

南圖本及上圖本文字如此,而葉藏本、愚齋本出文皆作“官不至其賢”,改“言”爲“賢”,核之毛本《注疏》,葉藏本、愚齋本所改爲是。

又如卷十四 094 條:

> 常修己以敬哉　常,閩本誤作“當”。

南圖本及上圖本文字如此,而葉藏本及愚齋本則作:

> 當修己以敬哉　當,閩本誤作“常”。

今按,閩本、毛本《尚書注疏》此句皆作“當修己以敬哉”,並無不同。核之諸本,惟監本作“常修己以敬哉”,故疑此條出文當作“當修己以敬哉”,校記當作“當,監本誤作‘常’”,若是如此,葉藏本及愚齋本近其實,惟“監”誤作“閩”耳。

又如卷十八第 030 條:

> 吉禮之別十有三　十有三,宋板作“有十二”,是也。

南圖本及上圖本文字如此,但葉藏本及愚齋本此條則作:

> 吉禮之別十有二　閩本作“十有三”,非也。

核之注疏諸本,此條出文當以葉藏本及愚齋本爲是,校記則當以南圖本、上圖本爲是。

　　由以上數例可推知，葉藏本、愚齋本改正了南圖本、上圖本的諸多錯誤。因此我們認爲南圖本和上圖本的刷印要早於葉藏本和愚齋本。我們再看下面的例子，卷十六第 015 條：

　　　　天爲過逸之行　　天，古、岳、葛本、宋板、十行、閩、監、《纂傳》俱作"大"。按，"天"字誤。

　　按，校記中"大"字之橫畫南圖本已斷續不清，然尚可識讀，至上圖本、葉藏本、愚齋本此條"大"字之橫畫已不甚清楚，似作"人"字，至道光時，學海堂重刊《十三經注疏校勘記》，此條之"大"字遂誤作"人"字。由此亦可考知文選樓諸本刷印之先後。

　　經過我們初步比勘，上述四個版本之先後印次當爲：南圖本、上圖本、葉藏本、愚齋本。在《尚書》部分，南圖本與上圖本並無差異，但在《儀禮》部分差異較大，詳參《〈儀禮注疏校勘記〉編纂考述》，此不贅述。

　　最後需要說明的是，愚齋本卷首序后有奏表，此奏表亦見於阮元《揅經室集》，奏表云《校勘記》"連年校改方畢"，這可能就是文選樓諸印本之間文字有異的原因。愚齋本既經進呈御覽，故可視爲《十三經注疏校勘記》之定本。

　　關於上述提及的文選樓諸先後印本，這裏有幾點需要補充：

　　第一，作出如上諸本印次先後推論的前提是，我們所調查的每套《十三經注疏校勘記》內部十三種校記都是同時印刷的，即不存在將不同印次的各經校勘記補配成一整套的情形。但若這一前提不能成立，那麼問題將會更爲複雜，討論需要以每部經疏《校勘記》爲個案來進行。例如《尚書注疏校勘記》在初印之後至少進行了一次修改，《儀禮注疏校勘記》則至少進行了兩次修改。

　　第二，南圖本、上圖本、葉藏本、愚齋本《儀禮注疏校勘記》皆有不同，而南圖本、上圖本《尚書注疏校勘記》則基本相同。據此，《十三經注疏校勘記》的修改並不是一次完成的，從南圖本到上圖本，主要對《儀禮注疏校勘記》進行了校改，而從上圖本到葉藏本，則主要對《尚書注疏校勘記》進行了校改，而從上圖本到愚齋本，則又修改了《儀禮注疏校勘記》的一部分。這種情況和阮元在《恭進十三經注疏校勘記摺子》中所説《校勘記》"連年校改方畢"一語正相吻合。

第三,我們的調查範圍非常有限,其他圖書館所存藏的文選樓本《校勘記》是否與我們上述版本之一相合,抑或與上述四個版本皆不同,我們無從得知。也就是説,我們的調查不能肯定文選樓本改版的次數,在上述各個印次之間,是否有其他印次的印本,亦有待續考。

(二) 南昌本

南昌本因附於阮刻《十三經注疏》之後,因而在《校勘記》諸本中流傳最爲廣泛。南昌本與文選樓本有重要差異。

這兩個版本的差别首先在於一個是全本,一個是摘録本。我們在上文已經指出文選樓本共有校記 3037 條,又有《釋文》校記 388 條,南昌本則共有校記 1727 條,除未附《釋文校勘記》外,另删去文選樓本校記 1312 條,此外南昌本還把文選樓本卷二、卷三、卷四、卷六、卷八、卷九、卷十一、卷十二、卷十四、卷二十之 001、002 條,卷十六之 101、102 條各自兩兩合爲一條。除删減、合併校記外,南昌本還增加了 11 條校記,其中卷一增加 3 條,卷三、卷六、卷七各增加 1 條,卷九增加 7 條。卷九所增 7 條校記中有六條録自《釋文校勘記》,則南昌本所新增校記實際僅有 5 條。除此而外,南昌本還删掉了文選樓本的標目。

其次,文選樓本與南昌本校勘底本不同,這是兩本最重要的差别。文選樓本的校勘底本爲毛本,南昌本則因爲附於《尚書注疏》之後,所以其校勘底本是南昌府學校刻《尚書注疏》的底本,即十行本。這就決定了兩本之出文不同,文選樓本的出文依據毛本,而南昌本在摘録時,則需要將出文轉換成十行本相應的文字。在轉換的過程中,南昌本增加了新的問題。如:

卷二 074 條:時言東作　時,宋板、十行俱作"特",非也。

南昌本相應之條目作:

特言東作　宋本同。岳本、閩本、毛本"特"作"時"。案,作"特"非也。

南昌本轉換了出文,并將校記中描述文字作了相應調整。《校勘記》一般只揭示與出文不同的版本,與出文相同的版本不再説明(僅徐養原如此,他經《校勘記》或同或否,如李鋭所校,則不論與出文同否,一概詳細説明,由此可見《十三經注疏校勘記》的體例並不嚴整),所以文選樓本僅提及宋板、十行。南昌本在轉化過程中要補充版本,所以多了閩本。閩本而外,南昌本還增加了岳本。但是此條是校疏文,不應言及岳本,岳本疑是明監本之誤。

卷十 071 條:以紂自絕先王　十行、閩、監俱脱"王"字。

南昌本相應之條目作:

以紂自絕先　閩本、明監本同。毛本"先"下有"王"字,正與岳本同。

南昌本轉化的問題在於"正與岳本同"一語,此亦是疏文,而岳本並無疏文。孔傳中有"以紂自絕於先王"一語,各本皆同,此處也没有必要單單引用岳本。又八行本《尚書正義》即《校勘記》所云"宋板"(或稱"宋本")"先"下有"王"字,疑"岳"字當是"宋"字之誤。

由以上可知,由於是摘録,南昌本一是不能完全反映《尚書》各本之文字差異,一是其所言往往與實際並不相符,問題較多。再者,因其删改過多,所以其與文選樓先後印本之關係亦不易推斷。

(三)學海堂本

學海堂本有道光九年(1829)初刻本(以下簡稱"道光初刻本")和咸豐九年(1859)補刊本(以下簡稱"咸豐補刊本")的差異,這一點在《尚書注疏校勘記》中表現尤爲明顯。

道光初刻本與文選樓本整體差異不大,具體來説,道光初刻本更接近嘉慶二十一年(1816)的印本,而與較早印本不同。我們在上文所舉文選樓諸印本之差别,道光初刻本之文字皆與愚齋本相同,而與南圖本不同。因此,我們認爲,道光初刻本源自嘉慶二十一年之定本。

從整體上考量,咸豐補刊本作爲道光本的補刊,所用的底本應該是道光初刻本,這一點我們可以從各卷卷尾校勘銜名得到確認。如

《校勘記》卷十六(《清經解》卷八百三十三),道光初刻本卷末署名作"嘉應生員李恆春校",到了咸豐補刊本,卷末的題名改作"嘉應李恆春舊校/南海桂文烜、桂文燦新校",可見補刊本仍然部分保留了校勘者銜名。咸豐補刊本還保留了若干道光初刻本的版面,如卷十七(《清經解》卷八百三十四)第七、八兩頁書版爲道光原版,又如卷二十(《清經解》卷八百三十七)的第五至七也是道光原版,並且保留了"嘉應生員李恆春校"的署名。

但咸豐補刊本也對道光初刻本作了相當程度的校改,這些校改使其與文選樓本、道光初刻本之間有了重要差異。括而言之,表現爲以下幾點:

第一,校記或按語詳略不同。舉例如下:

卷一 073 條:及以王若曰庶邦亦誤矣　浦鏜云:"及"當"乃"字誤。

咸豐補刊本末增按語:"○按,浦云是也。"又如:

卷三 001 條:古文尚書舜典第二虞書孔氏傳　古本如此。山井鼎曰:"古本分爲十三卷,卷内又數篇者,每篇篇題同此,以下不重出,可推知也。"

咸豐補刊本末增按語云:"○按,唐石經、岳本俱無'古文尚書'四字,餘與古本同,後放此。"多數情形是咸豐補刊本按語較爲詳細,而文選樓本或略或無。但亦有相反者。如:

卷三 016 條:傳麓録至於大　大,十行、閩、監俱作"天",是也。

咸豐補刊本無結尾"是也"二字。

第二,校勘結論不同。例如:

卷二 074 條:時言東作　時,宋板、十行俱作"特",非也。

咸豐補刊本相應條目作:

時言東作　時,宋板、十行俱作"特"。○按,"時"字非也。

文選樓本以"時"字爲是,咸豐補刊本則以"時"字爲非,二本結論相反。

卷二 135 條:故傳倒文以曉民　浦鏜云"民"恐"明"誤,當屬下句,是也。

咸豐補刊本相應條目作:

> 故傳倒文以曉民　山井鼎曰"民"恐"明"誤,當屬下句。〇
> 按,浦鏜云"明"誤,是也。

是文選樓本以爲"民"字當作"明",咸豐補刊本則認爲"明"是誤字。今按,浦鏜《十三經注疏正字》云:"'民'當'明'字誤。"據此則咸豐補刊本"明誤"上脱"民當"二字,違背浦鏜原意。又"當屬下句",乃山井鼎説,浦鏜無此説。

第三,條目多寡不同。這涉及《釋文校勘記》卷下 142 至 145 四條。今録之如下:

> 鋭以税反　〇按,《尚書撰異》云:治《尚書》者,自蔡仲默以來,皆謂"鋭"當依《説文》作"鈗"矣,而未得其詳。考之《玉篇》,但有"鋭"字與"鈒""鋋"等字,以類相從,注云"徒會切,矛也,又弋税切",是野王所據《尚書》作"執鋭"也。
>
> 琄　〇十行本、毛本作"冒",非。
>
> 憑　〇段玉裁校本作"馮"。
>
> 卞　〇段玉裁校本作"弁"。

咸豐補刊本四條變爲兩條:

> 鋭以税反　〇毛居正曰:"鋭,許氏《説文》音兑,《廣韻》徒外反,今音以税反,是鋭利之鋭,非兵器也,其誤明矣。當從《説文》《廣韻》音。"按,經文"鋭"字若依《説文》則當作"鈗",從金允聲,音允。今經既作"鋭",故《廣韻》於泰韻"兑"字鈕載之,《説文》初無此音,未知毛説何據。〇按,《尚書撰異》云:治《尚書》者,自蔡仲默以來,皆謂"鋭"當依《説文》作"鈗"矣,而未得其詳。考之《玉篇》,但有"鋭"字與"鈒""鋋"等字,以類相從,注云"徒會切,矛也,又弋税切",是野王所據《尚書》作"執鋭"也。
>
> 琄　〇十行本、毛本作"冒",非。

不難發現,咸豐補刊本在"鋭以税反"條增加了"毛居正曰"云云等"〇"前按語的内容,這些文字在咸豐補刊本中剛好佔了兩行,因此

補刊本删去了"憑""卞"二條,從而使改動不會影響其他版片。又咸豐補刊本"鋌"字誤作"鋋"字,則沿襲自道光本。

以上三點差異,前兩點較主要,涉及條目較多。雖然咸豐補刊本有些校記詳於文選樓本,但是需要説明的是,這並不是説咸豐補刊本優於文選樓本。咸豐補刊本有如下一些問題,如誤字較多,多是形近而誤。如卷一004條"怗"誤作"怙",卷二131條"扞"誤作"扞"、"扞"又誤作"扞",卷七068條"牖"誤作"牖"。前所舉卷二135條亦是咸豐補刊本不合浦鏜原意。由此可知,二本互有短長,可以互補。

(四)咸豐補刊本校改依據之推測

我們在上文已經指出,咸豐補刊本刊刻之依據主要仍是道光初刻本。但是其校改依據呢?咸豐補刊本之刻在道光初刻本及文選樓本之後,那麼咸豐補刊本的校改是否是針對道光初刻本或文選樓本的呢?

從有些條目來看,可以這樣説。例如《釋文校勘記》卷下094條:

> 不啻徐本作翅音同　○翅,葉本作"商"。按,"商"蓋"商"之誤。

文選樓諸本及道光初刻本文字如此,咸豐補刊本此條作:

> 不啻徐本作翅音同　○翅,葉本作"商"。按,"商"蓋"商"之誤。○按,葉本誤也,云［商］(商)之誤更非。

今按,咸豐補刊本云"云商之誤更非",顯然是針對原來"'商'蓋'商'之誤"而言的。如果僅從此條來看,咸豐補刊本是在道光初刻本基礎上改動的。

但是,實際情況並不如此簡單。我們先看一下卷十六028條(圖1):

此條校記"法"字左原有"作"字,文選樓諸本、道光初刻本皆如此。但"作"字似與文義無涉,且"非"字下文選樓本仍有空白。所以我們整理時删去了"法"字左側的"作"字。但咸豐補刊本此條與文選樓本不同:

> 言我周亦法殷家　法,古本、宋本俱作"涉"。山井鼎曰,考

疏意,作"涉"者非。

根據文選樓本的行款,"作涉者非"四字需要轉行,其中"作"字恰在"法"字之左。那麼我們可以推測,文選樓本此條原與咸豐補刊本一致,但後來作了修改,剜去"山井鼎曰考疏意作涉者非"十一字,又在"涉"下補刻"非"字。在剜改時,轉行處的"作"字剜改未盡,所以就成了我們今天看到的這樣。類似的情況還有卷十八 003、147 兩條。這可以説明,我們所看到的文選樓本是經過剜改的本子。

如果我們的推測成立,那麼咸豐補刊本校改之依據,恐怕是要早於我們今天所見到的有嘉慶十三年(1808)段玉裁序的本子。考《雷塘庵主弟子記》嘉慶十一年冬十月云:"纂刊《十三經校勘記》二百四十三卷成。"若此記載無誤,則《十三經注疏校勘記》的初刻乃是在嘉慶十一年,而非嘉慶十三年。

京都大學人文科學研究所藏有一套《十三經注疏校勘記》,既無段玉裁序亦無阮元進書奏表,所以被認爲是嘉慶十一年的初印本。

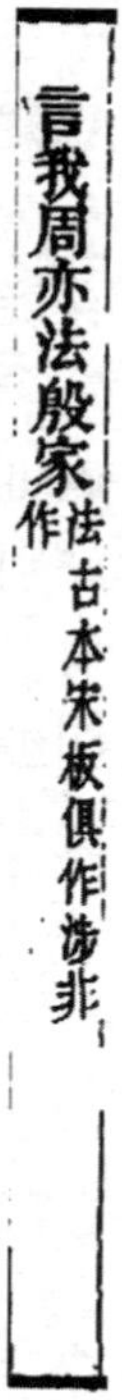
言我周亦法殷家作法古本宋板俱作涉非

圖1

較早意識到這一問題的是日本學者關口順先生,他在《〈十三經注疏校勘記〉説略》一文中説:

> 文選樓刊本初刻之後,附載有嘉慶戊辰十三年(一八〇八)日期的段玉裁之《序》而冠於全書之首,隨後又附有嘉慶二十一年(一八一六)十二月日期的《進表》,特爲敬裝十部將之進獻嘉慶帝。例如東京大學文學部、東洋文化研究所以及静嘉堂文庫所藏各本均是附載《序》和《進表》的,這些版本中的校語基本上與初印本一致,與初印本不同之處幾乎僅在於卷首附加上列二文,以及《總目》末葉刻入的校字者名字從嚴杰改爲阮亨。上列版本顯然屬於後印本,大概是在嘉慶二十一年以後印行的。①

關口氏認爲《校勘記》一書主體刊刻在嘉慶十一年完成,後來在

① 關口順撰,水上雅晴譯注《十三經注疏校勘記略説》,劉玉才、水上雅晴主編《經典與校勘論叢》,北京大學出版社,2015 年,第 233 頁。

十三年和二十一年又分別加刻了段玉裁序和阮元進表,同時將《總目》中的校字者由嚴杰改爲阮亨。

咸豐補刊本是否根據的是這個初刻本呢? 因材料有限,姑且存疑。

道光初刻本刊刻的主持者嚴杰對於南昌本所附《校勘記》提出過批評:"近年南昌重刻十行本,每卷後附以校勘記,董其事者,不能辨別古書之真贋,時引毛本以訂十行本之訛字,不知所據者乃續修之册。更可詫異,將宮保師《校勘記》原文顛倒其是非,加'補校'等字。因編《經解》附正於此,俾後之讀是記者,知南昌本之悠繆有如是夫。"因此,學海堂本對於南昌本所增校記和按語等並没有采納。

第四章 《毛詩注疏校勘記》編纂考述

袁 媛

一、成書過程與編纂者

《毛詩注疏校勘記》七卷及《毛詩釋文校勘記》三卷（本章以下简称"《校勘记》"）的修撰過程大致可分爲兩個階段。第一階段是嘉慶六年（1801）至七年冬，由顧廣圻負責，完成初稿。第二個階段是嘉慶八年至十三年由文選樓正式刊印之前，由段玉裁、阮元等人對初稿加以審訂修改。

嘉慶五年（1800），阮元出任浙江巡撫，延請學人開局校勘《十三經注疏》。顧廣圻參與其中，與段玉裁的推薦有關。段氏《與劉端臨第二十九書》"今年一年，《説文》僅成三頁，故雖阮公盛意而辭不敷文，初心欲看完《注疏考證》，自顧精力萬萬不能，近日亦薦顧千里、徐心田養源兩君而辭之"①，便言及此事。顧廣圻（1766—1835），字千里，號澗薲，以字行，爲蘇州元和人。他終生未仕，以校書爲業，先後受聘於黃丕烈、阮元、張祥雲、張敦仁、孫星衍、胡克家等人。其所校典籍衆多，細密精審，有"清代校勘第一人"（神田喜一郎語）之譽。嘉慶六年，他赴杭州，承擔《毛詩注疏》《毛詩釋文》的校勘工作。次年冬，返回蘇州。至此，《毛詩註疏》及《釋文》校勘的主體工作基本告成，前後歷時一年有餘。

---

① 段玉裁撰，鍾敬華校點《經韻樓集》，上海古籍出版社，2008 年，第 413 頁。

　　然而有證據表明,在顧氏完成初稿之後,另有他人對《校勘記》加以審訂和增補,這才最終形成我們今天看到的《校勘記》。證據之一是今本《校勘記》存在不少校記前後校語意見相左之處。如卷一"浪意明也"(《終風》)條,先云"案,《爾雅疏》即取此,正作'明'",而後又云"○按,此當作'萌'爲是","作'明'者誤"。又如同卷"江東謂之藻音瓢"(《采蘋》)條,先云"案,'音瓢'二字當旁行細字,《正義》於自作音者例如此也",後又云"今按,'音瓢'二字亦是郭注,郭注不特經内字爲音,即自注内難識之字亦多爲音","舊於此云《正義》自作音者,非也"。可以確定,以上"○"後的校語都不是出自顧廣圻之手。若是顧氏意見發生變化,徑改舊校即可,無須如此周折。

　　書前《引據各本目録》與段玉裁文章的意見重合則透露出更多的綫索。"孟蜀石經殘本二卷"下云蜀石經"其餘乖異甚多,均無足采,惟《甘棠》箋'重煩百姓',較今本少'不'字,與《漢書·司馬相如傳》'方今田時,重煩百姓'合"。這一看法又見於段氏《跋黄蕘圃蜀石經毛詩殘本》,文中云"余爲阮梁伯定《十三經校勘記》,則取《甘棠》召伯聽男女之訟,重煩勞百姓,此與《司馬相如傳》'方今田時,重煩百姓'同解。今本有"不"字,非也①。如段文所言,他曾對《毛詩注疏校勘記》加以審定,《引據各本目録》中這段或許便來自他的修改。

　　阮元也參與了審定工作,也就是《毛詩注疏校勘記序》中提到的"復定是非"。對此,當時學者方東樹曾指出"按嚴云,'臣復定其是非',此語專爲段氏駁《詩經》而設,因以施於群序云爾。按《校刊記》成,芸臺寄與段懋堂復校,段見顧所校《詩經》引用段説未著其名,怒之,於顧所訂肆行駁斥,隨即寄粤付凌姓司刻事者開雕,而阮與顧皆不知也。故今《詩經》獨不成體。此事當時無人知者,後世無論矣。乙酉(1825)八月,嚴厚民杰見告,蓋以後諸經乃嚴親齎至蘇共段同

---

　　①　《經韻樓集》卷一,第6頁。

校者也"①。嚴杰自詁經精舍起就一直跟隨阮元,參與《經籍籑詁》《十三經注疏校勘記》《皇清經解》等編纂項目,是阮元幕府的重要成員。方説來自嚴氏,應該不無根據。事實上,顧廣圻加入《十三經》校書局後不久,就因注疏合刻的時代問題與段玉裁發生爭執,這成爲二人矛盾的肇端②。段玉裁審訂顧氏初稿正發生在這之後,審訂中意氣難平,也是合乎情理的。

至於《校勘記》中的"○"後校語究竟出自誰手,段、阮二人的審定對顧氏初稿改動有多大,還有待更細緻的考察,下文也將稍作探討。可以確定的是,《毛詩注疏校勘記》形成過程較爲複雜,當中包含了好幾位學者的工作。這是使用此書時需要注意的。

二、《毛詩注疏校勘記》所據版本

根據《校勘記》卷首《引據各本目録》,《毛詩》校勘工作共參考了九個版本。白文本二,爲唐石經和南宋石經殘本。前者是衆經校勘都參考的版本,毋庸多言。後者則被列爲校勘《尚書》《毛詩》《禮記》《論語》《孟子》五經的參校本。其爲宋高宗所書,開雕於紹興年間,原石立於杭州。國家圖書館藏有顧廣圻舊藏《南宋石經·詩經殘石》拓本一套,原經十石,現存八張,缺第四、五兩石,爲清嘉慶年間所拓,或即爲《校勘記》中顧氏所據之本。《校勘記》對南宋石經評價較高,稱其可"見南宋時經猶爲善本,考古者宜所寶貴矣"。

經注本三,分別爲孟蜀石經殘本、宋小字本、重刻相臺岳氏本。孟蜀石經刻於五代後蜀廣政年間,《校勘記》對它評價並不高,認爲"乖異甚多",但亦有保存古貌、不可忽視之處。宋小字本,附有《釋文》,其行款與國家圖書館收藏的一部宋刻殘本(藏書號:840)相吻合。該本上又有顧廣圻跋。據此推斷,"宋小字本"應該就是此本。

---

① 蕭穆《敬孚類稿》卷八《記方植之先生臨盧抱經手校十三經注疏》,光緒三十三年(1907)刻本。

② 可參見汪紹楹《阮元重刻宋本十三經注疏考》,《文史(第三輯)》,中華書局,1963年。

顧跋云："錢曾《敏求記》云'《毛詩鄭氏箋》廿卷，南宋刻本，首載《毛詩舉要圖》'者即此刻本也。十年前家兄抱沖（顧之逵）得之，藏於小讀書堆，近始借在西湖寓館，校讀一過。所見毛、鄭《詩》本子莫有舊於此者，洵足寶已。嘉慶壬戌（1802）九月初一日，元和澗薲居士顧廣圻書。"①其中所謂"西湖寓館"，正是他在《十三經》局時的居所。相臺岳氏本依據南宋廖瑩中世綵堂本《九經》翻刻，乾隆四十八年（1783）內府仿刻其中《周易》《尚書》《毛詩》《禮記》《左傳》五種，稱作"相臺《五經》"，也就是《目錄》中所謂的"重刻相臺岳氏本"。岳本《毛詩》及《尚書》《禮記》三種早已失傳，只能通過內府仿刻來了解其面貌。

　　注疏本四，即十行本、閩本、明監本、毛氏汲古閣本。它們屬於同一版本系統，十行本是後三者的祖本。《引據各本目錄》認爲所據十行本爲宋刻明修本，云："日本山井鼎所云'宋板'即此書，其源出《沿革例》所云'建本'，有音釋、注疏，遞加修板至明正德時。"而其實所據十行本爲元刻明修本。真正的宋刻傳世僅有一部，現藏於日本足利學校遺迹圖書館，也就是山井鼎《七經孟子考文》中所稱的"宋板"。

　　總的來説，《校勘記》的版本選擇兼顧版本的時代、質量與代表性，較爲全面妥當。然而也存在遺憾。日本武田科學振興財團杏雨書屋藏有一部單疏本《毛詩正義》，原爲四十卷，現存三十三卷，爲南宋紹興九年（1139）紹興府所刻。它保存了注疏合刻之前《毛詩正義》的面貌，文字内容與格式都具有重要的價值。但它遠在東瀛，長期以來不爲國人所知，阮元、顧廣圻都不知道它的存在。今天若要校勘《毛詩注疏》，無論是探求《正義》原貌，還是追溯唐代乃至更早的《毛詩》面貌，都必須重視這個單疏本，充分利用它②。

---

①　顧廣圻著，黃明標點《思適齋書跋》卷一"毛詩三卷（宋刻本）"，上海古籍出版社，2007年，第2頁。
②　2012年人民文學出版社曾影印此本。卷首有李霖、喬秀岩所撰《影印前言》，對宋單疏本的來由與價值作了詳細的説明，可資參考。

三、《毛詩注疏校勘記》對清代學術成果的吸收

乾嘉時期考據學興盛,校勘、考證經書的著作涌現。《校勘記》借鑒吸收了哪些成果,既是考察其成書過程、衡量其學術價值的重要維度,也是了解其書與當時學術關聯的一面镜子。

《校勘記》卷首的《引據各本目錄》中"引用諸家"羅列了其所引用學術成果,共八種。除了諸經校勘都會利用的陸德明《經典釋文》、山井鼎《七經孟子考文》及物觀《補遺》、浦鏜《十三經注疏正字》之外,其餘五種都是清代《詩經》研究著作,分別爲陳啓源《毛詩稽古編》、惠棟《毛詩古義》、戴震《毛鄭詩考正》和段玉裁的《校訂毛傳》《詩經小學》。當然,見於《校勘記》的他人成果并不止這八種。據筆者統計,還有宋王應麟《困學紀聞》、清惠士奇《禮説》、臧琳《經義雜記》、錢大昕《唐石經考異》、盧文弨《經典釋文考證》《鍾山札記》、段玉裁《古文尚書撰異》《周禮漢讀考》《説文解字注》《説文訂》《六書音均表》等書,一共包括十二位學者的十餘種著作。與他經相比,《毛詩注疏校勘記》對他人成果的徵引並不算多,如《周禮注疏校勘記》引用清儒成果達十六家①,《左傳注疏校勘記》更多,近三十家②。這或許透露出顧廣圻對他人意見的審慎擇取,凡引用者應該都是他覺得值得借鑒,或者應該駁正的内容。在所參考的成果中,徵引最爲頻繁者當屬浦鏜、段玉裁、臧琳三家。

浦鏜《十三經注疏正字》是《十三經注疏校勘記》之前唯一一部對《十三經》進行全面校勘的著作,因此《十三經》局内各經校勘都把它列爲重要參考。

段玉裁留心經書整理研究,於《毛詩》用力頗深。《目錄》"引用諸家"在列的《校訂毛傳》,即《毛詩故訓傳定本小箋》,始撰於乾隆四十三年(1778),爲段氏意識到漢代經、傳各自單行,因而試圖通過校

---

① 詳見唐田恬《由〈周禮注疏校勘記〉看阮元〈十三經注疏校勘記〉的成就與價值》,《藝衡(第七輯)》,中國文聯出版社,2012 年。
② 詳見本書第八章"《春秋左傳注疏校勘記》編纂考述"。

勘考證恢復毛傳原貌。《詩經小學》撰於乾隆四十一年,後來陸續有所增補。段氏在書中關注并利用異文,以此探討《詩經》用字的形、音、義情況,力圖廓清流傳中出現的訛誤,於校勘大有裨益。此書原爲三十卷,今有道光五年(1825)刻本。而更爲通行的是四卷本,由臧庸"删繁纂要"而成,《風》《小雅》《大雅》《頌》各爲一卷。段氏對此删節本頗爲稱許,認爲"精華盡在此矣"①。四卷本於嘉慶二年(1797)由臧氏拜經堂初刻,後來被收入《皇清經解》而廣爲流傳。《目錄》"引用諸家"云《校勘記》所據爲三十卷本。然而據筆者比對,《校勘記》明確標示引自《詩經小學》的四十條中,並没有三十卷本有而四卷本没有的內容。因此,頗疑其所據其實爲四卷本②。

顧氏對段説多加參考,取其精華,不乏大段徵引。於其未妥之處,則或存之以備一説,或委婉辨析。前者如對於"天立厥配"(《皇矣》)的"配"字,顧氏依從《正義》,認爲《毛傳》作"配",而讀如妃,但仍引用段氏意見:"段玉裁云:古多用妃,少用配。妃是正字,配是假借字也。配者,酒色也,今人云配合,周秦人云妃合。嘉耦曰妃,非專謂男女也。經文本作妃,毛以配合解之,鄭以后妃解之。改妃爲配,自是後人所爲。"并不下任何案斷。委婉辨析者,如"言聲之遠聞也"(《椒聊》)條:"案,段玉裁云'聲當作馨,此欲以馨訓條也'。今考此章'條'與上章同,皆訓'長',爲'脩'字之假借,非有異同也,不宜更爲之訓。此傳言'聲之遠聞也',乃篇末捵發一篇之傳,謂此《椒聊》詩乃言桓叔聲之遠聞也。篇末捵發傳,毛氏每有此例,如《采蘋》《木瓜》之屬是矣。此傳毛當有所案據,自作《正義》時已無文以言之,後

---

① 臧庸《抱經堂文集》卷二《刻詩經小學録序》,民國十九年(1930)宗氏石印本。

② 在《校勘記》明確標明引自《詩經小學》的四十條中有兩條不見於四卷本和三十卷本《詩經小學》,分別爲卷五"摧蕘也"(《鴛鴦》)、卷七"員古文作云"(《玄鳥》),考此二條所引内容其實見於段氏《毛詩故訓傳定本小箋》《尚書古文撰異》,應是《校勘記》誤題書名。關於《校勘記》徵引《詩經小學》的情况,還可參考虞萬里《段玉裁〈詩經小學〉研究(下)》,《辭書研究》1985年第6期;董婧宸《論段玉裁〈詩經小學〉的考據方法及其影響——以字考經,以經考字》,《民俗典籍文字研究(第十七輯)》,商務印書館,2016年。

遂專繫諸第二章'遠條且'一句,而疑其有所不可通也。"這與顧氏多次直斥臧琳《經義雜記》錯誤的態度大爲不同,足見他對段氏的尊敬。值得注意的是,關於"言聲之遠聞也"的校勘還有一段後話。顧氏後來撰《與段茂堂大令論椒聊經傳書》①,針對段玉裁改"聲"爲"馨"的意見,詳細論説,堅持自己在《校勘記》中的處理。其中還提到"若用鄙説,則無用紛更而自無扞格矣,此前爲阮中丞撰《考證》(按,即《十三經注疏校勘記》)時所以不載尊定而别作云云者也。今見尊定稿中(按,指《毛詩故訓傳定本》),頗有用《考證》者,而此經未改,故敢引伸前説,附呈左右,幸覽而采之"。從中可見顧氏修撰《校勘記》時對段説的審慎辨析,以及二人圍繞《毛詩》校勘的交流情況。

臧琳《經義雜記》爲讀經札記,針對經書異文歧解,羅列唐以前學者意見而加以辨析。臧琳爲康熙時人,此書一直隱没不聞,直至其玄孫臧庸刊刻才爲人所知②。臧庸爲乾嘉學者,先後問學於盧文弨、段玉裁,并協助他們編纂刊刻圖書。阮元開局校經,他也參與其中,負責《周禮》《公羊》《爾雅》三經校勘。《經義雜記》應該就是經由他而進入《十三經》局中,成爲各經校勘都會參考的著作。顧氏引用此書共二十五次,然而有十四次都是明確指出其説之誤,如卷一"小渚曰沚"(《谷風》)條:"《經義雜記》云'以止爲沚,起於北宋',又云'此因經誤作沚,又於箋首增小渚曰沚四字,於《釋文》加其沚音止四字,其説非也。《關雎》正義引此箋'小渚曰沚',安得以爲增乎?因不得箋改字之例而誤也,今訂正。"

《校勘記》對清儒成果的參考,是通過集思廣益使得校勘工作更加完備,其中擇取考辨體現了顧氏的校勘理念。同時也透露出這些

---

① 顧廣圻著,王欣夫輯《顧千里集》卷七,上海古籍出版社,2007 年,第 101 頁。

② 有學者認爲此書作者存在疑點,如周中孚認爲"玉林當日原有此書,而未若今本卷帙之富,或後人有所附益。觀每卷所考《漢書·五行志》獨夥,録之可别成一種,其附益之痕迹顯然矣"(《鄭堂讀書記》卷二),陳鴻森則辨析盧文弨所見此書與今本《經義雜記》有所不同(《臧庸年譜》,《中國經學(第二輯)》)。

著作的傳播與影響情況,讓我們得以窺見當時學界的樣貌。

四、"○"前後校語的關係

上文已經提到,《校勘記》的校語以"○"爲界,前後校語來源不同。前者應是顧廣圻完成的初稿,後者則爲段玉裁等人的審訂之語,反映了該書形成的不同階段。因此有必要對"○"前後校語的關係略加考察①。

《校勘記》中共有加"○"校記一百四十九處,"○"前後校語的關係大致可分爲三種情況:

第一種是"○"後校語否定之前的校勘意見。這是最多的情形,共有一百零八處,占到約十分之七。有的校語很簡單,如卷四"歌出車以勞將帥之還"(《采薇》)條僅云"○案,舊挍非也",而不作考辨。有些校語篇幅頗長,考辨細緻,如卷一"箋云夙早也"(《行露》)條:

> 小字本、相臺本同。案,《釋文》此箋有"夜莫"二字,云"《小星》箋同"。今考此及《小星》箋各本皆無"夜莫"二字,與《釋文》本不同也。下箋云"我豈不知當早夜成昏禮",與《小星》箋云"或早或夜",皆不言莫,當以無者爲長。《我將》《昊天有成命》箋亦但云"早夜",《陟岵》《烝民》箋有"夜莫"者皆《釋文》本耳。盧文弨欲依蜀石經補此,非也。《考文》古本有"夜莫"也,采《釋文》。○按,舊校非也。依《説文》,"夕者,莫也","莫者,日且冥也","夜者,舍也,天下休舍也"。古"夕"與"莫"不同義,"夜"與"莫"不同義,莫謂日冥,夜則該日冥至將旦言之。是以《穀梁春秋》"辛卯昔恆星不見,夜中星隕如雨","昔"即"夕"字,此"夕"與"夜"分明之證也。然對文則別,散文則莫亦爲夜。鄭云"夜莫也"者,散文之義也。別之也,曷爲別之,嫌讀者謂此夜爲終夜也。箋有"夜莫"二字者是。

---

① 本文僅討論文選樓本中"○"後的校記,不涉及嘉慶二十一年(1816)南昌府學本新增者。後者來自南昌本刊刻時對原校記的摘取與增補,與《毛詩注疏校勘記》的成書無關。

又如卷六"天立厥配"(《皇矣》)條,針對顧稿兼存自己和段玉裁二說的情況,"○"後校語下按斷云"按,段說是,毛用《釋詁》'妃媲也',非讀'配'爲'妃'也"。

第二種是"○"後校語對原校加以推進。或補充證據,如卷一"其體與東壁連"(《鶉之奔奔》)條,顧廣圻考辨"壁"當作"辟",云:"釋文'辟,音壁',《正義》云'由其體與東壁相成','辟''壁'古今字,易而説之也,例如此耳,非《正義》本作'壁'也。考'壁'字古作'辟',《左傳》'辟司徒'是其證。《爾雅釋文》云'辟,本又作壁,此星有人居之角象宜爲壁',其説非也。""○"後校語承其説而云"按,《周禮注》'辟宿'字亦作'辟',故多用'辟'"。

或進一步辨析,如卷三"于貉往搏貉"(《七月》)條,顧稿指出作"搏"是《釋文》本,"《正義》云'一之日往捕貉取皮',又云'皆是往捕之而取其皮',是《正義》本作'捕'字。《都人士》正義引'于貉往捕貉'可證"。"○"後校語則云"按,'搏''捕'古今字,此《正義》作'搏',《正義》易字而説之也",揭示《釋文》本與《正義》本歧異産生的緣由。

第三種是討論顧稿未涉及的問題。如卷一"雖則王姬"(《何彼襛矣》)條,顧稿討論"雖"下有無"則"字,而"○"後按語則關注此句句讀,云"按,'雖則王姬亦下嫁於諸侯'十字爲一句,或以'王姬'句絶,則語病矣"。

關於"○"後校語的作者,我們也可以從校語中找到一些綫索。比如,卷三"二之日栗烈"(《七月》)條云:

> 唐石經、小字本、相臺本同。按,此《釋文》本也。《釋文》云:"栗烈,並如字",《下泉》《大東》正義皆引作"二之日栗冽",云"字從冰"。此《正義》云"有栗冽之寒氣",以下皆作"烈",猶引"白斾英英",而本詩作"央央"也。又《五經文字》仌部有"凓"字,是栗亦有從仌者。今考《毛氏詩》多假借字,當以《釋文》云"如字者"爲長。《四月》箋云"烈烈猶栗烈也"亦其證。○按,《詩經小學》全書考"栗烈"當爲"凓冽",其説甚詳,今坊間所行乃刪本耳。

此條中，"○"後按語引《詩經小學》來否定前說。虞萬里先生根據其語氣，指出"此均爲段（筆者按，即段玉裁）加無疑"，其中所謂的"刪本"應是指《詩經小學》的四卷節錄本①。這一推測是有道理的。然而如上文所引"天立厥配"條按語云"段說是"，或者提到"段云是也"（如卷三"饗者鄉人以狗"條）、"段玉裁云"（如卷一"塞瘀"條等）之類，則又不像段氏口吻，而更有可能是出自顧、段之外的第三人。或許就是"復定是非"的阮元，也有可能是阮元委任的另一人②。

這種前後校語截然分開、論點相互對立的情況顯得十分突兀，難免自亂體例之弊，也多少反映出整理者"兩難"的境地。然而對學術史研究而言，這種處理卻爲瞭解段顧二人校勘分歧、後來掀起軒然大波的"段顧之爭"的緣起，以及同時代學者對二人校勘的看法等問題，提供了珍貴的綫索。

五、《毛詩注疏校勘記》的價值

在《十三經注疏校勘記》中，《毛詩注疏校勘記》是水準較爲突出的一部。在例行的版本比勘、引證他書材料之外，顧廣圻還善於發現材料之間的關聯，綜合運用各類文獻進行校勘；並憑藉出色的文獻功力，考辨異文來源，不僅判斷是非，更着意還原各個時代的文本，達到考鏡源流的效果；同時注意歸納通例，揭示古文獻、古漢語中具有普遍性的規律。

如卷一"謂荆楊之域"（《樛木》）條：

> 小字本、相臺本"楊"作"揚"，閩本、明監本、毛本亦作

---

① 虞萬里《段玉裁〈詩經小學〉研究（下）》，《辭書研究》1985 年第 5 期。另，筆者按，其實四卷本《詩經小學》卷一有"二之日栗烈"條，内容與道光五年（1825）刻三十卷本一致。

② 劉玉才先生對稿本《周易注疏校勘記》的研究指出，該校勘記初稿完成後，除作者自我修訂外，還有嚴杰、段玉裁二人對内容加以批校、調整。《毛詩註疏校勘記》的情況可能與之類似。（劉玉才《阮元〈十三經注疏校勘記〉成書蠡測》，《國學研究（第三十五卷）》，北京大學出版社，2015 年；並可參考本書第一章"《十三經注疏校勘記》論略"）

"揚"。案，《正義》字皆作"揚"。考《春秋元命包》以爲地多赤楊，引見於《建康實錄》，是字本從木也。其李巡《爾雅注》、劉熙《釋名》皆以輕揚爲義，唐人遂但用從才字。然則鄭箋應本作"揚"字，《釋文》《正義》應俱作"揚"字，餘同此。

顧氏由文獻來考察地名的歷史變遷，再反過來用它校正鄭箋、《釋文》與《正義》，展現出他開闊的校勘思路。

又如卷七"不吳不敖"（《絲衣》）條：

> 唐石經、小字本、相臺本同。案，傳云"吳譁也"，《正義》云"人自娛樂必讙讙爲聲，故以娛爲譁也，定本'娛'作'吳'"，《釋文》云"不吳，舊如字，譁也"，是《正義》本作"娛"，《釋文》、定本作"吳"也。詳《正義》之意，因傳云"吳譁也"而説之以娛樂讙譁，又例以爲毛不破字，故定經文從"娛"也。其實此經字與《泮水》經同，彼箋用此傳經文，皆本是"吳"字。《説文》云"吳，大言也"，義與"譁"合，當以《釋文》、定本爲長。盧文弨校乃依照《史記》所引爲"虞"，誤也。

此條校記首先釐清《釋文》本、《正義》本、定本各自的面貌，再從《泮水》箋文互證、"吳"字訓詁兩方面入手，證明"吳"字爲長。顧氏運用多種校勘方法，綜合考察，實現了"以孔還孔，以陸還陸，以鄭還鄭，以毛還毛"。

對各種通例的歸納同樣值得注意。稍作摘録於下：

> 考顏師古爲太宗定《五經》，謂之定本，非孔穎達等作《正義》之本也。俗本謂當時通行之本，亦非即作《正義》者，兼不專指一本，故"禮義廢"下云"俗本有作'儀'者"，《野有死麕·序》下云"或有俗本以'天下大亂'以下同爲鄭注者誤"，是也。由此推之，則《正義》本之大概可見矣。（卷一"所以風天下"條）

> 凡引其書之支屬即稱其大名，如《易緯》單稱《易》，《書序》單稱《書》，古人通例，不可枚舉者也。（卷一"則春秋云"條）

> 考《釋文》之例，無"毛云""鄭云"者，或用己意增損注文，如下《傳》"精曰絺"，《釋文》"絺"下云"葛之精者曰絺"，皆此類也。（卷一"漢黄之也"條）

案，凡《正義》所有"于"字或順經、順注及引他書而順彼文
也。其自爲文則例用"於"字，互相錯亂者皆非。（卷三"於囿於
囿皆有此樂"條）

考毛居正是校宋監本，其葉林宗之影宋本即以毛所載者證
之，知其出於宋時之潭本。（《毛詩釋文校勘記》卷一"婉〇迂阮
反"條）

顧廣圻對文獻的深入觀察由此可見一斑。這些通例不僅成爲他
校勘的依據之一，而且也爲我們認識古代典籍提供了借鑒。

可以看到，《毛詩注疏校勘記》不是羅列異文、排比材料的簡單
校語的集合，而是一部考證精詳、具有很高學術價值的考據學著作。
時至今日，仍值得學界予以重視，充分利用。

第五章 《周禮注疏校勘記》編纂考述

唐田恬

一、《周禮》版本源流概述

《周禮》，又名《周官》，是一部記載周代職官制度的書籍，内容與周代的真實情況有所出入，是儒家學者理想化的社會構思和治國方法。《周禮》傳爲周公所作，實際上應在戰國時期基本成型。全書分《天官》《地官》《春官》《夏官》《秋官》《冬官》六篇。其中，《冬官》在漢時已佚，漢儒以《考工記》代之。漢代學者多治《周禮》之名家，至東漢鄭玄作《周禮注》，遂为两漢《周禮》研究之集大成者。唐時賈公彦疏解經文和鄭注，後來合之而形成通行的《周禮注疏》。

唐石經本《周禮》是現存最早最完整的官方校訂刊布的規範文本，也是後世《周禮》官私刻本經文的源頭。五代後唐長興三年（932）至後周廣順三年（953）年間，國子監以唐石經爲經文底本，合以注文，刊刻《九經》，是爲《周禮》雕版印本之始。此後，《周禮》的刊刻在宋代得到進一步發展。除了延續刻本時代之前就已經出現的白文本、經注本、單疏本之外，又將經注與疏文合刻，形成注疏本；或將《經典釋文》與經注合而爲一，形成附《釋音》本。此外，還在經典中附入插圖，圈識句讀，加入重言重意，形成了新的版本類型。在刊刻方式上，除了《十三經》合刊外，《周禮》還有不少單刻本及三禮叢刻本行世。鑒于《周禮》的存世版本衆多，頭緒紛繁，兹依據經注的組合方式列舉數種重要版本及其館藏所在如下。

　　單經本：唐石經，今存西安碑林，民國十五年（1926），皕忍堂依拓本影模刻板，成《景刊唐開成石經》，爲民國時期著名藏書家陶湘代奉系軍閥張宗昌所刻。宋刻遞修《八經》本《周禮》一卷，今藏中國國家圖書館。

　　經注本：宋刻《周禮》十二卷，蜀大字本，黃丕烈舊藏，殘存卷九、卷十，今藏日本靜嘉堂文庫。宋刻《周禮》十二卷，婺州市門巷唐宅刻本，今藏中國國家圖書館，有《古逸叢書三編》影印本。

　　經注附《釋文》本：宋刻《周禮》十二卷，清費念慈跋，今藏中國國家圖書館。宋刻《纂圖互注周禮》十二卷《圖》一卷，今藏中國國家圖書館。宋刻《京本點校附音重言重意互注周禮》十二卷，卷二、卷四至卷六今藏北京大學圖書館，卷一、卷三、卷七至卷十二今藏上海圖書館。

　　單疏本：宋刻《周禮疏》五十卷，舊鈔本，殘卷三十一卷，闕卷四至卷六，卷九至卷十一，卷十五至卷十七，卷四一至卷五十，今藏日本京都大學圖書館。

　　注疏本：宋刻《周禮疏》五十卷，兩浙東路茶鹽司刻宋元明遞修本，今藏中國國家圖書館。元刻明修《附釋音周禮注疏》四十二卷，今藏中國國家圖書館等。明刻《周禮注疏》四十二卷，有嘉靖年間李元陽刻《十三經注疏》本（閩本）、萬曆年間北京國子監刻《十三經注疏》本（監本）、崇禎年間毛氏汲古閣刻《十三經注疏》本（毛本），以及清嘉慶年間阮元刻《十三經注疏》本等，傳本甚多，不再枚舉。

二、《周禮注疏校勘記》的編纂情況

　　《周禮注疏校勘記》由臧庸擔任分校。臧庸（1767—1811），字在東，號拜經，武進（今江蘇常州）人。早年師從盧文弨，後入阮元幕，襄助其編修《經籍纂詁》《十三經注疏校勘記》等大型經學文獻與段玉裁等著名學者多有學術探討。臧庸治學嚴謹，著述頗豐，今有《拜經日記》《拜經堂文集》等書存世。

　　《周禮注疏校勘記》依唐石經分爲十二卷，另有《釋文校勘記》上下二卷。據文選樓本統計，共 5821 條校記，包括經書正文及注疏的校記 5340 條,其中卷一 571 條(含《周禮注疏序》校記 25 條),卷二 608 條,卷三 473 條,卷四 479 條,卷五 541 條,卷六 762 條,卷七 316 條,卷八 309 條,卷九 272 條,卷十 350 條,卷十一 338 條,卷十二 321 條和《釋文》校記 481 條(卷上 279 條,卷下 202 條)。

　　《周禮注疏校勘記》對《周禮注疏》的文字進行了十分詳細的校訂工作。從内容上説,《周禮注疏校勘記》除了校勘《周禮注疏》的誤字、衍文、脱文、倒字等種種錯誤情況,還標注了各本之間存在的大量異文。對於比較明確的文字錯誤,《周禮注疏校勘記》有些作出判斷,並確定正字;有些僅僅標出錯誤,但是未確切校正文字;還有些没有準確結論,只是提出疑問。對於各本中的異文,《校勘記》已經具有比較明晰的區分古今字和正俗字的意識。在處理《周禮注疏》存在的大量異文和錯誤時,《校勘記》本着反對臆改古書的原則,一般只是謹慎地標識異文出校記,但是也有不少改動原文的情況存在。

　　除了對經書内容進行校勘訂正,《周禮注疏校勘記》還將研究視野投向了經書的版刻形式。《周禮注疏校勘記》有很多内容是記録諸校本在版式上的差異,並試圖揭示由於版式差異而造成的文字内容的變亂。由於長時間的流傳訛變和人爲的改易混淆,注疏文字搭配無序,互相竄入,爲正確識讀、理解經籍文本造成了很大障礙。《周禮注疏校勘記》將這一情況視爲一條重要的致誤原因,通過理清經文、注疏、《釋文》的文字關係,對《周禮注疏》進行校勘。

三、《周禮注疏校勘記》引據的版本

　　校勘是一門綜合性的學問。廣泛而合理地運用各種善本,是校勘學的治學利器。總體説來,《周禮注疏校勘記》較爲重視版本學對校勘的作用,這主要體現在:其一,較爲全面地運用了《周禮注疏》的常見版本。其二,注意考辨版本形式,記録了很多版本的細節信息。其三,注意到《周禮》注、疏、《釋文》及他書文獻等各自使用的《周禮》底本互有區别,因而能夠正確地處理因底本差異産生的異文。

　　但是,比對目前國内主要的圖書館藏與重要的版本目録可以發現,阮元雖然自稱廣搜衆本,卻仍有許多重要版本没有利用或目見,

這也是不能回避的事實,我們應該辯證地看待《周禮注疏校勘記》在版本學方面的經驗與不足。

《周禮注疏校勘記》的版本記載比較清晰,分別記録了引據各本和引用諸家。其中參校衆本又根據經注組合特點區分了單經本、經注本和注疏本,比較詳細地記録了各版本的分卷、字數等基本情況。此外,在凡例、注解中,也有一些參校版本的信息。如相臺岳氏本(此本列入凡例引用的版本中)、蜀刻大字本(在"錢孫保所藏宋本周禮注"條下稱臧庸以此本校補錢本中的《秋官》部分)等。這裏選取引用較多的幾種版本加以介紹。

(一)單經本:唐石經

唐石經本《周禮》十二卷。阮元對唐石經的評價並不高,其《儀禮石經校勘記序》稱:"唐開成石經所校未盡精審,且多朱梁補刻及明人補字之訛。"①《周禮注疏校勘記》中就有不少糾正唐石經錯訛的內容,但是此本畢竟是十二卷《周禮》較早之本,大概出於溯源復古的目的,《周禮注疏校勘記》依據唐石經進行分卷,並大量采用了唐石經的內容作爲校勘依據。

(二)經注本:錢孫保鈔配宋本和嘉靖年間刻印《周禮注》

錢孫保所藏宋本《周禮注》十二卷,爲宋槧小字本,附載音義。此本雖然時間較古,然多摻配他本及補抄。《春官》《夏官》《冬官》爲余仁仲本,而《天官》《地官》是另一宋本,《秋官》以俗本抄補,質量最差,故臧庸以宋 蜀刻大字本《秋官》二卷補校。

從《周禮注疏校勘記》的引用情況來看,除第九、十卷之外,各卷對余本均有較多引用。所缺的兩卷正是《秋官》上下(對應第九、十卷),而此部分《校勘記》中恰有大量錢鈔本和蜀刻大字本的內容,可見實際情況與《周禮注疏校勘記》的敘述基本相符。然而,錢本所包含的余本《周禮注》缺少《天》《地》二官,因此《周禮注疏校勘記》中

① 阮元撰,鄧經元點校《揅經室集》(一集)卷二,中華書局,1993年,第41頁。

卷一至卷四有關余本的情況並非來源於錢本。考察《周禮注疏校勘記》使用的惠校本可以發現,惠校本正是以余仁仲本爲主要參校本,因此,《周禮注疏校勘記》中《天官》《地官》引用的余本信息很可能是轉引自惠校本,而非臧庸等親自目驗。但是,《校勘記》卻没有標明轉引,並將余本的信息混雜在其他經過目驗直接引用的版本之中作爲校勘的依據,給人造成了是《校勘記》直接使用余本的印象。

嘉靖本《周禮注》十二卷。據阮元等人的記載,此本每葉十六行,每行十七字,分卷及行款悉與唐石經同,不附《音義》。阮氏等認爲此本"勝於宋槧余氏、岳氏等本,當是依北宋所傳古本也"①,這恐怕是一個錯誤的判斷。根據今存嘉靖本《周禮注》來看,其所翻刻的應該是南宋時的版本。

(三)注疏本:"十行本"以及此後相沿而成的明代閩、監、毛三本

《附釋音周禮注疏》四十二卷。此本即《周禮注疏校勘記》之底本。雖然阮元以其爲諸本最古之册,選擇爲底本,但是此本並非最善之本,内多明人補刻。而且補刻質量不高,多有閩、監、毛本所不誤,而補刻反誤者。

根據長澤規矩也等學者的考證可以知道,十行本有宋本與元本之别。學者張麗娟在《宋代經書注疏刊刻研究》一書中稱,阮元所據的含有正德補刊葉的十行本當是元刻明修本②。

雖然阮元對底本年代的判斷出現失誤,但是明代幾個重要版本,如閩、監、毛本實據此本而成,故十行本仍有很高價值。《校勘記》中也明確肯定了此本的特殊價值。如:

> 卷六"發凡則是關異代":閩、監、毛本"則"誤"例","關"誤"闕"。○按,此等冣見十行本之善。

明代的注疏本中,《周禮注疏校勘記》主要選取了閩、監、毛三

---

① 劉玉才主編《十三經注疏校勘記(3)》,北京大學出版社,2015年,第1236頁。

② 張麗娟《宋代經書注疏刊刻研究》第六章,北京大學出版社,2013年,第354頁。

本。閩本爲明嘉靖中李元陽用十行本重刻,監本爲萬曆中用閩本重刻,毛本爲明崇禎年間用監本重刻而成。在三本之間,閩本質量最高,監本次之,毛本最差。閩、監二本錯字略少,而脱簡特多。至於毛本,由於輾轉翻刻,版片漫漶,難以識讀,修補時又多妄改,以致訛上加訛。

然而,閩、監、毛本並非全無可取之處,其某些内容甚至可以對底本進行糾正。如:

卷一"與此經婦人數同":此本"同"誤"曰",據閩、監、毛本訂正

卷六"故鄭後云者掌贊書數":閩本同。監本作"故從之云者","贊"誤"賓"。毛本又改作"故改之云者"。○按,當作"故從之云言掌贊書數"云云,文理乃順。監本"從"字獨是,依其説而後駁之也,惟"者"字乃"言"之誤。

同時,《周禮注疏校勘記》在初校時認定的一些閩、監、毛本的錯誤,在後期復校工作中被認爲是錯誤的判斷,或者是初校者的筆誤。如:

卷五"貫服之等諸侯九州之伯":閩本上"之"字剜擠作"云五"二字,監、毛本承之,誤甚。○按,閩、監、毛本是也。

尤其是根據《周禮注疏校勘記》的情況來看,毛本是否如清人及後來的學者所批評的那樣質量低劣,是值得討論的。

第一,將毛本的優劣情況放入整個歷史背景下考察,毛氏刻書不可避免地受到當時校勘學的理論方法和學術水平的制約,並非毫不講求校勘,僅憑臆斷。對毛本存在的一些問題,我們不宜過於苛求古人。

更重要的是,根據《周禮注疏校勘記》所引用的毛本情況來看,毛本的質量並非如阮元等人所説的那樣粗劣。統計《周禮注疏校勘記》記載的毛本錯誤,大多數並不是毛本獨有的典型性錯誤,而是沿襲他本而來。不僅有閩本、監本的錯誤,甚至有早在十行本時就已出現的錯舛。

第二,多有他本錯訛而毛本不誤的情況。如:

卷二"從貝變易":此本及閩、監本"貝"誤"具"。嘉靖本、毛本不誤。今訂正。

卷十一"及陰陽之面背是也":余本、嘉靖本、毛本同。閩、監本"背"誤"皆",當訂正。疏中惟毛本不誤。

第三,有一些錯誤只是語助詞的錯誤,如"曰"和"云"的區別,"也"字的存無等,並沒有影響對文本內容的理解。

第四,存在《校勘記》對毛本前後的判斷不一致的情況。這種情況可能是後期復校的學者使用了與初校者不同的毛本印本,如:

卷三"以土計貢稅之法":毛本"土"誤"上"。〇按,毛本不誤。新印本乃誤。

也有可能是初校者的誤記,如:

卷六"云歲日月辰星宿之位":閩、監、毛本作"星辰",與注乖。〇按,毛本"辰星"不誤。

當然,毛氏刻書歷經數代,印本眾多,《周禮注疏校勘記》使用的毛本《周禮》不能代表所有的初刻、補版及翻印本毛本《周禮》,更不能代表毛氏所刻的全部"十三經"。判斷一個版本的質量優劣,尤其是一些業已形成的常識性意見,除了根據現有的文獻記載,沿襲舊說以外,我們還應該重視版本的批校題識中的信息,結合版本實際內容加以考察。

《周禮注疏校勘記》的另一個重要的可取之處是保留了各參校本的大量版本信息。《周禮注疏校勘記》已經認識到經書的版刻形式如提行、大小題的排列等並不僅僅是爲了閱讀的實用和美觀,而是能夠對經書內容產生影響,因此較爲注重考辨。此外,《周禮注疏校勘記》還記錄了大量的版本信息,如唐石經的磨改情況,各參校刻本的剜擠、剜改情況,同一系統下較晚版本對前本的繼承情況,所據宋本的補刻葉情況。這些對我們了解《周禮注疏》的源流承襲,鑒定版本,以及校勘文字都有重要作用。

四、《周禮注疏校勘記》徵引的文獻

《周禮注疏校勘記》徵引了大量文獻和時人經説,引用的書籍涵蓋經史子集四部。如此豐富的文獻徵引,使《校勘記》的結論更加準確可靠。但是,《校勘記》也存在着輕信他書而回改本經的現象。同時,由於受到地域和時間的限制,對於當時重要的清人著作未能全面參考,取其精華,存在不少遺憾之處。

《校勘記》引用文獻的來源是比較複雜的。我們在討論時需要格外注意。一方面,理清《校勘記》引用文獻的層次,有助於我們確定《校勘記》的結論與錯誤是原生性的還是再生性的。另一方面,根據引用文獻材料的特點與頻率,我們可以推斷學者們不同的學術側重。

(一)《周禮注疏校勘記》引用的前代文獻

《周禮注疏校勘記》引用的前代書籍涵蓋經史子集四部,在使用這些前代文獻時主要有這樣幾個特點。

第一,《周禮注疏校勘記》引用的文獻以小學類著作爲最多,尤其是《説文解字》的使用頻率,是全部前代文獻中最高的,並且涵蓋在各種校語標記之下,説明各道工序都對《説文》一書給予了充分重視。《校勘記》重視字書、韻書的意見,根據某字在小學文獻中的存無與音讀進行推理判斷,但同時兼顧時代特點,並非完全盲從武斷。

第二,《周禮注疏校勘記》在引用的同時,還對前代文獻進行了校勘和辨析,不僅標舉文獻中的錯誤,還分析致誤原因。同時,《周禮注疏校勘記》還注意考察其他文獻的版本。

第三,對前人經説的態度是一分爲二。

一方面,十分重視前人的經解著作,將許多宋元學者的著作視爲重要的參考文獻。從《周禮注疏校勘記》來看,宋代學者王應麟的著作深受《校勘記》撰作者的重視。《周禮注疏校勘記》對王應麟的大部分著作都有徵引,而且引用次數較多,超過其他宋人文獻。

另一方面,《周禮注疏校勘記》並非盲從宋人,對於《六經正誤》《儀禮經傳通解》《書集傳》中的錯誤,《校勘記》都詳加辨析。如:

> 卷五"吉凶賓軍嘉":諸本同。惠挍本作"軍賓",云余本仍作"賓軍"。按,惠棟當據宋本作"軍賓",《小宗伯》注"吉凶軍賓嘉"亦本作"賓軍嘉"。〇按,依《大宗伯職》經文次第先"賓"

後"軍",則作"賓軍"是也。自蔡沈《書注》曰"五禮吉凶軍賓嘉
也",初學幼而熟誦,乃不省《周禮》本文矣。

卷六"作匯謚":唐石經諸本同。岳本"謚"改"諡",非。
按,用毛居正之謬説也。

(二)清人經説的引用情況

《周禮注疏校勘記》還借鑒了清代許多著名學者的校經成果及
經學著述。如惠士奇、惠棟父子的《禮説》《九經古義》,戴震的《考工
記圖》,臧琳的《經義雜記》,段玉裁的《周禮漢讀考》,以及孫志祖、盧
文弨、程瑤田、沈彤、方苞等人的經説。其中尤以惠氏父子、盧文弨、
段玉裁、浦鏜的學術成果引用得最爲廣泛。這裏以《周禮注疏校勘
記》對惠士奇、惠棟父子和段玉裁校經意見的吸收情況爲例説明。

第一,惠士奇、惠棟父子。

惠校本是阮氏《校勘記》重要的參校本。《周禮注疏校勘記》卷
一"周禮正義序"條轉引盧文弨記述稱:"東吳惠半農名士奇,暨子定
宇名棟,以宋本校正,以余氏萬卷堂本校經、注、音義,今均稱惠校
本云。"

阮元對於惠士奇、惠棟之學服膺已早。如其《惠半農先生禮説
序》稱:"我朝惠半農先生,家傳漢學,所著《禮説》十四卷,實足補賈
氏之所未及。……余于丁未年(筆者注:乾隆五十二年,1787)在京
師廠肆購得一帙,反復讀之,服其精博無比。"①

除了將惠校本作爲重要的參校本,《周禮注疏校勘記》還引用了
不少惠氏父子的著作,如《禮説》《九經古義》等。《校勘記》雖然重
視惠校意見,卻並非全盤照收惠校本意見,對惠棟的錯誤能夠直言不
諱。如:

卷三"諸男食者四之一":惠校本"諸男"上增"諸子"二字,
云余本無。案,賈疏本亦無"諸子"二字,故云"直舉男地而言"。
惠以意增,非。

卷四"軌廣八尺":惠校本作"九尺"。○按,惠棟誤也。軌

---

① 《揅經室集》(一集)卷十一,第239頁。

無容九尺者。

第二，段玉裁。

段玉裁應阮元延請主持《校勘記》的編纂，實際上，在此之前，段玉裁已經開始了經書校勘活動。如段玉裁乾隆五十八年（1793）九月致書劉臺拱云："……亦復校正《儀禮》，頗有創見……今年校得《儀禮》《周禮》《公羊》《穀梁》二傳，亦何義門、惠松崖舊本，將來攜以呈政。"①

而阮元本人對段玉裁的經學研究著作評價極高。嘉慶元年（1796）阮元爲段玉裁《周禮漢讀考》作序稱："稽古之學，必確得古人之義例，……金壇段若膺先生生於其間，研摩經籍，甄綜百氏，……其書有功於天下後世者，可得而言也。"②阮元編修《十三經注疏校勘記》，段玉裁對部分校勘意見的形成起到了較大的影響。劉盼遂認爲段玉裁就是《十三經注疏校勘記》的總校者，謂"《校勘記》之出自先生，殆可爲定論歟"③。陳鴻森等學者進一步判斷，段玉裁應該是"○"后按語的作者④。

由《周禮注疏校勘記》來看，首先，參考了段玉裁在嘉慶六年（1801）以前完成的多部學術著作，尤其是利用了多篇以單篇形式流傳的文獻。其次，一些校記中出現了類似"詳見《漢讀考》"的字樣，可見校勘者對《周禮漢讀考》是十分熟悉的。再次，段玉裁的校勘理念在《周禮注疏校勘記》中得到了很好的體現。《周禮注疏校勘記》講求"經用古字，注用今字"，反對"以經改注，以注改經"，而這正是段玉裁在他的學術著作中反復强調的。

但是，我們不能因此說段玉裁就是《十三經注疏校勘記》的唯一總校，也不能說他是最終校語的書寫者。實際上，在《周禮注疏校勘

---

① 段玉裁撰，鍾敬華校點《經韻樓集》，上海古籍出版社，2008年，第395頁。

② 《揅經室集》（一集）卷十一，第241頁。

③ 劉盼遂《段玉裁先生年譜》，《清華學報》第七卷第二期，1932年，第34頁。

④ 參見陳鴻森《段玉裁年譜訂補》，《歷史語言研究所集刊》第六○冊第三分，1989年；水上雅晴《〈十三經注疏校勘記〉的編纂與段玉裁的參與》，《中國經學（第六輯）》，廣西師範大學出版社，2010年。

記》的"〇"後按語中,有對段玉裁的校勘意見,以及段氏著作如《周禮漢讀考》中的結論進行判定、解釋甚至是反駁的情況,如:

> 卷八"謂聒馬耳":《漢讀考》云:"聒"當爲"栝","括""捪"皆當從木,自陸德明時已誤爲"聒";聒之適以驚之,云毋令,非理也;疏云"後鄭增成其義",蓋賈本不誤。案,此因注云"括,馬耳",遂改"括"從耳旁也。今《釋文》"聒馬"與"括捪"異文,當亦後人誤改。〇按,玉裁非也。聒之所以習之,令其不驚。凡夐禽獸自有此法。

> 卷十一"師都之所建":《漢讀考》"師"作"帥"。〇按,《説文》引《周禮》"率都建旗",故段玉裁知此"師"必"帥"之譌也。

由上述文例不難看出,段玉裁的校勘意見也只是討論的對象而並非最終的結論。因此,筆者認爲,段玉裁的意見在很大程度上影響了《周禮注疏校勘記》,而且可能是部分加"〇"校記的作者,但是並不是唯一的總校者。

《周禮注疏校勘記》中對清儒成果的引用情況,可以爲我們了解學者的治學特點提供一個新的進入角度。同時,校勘學者對待清儒研究成果的取捨,也反映了當時的學術崇尚。

結 語

《周禮注疏校勘記》是一部非常重要的《周禮》研究文獻,其價值遠遠超過簡單的校勘内容,而富含文字、版本、學術史等多方面的研究意義。準確歸納《校勘記》的特點,正確認識其得失,可以爲我們構建新的善本觀和經書的再校勘提供參考標準。

第六章 《儀禮注疏校勘記》編纂考述

張　文

　　《儀禮注疏校勘記》十七卷,附《釋文校勘記》一卷,原題阮元撰、徐養原校字。徐養原(1758—1825),字新田,號飴庵,浙江德清人。嘉慶六年(1801)副貢生。少隨父宦遊京師,從一時名宿問業,洞曉學術源流。長而家居誦讀,潛研經訓,學問益深通博洽。邃於經學,尤精三禮,於明堂、禘祫、廟制、郊社、井田等皆有論説,並考辨聲律、樂器、歌詩、地理及《考工記》諸制,著成《頑石廬經説》十卷。又著《周官故書考》四卷、《儀禮古今文異同疏證》五卷、《春秋三家異同考》一卷、《論語魯讀考》一卷,其他經學、小學、音律、天算及詩文論著還有多種。阮元撫浙之時,延入詁經精舍,參與纂修《十三經注疏校勘記》,分任《尚書》《儀禮》。嘉興錢儀吉嘗述人言,謂養原"經爲人師,行爲儀表"①,可見其學行之醇篤。《清史列傳》卷六九有傳,《續碑傳集》卷七十二載張履所撰《徐飴庵先生傳》。

一、《儀禮注疏校勘記》所據版本及刊刻源流

　　《儀禮注疏校勘記》卷首詳列引據各本目録,其中所據版本依次爲唐石經、宋嚴州單注本、翻刻宋單注本、明鍾人傑單注本、明永懷堂單注本、單疏本、李元陽注疏本、國子監注疏本、汲古閣注疏本、國朝

---

　　① 錢儀吉《衍石齋記事稿》卷十《徐新田墓誌銘》,《清代詩文集彙編》,上海古籍出版社,2010年,第541册,第421頁。

重修國子監注疏本。《儀禮》存世版本較多,版刻源流較爲複雜,爲充分揭示《校勘記》的撰著背景及内容特點,兹參據張麗娟《宋代經書注疏刊刻研究》、顧永新《經學文獻的衍生和通俗化》、汪紹楹《阮氏重刻宋本十三經注疏考》、喬秀岩《儀禮單疏版本説》、廖明飛《儀禮注疏合刻源流考》等相關成果,分别經注本、單疏本、注疏本等門類,擇要簡述其主要版本及傳刻源流如下。

(一)經注本

五代監本既爲《儀禮》刊板之始,也是其經注本之源頭,兩宋監本又先後相承,爲《儀禮》經注本之主流。在此監本系統之外,還有多種官刻及坊刻之本。由於年代久遠,宋刻諸本大都亡佚無傳,今惟可據張淳《儀禮識誤》知其大略。南宋乾道年間,温州太守曾逮刊刻《儀禮》經注,邑人張淳爲之校訂,乃裒集所校之字,而有《儀禮識誤》之作。其自序敘所據各本及版刻源流云:"此書初刊於周廣順之三年(953),復校於顯德之六年(959),本朝因之,所謂監本者也。而後在京則有巾箱本,在杭則有細字本。渡江以來,嚴人取巾箱本刻之。雖咸有得失,視後來者爲善。此皆淳之所見者也。淳首得嚴本,故以爲據,參以群本,不足則質之疏,質之《釋文》。疏、《釋文》又不足則闕之,蓋不敢以謏見斷古經也。監本者,天下後世之所祖。巾箱者,嚴本之所祖。故其有誤,則亦辨之,餘則采其所長而已。"①按《儀禮識誤》實際所引據,除自序所云監本、巾箱本、細字本、嚴本外,還有湖北漕司本。此後很少有《儀禮》的刊刻記載,諸如南宋撫州公使庫所刊《九經》、興國軍所刊《六經》、余仁仲萬卷堂《九經》、廖瑩中世綵堂《九經》,以及後來相臺岳氏《九經三傳》,其中皆無有《儀禮》。

傳世《儀禮》經注本以嚴州本爲最早,乃南宋初期嚴州人據汴京巾箱本重刻。在張淳之後,嚴州本不見記載,數百年隱而不彰,直至清乾隆末年,吴中藏書家黄丕烈得到一部經注本,無刊刻時地標識牌記,而顧千里證諸張淳《儀禮識誤》,考定其爲宋刻嚴州本,由是此本重現於世。嘉慶十九年(1814),黄丕烈又影刻此嚴州本,對原本行

①　張淳《儀禮識誤》卷首《儀禮識誤序》,清乾隆武英殿聚珍版叢書本。

摹款仿,字體筆畫、刻工諱字皆仍其舊,即有文字舛誤亦不擅改,而別爲校録附於書後,意在"存嚴刻之舊面目"。黄氏所藏原本後來不知踪迹,然其影刻本大致可傳原本之真。嚴州本之外,《儀禮》經注本以徐本最爲著名,相傳爲明嘉靖間東吴徐氏所刊三禮之一。徐本間避宋諱"敬"字,乃據宋本覆刻之證,而其文字多與嚴州本相合,兩者必有版本傳承關係。顧千里跋此本云"此正從嚴州本出,與宋槧未達一間耳"①,《校勘記·引據各本目録》謂其"祖嚴本而稍異",據此則是徐本源出嚴州本。萬曆間鍾人傑又據徐本重刻,是爲鍾本,《校勘記·引據各本目録》謂其"全同徐本,其偶異者,是失於讎校也"。

在上述經注本之外,還有數種附刻或附有《釋文》的經注本。如前所言張淳所校、曾逮所刊之本,朱子《儀禮經傳通解》及魏了翁《儀禮要義》皆引其異文,謂之温本,《校勘記》中亦間接述及。温本雖已無傳,然據《儀禮識誤》所載《釋文誤字》,可知其還附刻《經典釋文》。明正德十六年(1521),陳鳳梧在汴中刊《儀禮》十七卷,是爲經注附《釋文》本,其特點是經注文字多取正於朱子《儀禮經傳通解》,所附《釋文》亦直接録自朱子《通解》,而非依據陸氏《經典釋文》,故缺略之處甚多。又崇禎間金蟠、葛鼒所刊永懷堂本《十三經古注》,其中《儀禮》十七卷,亦附《釋文》,《校勘記》引作葛本。永懷堂本蓋據閩本《十三經注疏》刊刻,實源自注疏合刻本系統,《校勘記·引據各本目録》謂其"全與閩刻注疏本同",故其校勘價值有限。

(二) 單疏本

自宋太宗端拱元年(988)至真宗景德二年(1005),北宋國子監先後校定刊行《五經正義》《七經疏義》。《玉海》卷四十二"咸平校定七經疏義"條載:"(景德二年)六月庚寅,國子監上新刻《公》《穀傳》《周禮》《儀禮》正義印板。先是,後唐長興中,雕《九經》印板,而正義傳寫踳駁。太宗命刊校雕印,而四經未畢。上遣直講王焕就杭州刊板,至是皆備。"②此爲《儀禮》單疏刊板之始,即後世所謂北宋景

---

① 顧千里著,王欣夫輯《顧千里集》卷十七,中華書局,2007年,第259頁。
② 王應麟《玉海》卷四十二《藝文》,清光緒九年(1883)浙江書局刊本。

德官本,南宋時期又曾覆刻此本。宋刻《儀禮》單疏在清代尚有一部傳世,乾隆末年爲黃丕烈士禮居所得,黃氏卒後又歸汪士鐘。道光十年(1830),汪氏藝芸書舍乃據原本影寫重雕,行款版式及刻工姓名悉仍其舊,顧千里爲作代序和後序。汪氏之後其原本已不知所在,然據此影刻本可知原本面目。其原書爲五十卷,闕卷三十二至三十七,而《士冠》《士昏》《士相見》《鄉飲》《聘禮》《特牲》《少牢》七篇間有闕葉,每半葉十五行,每行二十七字,各卷尾題後有字數,卷末題有景德元年校定諸臣銜名,正經注語皆標起止,而疏文列其下。顧廣圻、黃丕烈等據其卷末題銜,皆以此本爲北宋景德原刻,《校勘記》亦沿襲其説。然據其刻工有南宋初期杭州地區刻工,亦有元代刻工,可知其原本當爲南宋覆刊之本,後來又有修補。此外又有黃氏士禮居影抄本,乃據黃氏所藏原本影抄,今藏國家圖書館。又有日本宮内廳書陵部所藏舊鈔單疏殘卷,存卷十五、十六,汪紹楹謂其"書法潦草,訛字亦不少,然體式猶存單疏面目"①。據喬秀岩研究,其底本乃宋刻單疏十五行本,且較士禮居藏本刷印爲早②。

(三)注疏本

經書注疏合刻大概始於南宋,然《儀禮》合刻則遠在於後。遲至明正德間,南監《十三經》尚無《儀禮注疏》,而以楊復《儀禮圖》代之。嘉靖五年(1526),陳鳳梧將單疏附於經注,編校刊行《儀禮注疏》十七卷,乃《儀禮》注疏合刻之始,是爲陳本。在嘉靖間還有另外兩種《儀禮注疏》單行刊本,一爲汪文盛、高�、傅汝舟校刊,行款與陳本相同,當據陳本翻刻;一爲直隸學政聞人詮校正、常州知府應檟刊行,乃據陳本重刻。陳氏板片後歸南監,嘉靖中李元陽在福建校刊《十三經注疏》,《儀禮》即因此本,是爲閩本。萬曆中北京國子監據閩本重刻,是爲北監本(《校勘記》省稱監本)。崇禎中毛氏汲古閣又據北監本重刻,是爲毛本。汪文盛本、聞人詮本與陳本皆傳布不廣,不及閩本、監本、毛本通行。清康熙間,對北監本板片又有校訂修補,

① 汪紹楹《阮氏重刻宋本十三經注疏考》,《文史(第三輯)》。
② 喬秀岩《儀禮單疏版本説》,《文史》2000 年第 3 期。

《校勘記》所謂"國朝重修國子監注疏本"是也。乾隆四年(1739),武英殿又據監本重新編校,並附周學健等所撰《考證》於後,是爲殿本。上述諸刻輾轉相承,皆附有《釋文》,爲十七卷之形態。黃丕烈《百宋一廛賦注》所謂"陳鳳梧、李元陽、聞人詮散疏入注,而注之分卷遂爲疏之分卷"是也①。嘉慶十一年(1806),張敦仁重新校刊《儀禮注疏》,其經注取正於宋刻嚴州本,疏則采用宋刻單疏本,單疏所闕六卷則參據《儀禮要義》。其特點是以經注散附於疏,故沿用單疏本之卷第,全書爲五十卷,仿十行本之版式,而不附《釋文》。後世流傳的《儀禮》刻本,以嚴州單注本及宋刻單疏本最古,亦最爲精善,而張敦仁刊本以之"雙美合璧"②,又得顧千里精加讎正,遂成"此經注疏之最善者"③。嘉慶二十年,阮元在江西主持重刊《十三經注疏》,其於《儀禮》雖自言"借校蘇州黃氏丕烈所藏單疏"重刻,實則出於覆刻張敦仁刊本。《儀禮》注疏合刻本之源流大略如此。

二、《儀禮注疏校勘記》的内容特點及價值意義

嘉慶六年(1801),阮元在西湖立詁經精舍,延攬學人校勘《十三經注疏》。由此上溯十年,在乾隆五十六年(1791)冬十一月,阮元奉旨充石經校勘官,分校《儀禮》十七篇經文上石,乃"總漢石經殘字、陸德明《釋文》、唐石經、杜佑《通典》、朱熹《經傳通解》、李如圭《集釋》、張淳《識誤》、楊復《圖》、敖繼公《集説》、明監本、《欽定義疏》、武英殿注疏諸本以及内廷天禄琳琅所收諸宋元本、曲阜孔氏宋本,綜而核之,經文字體擇善而從",於次年六月撰成《儀禮石經校勘記》四卷④。焦循謂阮元校勘石經時"臚列諸本,反覆經義,審擇得平,兼又

---

① 黃丕烈《百宋一廛賦注》,《顧千里集》卷一,第3頁。

② 黃丕烈《宋嚴州本儀禮經注精校重雕緣起》,《儀禮鄭氏注》,清嘉慶甲戌(1814)黃氏士禮居重刻宋嚴州本。

③ 曹元弼《禮經校釋》附《禮經纂疏序》,《續修四庫全書》,上海古籍出版社,1996年,第94册,第539頁。

④ 阮元《儀禮石經校勘記序》,《儀禮石經校勘記》,中華書局,1991年,第1頁。

博訪通儒,務從人善",於戴震、劉臺拱、王引之、金榜之説皆有采擇,於錢大昕、王念孫"亦曾執手問故";且謂阮元"又有校正鄭注賈疏册記,考證益精,俟更刻以傳焉"①。據之可知,在正式撰作《十三經注疏校勘記》之前,阮元不但撰成《儀禮石經校勘記》,還曾全面校勘注疏文字,且似已經成編。有此前期準備和基礎,《儀禮注疏校勘記》較之其他各經校勘記爲特殊。而阮元校勘《儀禮》石經,則廣泛參據各種版本,充分吸收前賢時彦論説,用力可謂勤且至矣。《儀禮石經校勘記》與後來《儀禮注疏校勘記》之關係,據阮元之子阮福云:"在浙定《十三經注疏校勘記》時,此《記》皆采載彼本矣。"②今以二書詳加比勘,因其出校範圍有别,前者僅校經文,而後者則全面校勘經注、疏文以及《釋文》,彼此内容分量大相懸殊。專就經文部分來看,《儀禮石經校勘記》有些出校條目爲《儀禮注疏校勘記》所無,而就相同出校條目而論,兩書引徵文獻和論説考辨亦存在較大差異,甚至持論截然相反。在引據版本、徵考文獻、校勘理念諸方面,後出的《儀禮注疏校勘記》顯然更爲精密完善。可見兩者之關係並非阮福所言"此《記》皆采載彼本"如此直截簡單,然而不可否認,阮元早年校勘石經的實踐經歷和考證成果,爲後來撰作《校勘記》提供了良好學術積累,並奠定了堅實文獻基礎。

　　《儀禮注疏校勘記》的主要内容是版本對校,搜羅版本較爲完備,而在所引各本之中,尤爲推重唐石經、嚴州本及單疏本之價值。阮元《儀禮注疏校勘記序》云:"大約經注則以唐石經及宋嚴州單注本爲主,疏則以宋單行本爲主,參以《釋文》《識誤》諸書,於以正明刻之訛。"③從版本源流來看,後世經注本皆源出五代監本,而監本經文即據唐石經,故唐石經被稱爲"古本之終,今本之祖",爲"天地間經

---

① 　焦循《儀禮石經校勘記後序》,《儀禮石經校勘記》,第49頁。
② 　阮元撰,鄧經元點校《揅經室集》(一集)卷二《儀禮石經校勘記序》附阮福案語,中華書局,1993年,第41頁。
③ 　劉玉才主編《十三經注疏校勘記(4)》,北京大學出版社,2015年,第1719頁。

本之最完最舊者"①。清代學者從事《儀禮》校勘,頗得力於唐石經。
而嚴州本則爲唯一傳世的宋刻經注本,張淳昔日校定《儀禮》,即以
此本爲據稽考《儀禮識誤》所載異文,可知在其所見諸本之中,嚴州
本校刻精審,雖不能無有舛誤,然勝諸本之處實多,堪稱宋刻之佳者。
如顧炎武所言監本脱誤之處,嚴州本皆完然具存。顧千里以嚴州本
校經注,"補正注文者尤不可枚舉"②,"視嘉靖本尤勝"③。至於宋刻
單疏本,則更具無可替代之重要價值,以其未經後人删改更易,較好
保存了賈疏的本來面目。顧千里跋單疏本云:"此宋時官本疏,分卷
五十,尚是賈公彥等所撰之舊。不佞在士禮居勘之一過,於行世各
本,補其脱,删其衍,正其錯謬,皆不可勝數。其所標某至某、注某至
某,尤有關於經注,而各本刊落竄易殆盡,非此竟無由得見,實於宋槧
書籍爲奇中之奇,寶中之寶,莫與倫比者也。"④再就明刻注疏本而
論,其源頭爲陳鳳梧刊本,陳氏則是依據自己先前所刻經注本,並附
入單疏内容合刻而成。陳氏經注本多取正於朱子《儀禮經傳通解》,
在附入疏文時又率意牽合,並據《通解》對疏文多有删改更易,加之
校勘不精,以致經注疏文多有舛訛脱衍。其後閩本、監本、毛本諸刻
輾轉相承,沿謬踵訛,舛錯彌盛。阮元《儀禮注疏校勘記序》議明刻
注疏之失,謂"朱子作《通解》,於疏之文義未安者多爲删潤,在朱子
自成一家之書,未爲不可,而明之刻注疏者一切惟《通解》之從,遂盡
失賈氏之舊"。即此可見,《校勘記》以唐石經、嚴州本及單疏本爲
主,實具有正本清源之性質,能徹底厘清陳本以下諸刻疏失,從而實
現"以正明刻之訛""庶還唐宋之舊觀"的目的,與同時問世的張敦仁
重刊《儀禮注疏》交相輝映,在版本學和校勘學上具有大致相同的價
值意義。

　　在版本對校之外,《儀禮注疏校勘記》還廣泛徵引他校文獻,充

　　① 嚴可均《唐石經校文敘》,《景刊唐開成石經》,中華書局,1996 年,第 4 册,
第 2995 頁。
　　② 黄丕烈《百宋一廛賦注》,《顧千里集》卷一,第 3 頁。
　　③ 《顧千里集》卷八《重刻儀禮注疏序》,第 130 頁。
　　④ 《顧千里集》卷十七,第 260 頁。

分吸收前人校勘成果。如其卷首《引據各本目録》所列，則有陸德明《經典釋文》、張淳《儀禮識誤》、李如圭《儀禮集釋》、朱子《儀禮經傳通解》、魏了翁《儀禮要義》、楊復《儀禮圖》、敖繼公《儀禮集説》、浦鏜《十三經注疏正字》、盧文弨《儀禮注疏詳校》、顧炎武《九經誤字》、張爾岐《儀禮誤字》、彭元瑞《石經考文提要》。此爲其所引據主要文獻，其中陸氏《經典釋文》既標注漢魏六朝聲讀音切，又兼載諸儒訓詁與各本異同，可據以考見陸氏所據底本與唐前古本之面目。張淳《儀禮識誤》乃《儀禮》校勘肇端之作，既校正經注文字之訛脱，亦存有宋槧諸本之崖略。李如圭《儀禮集釋》則取鄭注而博采經傳以釋之，多發賈疏所未備，以其身處南宋，故得參用古本，可訂注疏本之訛。朱子《儀禮經傳通解》以《儀禮》爲經，而取《禮記》及諸經史所載相關内容以附之，全載經注而節録賈疏，對注疏文字雖多有改易删潤，然精確之處亦復不少。魏了翁《儀禮要義》分别條目事類，取注疏之文録於其下，有删節而絶無改竄，卷第悉依賈疏原本，文字也多與單疏相合，單疏所闕之六卷，可藉此以見大略。楊復《儀禮圖》全載經文而節取注疏，詳考儀節陳設方位而繫之以圖，所載注疏文字亦不無佳處。敖繼公《儀禮集説》解經多與鄭玄立異，於經文間有輕率臆改，所載鄭注亦多移易點竄，然精要之處亦不可没。至於顧炎武《九經誤字》、張爾岐《儀禮誤字》、彭元瑞《石經考文提要》，則是清人引據唐石經考訂監本誤字的重要成果。浦鏜《十三經注疏正字》爲前此群經校勘代表性論著，而盧文弨《儀禮注疏詳校》則是《儀禮》校勘專門之作。有些文獻雖未列入上述《目録》，但實際上仍有大量引用。如引《通典》近兩百處，引聶氏（聶崇義《三禮圖》）八十餘處，引周學健（《殿本儀禮注疏考證》）二十餘處，又據盧氏《詳校》引金曰追（《儀禮經注疏正訛》）二十餘處。此外還引述眾多清代學者之説，如臧琳、沈彤、惠棟、戴震、錢大昕、程瑶田、段玉裁、凌廷堪、瞿中溶、顧廣圻、嚴杰、臧庸諸家。綜而論之，《儀禮注疏校勘記》利用他校文獻極爲完備，彙集諸家論説較爲充分，前此重要的研究著作以及校勘成果基本囊括無遺。

　　《儀禮》文辭古奥難讀，歷來傳授研習者少，至後世不立於學官，學者益不復誦習,故其版本校勘疏略,文字多有舛誤。清初顧炎武以唐石經校明監本諸經,發現《儀禮》脫誤最甚,開清人《儀禮》校勘之先河。其後《儀禮》研究漸盛,出現了衆多考證成果,對於校勘也頗有助益。阮元身處乾嘉學術鼎盛之時,得以取精而用弘,博考而詳辨。阮元《儀禮注疏校勘記序》云:"鄭注疊古今文最爲詳覈,語助多寡,靡不悉紀。今校是經,寧詳毋略,用鄭氏家法也。"因此種種緣由,《儀禮注疏校勘記》的内容頗爲詳贍。前此專門從事《儀禮》校勘者,還有金曰追《儀禮經注疏正訛》、盧文弨《儀禮注疏詳校》。金氏《正訛》所據以朱子《通解》爲主,輔以楊氏《儀禮圖》、敖氏《儀禮集説》,並參考沈彤《儀禮小疏》、馬駉《儀禮易讀》,其參校版本則有陳鳳梧、鍾人傑兩經注本。盧氏《詳校》引證多本於武英殿本和《儀禮義疏》,並參據陸德明以下至近世十餘家之説,對浦鏜《正字》、金曰追《正訛》等均有利用。兩家搜羅版本俱不完備,故論者謂金氏《正訛》"未見宋元各舊本,根據薄弱,遠不逮盧文弨《詳校》、阮元《校勘記》之精"①,盧氏《詳校》則"景德單疏本未見,魏了翁《要義》雖見而未細考,故其書勝《正訛》,而遠不逮阮元《校勘記》"②。而《儀禮注疏校勘記》則對金氏、盧氏之書亦有參考,並能後來居上,卒集《儀禮》校勘之大成。《儀禮注疏校勘記》自成書之日起,就已廣爲流傳,產生較大學術影響。如胡培翬撰著《儀禮正義》,凡涉經注校勘必引阮元《校勘記》,所引將近千條之多,在所據文獻中居於主要。曹元弼謂"國朝禮家校勘以阮氏爲宗"③,洵非虛譽。

　　《儀禮注疏校勘記》也存在一些疏失和不足。如所引版本以嚴州本和單疏本最爲重要,但《引據各本目録》謂嚴州本是"元和顧廣圻用鍾本校其異者書於簡端,今據以采入";至於單疏本雖未明言所據是否爲原本,然據黃丕烈《宋嚴州本儀禮經注精校重雕緣起》云:

---

① 胡玉縉撰,王欣夫輯《許廎學林》卷十四《儀禮經注疏正訛跋》,中華書局,1958 年,第 323 頁。

② 《許廎學林》卷十四《儀禮注疏詳校跋》,第 324 頁。

③ 曹元弼《禮經學》卷七《禮經注解傳述人》,《續修四庫全書》,上海古籍出版社,1996 年,第 94 册,第 851 頁。

"宋刻經注本及宋刻單行疏本,各校副本,流傳於外,阮芸臺侍郎取以入《儀禮校勘記》中者是也。"①又據顧千里跋《儀禮要義》云:"中丞阮公將爲'十三經'作《考證》一書,任《儀禮》者爲德清徐君新田,新田與九能有媚親,曾傳鈔是書,近日復從予所持舊校景德本去臨出一部。"②是知阮、徐撰作《校勘記》時,其實未嘗親見嚴州本和單疏本,而是據顧千里校本輾轉校録。顧氏校勘雖稱精密,學識誠爲卓絶,然千慮之失固所難免,故《校勘記》雖以嚴州本、單疏本爲主,但不能全面準確反映其原貌,且存在失校誤校之處。後來胡培翬著《儀禮正義》,在引用《校勘記》之時,多據士禮居重刊本補出嚴州本異同。曹元弼所撰《禮經校釋》,亦復核士禮居重刊嚴州本和藝芸書舍重刊單疏本,很多條目可補《校勘記》之闕失。至於其他方面的疏失訛誤,則汪文臺《十三經注疏校勘記識語》、孫詒讓《十三經注疏校記》亦有辨及。而今人王輝撰《阮元〈儀禮注疏校勘記〉補正》,彙集阮元《校勘記》之疏失和阮刻《儀禮注疏》之訛誤,爲之補正凡二百餘條,頗有詳確可據之處③。若能以阮元《儀禮注疏校勘記》爲基礎,全面參核復校今存各種重要版本,充分吸收諸家糾謬補正之成果,並參考利用後來所出武威漢簡、漢石經殘石等文獻資料,必定能彌補《校勘記》的疏失和不足,從而推進和提升《儀禮注疏》的校勘水平。

三、《儀禮注疏校勘記》的版本差異及相關問題

《十三經注疏校勘記》的主要版本有二,先有阮氏文選樓刊本,後有學海堂刊《皇清經解》本。《十三經注疏校勘記》的成書及初刻時間,張鑒《雷塘庵主弟子記》有明確記載,當爲清嘉慶十一年(1806)冬十月,是刻即所謂文選樓本④。嘉慶十三年八月,段玉裁撰《十三經注疏釋文校勘記序》,今所見文選樓本多將此序置於卷首。

① 黄丕烈《宋嚴州本儀禮經注精校重雕緣起》。
② 《顧千里集》卷十七,第 262 頁。
③ 王輝《阮元〈儀禮注疏校勘記〉補正》,《中國典籍與文化論叢》,1997 年。
④ 張鑒等撰,黃愛平點校《阮元年譜》卷二,中華書局,1995 年,第 65 頁。

嘉慶廿一年十二月，阮元經過反復校改，又將此本敬裝十部，具表進呈御覽。道光九年（1829）廣東學海堂編刊《皇清經解》，《十三經注疏校勘記》收入其中，是爲學海堂本。學海堂本書板後因戰火多有殘毀，故在咸豐十年（1860）又予補刻，補刻板片版心下方皆鎸"庚申補刊"，是爲庚申補刊本。我們通過版本調查，發現文選樓本前後印本之間存在差異，其中尤以《尚書》《儀禮》爲甚。今專就《儀禮注疏校勘記》加以考述，先敍所檢核文選樓各印本相關信息如下。

①南京圖書館藏本。著録爲《十三經注疏校勘記》二百四十五卷，清嘉慶廿一年（1816）揚州阮氏文選樓刻本。《續修四庫全書》據之影印，卷端題"本書據南京圖書館藏清嘉慶阮氏文選樓刻本影印"，是目前較爲通行之本。有隸書牌記"宋本十三經注疏挍勘記二百十七卷坿釋文挍勘記廿六卷"，卷首有嘉慶戊辰（1808）段玉裁序（簡稱"南圖藏本"）。

②上海圖書館藏本（索書號：綫善 T417004—63）。著録爲《宋本十三經注疏併經典釋文校勘記》，清嘉慶十一年（1806）儀徵阮氏文選樓刻本，前有楷書牌記"十三經注疏校勘記／揚州阮氏文選樓藏板"。又有題識云："凡例內所夾一簽似唐鷦庵手書。／《儀禮》缺卷補鈔極工整。丙子年以廉價得於上海城內書攤，乙卯年重裝訖。揆初記。"知其爲葉景葵舊藏。其中《儀禮》卷一至八抄配，卷九至十七原刻（簡稱"葉景葵舊藏本"）。

③上海圖書館藏本（索書號：綫普長 02871）。著録爲《宋本十三經注疏併經典釋文校勘記》，清嘉慶十三年（1808）揚州阮氏文選樓刻本，前有楷書牌記"十三經注疏校勘記／揚州阮氏文選樓藏板"，卷首有嘉慶戊辰段玉裁序（簡稱"上圖藏本"）。

④華東師範大學圖書館藏本（索書號：231220 愚經 4980）。著録爲《十三經注疏校勘記》二百四十三卷，清嘉慶廿一年（1816）揚州阮氏刻本。該本爲盛宣懷愚齋圖書館舊藏，前有楷書牌記"十三經注疏校勘記／揚州阮氏文選樓藏板"，卷首有嘉慶戊辰段玉裁序，又有嘉慶廿一年十二月阮元恭進摺子（簡稱"愚齋本"）。

在此需要説明的是，各圖書館所藏文選樓本的刊刻時間，或據張鑒《雷塘庵主弟子記》著録爲嘉慶十一年（1806），或據段玉裁序文著録爲嘉慶十三年，或據阮元進呈摺子著録爲嘉慶廿一年，其實不盡準確，不能直接據以判斷印本先後。爲避免語意混淆誤會，以下敘述各本異同之時，將有意忽略其著録信息，而以簡稱來指代各本。核諸實際版面特徵和文字内容，南圖藏本當爲較早印本，而上圖藏本、愚齋本則有明顯剜改增補之迹，屬於後來印本。至於葉景葵舊藏本，其鈔配部分與南圖藏本完全相同，而原刻部分則與愚齋本完全相同，且其並非完整印本，故不再重出其異同情況。

　　文選樓本前後印本之間的區别如下：一是校正原刻訛誤。如卷一第 215 條校語“浦鏜改从艸”，南圖藏本“从”誤“以”，上圖藏本、愚齋本皆改作“从”。卷一第 315 條出文“賓醴不用柶者”，南圖藏本“柶”誤“栖”，上圖藏本、愚齋本皆改作“柶”。卷十五第 284 條當爲注文校記，南圖藏本出文之前原空兩格，誤作疏文之校記，上圖藏本、愚齋本皆移正。二是删去個别條目。如卷七第 270 條出文“守故之辭”，校云：“浦鏜云‘有’誤‘守’。”但上圖藏本、愚齋本皆剜改删去，故此行空闕。三是增加出校條目。較之南圖藏本，上圖藏本、愚齋本增出校記凡二十條，其中卷六增兩條，卷七增一條，卷十一增四條，卷十二增三條，卷十三增一條，卷十四增兩條，卷十五增四條，卷十六增一條，卷十七增兩條。凡增加條目之處，爲遷就原刻行款，多將兩條并作一行，或減省前後條目文字，剜改增補之迹顯而易見。四是更改校語内容。如卷六第 100 條校語之末，上圖藏本、愚齋本中皆删去“凌廷堪據”以下至末二十一字。卷七第 36 條校語之末，上圖藏本、愚齋本皆增“按上鵠字當作侯”七字。卷十第 142 條出文“同姓大邦而言若也”，校云：“若，《要義》作‘者’。按，‘若也’疑當作‘若然’。”上圖藏本、愚齋本出文皆改作“同姓大邦而言若也據文”，校語改作：“‘若’，《要義》作‘者’。許宗彦云‘若也據文’乃‘若據他文’之訛。”

　　上圖藏本與愚齋本雖皆爲後印本，但兩者又有很多差異。如卷一第 337 條，出文“謂賓客之贊冠者”，愚齋本删去“客”字；卷一第 382 條，出文“二者謂刊肺”，愚齋本“謂”下補“之”字；卷五第 287

條,出文"即立於席端",愚齋本"席"改作"序";卷五第298條,出文"右祭薦俎",校云"右,誤作'反'",愚齋本校語改作"右,當從毛本作'又'";卷八第675條,出文"外門應在皁門外",愚齋本"門"更正爲"朝";卷八第875條,出文"晉侯享之以豆籩",愚齋本"豆"更正爲"加";卷十三第432條,出文"此菅屨也",校云:"'此'字下,單疏本有'則'字。"愚齋本增出"菅毛本誤营"五字;卷十四第189條,出文"釋曰"至"於苴",校云:"疏凡三十二字,今本脱,單疏、通解、要義俱有。"愚齋本校語改作"注疏本俱脱,此據單疏本及通解、要義補";卷十四第286條,出文"無尸則不薦猶出几席設如初",愚齋本"薦"更正爲"餕";卷十五第321條,出文"亦於大夫同少牢五誤",愚齋本"誤"更正爲"鼎"。

　　通過上述分析考察,可知南圖藏本、上圖藏本、愚齋本存在較多差異,分別屬於文選樓本的早、中、晚三種類型印本。其中南圖藏本屬於較早印本,應該接近初刻面貌。而愚齋本則有阮元恭進摺子,且其增補內容較爲完備精審,蓋即阮氏進呈御覽之改定本。在此三種印本之外,還有可能存在其他不同的印本,限於個人的時間精力,難以再作全面考索。但通過此三種印本,已經足以説明在《校勘記》纂成刊刻之後,曾不斷予以校正修補並陸續印行,而這正與阮元恭進摺子所謂"連年校改方畢"之語相互印證。日本京都大學人文科學研究所藏文選樓《十三經注疏校勘記》,卷首無阮元恭進摺子,亦無段玉裁序文,版面分明如新,且有王念孫批校題識,有學者認爲其可能是文選樓本的最初印本[①]。至於學海堂本與文選樓本之關係,我們經過認真比勘,發現學海堂初刻本與愚齋本基本一致,知其所據底本當爲文選樓後印本。考慮到學海堂編刊《皇清經解》是由阮元發凡起例,由其得意門生嚴杰總司編輯校讎,而嚴杰又曾參與撰作《十三經注疏校勘記》,故學海堂本所據當爲文選樓本的最終定本,在版本性質上屬於定本形態。咸豐庚申補刊學海堂本,其校勘較爲精審,

---

　　① 關口順撰,水上雅晴譯注《十三經注疏校勘記略説》,劉玉才、水上雅晴主編《經典與校勘論叢》,北京大學出版社,2015年,第231頁。

改正原刻訛誤較多,總體而言似較原刻更善,但亦有原刻不誤而補刻反訛者。因此對於學海堂本的文字異同,還應區分道光九年(1829)原刻與咸豐庚申(1860)補刊之别。

通過文選樓前後印本的差異,又可引申出一些重要問題。如《儀禮注疏校勘記》原刻並無許宗彦之説,而後出印本則多補入許氏之説,涉及校記凡二十二條,在所增補内容中最爲矚目。詳考所引許氏之説,其特點是擅長理校之法,潛心玩味經義,抽繹内在脈絡,辨駁原校是非按斷,多有精確不易之見,具有重要學術價值。許宗彦字積卿,又字周生,浙江德清人。嘉慶己未(1799)進士,授兵部車駕司主事,旋以親老引病歸,後居杭州,杜門以讀書爲事。許宗彦與阮元乾隆丙午(1786)同舉於鄉,而己未會試時阮元又爲其座主,又以子女結爲姻親,"學術行誼相契最深",阮元稱譽其"於學無所不通,探賾索隱,識力卓然,發千年儒者所未發,是爲通儒"①。徐養原與許宗彦既是同鄉,又爲論學之友,過從極爲頻密。在《十三經注疏校勘記》中,惟有徐養原所校《尚書》和《儀禮》采擇許宗彦之説。其中《尚書注疏校勘記》引許宗彦之説凡十五條,但其原刻即已如此,而《儀禮注疏校勘記》所引則是後來增補。若就此稍加探究考察,就會發現《儀禮注疏校勘記》的成書過程較爲複雜,並非阮元序文所謂"徐養原詳列異同,元復定其是非"如此單純,而從中尤可考見段玉裁與《校勘記》撰作的密切關係。

四、南昌府學本《儀禮注疏》所附校勘記

嘉慶二十年(1815)南昌府學重刊《十三經注疏》,凡經注疏文有關校勘之處皆加圈於旁,由盧宣旬摘録《十三經注疏校勘記》附於各卷之後。盧氏摘録之時,對於《校勘記》原文有所改動,校記條目有增有删,校語文字有改有補,由此形成《十三經注疏校勘記》的兩個系統:以文選樓本爲代表的單行本和以南昌府學本爲代表的附録本。在這兩個系統之間,《儀禮》與《尚書》《論語》情況較爲特殊,因爲涉

---

① 《揅經室集》(二集)卷二《浙儒許君積卿傳》,第402頁。

及校勘底本的變化，盧氏摘録此三經校記之時，不能是單純地擇取附録，而是要對《校勘記》的出文和校語進行改寫，由此産生了不同於他經的問題。

文選樓本《儀禮注疏校勘記》存在前後印本之別，而南昌府學本則據後出印本摘録，其文字内容與愚齋本相近。《儀禮注疏校勘記》十七卷，南圖藏本凡七千四百二十三條，而愚齋本等後印本皆删去一條，又增出二十條。南昌府學本《儀禮注疏》五十卷，各卷之後附以校記，凡四千六百七十二條，其中增出校記三條，所棄校記二千七百七十三條。南昌府學本對《校勘記》的取捨，整體而言比較隨意，並無内在規律條例可循。其所增出之三條校記，分别見於卷一、卷二、卷七，則或補出監本異同，或辨南昌府學刊本之誤。南昌府學本所附校記之中，大都對原校存在不同程度的改動，其中主要是因校勘底本轉換，對出文和校記作相應改寫。根據卷首《引據各本目録》，並核諸校記實際内容，可知《儀禮注疏校勘記》是以毛本爲底本來標注出文並撰寫校語。而盧氏摘録《校勘記》，則應以南昌府學本爲底本，對出文和校記進行相應改寫。前已敘及，南昌府學本《儀禮注疏》號稱"借校蘇州黄氏丕烈所藏單疏"重刻，實則出於覆刻張敦仁刊本，而張敦仁刊本則是萃合嚴州本與單疏本而成。張氏、阮氏皆有意存古本之真，對於原本一仍其舊，即便有錯訛之處，亦不輕易更改。因此就理想形態而言，南昌府學本《儀禮注疏》的經注文字應該和嚴州本相合，疏文應該和單疏本相合。盧宣旬摘録《校勘記》時，涉及疏文時對底本轉換有明確意識，故多删去單疏本的文字異同和版本信息。盧氏摘録改寫《校勘記》，存在普遍性的疏失和訛誤，主要如下：

一是忽略原校版本信息。如《士冠》經文"筮于廟門"，疏文"既云不腆先君之祧"，《校勘記》云："既，單疏、《要義》俱作'即'。"南昌府學本出文"即云不腆先君之祧"，校語云："《要義》同。毛本'即'作'既'。"今案，《校勘記》以毛本爲底本，而閩本、監本與毛本同出一源，文字大同小異，凡相同之處不需説明，惟相異之處則特别表出，此爲《儀禮注疏校勘記》之通例。故《校勘記》實包含隱性版本信息與顯性版本信息：此處閩本、監本與底本同，雖不言而自明，此爲隱性版本信息；單疏本與底本不同，故需特別表明，此爲顯性版本信息。盧氏摘録時底本轉換爲單疏本，校語惟言毛本"即"作"既"，意似閩本、監本皆與毛本不同，忽略原有版本信息，甚失原校之意。

二是遺漏原校是非判斷。如《士冠》經文"主人玄冠朝服"，疏文"此服乃服朝服"，《校勘記》云："單疏本無'乃服'二字，是也。"南昌府學本出文"此服朝服"，校語云："毛本'朝'上有'乃服'二字。"今案，自陳本以下皆誤衍"乃服"二字。盧氏皆僅言毛本文字異同，不但忽略原校所隱含版本信息，而且遺漏其是非判斷。

三是混淆原校版本概念。如《士冠》經文"皮弁服"，疏文"以白鹿皮冒覆頭鉤頷繞項"，《校勘記》云："單疏本無'以白鹿皮'四字，'鉤'作'句'。《通解》與今本同。"南昌府學本出文"冒覆頭句頷繞項"，校語云："毛本'冒'上有'以白鹿皮'四字，'句'作'鉤'。《通解》與毛本同。"今案，《儀禮注疏校勘記》中"今本"一詞頻繁出現，《校勘記》對此雖未有明確界定，但結合卷首《引據各本目録》以及校記的實際内容，可知"今本"之内涵指向基本確定，一般是指閩本、監本、毛本。陳本雖不在卷首《目録》之列，但校記實際對其多有引用，且其爲閩、監、毛本之源頭，文字異同與"今本"相合，故"今本"亦可包含陳本在内。在個别情況下"今本"可能僅指毛本，不包含陳、閩、監諸本在内。但這種情況極少，就普遍的情況而言，"今本"是指陳本以下的閩、監、毛諸刻。盧氏以爲此處"今"僅指毛本。

四是文字叙述出現錯誤。《士冠》疏文"大夫冠而不爲殤"，《校勘記》云："大，閩本作'丈'。"盧氏摘録出文亦作"大夫冠而不爲殤"，校語云："大，閩本、毛本作'丈'。"今案，陳本、監本、毛本、單疏本作"大"而非"丈"，盧氏誤以毛本作"丈"，與原校顯然矛盾。又如《士喪》經文"掩練帛廣終幅"，注文"又還結於項中"，《校勘記》云："張氏曰：'注曰又還結于項巾。案，監、杭本巾作中，從監、杭本。'"南昌府學本出文"又還結於項巾"，校語云："張氏曰：'注曰又還結于項巾。案，監、杭本、毛本巾作中，從監、杭本。'"今案，此所引張氏，乃張淳《儀禮識誤》之説。盧氏在中間插入"毛本"二字，張氏爲南宋時人，豈能得見明刻版本？類似這樣的疏失和訛誤，在南昌府學本中較爲常見。

通過上述分析可知,南昌府學本《儀禮注疏》所附《校勘記》不太完整,所删校記數量超過全部校記的三分之一,無疑會忽略很多版本信息。而其所附校記又存在諸多疏失,對《儀禮注疏校勘記》原文多有曲解和違失,若加以推勘詳究,估計有一半以上的校記存在問題。客觀而言,盧宣旬摘録改寫之所以出現種種疏失,亦有種種不得已之情由:因南昌府學重刊《十三經注疏》歷時較短,盧氏倉促辦理此事,校讎之責極爲繁重。而《十三經注疏校勘記》雖由阮元主持編撰,其實書成衆手,各經《校勘記》的體例風格存在較大差異。如就出校情況而言,徐養原、嚴杰、孫同元所校各經,在校記中一般只注明與底本文字相異的版本,對於相同的版本並不特別注明,而李鋭、顧廣圻、臧庸所校各經,則對與底本相同的版本亦皆注出。這些校勘體例上的差異,加之涉及校勘底本的轉換,客觀上增加了盧氏摘録改寫的難度,間接導致種種疏失的産生。不可否認,南昌府學本所附《校勘記》增加了個別條目,增補了部分校語,一些案斷亦有獨到之見,但其内容分量微乎其微。即此可見,如果要參考利用《儀禮注疏校勘記》,不能完全依據和憑藉南昌府學本所附《校勘記》。

第七章 《禮記注疏校勘記》編纂考述

唐田恬

一、《禮記》版本源流概述

《禮記注疏》，東漢鄭玄注，唐孔穎達疏。《禮記》一書成書時代不詳，作者非一，大部分篇章約完成在春秋末至戰國時期，部分篇章有秦漢學者的增益發揮。《禮記》是一部論述先秦禮制的文獻選編，集中體現了儒家學者的政治、哲學、倫理思想，是研究先秦社會狀況、典章制度與儒學思想的重要材料。西漢今文學家戴德整理凡八十五篇，是爲《大戴禮記》；戴勝整理凡四十九篇，是爲《小戴禮記》。《大戴禮記》篇目繁多，至唐時僅存三十九篇，逐漸脫離經典範疇。而《小戴禮記》經鄭玄校注整理，大行於世，融入了後來經學研究的主流。

經書雕版始於五代。而在此之前，漢唐世皆刻有石經，作爲官方校訂經書的規範文本。今漢魏石經皆已不傳，僅唐開成石經有原石並拓本行世。唐石經共刻有十二部儒家經典，《禮記》亦包含其中，這就是後世《禮記》官私刻本經文的源頭。五代後唐長興三年（932）至後周廣順三年（953）年間，國子監以唐石經爲經文底本，合以注文，刊刻《九經》（實際經數與唐石經同），是爲《禮記》雕版印本之始。此後，《禮記》的刊刻在宋代得到進一步發展。在經注組合形式上，除了延續刻本時代之前就已經出現的經注本、白文本、單疏本之外，又將經注與疏文合刻，形成注疏本；或將《經典釋文》與經注合而爲一,形成附《釋音》本。此外,還在經典中附入插圖,圈識句讀,加入重言重意,形成了新的版本類型。在刊刻方式上,除了十三經合刊外,《禮記》還有不少單刻本、三禮叢刻本行世。多樣的經注組合疊加靈活的刊刻形式,形成了今日衆多的《禮記》傳世版本。鑒于《禮記》的存世版本衆多,頭緒紛繁,兹依據經注的組合方式列舉其中重要版本如下。

單經本(白文本):唐石經,原石今存西安碑林,民國十五年(1926),陌忍堂依拓本影模刻板,成《景刊唐開成石經》,爲民國時期著名藏書家陶湘代奉系軍閥張宗昌所刻。宋刻遞修《八經》本《禮記》二卷,今藏中國國家圖書館。明刻《禮記》一卷,吳勉學刻,今藏中國國家圖書館。

經注本:宋刻《禮記》二十卷《釋文》四卷,淳熙年間撫州公使庫刻,今藏中國國家圖書館。宋刻《禮記》二十卷,卷一至卷五今藏遼寧省圖書館,卷六至卷二十今藏中國國家圖書館。宋刻遞修《禮記》二十卷,清黃丕烈、韓應陛、張爾耆跋,殘卷五至卷八、卷十一至卷十五今藏於中國國家圖書館。宋刻《禮記》二十卷,婺州義烏酥溪蔣宅崇知齋刻,殘卷卷一至卷五今藏中國國家圖書館。

經注附《釋文》本:宋刻《禮記》二十卷,紹熙二年(1191)余仁仲萬卷堂刻本,今藏中國國家圖書館。宋刻《纂圖互注禮記》二十卷《舉要圖》一卷,有清錢天樹、孫鏊、楊希鈺、李兆洛、陳鑾、吳憲澂、張爾旦、季錫疇、吳輔仁、張蓉鏡跋,今藏中國國家圖書館。宋刻《附音重言互注禮記》二十卷,殘卷卷十六、卷十九今藏中國國家圖書館。宋刻《京本點校附音重言重意互注禮記》二十卷,有李盛鐸跋,殘卷卷六至卷八今藏中國國家圖書館。

單疏本:宋刻《禮記正義》七十卷,殘存卷六三至卷七十,今藏日本身延山久遠寺,有《四部叢刊三編》影印本。

注疏本:宋刻《禮記正義》七十卷,紹熙三年(1192)兩浙東路茶鹽司刻宋元遞修本,有清惠棟跋,李盛鐸、袁克文跋,今藏中國國家圖書館。元刻明修《附釋音禮記注疏》六十三卷,今藏中國國家圖書館等處。此外,明刻《禮記注疏》六十三卷本,有嘉靖年間李元陽刻《十三經注疏》本(閩本),萬曆年間北京國子監刻《十三經注疏》本(監本),崇禎年間毛氏汲古閣刻《十三經注疏》本(毛本)。清代又有乾隆年間武英殿刻《十三經注疏》本(殿本),乾隆六十年(1795)和珅影宋刻《附釋音禮記注疏》本,嘉慶年間阮元刻《十三經注疏》本(阮本)等,傳本甚多,不再枚舉。

二、《禮記注疏校勘記》的編纂情况

《禮記注疏校勘記》由洪震煊擔任分校。洪震煊(1770—1815),字百里,號樵堂,臨海(今浙江台州)人,與兄洪頤煊同以經學名世。臧庸曾讚其二人:"大洪淵博,小洪精鋭。"洪震煊在阮元編修《經籍纂詁》時分擔《方言》一書,後又擔任《十三經注疏校勘記》中《禮記》一經的分校。洪震煊勤學多思,尤精《選》學。有《夏小正疏義》五卷、《石鼓文考異》一卷、《樵堂詩抄》一卷及《曾氏一貫論》《顏子復禮論》《性情説》等多種著作。

文選樓本《禮記注疏校勘記》經注疏部分依底本"十行本"分為六十三卷,校記共 10501 條。其中,卷一 198 條,卷二 262 條,卷三 188 條,卷四 225 條,卷五 192 條,卷六 143 條,卷七 133 條,卷八 248 條,卷九 275 條,卷十 310 條,卷十一 282 條,卷十二 276 條,卷十三 255 條,卷十四 258 條,卷十五 259 條,卷十六 314 條,卷十七 281 條,卷十八 174 條,卷十九 173 條,卷二十 178 條,卷二十一 254 條,卷二十二 220 條,卷二十三 220 條,卷二十四 173 條,卷二十五 222 條,卷二十六 156 條,卷二十七 108 條,卷二十八 112 條,卷二十九 159 條,卷三十 152 條,卷三十一 170 條,卷三十二 132 條,卷三十三 175 條,卷三十四 98 條,卷三十五 311 條,卷三十六 138 條,卷三十七 144 條,卷三十八 124 條,卷三十九 188 條,卷四十 77 條,卷四十一 131 條,卷四十二 94 條,卷四十三 106 條,卷四十四 159 條,卷四十五 154 條,卷四十六 84 條,卷四十七 101 條,卷四十八 84 條,卷四十九 119 條,卷五十 93 條,卷五十一 174 條,卷五十二 116 條,卷五十三 125 條,卷五十四 167 條,卷五十五 125 條,卷五十六 71 條,卷五十七 49 條,卷五十八 116 條,卷五十九 82 條,卷六十 127 條,卷六十一 113

條,卷六十二 89 條,卷六十三 65 條。釋文校勘記四卷,共 440 條校記,卷一 174 條,卷二 118 條,卷三 91 條,卷四 57 條。

《禮記注疏校勘記》是《十三經注疏校勘記》中部頭最大,校記數量最多的一種。依據書前《引據各本目錄》,全書共使用經書版本九種,校本六種以及《釋文》三種。這也是十三種《校勘記》中引用版本較爲豐富的一種。

《禮記注疏校勘記》對《禮記注疏》的文字進行了十分詳細的校訂工作,從内容上說,主要包括校改底本誤字、衍文、脱文、倒字等種種錯誤情況。《禮記注疏校勘記》儘可能地參考了《禮記注疏》當時可見的主要版本,吸收了惠棟、浦鏜、盧文弨、孫志祖、段玉裁等人的校勘成果,並輔以一定的他書文獻作爲旁證,其校勘質量是比較高的。

在校勘底本的同時,《禮記注疏校勘記》還承擔了標注參校諸本訛誤的功能。《禮記注疏校勘記》有大量篇幅是匡正閩本、監本,尤其是當時較爲常見的毛本的錯誤,即阮元在《十三經注疏校勘記凡例》所稱的“三本之失,不及悉載,其謬誤特甚者,必爲之舉正也”①。由於《校勘記》先成,而初刊時未同底本合刻,豐富的校定他書訛誤的内容,在一定程度上可以充當常見的幾種經書的通用校勘記,這也進一步提高了《校勘記》的實用价值。

除了校勘各本的錯誤以外,《禮記注疏校勘記》還標注了各本之間存在的大量異文。一方面,洪震煊以不輕易改動經書原貌的慎重態度,對於兩可的異文多采取全面羅列、不下按斷的處理方式;另一方面,由於洪氏僅僅承擔了初步的分校工作,其校勘活動也多停留在相對機械的對校上,一般不作没有版本依據的理校。在體現《校勘記》後期修訂工作的加〇按語中,有些内容會對〇前按語羅列的異文進行分析、判斷和選擇,這可能出自段玉裁、阮元等人的手筆。不過這部分按語的數量在全書中所佔的比例是非常小的。

----

① 劉玉才主編《十三經注疏校勘記(1)》,北京大學出版社,2015 年,第 29 頁。

總體説來,《禮記注疏校勘記》的最大特點是以羅列各本異同爲主,按語簡明扼要,較少有複雜的個人發揮。洪震煊在初校時較爲詳細和客觀地記錄了所見《禮記》各個版本和校本的信息。和臧庸、顧廣圻等分校學者不同,洪氏較少在校記中寫入個人解説,作按斷時也比較審慎,重視版本依據而不輕信他書。這種細緻嚴謹的態度得到了後來學者的肯定。如日本學者關口順在《十三經注疏校勘記略説》一文中即稱:"由顧廣圻、嚴杰、洪震煊分擔部分的成就似乎比較好。"①

三、《禮記注疏校勘記》引據的版本

《禮記注疏校勘記》利用了大量版本進行對校工作,書前《引據各本目錄》分類清晰,共分經本、經注本、注疏本、校本、《釋文》五類。所收版本上起唐石宋板,下訖明本清校,較爲全面地反映了《禮記》的版本流傳情況。

《禮記注疏校勘記》還引用惠棟、盧文弨、孫志祖、段玉裁四人的校本以及日本山井鼎、物觀的《七經孟子考文補遺》、清人浦鏜的《十三經注疏正字》二種校勘著作。這些校本和浦氏《正字》一書大多以通行的監本、毛本作爲底本,而《考文》則搜羅更廣。《校勘記》對這些校本和著作的使用主要集中在兩個方面:第一,利用各校本記錄的舊本信息,而這些版本往往是當時未能收集的。第二,參考各校本的校勘意見。校本的廣泛使用雖然擴大了《校勘記》的版本範圍,但是其中的信息並非洪震煊等撰作者親自目驗,因此不能將校本中的版本信息與《校勘記》使用的版本混爲一談。

《釋文》主要利用了通志堂本、明葉林宗影寫宋本和撫州公使庫本。這應該是針對《釋文校勘記》而言的。《禮記釋文校勘記》獨立成書,不用注疏部分的校記所使用的底本"十行附釋音本"内的《釋文》作底本;而《禮記注疏校勘記》的注疏部分也很少使用《目錄》所

① 關口順撰,水上雅晴譯注《十三經注疏校勘記略説》,劉玉才、水上雅晴主編《經典與校勘論叢》,北京大學出版社,2015年,第233頁。

羅列的三種《釋文》版本校改底本經注文字。因此,《釋文》的校勘可以視爲一個獨立環節。《經典釋文》校本的選擇與實際校勘工作都與注疏部分的校記不同。具體説來,《禮記釋文校勘記》以通志堂本爲底本,主要利用撫本和葉鈔本爲校勘依據,部分條目使用了"十行本"和岳本所附的《釋文》,還有少量參考了段玉裁校本的意見。校記中,出文大多包含小字音切,爲了區分出文與校語,所有的按語前都有"〇"標識。有加"〇"按語疊加出現(一條校記中包含兩條加"〇"按語)等,説明後期也進行過復核工作。有學者結合其他文獻佐證認爲,《釋文校勘記》並非出自分校者手筆,而是由何元錫獨立校勘的①。

由此看來,只有與《校勘記》整體工作環節密切相關,並經過撰作者親自對校的單經本、經注本、注疏本才能最全面地反映《校勘記》使用版本的特點和學術價值。下面將對單經本、經注本和注疏本三類下的諸本依次加以介紹。

(一)單經本

唐石經本《禮記》二十卷。阮元對唐石經的評價並不太高,其《儀禮石經校勘記序》稱:"唐開成石經所校未盡精審,且多朱梁補刻及明人補字之訛。"②尤其是《月令》一篇,爲唐玄宗更删改寫,已經不是《禮記》的原貌。唐玄宗改易《月令》舊文,並附益時事,成《御删定禮記月令》,令李林甫、陳希烈等人爲之作注,並將此篇從《禮記》第六篇改置爲首篇。根據《舊唐書·玄宗本紀》記載,天寶五年(746),改《月令》爲時令。此後開成石經《月令》一篇亦從玄宗所改,變亂古經,實不足據。五代至宋初,《月令》一仍唐曆。直至宋仁宗景祐二年(1035)時,方才恢復舊本《月令》。鑒于唐石經存在的問題,《校勘記》在使用時也較爲慎重,並不將其作爲主要的依據版本。

---

① 詳見陳鴻森《劉盼遂氏段玉裁先生年譜補正》,《大陸雜誌》第七〇卷第五期,1985年,第209頁。

② 阮元撰,鄧經元點校《揅經室集》(一集)卷二,中華書局,1993年,第41頁。

南宋石經,即南宋高宗御書石經。據《校勘記》記載,此經《禮記》只《中庸》一篇,且僅存一碑。紹興年間(1131—1162),宋高宗應秦檜奏請,手書《易》《書》《詩》《左傳》《論語》《孟子》六種經書,刻石頒佈。淳熙四年(1177),宋孝宗詔知臨安府於太學建閣放置石經碑石及墨本。此次又補入《禮記》中的《中庸》《大學》《學記》《儒行》《經解》五篇。由此可知,南宋石經中的《禮記》一經最初即非完帙。同時,宋高宗手書石經並非以規範經文、頒刻定本爲目的,而只是練習書法的過程中形成的附屬産物。在頒出《左傳》《周易》之後,宋高宗即諭告輔臣:"學寫字不如便寫經書,不惟可以學字,又得經書不忘。"因此,南宋石經的校勘價值較爲有限,不能作爲重要的參校版本。

(二)經注本

岳本,即《御定仿宋相臺岳氏本禮記》二十卷。引據目錄中稱此本爲"宋岳珂刻本。武英殿翻刻仿宋本"。此本舊傳爲岳飛孫岳珂所刻,最初在廖氏刻九經之外增益《公羊》《穀梁》二傳和《春秋年表》《春秋名號歸一圖》,故又稱"相臺本九經三傳"。然清時藏書家已不能得其全本。清廷陸續收得《春秋》《易》《詩》《書》《禮記》五種,並於乾隆四十八年(1783)由武英殿仿刻,號爲"御定仿宋相臺岳氏本五經"。由於此本是較爲難得之仿宋精刻本,《校勘記》對該本較爲重視,將其作爲校勘的主要版本依據。然而根據張政烺在《讀〈相臺書塾刊正九經三傳沿革例〉》一文中考證,所謂宋岳珂所刻相臺書塾刊本,實際上是元朝荊溪岳氏翻刻宋廖瑩中世綵堂刊本。而在此之前,孟森以鐵琴銅劍樓藏宋本《周易》校岳本而成《相臺本周易校記》時,就已發現其"宋諱全不避,可斷定爲宋以後一種翻刻"。學者趙萬里在編修《中國版刻圖録》時亦從張説,現已成爲版本學上的定論。但是,岳本在廖本基礎上參考家塾所藏的多種舊本,考證精審,版刻精良,在校勘學及版刻學上具有較高價值。雖然《校勘記》對岳本的認識存在錯誤,但是大量使用該本作爲校勘依據的選擇還是正確的。

嘉靖本《禮記注》二十卷。此本不著刊板人姓氏,每頁十六行,每行十七字,分卷及行款悉與唐石經同,不附《音義》。據段玉裁等人考訂,當是明仿宋刻本。而在《儀禮注疏校勘記》中,則稱《儀禮》嘉靖仿宋本爲徐氏所刻。根據現存資料來看,可以判斷此嘉靖仿宋本當是明嘉靖年間東吳徐氏所刊《三禮》本。但是,關於嘉靖本所仿之宋本之斷代、《三禮》的分校學者持有不同意見。《禮記注疏校勘記》根據此本注疏、《釋文》文字互竄的情況,判斷"即宋本當亦在附音本之後",附《釋音》本《禮記注疏》下又稱該本爲南宋時原刻。那麼,嘉靖本所據之宋本最早亦當爲南宋刻本。而在《周禮注疏校勘記》中,臧庸則認爲此本"勝於宋槧余氏、岳氏等本,當是依北宋所傳古本也"。徐養原在《儀禮注疏校勘記》中判斷《儀禮》本以南宋嚴州本爲據翻刻。綜合各家的意見來看,基本可以確定嘉靖仿宋三禮本當是以南宋後的經書版本爲祖本。雖然嘉靖仿宋本《禮記》並非以最古之册進行仿刻,但是此本版刻精良,校勘精審,因此,《禮記注疏校勘記》多有采用嘉靖本作爲依據的内容。

(三)注疏本

附《釋音》本《禮記注疏》六十三卷。此本即所謂的"十行本",也是《禮記注疏校勘記》使用的底本。根據洪震煊的判斷,此本爲南宋時原刻,中有明正德年間(1506—1521)的補刻,也就是日人山井鼎所稱的"正德本"。然而考察《七經孟子考文補遺》可知,山井鼎已經意識到宋十行本和正德補修之本並非同一版本,因此才會提出"正德本"的概念。根據後來學者的考證可以知道,含有正德補刊的十行本不是宋本,而是元刻明修本。現在,十行本有宋本與元本之別,已經成爲了多數學者的共識。學者張麗娟在《宋代經書注疏刊刻研究》一書中稱,阮元所據的含有正德補刊葉的十行本當是元刻明修本①。

其實,阮元使用的所謂"十行本"的斷代與價值,分校學者已經持有保留態度。閱讀《校勘記》書前描述諸本信息的文字内容可知,

① 張麗娟《宋代經書注疏刊刻研究》第六章,北京大學出版社,2013 年,第354 頁。

各經的版本記載基本遵照時間順序進行排列。而其中《穀梁注疏校勘記》將十行本排於元本注疏本之後。《周易注疏校勘記》在十行本前還列有影宋鈔本、宋本兩種注疏本。這兩種經書的分校學者都是李鋭，筆者推斷，其對於十行本的時間判斷，並不持盡爲宋本，或者"最古之册"的態度。據此也可推知，十行本的斷代並非如阮元所稱的全爲宋本，尤其是它不一定是最早的注疏本。但是，明代幾個重要版本，如閩、監、毛本實據此本而成，故此本仍有一定價值，所以將這一版本選爲《校勘記》的底本。

明代的注疏本中，《禮記注疏校勘記》主要選取了閩、監、毛三本。閩本《禮記注疏》六十三卷，爲明嘉靖年間閩中李元陽用十行本重刻。監本《禮記注疏》六十三卷，爲萬曆中國子監用閩本重刻。毛本《禮記注疏》六十三卷，爲明崇禎年間汲古閣用監本重刻而成。而在三本之間，閩本質量最高，監本次之，毛本最差。閩、監二本錯字略少，而脱簡特多。至於毛本，由於輾轉翻刻，版片漫漶，難以識讀，修補時又多妄改，以致訛上加訛。這三种注疏本變亂舊式，文字舛錯，但在當時最爲通行，因此成爲《校勘記》除底本之外重要的校改對象。

此外，《校勘記》在注疏本的最末，還列入了宋人衛湜的《禮記集説》，《校勘記》使用的版本是通志堂刻本。衛湜，字正叔，昆山（今江蘇蘇州）人，宋大臣衛涇弟。開禧、嘉定年間集《禮記》諸家傳注，成《禮記集説》一百六十卷。此書雖然所載注疏并非全本，且間有删節改次，但是所依據的畢竟是宋代舊本，因此《校勘記》在一定程度上還是利用《集説》作爲校勘依據。

總體説來，洪震煊等校勘學者較爲重視版本學對經書校勘的作用，在《校勘記》中主要體現在：其一，較爲全面地運用了《禮記注疏》的常見版本。其二，《校勘記》注意考辨版本形式，記錄了很多版本的細節信息。其三，注意到注、疏、《釋文》以及其他文獻使用的《禮記》底本互有區別，因而能夠正確地處理因底本差異產生的異文。但是，比對目前國内主要的圖書館藏與重要的版本目錄可以發現，阮元雖然自稱廣搜衆本，卻仍有許多重要版本没有利用或見到，這也是不能回避的事實,我們應該辯證地看待《禮記注疏校勘記》在版本學方面的經驗與不足。

結　語

《禮記注疏校勘記》是清代《禮記注疏》研究的重要著作。我們不能否認,《校勘記》本身存在着一些問題,如校勘内容的錯誤,版本斷代的失誤等。後續也有不少學者對此書進行了修正補改。但是,《校勘記》仍然是經學史上一部不能繞開的重要著作,它是我們研究《禮記注疏》的重要參考資料,是我們考察清代《禮記》存世文本的重要依據。同時,《校勘記》的編修體例、工作方法、校勘理念對今日我們構建新的善本和經典的校勘活動提供了很好的參考標準,具有極強的示範意義。

第八章 《春秋左傳注疏校勘記》編纂考述

袁 媛

　　《春秋左傳注疏校勘記》三十六卷(以下簡稱"《校勘記》")、《左傳釋文校勘記》六卷,撰者嚴杰。嚴杰(1764—1843)①,字厚民,號鷗盟,餘杭(今浙江杭州)人,監生。嚴杰與阮元關係密切,嘉慶二年(1797)入其浙江學政幕,六年入其浙江巡撫幕,十六年阮氏任翰林院編修、工部侍郎,嚴氏隨從在京,後又入阮氏兩廣總督幕。因此得以參與阮元主持的幾次重要的學術項目,編纂審定《經籍籑詁》,在十三經局內分擔《左傳》《孝經》二書的校勘,協助輯刻《皇清經解》,是阮元學術幕府的重要成員。

　　《校勘記》及《左傳釋文校勘記》的成書過程,卷首阮元《序》中有所交代:

　　　　錢塘監生嚴杰熟於經疏,因授以舊日手校本,又慶元間所刻之本,并陳樹華《考證》,及唐石經以下各本及《釋文》各本,精詳捃撫,共爲《校勘記》四十二卷。

　　段玉裁撰有《春秋左傳校勘記目録序》一文②,與阮《序》多有雷

---

　　① 嚴杰生於乾隆二十八年(1763)十二月二十七日,公曆實際已爲1764年。據江慶柏編著《清代人物生卒年表》,人民文學出版社,2005年,第231頁。

　　② 段玉裁撰,锺敬华校點《經韻樓集》卷四,上海古籍出版社,2008年,第64頁。

同,應爲阮《序》之藍本。段文在嚴杰"精詳捃摭"之後,有"是非難定者"則由自己"折其衷焉"一句。可見最後定稿的《校勘記》中還包含了段氏的考辨審定①。段《序》落款爲"嘉慶八年(1803)冬至日",這大概就是《左傳注疏校勘記》纂成的時間。

一、《左傳注疏》的流傳與《校勘記》所據版本

嘉慶十三年(1808)文選樓刻本《春秋左傳注疏校勘記》分爲三十六卷,後來出現的嘉慶二十一年南昌府學本《左傳注疏》所附本則作六十卷,分卷的差異是因爲所據版本的轉換:前者依據南宋慶元年間刻八行本分卷,後者則依據十行本。這就牽涉到《左傳注疏》的版本問題。

經、注與《正義》原本各自單行。張麗娟梳理經書刊刻始末,指出宋代有幾次重要的經注刊刻活動,對後世影響深遠,包括北宋國子監刻《九經》及南宋國子監重刻、南宋撫州公使庫刻《九經》、南宋興國軍學刻《六經》、蜀中刻大字本經書②。而經注附《釋文》本則以建安余仁仲萬卷堂刻《九經》、廖瑩中世綵堂刻《九經》及蜀中刻中字本三次最具代表性③。現存爲數不少的宋代經注本、經注附《釋文》本則揭示出當時經典刊刻的興盛與複雜情形④。

至於單疏本《春秋正義》,傳世者極少,除敦煌、黑水城出土的殘片外,以日本宮內廳書陵部所藏抄本爲最早。該本"桓"字缺筆避諱,應是源自宋刻。晚清以來中日學人對之或傳抄、或付刻、或影印,

---

① 當時學者方東樹曾轉述嚴杰的說法,指出《毛詩注疏校勘記》之後諸經的《校勘記》均爲"嚴親齋至蘇共段同校者也",見蕭穆著《敬孚類稿》卷八《記方植之先生臨盧抱經手校十三經注疏》,光緒三十三年(1907)刻本。按,《毛詩注疏校勘記》初稿於嘉慶七年(1802)冬完成,是諸經中較早完成的一部。《左傳注疏校勘記》初稿的完成不會距離"嘉慶八年冬至日"太遠,以此推算,《左傳注疏校勘記》應在嚴杰至蘇州與段玉裁共同校訂之列。

② 張麗娟《宋代經書注疏刊刻研究》,北京大學出版社,2013年,第42—110頁。

③ 《宋代經書注疏刊刻研究》,第120—197頁。

④ 詳見《宋代經書注疏刊刻研究》附錄《今存宋刻經書注疏版本簡目》。

使其面貌爲世人所知。

經、注與《正義》的合刻大約始於南宋，越州八行本《周易注疏》《尚書正義》《禮記正義》《春秋左傳正義》等七種是現存最早的實物。其中《春秋左傳正義》爲慶元六年（1200）紹興府所刻。知府沈作賓撰有刻書跋，云"給事中汪公之爲帥也，嘗取國子監《春秋經傳集解》《正義》，參以閩、蜀諸本，俾其屬及里居之彥相與校讎，毋敢不恪，又自取而觀之，小有訛謬，無不訂正"，交代了它的來源。是本承當時監本而來，源出善本，又經校勘，質量較高。段玉裁稱讚它"凡宋本佳處，此本盡有。凡今日所存宋本，未有能善於此者也"①，阮元謂"蓋田敏等所鏤，淳化元年（990）所頒皆最爲善本，而畢集於是，後此附以《釋文》之本未有能及此者"②，嚴杰亦稱之爲"宋刻《正義》中之第一善本"③，分卷及《正義》格式皆保存舊貌，因此"今《校勘記》依此分卷"。

而後在福建建陽地區興起附《釋音》合刻本。因其將經、注、疏、《釋文》合綴一書，於閱讀理解更爲便利，所以一經出現便廣爲流行。元代曾有翻刻，又遞經修補，一直持續至明代正德年間。此系列諸本行款爲半葉十行，世稱爲"十行本"。這是後代通行的注疏本的源頭。《校勘記》即以之作爲底本。然而經學者考證，其所據其實並非宋刻，而是元刻明修本④。嘉慶二十一年（1816）南昌府學重刊宋本《十三經注疏》，《左傳》以十行本爲底本，《校勘記》附入各卷之後，因此分作六十卷。

《左傳注疏校勘記》以十行本爲底本，以慶元間刻八行本等衆多

① 張金吾著，馮惠民整理《愛日精廬藏書志》卷五"春秋左傳正義三十六卷（臨金壇段氏校宋慶元本）"，中華書局，2012 年，第 61 頁。

② 阮元《春秋左傳注疏校勘記序》，《春秋左傳注疏校勘記》卷首，《續修四庫全書》影印嘉慶十三年（1808）文選樓刻本，第 182 册，第 311 頁。

③ 《左傳注疏校勘記》卷首《引據各本目錄》之"宋本春秋正義三十六卷"條。

④ 長澤規矩也著，蕭志强譯《正德十行本注疏非宋本考》，《中國文哲研究通訊》2000 年第 4 期；汪紹楹《阮氏重刻宋本十三經注疏》，《文史（第三輯）》，中華書局，1963 年。

版本爲校本,卷首《引據各本目録》將之一一列出。其中,唐石經爲白文本;"不全宋刻三册本""不全北宋刻小字本"二卷爲經注本;淳熙小字本、相臺岳氏本、宋纂圖本爲經注附《釋音》本,又吸收了山井鼎《七經孟子考文》所載日本足利學校藏宋經注本的面貌;注疏合刻本包括元刻明修十行本、明嘉靖閩刻本、萬曆間北監本、重修監本和崇禎間毛氏汲古閣本,後四種皆源自十行本,屬於同一版本系統。

以上版本中有一些需要稍作討論。"不全宋刻三册本"的行款、避諱、板心鎸字等,均與現存紹興年間江陰郡刻遞修本相合,或許即爲此本。"不全北宋刻小字本"則不見於公私書目著録,不知尚存天壤間否。淳熙小字本因卷末牌記而得名,《校勘記》記載其特徵:"分卷與唐石經同。每半頁十行,行十八字,注文雙行,行廿二字。附《釋音》。此宋時坊刻,有訛字俗體,大致不失其爲善本。卷末題'淳熙柔兆涒灘中夏初吉閩山阮仲猷種德堂刊',柔兆涒灘乃宋孝宗淳熙三年丙申(1176)也。末附《春秋名號歸一圖》二卷,蜀馮繼先所作。"與這些特徵相符的版本海内外多有收藏,然而根據陳先行、顧永新等學者研究①,現存諸本並非宋本,而爲明代覆刻本,彼此之間也存在差別。慶元年間刻八行本是《校勘記》頗為倚重的校本,校記中徑以"宋本"相稱。然而,張麗娟研究指出,《校勘記》所據慶元本並非原書,而應是一部校本。"這部校本最早由陳樹華據朱文遊藏八行本(也即今國圖藏八行本)校勘,其後段玉裁依據陳樹華校本過録一本,或製作副本授與嚴杰,用於《左傳注疏校勘記》的撰寫工作"②。也因爲這個緣故,《校勘記》沿襲了校本的局限,對於八行本的面貌存在不少漏校、誤校的情況。

---

① 陳先行《打開金匱石室之門:古籍善本》,上海文藝出版社,2002年,第126—129頁。顧永新《經學文獻的衍生和通俗化:以近古時代的傳刻爲中心》,北京大學出版社,2014年,第194—219頁。

② 張麗娟《阮元〈春秋左傳注疏校勘記〉與八行本〈春秋左傳正義〉》,《經學文獻研究集刊(第十九輯)》,上海書店出版社,2018年。

二、《春秋左傳注疏校勘記》對前人成果的吸收

在版本對校、參證他書之外，《校勘記》還十分重視前人校勘成果。除了毛居正《六經正誤》、舊題岳珂《九經三傳沿革例》、山井鼎《七經孟子考文》、浦鏜《十三經注疏正字》這些衆經校勘都參考的著作之外，還吸收了近三十家的意見。徵引最爲頻繁的是顧炎武（《九經誤字》《左傳杜解補正》《金石文字記》《日知錄》）、惠棟（《左傳補注》）、盧文弨（《鍾山札記》）、陳樹華（《春秋經傳集解考正》）、段玉裁（《古文尚書撰異》《周禮漢讀考》《説文解字讀》等）五家。其他還包括唐代李涪（《刊誤》）、宋代劉敞（《春秋權衡》）、王應麟（《困學紀聞》）、明代陸粲（《左傳附注》）、傅遜（《春秋左傳注解辨誤》）、清代朱鶴齡、胡渭、閻若璩、臧琳（《經義雜記》）、惠士奇、何焯、沈彤（《春秋左傳小疏》）、齊召南、趙一清（《水經注釋》）、程瑶田（《通藝錄》）、錢大昕（《唐石經考異》《十駕齋養新錄》《潛研堂文集》等）、孫志祖（《讀書脞錄》）、王念孫（《廣雅疏證》）、梁履繩、莊述祖（《五經小學述》）、王引之（《周秦名字解故》）、李鋭、臧禮堂等。除了以上著作之外，嚴杰還注意利用時人校本，所涉學者包括何焯、盧文弨、段玉裁，其中不少內容可與現存校本相印證。如卷三十"城父今襄城城父縣"校記云"段玉裁校本作'父城縣'，云：《元和郡縣志》引《左傳》'大城父城使太子建居之'"，與復旦大學圖書館藏江沅臨陳樹華、段玉裁校本的校語相一致。該校本與張麗娟所言段玉裁臨陳樹華校八行本同出一源。這也再次證明了《校勘記》修撰過程中對段玉裁校本的倚重。綜上，亦可見《校勘記》於搜羅清人成果方面用力之勤。

值得注意的是，《校勘記》與陳樹華《春秋經傳集解考正》（以下簡稱"《考正》"）關係十分密切，其經、傳、注部分的校勘在很大程度上是承襲《考正》而來。其中一部分被《校勘記》標示出來，容易了解，但更多的內容沒有標示，需要二書對照才能發現。總的來說，承襲表現在如下幾個方面：所引他書文獻多見於該書；從該書中轉引他人成果，如陸粲《左傳附注》、顧炎武《左傳杜解補正》、何焯校本、惠

士奇惠棟父子成果等;《考正》對顧炎武討論唐石經的說法多有辨正,《校勘記》對這部分意見全部予以采納;《校勘記》的案斷常常與《考正》案語完全一致,換言之,對《考證》的案斷多有繼承。因此可以說,《考正》是《校勘記》撰寫的基礎,既爲之提供了大量的校勘材料和他人成果,也提供了校勘的基本思路①。

三、《春秋左傳注疏校勘记》在前人基础上的推进

在前人校勘,尤其是陳樹華《考正》的基礎上,《校勘記》也做出了一些新的推進。

首先是增加了新的校本,包括幾種早期的經注本、經注附《釋音》本和元刻明修注疏本。參加版本的增多,帶來新的發現、新的證據。對於《考正》已經使用的版本,《校勘記》重新進行比勘,發現了一些新的異文。筆者曾統計《校勘記》較《考正》新增的校記數量。以新增內容較多的卷二十七、卷三十六爲例,兩卷分別新增校記114條和131條,其中內容爲反映版本異文者分別爲113條和119條,所占比例非常高。由此可見,版本對校是《校勘記》編撰中非常重要的一項內容。在《左傳釋文校勘記》方面,嚴杰也做了新的版本比勘工作,主要是以葉林宗影宋抄本和"顧之逵校北宋刻本"校正通志堂本。這一點下文將專門討論。

其次是對陳樹華未能看到的清人成果加以掇取,集衆家之所長。這一點上文已經談到。

再次是對前人的案斷加以辨析。比如《校勘記》卷三十"霄從公故"條亦見於陳氏《考正》。但二者的結論並不一樣。

宵從公故:宵,宋、元、明本、高麗諸本皆誤"霄",從林唐翁《直解》勘正。(《考正》卷二十四)

霄從公故:宋本、小字宋本、淳熙本、岳本、纂圖本、閩本、監本、毛本並作"霄"。岳氏《九經三傳沿革例》云:"詳考《傳》文

---

① 詳見袁媛《阮元〈左傳注疏校勘記〉成書管窺》,劉玉才、水上雅晴主編《經典與校勘論叢》,北京大學出版社,2015年。

本末,時齊豹殺衛侯之兄,縶衛侯出,如死鳥,析朱鉏宵從竇出,
徒行從公,公入而賜諡。宵,夜也。其字當作'宵',則注與《傳》
上文合,今諸本於注皆作'霄',誤也。"案,岳氏知"霄"字之誤,
而未得誤之所由。宋殘本"宵從竇出"作"霄從竇出",宋刻書籍
多從唐碑,如《張猛龍碑》"宵"作"霄",蓋字形之訛俗,宋殘本亦
遂作"霄",後又因"霄"而訛爲"霄"也。(《校勘記》卷三十)

與《考正》相比,《校勘記》無疑是有推進的。《考正》的依據爲
"林唐翁《直解》",林唐翁爲宋代林堯叟,撰有《春秋左傳句讀直
解》。此書傳世有元刻明修本《音注全文春秋括例始末左傳句讀直
解》①,此處正作"宵",但無任何説明。也就是説,陳樹華是以《直
解》文字校正諸本之失。《校勘記》則充分論述了這一問題,先引《九
經三傳沿革例》證明諸本"霄"字爲誤,又從宋代版書用字、文字輾轉
訛變的角度剖析致誤緣由,論證可謂深入。像這樣的例子在《校勘
記》中還有不少。正如段玉裁所言"校書之難,非照本改字不訛不漏
之難也,定其是非之難"②,在搜集了大量的異文、大量他人校勘意見
之後,校勘者便需要對紛繁齟齬的現象加以考察和判斷,這是更考驗
校勘者學識的步驟。《校勘記》在這方面也做出了值得肯定的努力。

四、《春秋左傳注疏校勘記》的局限

無論是在版本選擇、他書文獻搜羅方面,還是在對他人成果的吸
收、對異文的考證辨析方面,《校勘記》都做了很多出色的工作,可謂
《左傳》校勘的集大成之作。但以今天的角度來看,它也存在一些局
限。除了某些考辨有待斟酌之外,整體上最重要的問題在於某些重
要版本未能列入校勘行列。

經過學者們的調查,今天海内外所藏《左傳》宋元本的情況已經
較爲清楚。不少阮元、嚴杰當日所未見的版本,對於校勘《左傳》具

① 林堯叟《音注全文春秋括例始末左傳句讀直解》卷五十五,《續修四庫全
書》影印國家圖書館藏元刻明修本,第178册,第702頁。
② 《經韻樓集》卷二十一《與諸同志書論校書之難》,第332頁。

有不容忽視的意義。如南宋淳熙間撫州公使庫刻遞修本《春秋經傳集解》殘本，今存二十三卷，分藏於臺北"故宮博物院"和中國國家圖書館，它沿襲了北宋以來國子監刻本的內容特點，至爲珍貴。又如南宋嘉定九年（1216）興國軍學刻本《春秋經傳集解》，日本宮內廳書陵部藏有一部（部分配抄本）。它的文字"多數與撫州本、越刻八行本等官刻系統善本文字相合，也有部分異文不同於撫州本、越刻八行本，反與余仁仲、元刻明修十行注疏本、阮本合，同時亦有與諸本皆不相同的異文"①，具有獨特而重要的版本價值。再如南宋余仁仲萬卷樓刻《春秋經傳集解》，附有《釋文》，現今僅存六卷，藏於臺北"中央圖書館"。此本與後來流行的注疏十行本的經注文字關係密切，雖然只有殘卷，但仍然具有不容忽視的價值。另外阮元、嚴杰认爲所見十行本爲宋刻明修本，但實爲元刻明修本，二者存在不小的差別。真正的宋刻今天尚存兩部，一部藏於日本足利學校遺迹圖書館，一部分藏於中國國家圖書館和臺北"故宮博物院"。

此外，嚴杰乃至當時的大部分學者對諸本之間源流關係的了解也十分有限，因此也較少從這個角度去研判歧異紛陳的諸本面貌。這也是使用《左傳注疏校勘記》需要注意的問題。

五、《左傳釋文校勘記》所據版本考

《左傳釋文校勘記》六卷，與他經《釋文校勘記》一樣，是以葉林宗（葉奕）影宋抄本來校正通行的通志堂本、抱經堂本，并參考盧文弨《經典釋文考證》。其與眾不同之處在於，另外增加了一個重要的校本——"長洲顧之逵所校北宋刻本"。

顧之逵（1752—1797），字抱沖，又字安道，蘇州元和人。著名藏書家，與同郡黃丕烈、周錫瓚、袁廷檮合稱"藏書四友"，有藏書樓"小讀書堆"。考顧之逵藏有兩部《左傳釋文》：一爲單行本《春秋音義》六卷，現存最末一卷（即《經典釋文》卷二十），現藏於國家圖書館（藏書號：6710）。卷末有臧庸跋云："右毛子晉所藏宋雕《釋文左氏》一

---

① 《宋代經書注疏刊刻研究》，第97頁。

卷,借自明經長洲顧安道家,雖斷圭殘璧,然益足寶貴。近通志堂徐氏版出,於葉林宗借絳雲樓藏本影寫。余新見葉本,知徐本之妄改者甚多。猶覺葉本亦有誤,恨不及見絳雲樓真面目,而此卷當即與錢本同。今取以勘葉本,既皆印合,并多原板不誤而影寫誤者。"此本與國家圖書館所藏的宋元遞修本《經典釋文》爲同版,與葉抄本同源。另一部爲宋刻《左傳經傳集解》其後所附《左傳釋文》六卷。此本已經亡佚,只能從當時人的記載中了解一二。顧之逵曾校《經典釋文》,在其校本(現藏於國家圖書館,藏書號:2135)上題曰"前幾頁乃用宋刻《左傳》附《釋文》者所校勘",即此本。顧廣圻也説道:"《春秋經典釋文》六卷,南宋槧本,亦小讀書堆藏,其本附於《春秋經傳》后者。"顧氏這條跋文見於現藏國家圖書館的一部《經典釋文》清人校本(藏書號:7301)之上,該校本上還有一條不知出於何人的校語,對這個宋刻《春秋經傳》附《釋文》面貌加以描述,云:"顧氏家藏《左傳音義》,二十行,行十九字或二十、廿一字不等,魚尾刻左氏音一至六,中避宋諱甚嚴,嫌名俱避。"以卷數、行款判斷,它很可能是南宋撫州公使庫本。值得注意的是,此本被段玉裁目爲北宋刻本,其云:"顧抱沖有北宋刊《春秋音義》,抱沖既爲予以其善處書此本之上方,予仍借其校出本補注之。"①而顧廣圻認爲其爲南宋槧本,顧之逵亦未明確指出其出自北宋。段氏與《十三經注疏校勘記》編纂關係密切,因此頗疑《左傳釋文校勘記》所稱"長洲顧之逵所校北宋刻本"的説法與他有關。

然而《校勘記》所謂的"長洲顧之逵所校北宋刻本"是否就是上文提到的現藏於國家圖書館的顧之逵校本?經比對發現,《校勘記》所載"北宋本"面貌有一些並不見於顧校本。比如"石碏○七略反",《校勘記》載北宋"略"作"畧";"八音○木柷敔",《校勘記》載北宋本"敔"作"梧";"馬脣○於稜反",《校勘記》載北宋本"稜"作"陵",以上幾處顧校本均未出校。據此,《校勘記》所據並非上述顧校本。

<hr>

① 段氏題識亦見於國家圖書館藏清刻本《經典釋文·左傳音義》(藏書號:7301)卷末。

　　而"八音〇木柷敔"條的校記透露出"長洲顧之逵所校北宋刻本"另一可能的來源。《校勘記》此條云:"北宋本'敔'作'梧',與《周禮注》合。"而台灣"國家圖書館"收藏的一部段玉裁《經典釋文》校本(藏書號:01209)此處有校記云:"'敔'作'梧',與《周禮注》合。此字顧校不取,鈕校取之。"他所謂的"顧"指顧之逵,"鈕"爲鈕樹玉。一方面,這條校記與《校勘記》幾乎一致。另一方面,段校本包含着顧之逵藏宋刻本的信息。上文所引段氏跋"抱沖既爲予以其善處書此本之上方,予仍借其校出本補注之"即已言明。此外,如上文所示,《校勘記》載北宋本云云而顧校本未出校的例子,段校本也都有出校,不過其中一些可能是屬於其他版本(如葉抄本)的面貌①。由此推斷,《左傳釋文校勘記》所據"長洲顧之逵所校北宋刻本"很可能與《校勘記》所據慶元八行本一樣,其實是依據段玉裁校本或段玉裁校本録副本而來。

---

　　① 　按,段玉裁校本記録多個版本的信息,並用朱、墨等墨色及加圈等符號來標示不同來源,在段氏校勘和他人閱讀時都比較容易發生混淆,導致版本面貌"張冠李戴"。

第九章 《公羊傳注疏校勘記》編纂考述

唐田恬

一、《公羊傳》版本源流概述

　　《公羊傳》是解釋《春秋》義理與體例的重要著作,與《左傳》《穀梁傳》並稱爲"《春秋》三傳"。是書歷經公羊氏五世口耳遞傳,至漢代胡毋生(字子都)始書於竹帛。東漢時,胡毋子都四傳弟子何休作《春秋公羊傳解詁》,唐人徐彥(一説北魏徐遵明)爲之作疏,由此形成後世通行的《公羊傳注疏》。

　　《公羊傳》注重闡釋《春秋》的微言大義,《公羊》學家試圖通過解析《春秋經》的文字來闡發孔子的政治主張,解決現實生活中存在的問題。因此,《公羊傳》的研究往往帶有强烈的主觀性與鮮明的政治色彩。獨特的治學理路導致《公羊傳》在經學史上一直存在争議,其地位也幾經起落。漢代是《公羊傳》研究的全盛時期。漢世傳《春秋》者,只有《公羊傳》一直立於學官,不曾動搖。至東漢靈帝時,何休作《解詁》,爲兩漢《公羊》學集大成之作。魏晋以後,《公羊傳》的研究逐漸蕭條。至唐時,孔穎達修《五經正義》,並未包括《公羊傳》。雖然《公羊傳》仍列入《九經》之中,並産生了新的疏解——徐彥《疏》,但其整體研究已隨着今文經學的没落而日益消沉。自宋至明,《公羊》學更加趨於沉寂。雖然間有學者著書傳世,但始終缺乏影響巨大的研究成果。清代是《公羊傳》研究的復興時期。乾隆年間,學者莊存與治《公羊》,宣揚大一統的理論。其門生孔廣森著《公

羊通義》,以考據方法來解釋《公羊傳》。莊存與外孫劉逢祿著有《公
羊何氏解詁箋》《春秋公羊何氏釋例》等系列著作,對後來的龔自珍、
魏源等學者產生了較大影響。道咸以後,維新知識分子借助《公羊》
學宣傳經世致用、托古改制的思想,推進了儒學的近代化,使《公羊
傳》的研究得到了創造性的發展。

東漢靈帝熹平年間,蔡邕奏請刊刻石經,立於太學,是爲熹平石
經,所刻七部經典中即包括《公羊傳》。這大概是《公羊傳》最早的官
方勘定頒佈工作。唐開成二年(837),鄭覃等人在國子監刻成石經
十二种,涵蓋了今日《十三經》中除《孟子》外的全部經典,成爲後世
刻本經書經文的源頭。《公羊傳》的雕版刊刻始于五代。後唐長興
三年(932)至後周廣順三年(953)年間,國子監以唐石經爲經文底
本,合以注文,刊刻《九經》(實際經數與唐石經同),是爲經書雕版印
本之始。北宋監本翻刻此五代監本,南宋監本又爲翻刻北宋監本而
成。因此,五代《九經》乃是官刻經注本之祖本。此後,經書刊刻在
宋代得到進一步發展。除了延續刻本時代之前就已經出現的經注
本、白文本、單疏本之外,南宋初年又將經注與疏文合刻,形成注疏
本。爲了進一步適應學人需求,南宋中期開始,建安一帶的書坊又
推出了一種附入《經典釋文》的注疏本。這種版本第一次將經文、
注文、疏文和《釋文》合成一書,使用方便,遂成爲元明清歷朝經書
刊刻的主流版本形式。明清以來,《公羊傳》的刻本益夥,除了《十
三經》合刊外,還有不少單刻本或與其他《春秋》二傳叢刻的版本
傳世。《公羊傳》的存世版本衆多,兹依據經注的組合方式略事列
舉如下。

單經本(白文本):唐石經,原石現存於西安碑林,民國十五年
(1926)皕忍堂依拓本影模刻板,成《景刊唐開成石經》。宋刻《公羊
春秋》不分卷,今藏中國國家圖書館。明刻《春秋公羊傳》十二卷,吳
勉學刻,傳本甚多。

經注本:宋刻《春秋公羊經傳解詁》十二卷《釋文》一卷,淳熙年
間撫州公使庫刻紹熙四年(1193)本重修本,今藏中國國家圖書館。

經注附《釋文》本:《春秋公羊經傳解詁》十二卷,紹熙二年

（1191）余仁仲萬卷堂刻本，今藏中國國家圖書館。

單疏本：宋刻元修《春秋公羊疏》三十卷，今存七卷，藏於中國國家圖書館。

注疏本：元刻明修《監本附音公羊春秋注疏》二十八卷，今藏中國國家圖書館。明刻《春秋公羊注疏》二十八卷，主要有嘉靖年間李元陽刻《十三經注疏》本，萬曆年間北京國子監刻《十三經注疏》本，崇禎年間毛氏汲古閣刻《十三經注疏》本等。清刻《春秋公羊注疏》二十八卷，有乾隆年間武英殿刻《十三經注疏》本，嘉慶年間阮元刻《十三經注疏》本，今傳本甚多，兹不枚舉。

二、《公羊傳注疏校勘記》的編纂情况

《公羊傳注疏校勘記》由臧庸擔任分校。臧庸生平見本書第五章。

《公羊傳注疏校勘記》依唐石經後改之分卷，注疏分十一卷，校記 2837 條，其中卷一 331 條，卷二 224 條，卷三 361 條，卷四 295 條，卷五 191 條，卷六 233 條，卷七 193 條，卷八 242 條，卷九 324 條，卷十 246 條，卷十一 197 條。另有《釋文校勘記》一卷 169 條。

《校勘記》的主要工作是羅列各本異文，並加以判斷，即《校勘記序》中所稱"屬武進監生臧庸臚其同異之字，臣爲訂其是非"①。但實際上，《公羊傳注疏校勘記》不是簡單地經過初校和總校兩道工序便寫定刊板，參與者也並非只有臧庸和阮元二人。除了前人已經考證出有段玉裁的參與之外②，其中恐怕還有嚴杰等人的審定和修正工作，如：

> 卷一"君不行使乎大夫此其行使乎大夫何"條：盧文弨曰：唐石經及各本皆無上"行"字。嚴杰曰：下節疏及閔二年疏引皆有上"行"字。

---

① 劉玉才主編《十三經注疏校勘記（9）》，北京大學出版社，2015 年，第 4151 頁。

② 参见刘盼遂《段玉裁先生年譜》，《清華學報》1932 年第 2 期，第 2—52 頁。

卷三"春秋説"條：嚴杰云：按《穀梁疏》，此乃《感精符》文也，故知解中凡言《春秋説》，皆《春秋》緯書。作解者用漢人之法，不出書名耳。

卷九"宋樂世心"條：毛本"世"作"大"。鄂本不誤。《公羊》作"世心"，《左氏》作"大心"，廿五年《釋文》可證。嚴杰説。

由上述文例可以看到，嚴杰的意見基本列在初校所羅列的各本異文之後，是在初校未出校記時加以補充，其觀點或與初校意見相反，或是對初校意見的進一步説明。而《公羊傳校勘記》中再没有寫入其他初校學者的意見，因此，嚴杰的意見是由臧庸所引用的可能性不大。應該是在臧庸完成初校後，嚴杰進行統稿工作時，將個人的觀點補充進來。

調查《十三經注疏校勘記》可以發現，除了《公羊傳校勘記》之外，在大部分《校勘記》中都留有嚴杰的意見，如：

《穀梁傳注疏校勘記》卷七"挩殺也"條：石經、閩、監、毛本同。嚴杰云：石經初刻"挩"作"梲"，後改從手，非也。挩殺，謂以杖殺之，《後漢書·禰衡傳》"手持三尺挩杖"是也。

《論語注疏校勘記》卷十"炙炮鷃清酤多"條：十行本、閩本"鷃清酤"三字實闕。○嚴杰案，《西京賦》"鷃"作"鼓"，讀如支。

《尚書釋文校勘記》上卷"勠史記音力消反"條：○勠，十行、毛本俱作"戮"。消，葉本作"洛"字。按，《説文》云"勠，并力也"，與殺戮字有别。嚴杰云：《集韻·三蕭》有"勠"字，亦訓并力也。葉抄作"力洛反"，非是。

在十三種《校勘記》中，除卻嚴杰自身負責的《左傳》《孝經》之外，另有九種都留有嚴杰的校勘痕迹，而且在一些經書的《釋文校勘記》中也有署名嚴杰的結論。這是在其他初校者身上都未發生的現象。可以推斷，嚴杰在《校勘記》的初校完成后，進行了一定的後續工作，因此，他的意見才會散見於大部分《校勘記》之中。

三、《公羊傳注疏校勘記》引據的版本

《公羊傳注疏校勘記》以《監本附音春秋公羊注疏》爲底本。關於此本的斷代,阮元在《宋本十三經注疏併經典釋文校勘記凡例》中稱《公羊傳》等十經"以宋板十行本爲據"。而《引據各本目錄》中論述此本則没有詳細的年代説明,只是叙述其形制爲"款式同《周禮注疏》,補刊修版至明正德止"①。在《江西校刻宋本十三經注疏書後》(即《重刻宋本注疏總目錄》)中則稱:"元家所藏十行宋本有十一經……元舊作《十三經注疏校勘記》,雖不專主十行本、單疏本,而大端實在此二本。"②可見阮元將《公羊傳校勘記》依據的底本定爲宋刻本。又因其每半葉十行,不同於明閩、監、毛等注疏本的半葉九行,因又稱其爲"十行本"。

由於《校勘記》以及隨後阮元在江西重刻之《十三經注疏》影響巨大,"十行本"爲宋刻的觀點得到了清代不少學者的認同。如清瞿鏞(實爲季錫疇、王振聲撰)《鐵琴銅劍樓藏書目錄》對阮元《公羊傳校勘記》進行了較爲詳細的補校工作,然其著録時亦稱此本爲宋刊本。

然而,自清以降,也有不少學者發出質疑的聲音,如清校勘學家顧廣圻、民國學者傅增湘等人,根據自身的校勘實踐,都認爲阮本並非宋本。除了中國學者外,日本學者長澤規矩也、阿部隆一等人,通過詳細考證,認爲含有正德補刊的十行本不是宋本,而是元刻明修本。現在,十行本有宋本與元本之别,已經成爲了多數學者的共識。汪紹楹、張麗娟等學者將十行本的演變歷史概括爲:十行本最早出自南宋建陽坊間注疏附音本,元代以宋刻附音本爲據加以翻刻,至明正德間遞有修補刷印③。宋十行本與元十行本在外在版式、文字内容

---

① 《十三經注疏校勘記(9)》,第4152頁。

② 阮元撰,鄧經元點校《揅經室集》(三集)卷二,中華書局,1993年,第620頁。

③ 參見汪紹楹《阮元重刻宋本十三經注疏考》,《文史(第三輯)》,中華書局,1963年;張麗娟《宋代經書注疏刊刻研究》,北京大學出版社,2013年。

等方面都有一定差異,阮元所據的含有正德補刊葉的十行本當是元刻明修本。

除了對底本的斷代產生了誤判之外,《公羊傳校勘記》所參校的版本也相對簡單,僅包括單經本、經注本、注疏本三種類型的版本。其中,單經本只有唐石經一種,所列經注本只有《經典釋文》一卷,其實並不包含經注部分。注疏本除卻作爲底本的二十八卷《監本附音公羊傳注疏》(即阮元所稱之"十行本")之外,還有清人校本一種,即惠棟校本《春秋公羊傳注疏》二十八卷,以及明閩、監、毛本三種。此外,《校勘記》還吸收了清人浦鏜《十三經注疏正誤》的校勘成果,將其列於"注疏本"類的最末。

在這三類八種參校版本中,浦鏜的《公羊傳注疏正誤》在性質上更應該算是一種參考著作,而不屬於校本範疇,實際上只有七種參校本。由於有獨立的《釋文校勘記》,因此在注疏部分的校記中,較少使用經注本的《釋文》來回校本文。唐石經因屢經改補,各拓本之間文字多有差異,阮元在《儀禮石經校勘記序》中稱:"唐開成石經所校未盡精審,且多朱梁補刻及明人補字之訛。"①可見其雖爲雕版經書之經文之祖,但實際上的校勘價值有限。明代三種注疏本流傳甚廣,尤以毛本最爲讀書人所常見。然而"閩、監二本錯字略少,脱簡特多。……(毛本)魯魚亥豕之訛,觸處皆是,棼不可理。近日坊間又將毛本重刊,則譌字又倍之。"②《校勘記》除了校訂底本文字之外,還有一個重要内容就是以宋本訂正閩、監、毛三本之失。因此,三個明刻本作爲參校本的意義不大,相反卻成爲了校改的對象。這樣來説,《公羊傳校勘記》實際上的校本範圍較其他校勘記而言相對狹窄,導致了校勘的質量不能盡如人意。如《铁琴铜剑楼藏书目録》批評《公羊傳校勘記》,謂"阮氏校勘此經,最多疏舛"③。

---

①　《揅經室集》(一集)卷二,第41頁。

②　阮元《宋本十三經注疏併經典釋文校勘記凡例》,《十三經注疏校勘記(1)》,第29頁。

③　瞿鏞編纂,瞿果行標點《鐵琴銅劍樓藏書目録》卷五,上海古籍出版社,2000年,第121頁。

綜合看來,參校本中似乎只有惠棟校本發揮了較大作用。日本學者高橋智有《論惠棟挍本春秋公羊傳注疏》,依據《引據各本目録》中惠校本下注文,對惠校本的意義論之甚詳①。

惠棟校本實際來源於清人何煌校本。何煌,字心友,一字仲友,號小山,嘗自署何仲子,爲何焯弟。何煌熱衷於收藏校勘文獻,"喜收舊籍,遇宋槧即一二殘帙亦購藏之。校書甚富,若《前》《後漢書》、《説文》、《通典》尤精審"②。康熙五十六年(1717),何煌綜合儒學教官李秉成的宋槧官本,以及張進(字翼庭)、倪穎仲的校勘意見,又參考宋蜀大字本、元版注疏本(一説此二本爲惠棟所增校③)等本,書於毛本上,形成了何校本。

乾隆十八年(1753),惠棟以通政使曹寅所藏宋本《公羊》合以何校諸本,又重校一本書於毛本之上。惠校本最早由惠棟門生朱邦衡臨校,後又有臧庸、段玉裁、江沅等名家遞相臨録。阮元修《校勘記》時,使用了惠校本,但無法確定其所用爲惠棟原本還是過録本。

惠校本與何校本使用的宋本多爲質量較高的宋本,如李秉成所購宋槧官本即是南宋鄂州官學藏本(當爲南宋國子監本置於各郡府學者),曹寅所藏《公羊》實際上就是撫州公使庫經注本,蜀大字本即爲南宋蜀刻經注大字本。這些版本都是當時未能搜求到的,通過何、惠校本,《校勘記》在版本校勘上得到了很大的補充。

但是,結合今日存世之《公羊傳》版本來看,《校勘記》仍遺漏了不少較爲重要的版本。如在版本類型上,缺少與經注别行的單疏本。單疏本即兩宋國子監所刻單行正義。清代藏書家錢謙益《絳云樓書目》曾著録"《公羊注疏》,疏三十卷",然此單疏本隨絳云樓大火化爲灰燼。清内閣藏有南宋國子監所刻單疏本殘本,然此本在清時未爲

① 高橋智《論惠棟挍本春秋公羊傳注疏》,《中國經學(第三輯)》,廣西師範大學出版社,2008年。

② 曹炳麟纂修《(民國)崇明縣志》,《中國地方志集成》(上海府縣志輯),第10册,上海書店出版社,1991年,第717頁。

③ 葉德輝撰,楊洪升點校《郋園讀書志》卷二,上海古籍出版社,2010年,第56頁。

外界所知。因此,無論是何煌、惠棟還是阮元,都未能利用單疏本
《公羊傳》作爲參校本。

又如在經注本中,除了一卷《經典釋文》外,阮元再未利用其他
版本,尤其是缺漏了南宋建安余仁仲萬卷堂所刻的附《釋音》經注
本。葉德輝在《郋園讀書志》中稱:"嘉慶二十一年(1816),阮文達刻
《十三經注疏》於南昌府學,撰《公羊校勘記》,引據單經、注疏各本,
僅載惠校何本,餘皆閩、監、毛刻諸本。當時余仁仲本在同鄉友人家,
不知何以未暇借校,且《校勘序》中亦未語及,皆事理之不可解者。"①
但實際上《公羊傳注疏校勘記》中有六處校記提到了余本,如:

> 卷一"元年者何"條:宋余仁仲本同。閩本、監本、毛本上增
"傳"字,非。通書並同。

> 卷四"久也"條:余本脱一頁,此"久也"之"也"字起至"曷
爲先言六而後言鸙""後"字止。

> 卷十一"諸侯伐主治"條:閩、監、毛本同,誤也。鄂本作"諸
侯代王治",余本"伐"亦作"代",當據正。

《鐵琴銅劍樓藏書目録》亦注意到這種情況,在著録所藏余本《公羊
傳》時質疑《公羊傳注疏校勘記》,稱:"觀《記》中別載數條,并言有
闕葉兩處(此本不闕),似獲見此本,不知何以未經備録。且《引據各本
目録》中亦不載及,殊不可解。"②

根據臧庸所負責的三種《校勘記》來看,上述情況極有可能是其
在引用前人校本時,直接過録而不標出處造成的結果。日本學者關
口順在《〈十三經注疏校勘記〉略説》一文中即稱:"臧庸的校語則多
用前人校本,不見於《引據各本目録》的文本突然出現於校語中令人
感到困惑。"③就《公羊傳》一經《校勘記》來看,多處出現"鄂本""元
本""蜀大字本"等版本信息,皆未標記出於惠校何本,可見臧庸撰

---

① 《郋園讀書志》卷二,第56頁。
② 《鐵琴銅劍樓藏書目録》卷五,第112頁。
③ 關口順撰,水上雅晴譯注《十三經注疏校勘記略説》,劉玉才、水上雅晴主
編《經典與校勘論叢》,北京大學出版社,2015年,第231頁。

《校勘記》時多有暗用他人之書而隱没其名之舉。

根據葉德輝《讀書志》來看,惠校何本"書中引校本今惟余仁仲本,道光中汪中問禮堂仿刻,宋刻原本猶藏常熟瞿氏,餘則散亡久矣"①。

可見,雖然《引據各本目録》中並未提及惠校、何校使用過余仁仲本,但實際上二者或曾得見余本,或是朱邦衡、段玉裁、江沅等人在臨録時加以增補。而《公羊傳校勘記》則直接使用前人校語卻不標舉其姓名。

四、《公羊傳注疏校勘記》的版本系統

阮刻《十三經注疏校勘記》的流傳版本不少,然而歸結起來,可以視爲文選樓本和江西南昌府學刻本兩大版本系統。其中,南昌府學所刻《十三經注疏》各卷末後附的《校勘記》出於盧宣旬等人節録,並非全貌。下面對這兩個版本的差異作簡單的介紹。

在卷次分合上,文選樓本《公羊傳注疏校勘記》十一卷,《釋文校勘記》一卷,而南昌府學本《公羊傳注疏校勘記》附于各卷經注正文後,分裂成二十八卷,並且删去了《釋文校勘記》。這種分卷上的不同,並非是源於兩次刊刻的底本不同,而是因爲文選樓本遵循唐石經的分卷方法,而南昌府學本則遵照底本"十行本"的面貌進行刊刻。

除了卷次分合的不同,南昌府學本《公羊傳注疏校勘記》在文字上也對阮元的《校勘記》原本做了很大改動,具體説來,主要分爲删削、增補、改易三種情況。

南昌府學本《公羊傳注疏校勘記》共删去原《校勘記》條目 663條。其中,卷一 64 條,卷二 55 條,卷三 98 條,卷四 62 條,卷五 49 條,卷六 56 條,卷七 45 條,卷八 64 條,卷九 41 條,卷十 66 條,卷十一 63條。

江西南昌府學本删削的條目,主要是保留其他版本異文或糾正他本文字訛誤的條目。雖然這種作法似乎使《公羊傳注疏校勘記》

---

① 《郋園讀書志》卷二,第 56 頁。

更加簡潔,卻不符合阮元編寫《校勘記》的本意。俞樾曾稱譽阮元《十三經注疏校勘記》,謂其"羅列諸家異同,使人讀一本如遍讀各本"①。可見,阮氏《校勘記》並非僅爲校勘底本訛誤而作。《校勘記》最初的修纂目的,是爲了勘正當時通行的經書,尤其是毛本的舛錯,因此才會有大量校勘通行俗本的内容。

但是,南昌府學本的删削並非完全是全無道理的。南昌府學本完整刊刻了各經注疏文字,《校勘記》只是注疏的附庸,與單行的《校勘記》功能不同。由於已經有了經書文本,在《校勘記》中繼續記録大量他本的錯誤和異文變得毫無意義,只會增加閲讀的負擔。同時,文選樓本《校勘記》中有大量重復的校記,校勘者反復辨析某些散見於各卷中的常用字,使《校勘記》產生了不必要的冗雜。南昌本在經書正文中統一字形後,删去了一部分贅餘的校記。

南昌府學本還增補了一些新條目,共計 21 條,其中卷一 4 條,卷二 1 條,卷三 3 條,卷四 2 條,卷六 1 條,卷八 4 條,卷九 3 條,卷十 2 條,卷十一 1 條。這些條目主要是補校閩、監、毛本的異文或正字。

除了對條目進行删削增補,南昌府學本對文選樓本《公羊傳注疏校勘記》的具體内容也進行了改動。從内容上説,有對出文進行改動的情況和對按語進行改動的情況。大部分改動並非是校勘意見上的分歧,而只是改變表述方法。另有一些是手民誤植造成的,這也是後來學者批評南昌本的主要原因。

南昌府學本《十三經注疏》首次將《校勘記》與經注文字合刻,本意是爲學界提供一種文字可靠、校勘精良的善本。然而因爲時間緊迫,計日程功,加之阮元調任後,校勘人員不如初時用心,使得南昌府學本《校勘記》未能完全忠實于阮元《十三經注疏校勘記》的原貌,而其所做出的改動又有失當之處,因此遭到了學者們的批評。

阮元長子阮福在爲阮元《江西校刻宋本十三經注疏書後》所作的案語中稱:"此書尚未刻校完竣,家大人即奉命移撫河南,校書之

---

① 俞樾《春在堂雜文》四編六《照印十三經小字本序》,《清代詩文集彙編》,上海古籍出版社,2010 年,第 685 册,第 641 頁。

人不能如家大人在江西時細心，其中錯字甚多，有監本、毛本不錯而今反錯者，要在善讀書人，參觀而得益矣。《校勘記》去取亦不盡善，故家大人頗不以此刻本爲善也。"①可見阮元本人對南昌府學本的質量也不甚滿意。清人陳康祺亦稱："《校勘記》雖梓于江右，實成於吾浙。蓋公撫浙時，出舊藏宋版十行本十一經及《儀禮》《爾雅》單疏本爲主，更羅致他善本，屬詁經精舍高才生分撰成書。……惜南昌刊版時，原校諸君大半星散，公亦移節河南。刊者意在速成，遂不免小有舛誤云。"②清末版本學家葉德輝更感慨説："文達一代碩儒，校刻未遂其志，豈非諸經之不幸哉！自今以往，欲求如當日之薈萃諸善本從事校勘，益無後望矣。"③

但是，也有學者認爲南昌本對文選樓本的增補和改動是值得肯定的："盧宣旬等人固然將文選樓本删去多條，但對所增卻不敢輕下妄言。他們對文選樓本或作補充證明，或改換表述方式。補與改的校勘記置於注疏原文考察，亦多可信。嚴杰指責盧宣旬等將阮校'原文顛倒其是非'，或許有點過甚其詞。"④

根據江西南昌府學本《公羊傳注疏校勘記》與文選樓本的比對來看，筆者認爲，改動確實較大，又主要是删削阮氏《校勘記》的條目，這部分改動可能是因校勘理念和學術見地的差異所形成的。南昌府學本增加的條目在改動條目的比例中所占很少，並且增補的校勘意見比較平和，没有太大的建樹，亦無明顯的過失。文字上的改動，多半爲糾正阮氏《校勘記》的錯誤之處，或是在不影響原校記的校勘意見的基礎上，對表達方式略作調整。南昌府學本《校勘記》雖然存在文字訛誤，但是僅就《公羊傳注疏校勘記》一種來看，只是小有舛誤，不宜責之過苛。

---

① 《揅經室集》（三集）卷二，第 621 頁。
② 陳康祺《郎潛紀聞》卷九，清光緒刻本。
③ 葉德輝《書林清話》卷九《國朝阮元刻十三經注疏本之優劣》，中華書局，1957 年，第 249 頁。
④ 錢宗武、陳樹《论阮元〈十三经注疏校勘记〉两个版本系统》，《揚州大學學報（人文社會科學版）》2007 年第 1 期，第 28 頁。

結　語

　　《公羊傳注疏校勘記》是清代《公羊傳注疏》校勘研究的重要著作。我們不能否認,《校勘記》本身存在着一些問題,除了校勘內容的錯誤之外,還有版本斷代的失誤,參校版本的狹窄等。後續也有不少學者對此書進行了修正補改。但是,《校勘記》是我們考察清代《公羊傳》存世文本的重要依據;同時,《校勘記》的編修體例、工作方法、校勘理念對今日我們構建新的善本和經典的校勘活動提供了很好的參考標準。

第十章 《春秋穀梁傳注疏校勘記》編纂考述

張　文

《春秋穀梁傳注疏校勘記》十二卷,附《釋文校勘記》一卷,原題阮元撰、李鋭校字。李鋭(1769—1817),字尚之,號四香,江蘇元和人,諸生。曾受業於錢大昕,長於經義,精於天算,尤深古曆。與焦循、汪萊齊名,時稱"談天三友"。所著彙刻爲《李氏遺書》十一種十八卷。阮元撫浙之時,延入詁經精舍,參與纂修《十三經注疏校勘記》,分校《周易》《穀梁》《孟子》。傳見《清史列傳》卷六九、《清史稿》卷五〇七,阮元《揅經室集(二集)》卷四有《李尚之傳》,今人嚴敦傑著有《李尚之年譜》。

一、《春秋穀梁傳校勘記》所據版本及刊刻源流

《穀梁注疏校勘記》卷首詳列引據各本目録,其中單經本爲唐石經,經注本爲宋槧殘本,單疏本爲鈔宋殘本,注疏本則爲元本、十行本以及閩本、監本、毛本。《穀梁》經傳注疏傳世版本不多,刊刻源流較爲明晰。爲充分了解《穀梁注疏校勘記》的撰著背景及内容特點,兹依其《引據各本目録》,分別經注本、單疏本、注疏本,並參考張麗娟《宋代經書注疏刊刻研究》、顧永新《經學文獻的衍生和通俗化》等相關研究成果,擇要簡述《穀梁》主要版本及傳刻源流如下。

(一)經注本

《穀梁》刊板亦可溯至五代監本《九經》。後唐長興三年(932),

馮道等奏請依石經文字刻《九經》印板，其事歷經二十餘載，至後周廣順三年（953）告竣，此爲儒家經籍雕版之始。因其由國子監校訂刊行，故謂之監本。據《舊五代史》《五代會要》等文獻記載，後漢乾祐元年（948），"國子監奏見在雕印《九經》內，有《周禮》《儀禮》《公羊》《穀梁》四經未有印本，欲集學官校勘四經文字鏤板，從之"①。可知在此《九經》之中，《穀梁》等四經的刊刻稍居於後。五代監本《九經》，實即所謂"九經三傳"，其經數與唐石經相同，共爲十二經。其文字則兼有經文和注文，經文皆以唐石經爲本，而注文則取配當時通行的經注寫本之注。北宋國子監繼承五代監本書板，後來又陸續校訂重刻，南宋國子監復據北宋監本翻刻。五代、兩宋監本先後相承，爲《穀梁》經注本的源頭和主流，但在後世早已無傳。在此監本系統之外，還有其他官刻和坊刻的經注本。如南宋撫州公使庫曾先後刊刻九經三傳，今僅存《周易》《禮記》《左傳》《公羊》四經，然其原刻當有《穀梁》。從現存傳本來看，撫州公使庫本亦屬於單經注本，其後完整附刻《經典釋文》，但未分散入經注之下。又有建安余仁仲萬卷堂所刊《九經》，今存《禮記》《左傳》《公羊》《穀梁》四種，其特點是《經典釋文》分散入經注之下，已屬於經注附《釋文》本。余氏萬卷堂所刊《春秋公羊經傳解詁》卷前何休序後有刻書識語云："《公羊》《穀梁》二書，書肆苦無善本，謹以家藏監本及江浙諸處官本參校，頗加釐正。"②此識語作於宋光宗紹熙二年（1191），則其刊刻時間大致亦在此時。因《穀梁》與《公羊》在當時不受重視，其刊本也較爲少見，余氏所據僅有監本及江浙等地的官本。余氏所刊《春秋穀梁傳》十二卷，在清代有殘本流傳，存卷七至卷十二共六卷，何煌嘗據以校汲古閣本注疏，後爲瞿氏鐵琴銅劍樓所得，今藏臺北故宮博物院。余氏刊本在日本曾有完帙流傳，爲金澤文庫舊藏，後歸阿波國文庫，即《經籍訪古志》著録之本。後楊守敬得其影抄本刻入《古逸叢書》，而

---

① 王溥編《五代會要》卷八，上海古籍出版社，1978 年，第 128 頁。
② 《春秋公羊經傳解故》，《中華再造善本》影印國圖藏宋紹熙二年（1191）余仁仲萬卷堂刻本。

阿波國文庫所藏之原本,於二十世紀初歸光慶圖書館,戰後遭火災而焚燬。《四部叢刊》影印之《春秋穀梁傳》,卷七至卷十二即借用鐵琴銅劍樓所藏原本爲底本,而前六卷則取《古逸叢書》本作爲底本。南宋後期廖瑩中世綵堂刊刻《九經》,亦不曾刻《穀梁》,元初相臺岳氏依廖本《九經》重刊《九經三傳》,則據余氏萬卷堂本補刊《穀梁》。《穀梁》經注本之刊刻源流大略如此。

(二)單疏本

自宋太宗端拱元年(988)至真宗景德二年(1005),北宋國子監先後校定刊行《五經正義》《七經疏義》。《玉海》卷四十二"咸平校定七經疏義"條載:"(景德二年)六月庚寅,國子監上新刻《公》《穀傳》《周禮》《儀禮正義》印板。先是,後唐長興中,雕《九經》印板,而正義傳寫踳駁。太宗命刊校雕印,而四經未畢。上遣直講王煥就杭州刊板,至是皆備。"①此爲《穀梁》單疏刊板之始。南宋時期又曾覆刻此北宋監本。宋刻《穀梁》單疏久已不傳,在清代僅有鈔本存世。該鈔本出於明代李開先家藏,缺文公以前五卷,存卷六至卷十二,長洲何煌嘗據以校汲古閣本注疏,後來歸吳中周錫瓚,今已不知其下落,然有數部轉抄之本存世。有清陳鱣家抄本,乃據周氏所藏李開先本轉抄,又加校勘並撰跋語,今藏北京大學圖書館。有清咸豐七年(1857)瞿氏恬裕齋抄本,蓋據陳鱣抄本轉抄,今藏國家圖書館。又張金吾《愛日精廬藏書志》著錄《穀梁》單疏抄本,此本亦據李開先藏本輾轉傳寫,與陳鱣抄本同出一源,後來爲商務印書館涵芬樓購得,一九三二年燬於日寇轟炸。民國間劉承幹嘉業堂嘗以涵芬樓所藏張金吾抄本付刻,但劉氏刊刻時未完全依抄本原貌,於體例、文字等多有變動,已失單疏本舊有面目。

(三)注疏本

經書注疏之合刻,一般認爲始於南宋兩浙東路茶鹽司所刊八行本,然其中尚未有《穀梁注疏》。現存《穀梁》最早的注疏合刻本,則

---

① 王應麟《玉海》卷四十二《藝文》,清光緒九年(1883)浙江書局刊本。

是南宋福建建陽所刻附《釋文》十行注疏本。今國家圖書館所藏《監本附音春秋穀梁注疏》二十卷,十行十七字,小字雙行二十三字,細黑口,左右雙邊,有書耳,版心上偶有字數,有部分補版葉。此即宋刊附《釋文》十行注疏本,《中華再造善本》據之影印。元代泰定前後,又翻刻此宋刊十行本,其書板傳至明代,迭經修補刷印,流傳較廣,或稱南監本。北京大學圖書館所藏《監本附音春秋穀梁注疏》二十卷,十行十七字,小字雙行二十三字,白口,左右雙邊。此即爲元刊明修本,《中華再造善本》據北京市文物局所藏《十三經注疏》本影印。明嘉靖間李元陽巡按福建時校刊《十三經注疏》,即以元刻明正德修補十行本爲底本,是爲閩本。萬曆中北京國子監又據閩本重刻,是爲北監本(《校勘記》省稱監本)。崇禎中毛氏汲古閣又據北監本重刻,是爲毛本。清乾隆四年(1739),武英殿又據北監本校訂重刊,並附齊召南等所撰考證,是爲殿本。嘉慶二十年(1815),阮元在南昌府學主持重刊《十三經注疏》,所據底本爲其家藏之十行本,自稱爲宋槧,其實亦爲元刊十行本。自元刊十行本以下,閩本、監本、毛本、殿本、阮本脈絡相承,其最初源頭即爲宋刊十行本。《穀梁》注疏合刻之源流大略如此。

在上述經注本、單疏本、注疏合刻本之外,還有一些時代較早的刊本傳世。如《穀梁春秋》白文不分卷,宋刊巾箱本,版框上加欄注音,摘錄陸氏《經典釋文》,亦有不見於《釋文》者。版心上記字數,下記刻工姓名。宋諱匡、恒、貞、桓、慎等闕筆,然避諱不甚嚴格,正文及注音間有訛字,蓋出于孝宗以後坊刻俗本。今藏國家圖書館,《中華再造善本》據之影印。此本雖僅有經傳之文,然並非直接據唐石經鏤板,其文字與余本非常相近,彼此當有源流關係,蓋其所據即爲經注本,而删去其注文也。又如明萬曆間吳勉學所刻白文《十三經》,其中《春秋穀梁傳》十二卷,國家圖書館、西北大學圖書館均有收藏,今未見其書,不詳其版本源流。又崇禎間金蟠、葛鼐所刊永懷堂本《十三經古注》,其中《春秋穀梁傳》二十卷,爲經注附《釋文》本。永懷堂本《十三經古注》乃據閩本《十三經注疏》刊刻,源自注疏合刻本系統,故《春秋穀梁傳》用注疏合刻本之卷次,而非經注本之十二卷形態,其校勘價值亦有限。

二、《春秋穀梁傳注疏校勘記》的内容特點及價值意義

《穀梁注疏校勘記》的撰作過程,據阮元《宋本十三經注疏併經典釋文校勘記凡例》云:"諸經皆舊有校本,復就江浙經生授經分校,復加親勘,定其是非,以成是《記》。"①又《穀梁注疏校勘記序》云:"康熙間長洲何煌者,焯之弟,其所據宋槧經注殘本、宋單疏殘本,並希世之珍,雖殘編斷簡,亦足寶貴,元曾校録。今更屬元和生員李鋭,合唐石經、元版及閩本、監本、毛本,以校宋十行本之訛,元復定其是非。"②而張鑑《雷塘庵主弟子記》亦云:"先生弱冠時,以汲古閣本《十三經注疏》多訛謬,曾以《釋文》、唐石經等書手自校訂。督學以後,始以宋十行本爲主,參以開成石經及元明舊刻、葉林宗影宋抄本陸氏《釋文》等書,屬友人門弟子分編,而自下鉛黄,定其同異。"③可知阮元於《穀梁》舊有校勘,曾據何煌所引校録宋槧經注殘本、鈔宋單疏殘本,至纂修《十三經注疏校勘記》之時,乃命李鋭以此十行本爲據,詳校唐石經以下諸本之文字異同,最後仍由阮元審定是非。

《穀梁注疏校勘記》以十行本爲據出文,依唐石經之分卷,對經傳注疏文字進行全面校勘。版本對校是《校勘記》的重心所在,在其《引據各本目録》之外,《校勘記》可能還參考利用了其他版本。如卷七第二條卷題"宣公",校云:"余本分卷自此以下,亦每公爲一卷,與石經合。明刻經傳本同此宣公爲第七卷,單疏本同。"此處所述明刻經傳本,《校勘記》對其當有參考,但僅此一見,並非主要參校之本,故未列入《引據各本目録》,已不詳其確爲何本。《校勘記》的主要内容是羅列各本文字差異,包括異文以及脱訛衍倒等情況,進而考辨論

---

① 劉玉才主編《十三經注疏校勘記(1)》,北京大學出版社,2015 年,第 31 頁。

② 《十三經注疏校勘記(9)》,第 4399 頁。

③ 張鑒等撰,黄愛平點校《阮元年譜》,中華書局,1995 年,第 65 頁。

定是非。此外還注意比較各本版式差異，詳述行款格式及卷次分合，藉以揭示版本傳刻源流。

《校勘記》引據版本之時，對文獻的形成演變和刊刻流傳的歷史層次有深刻認識，體現出較爲精密的版本意識和校勘理念。如唐石經在開成初刻之後，中間幾經改刻補字，後世所見已非其本來面目，阮元嘗充太學石經校勘官，曾詳勘過唐石經，對其改刻補字種種複雜情狀有深入認識，在《校勘記》卷首《引據各本目録》之中，就引述顧炎武、錢大昕之說，以考辨唐石經補刻之篇卷，而校記中引據唐石經時，屢述及“元刻”“初刻”“改刻”“改刊”“補刻”“萬曆本”“補字”等情況，辨析極爲細密精微。又如其所據之十行本，由於長期刷印，中間遞經修補，而《校勘記》引述時注意區分原刻和後人剜補之迹。又如在版本對校之外，《校勘記》還多引陸德明《經典釋文》，充分利用其出文、音切以及所載古本異文，藉以考辨文字異同及是非，而於《經典釋文》則區分宋本和通志堂本的差異。

在版本對校之外，《穀梁注疏校勘記》還廣泛引據諸家論説，充分吸收前人校勘成果。其中所引有王應麟《困學紀聞》兩次、《詩考》一次，顧炎武《金石文字記》三次，臧琳《經義雜記》一次，惠棟校本三次、《九經古義》一次，齊召南之說兩次，浦鏜《十三經注疏正字》八次，錢大昕《金石文跋尾》二次、《潛研堂集》一次，姚鼐之說一次，段玉裁之說十三次。如所引齊召南之說，出自《殿本穀梁注疏考證》。《殿本考證》主要考辨傳注及疏文論説之是非，間亦校正監本的舛訛脱漏，計約二百多條，但真正屬於校勘的内容並不多，故《校勘記》於其采擇甚少。又如浦鏜《十三經注疏正字》，其書據監本、閩本、毛本及陸氏《釋文》等參互考證，全面校正諸本文字訛誤，爲清代群經校勘的重要著作。但其所據版本資料有限，而校勘理念亦不甚周密完善，故所校暇瑜互見，頗有疏略之處。在《校勘記凡例》中，阮元既稱譽其書“多詳備可觀”，又指出“浦鏜雖研覈孜孜，惜未見古來善本，又以近時文體讀唐代義疏，往往疑所不當疑。又援俗刻他書肆意竄改，不知他書不必盡同義疏所引，而他書之俗刻尤非唐代所傳之本也"①,於其成就和不足皆有深刻認識。《十三經注疏正字》凡八十一卷,其中《穀梁傳》兩卷,出校多達數百條,然《校勘記》所引僅爲八條,似乎絕大多數皆在棄置之列。實則《校勘記》已進行廣泛版本對校,很多條目内容已經涵蓋浦鐘所校,故無煩再轉述其説。真正爲《校勘記》所棄置的條目,多屬於阮氏所謂"疑所不當疑"以及"援俗刻他書肆意竄改"的情形,而其精華則或爲《校勘記》所引用吸收,或已在《校勘記》版本對校範圍之内。同時需要指出的是,《校勘記》對於前人論説並不盲目信從,而是實事求是,取其是而辨其非。如顧炎武之説凡三見,然其所論皆有誤,故又援據他説或加案斷以辨其非。

因《穀梁》自漢代以來不顯於世,傳授研習不盛,版本傳刻較少,是以《穀梁注疏校勘記》所據版本不及他經之多,引用諸家論説不如他經之廣,校記内容亦不若他經豐贍。儘管如此,《校勘記》還是通過直接或間接之方式,得以參用傳世主要版本,對於各種版本類型皆有涉及,仍能薈萃衆本、詳列異同,綜合運用各種校勘方法,充分吸收前人相關論説,全面校勘經傳注疏之文,可謂具有集大成性質的校勘成果,在經學史上具有重大意義,迄今仍有重要參考價值。

三、《春秋穀梁傳注疏校勘記》的内容缺陷及不足之處

《穀梁注疏校勘記》内容詳備,具有重要學術價值,然而囿於客觀條件,也存在一些缺陷和不足,主要如下。

一是所據底本名不副實。其所據底本自言爲宋刊十行本,然而經過後世諸多學者的考證,今可確定實爲元刻明修本。元刻十行本雖據宋刊十行本翻刻,兩者版式文字非常相近,但也存在一些差異之處,元刻對宋刻的明顯訛誤有所改訂,但因其讎校不精,出現了很多新的文字訛誤,刊刻質量不及宋本精良。因此《校勘記》所述十行本,僅反映了阮氏所據之元刻十行本的版本信息,並非與

---

① 《十三經注疏校勘記(1)》,第30頁。

宋刊十行本完全吻合，不能直接據以論考宋刊十行本之文字和是非。

二是有些版本未經目驗。如其所據宋槧經注殘本、鈔宋單疏殘本以及元刊注疏本，皆據何煌所校轉錄，何氏雖精於校勘，但其所校不免會有疏漏和訛誤，對於何氏失校之處，《校勘記》只能付之闕如，而何氏誤校之處，《校勘記》也就沿襲其誤。故《校勘記》雖多引述這些版本，然不足以全面準確反映其異文情況。又如《校勘記》中大量引述"何校"，約有四百多處，據卷一第四條案語云："凡何所校不能別爲何本者，則但稱'何校本'。"這些校記據何校過錄了異文，於經傳注疏之文皆有涉及，但其所屬版本究竟是宋槧經注、鈔宋單疏還是元刻注疏，抑或是何氏以意增改，已經難以分曉。

三是有些版本信息不明。如卷一第二十四條注文"麟感而來應"，校云："宋建安本同。石經、閩、監、毛本'感'下有'化'字。"此所述宋建安本，不見於《引據各本目錄》。因爲《校勘記》據十行本出校，此言宋建安本與底本同，則其非指宋刊十行本。而其所據宋槧經注殘本雖爲南宋建安余氏所刊，然此卷適在其闕卷之內，何氏亦無從出校。則其究竟爲何本，今已不可考知。又卷九第五十條注文"凡萬有五千人"，校云："閩、監、毛本同。何校本'凡'下有'七'字，宋本同。"此處十行本無"七"字，據《四部叢刊》影印之《春秋穀梁傳》，可知宋槧經注殘本亦無"七"字，則不知此宋本確係何指。卷二第十三條、卷六第五十五條、卷十一第九條，皆存在類似問題。

四是有些校記不甚嚴謹。如卷八第三十四條疏文"不同月則地會地盟者"，校云："單疏本及南監本脫下'地'字。"按，《校勘記》出文以十行本爲據，此處僅言單疏本及南監本誤脫，而不言他本文字異同，則似十行本及閩本、監本、毛本等皆有下"地"字。其實此字宋刊十行本已脫，元刻十行本以及閩本、監本、毛本等皆然。而卷首《引據各本目錄》"十行本"之下注文有云："何煌所記諸舊本，尚有南監本一種。今案，南監本即十行本，故不別出。"此明言不別出南監本，以其即十行本也，而此條又述南監本，蓋直接據何氏所校過錄，而未經删定改寫,故不甚妥帖嚴謹,與全書之例不甚相合。諸如此類,如果不核查原本,而僅憑校記所述,就可能會産生誤會。

《穀梁注疏校勘記》自成書流傳以來,因其具有很大學術影響,在被廣泛參考利用之同時,亦有補苴罅漏之作陸續出現。如張金吾曾據單疏鈔本與通行注疏本進行校勘,補充多處單疏本"遠勝今本而《校勘記》未載"的異文①。柳興恩嘗以《穀梁注疏校勘記》對讀毛本注疏,補正《校勘記》失校之處十餘條②。劉氏嘉業堂重刊《穀梁》單疏殘本,並撰有《校勘記》附後,其中列舉單疏本中阮校未及之異文多處。楊守敬《余仁仲萬卷堂穀梁傳考異》,亦可糾補《校勘記》之失。此外如汪文臺《十三經注疏校勘記識語》、孫詒讓《十三經注疏校記》等,對《穀梁注疏校勘記》之疏失亦有辨駁補正。

《穀梁注疏校勘記》存在缺陷和不足,多是囿於當時的客觀條件所致,如今所能利用的版本資源和學術條件,要比阮元、李鋭撰作《校勘記》時優越。如就以版本而論,《四部叢刊》所影印之《春秋穀梁傳》,其後半部即爲宋槧經注殘本之原本,前半部所據亦爲《古逸叢書》影刻之本,大致可傳余仁仲萬卷堂本全貌;而鈔宋單疏殘本原本雖已下落不明,然有兩種傳抄本存世,又有《嘉業堂叢書》重刻本;至於注疏本,則有真正的宋刻十行本和元刊十行本,皆可直接據以參考。而在上述各種刊本之外,還有敦煌藏經洞所出《春秋穀梁傳集解》殘卷四種,皆爲唐石經以前古本,尚在雕版印刷興起之先,與後世刻本系統殊別,具有重要校勘價值。此外,還有一些産生較晚的校勘成果,如王引之《經義述聞》,其中校勘《穀梁傳》注疏文凡六十餘條,而《校勘記》未能引及。若能全面參校今存各種重要版本,充分吸收諸家校勘補正之成果,必定能彌補《校勘記》的疏失和不足,從而全面推進和提升《穀梁注疏》的校勘水平。

---

① 張金吾撰,柳向春整理《愛日精廬藏書志》卷五,上海古籍出版社,2014 年,第 75 頁。

② 柳興恩《穀梁大義述》卷十四,《清經解續編》本。

四、南昌府學本《春秋穀梁傳注疏》所附校勘記

《十三經注疏校勘記》於嘉慶十一年(1806)告成,隨即由阮氏文選樓刊行,道光九年(1829)編刊《清經解》時,學海堂據文選樓本重刊。而在嘉慶二十年南昌府學重刊《十三經注疏》時,凡經注疏文有關校勘之處皆加圈於旁,由盧宣旬摘録《十三經注疏校勘記》附於各卷之後。盧氏摘録之時,對於《校勘記》原文有所改動,校記條目有增有删,校語文字有改有補,由此形成《十三經注疏校勘記》的兩個系統:以文選樓本爲代表的單行本和以南昌府學本爲代表的附録本。茲述《穀梁注疏校勘記》兩種文本主要區别如下。

《穀梁注疏校勘記》十二卷,凡1400條。南昌府學本《穀梁注疏》二十卷,各卷之後附以校勘記,凡844條,其中摘録835條,增出校記9條。南昌府學本所棄校記565條,大多屬於十行本不誤而他本誤者,以及古今正俗通用字體之類。其所增出之9條校記,大都明確標注"補案"或"補",間引閩本、監本、毛本等版本,以校正十行本及南昌府學本的文字訛誤及疏文錯簡。在南昌府學本所附《校勘記》之中,有五十餘條對原校存在不同程度的改動,大致有以下幾類情形。一是南昌府學本已據《校勘記》校改正文,故所附校記作相應改寫,以與正文相合;二是原校僅列版本異同而無是非判斷,故南昌府學本補充是非判斷,在校記之末增出"是也""不誤""當不誤"等文字;三是原校所述存在疏失和訛誤,故對其有所補充修改;四是南昌府學本據十行本重刊,其行款和文字多與十行本相同,故所附校記有意略去十行本的一些版本信息;五是將原校"十行本"替換爲"此本",以切合於南昌府學本;六是删去原校所引《釋文》文字。

綜而論之,南昌府學本保留了《穀梁注疏校勘記》的主體内容,且其所增補的校記内容,對原校疏失訛誤多有修訂完善,具有重要學術價值。然而由於其删去大量校記,數量超過全部《校勘記》的三分之一,這無疑會略去很多版本信息,故遠不若單行本《校勘記》之詳備。而在其摘録《校勘記》之時,間亦有文字錯訛以及不合原校之

處。阮元當日已對南昌府學所刊《十三經注疏》頗有不滿，以爲"《校勘記》去取亦不盡善"①。後來嚴杰主持重刊學海堂本《校勘記》，對南昌府學本所附《校勘記》之"悠謬"亦深切咎責（見學海堂本《周易注疏校勘記》卷一之末識語）。由此可見，儘管南昌府學本所附《校勘記》有其獨特價值，且使用之時甚爲便利，自問世以來風行學界，迄今行用不衰，但不能全面反映阮元《校勘記》的原貌，不應將其與《校勘記》原書等同。

---

① 阮元撰，鄧經元點校《揅經室集》（三集）卷二《江西校刻宋本十三經注疏書後》所附阮福案語，中華書局，1993 年，第 621 頁。案，亦見於《雷塘庵主弟子記》卷五"刻宋本十三經注疏成"條。

第十一章 《論語注疏校勘記》編纂考述

張學謙

一、《論語注疏校勘記》之成書

《論語注疏校勘記》十卷、《釋文校勘記》一卷，題"臣阮元恭撰"，實際分任校勘者爲仁和孫同元。阮元《論語注疏校勘記序》云："臣元於《論語注疏》舊有校本，且有箋識。又屬仁和生員孫同元推而廣之，於經、注、疏、《釋文》皆據善本讎其同異，暇輒親訂成書，以詒學者云爾。"各卷末亦署"臣孫同元校字"。孫同元（1771—?），字雨人，浙江仁和人。孫志祖嗣子（其兄景曾子）。嘉慶十三年（1808）舉人，道光中官永嘉教諭。著有《今韻三辨》三種六卷、《弟子職注》一卷、《六韜逸文》一卷、《永嘉聞見録》二卷、《學福軒筆記》等①。

中國國家圖書館藏《周易注疏校勘記》稿本，原稿爲李鋭纂成，後經嚴杰校補、段玉裁批校，嚴、阮二氏按語在刻本中均以"○"或空格的方式與原稿校記區别。謄清本則又經孫同元復核、嚴杰校訂②。同樣的，《論語注疏校勘記》也經過了初校與復校的過程，最明顯的

---

① 潘衍桐《兩浙輶軒續録》卷二十五，影印光緒十七年（1891）浙江書局刻本，《續修四庫全書》，第 1685 册，第 41a 頁。孫詒讓《温州經籍志》外編卷下，影印民國十年（1921）浙江公立圖書館刻本，《續修四庫全書》，第 918 册，第 27a 頁。

② 劉玉才《阮元〈十三經注疏校勘記〉成書蠡測》，《國學研究（第三十五卷）》，北京大學出版社，2015 年。補注：原文推測稿本朱筆批校之一爲阮元所作，後在《〈周易註疏校勘記〉稿本、謄清本解題》一文中修訂爲段玉裁批校。

證據就是部分〇前校語與〇後按語截然相反,顯然非出一人之手。

　　欲不爲論念張文　《漢書·張禹傳》無"不"字。〇按,宋板《漢書》有"不"字。(卷一)

　　是人之所欲也　此句"也"字及下"是人之所惡也",兩"也"字疑俱後人所加……《四書考異》云:"案此'也'字,唐以前人引述悉略去,未必不謀盡同也,恐是當時傳本如此。"〇按,《考異》非也。古人引書每多節省,況有皇侃《義疏》可證也。(卷二)

　　古者言之不出　皇本作"古之者言之不妄出也"。高麗本"出"下有"也"字。《四書考異》云:"包氏註云:'古人之言不妄出口。'據其文,或舊本經原有'妄'字未可知。若上一'之'字,則斷知其流傳訛衍。"〇按,皇本"妄"字必因注文而誤衍也。(卷二)

考慮到《周易注疏校勘記》的情況,再結合《論語注疏校勘記》自身的信息,這些〇後按語可能多出自嚴杰或段玉裁之手①。雖然《論語注疏校勘記》中只有卷十"炙炮夥清酤多"條〇後按語留下了"嚴杰案"的字樣,但仍有一些信息反映了這些按語與嚴杰的關係。部分〇後按語提示讀者參考其他《校勘記》,如卷一"滎陽開封人也"條、卷七"褘諶草創之"條云"説詳《左傳校勘記》",卷三"姓鬬名穀字於菟"條云"詳《左傳釋文校勘記》",而嚴杰正是《左傳注疏校勘記》的分校者。當然,段玉裁亦曾經手《左傳注疏校勘記》②,卷四"勑知切"條又云"詳《詩經校勘記》",故此類按語出自段氏之手的可能性也很大。一些按語與段氏之學相合,如卷一"轅端上曲鉤衡"條:

　　案,鉤、拘古音同第四部,故多通用。《周禮·巾車》"金路鉤"註:"故書鉤爲拘,杜子春讀爲鉤。"

――――――――

　　① 部分按語前雖無"〇"區隔,仍可看出非孫同元初稿,乃復校者增入,實際與〇後按語性質一致。參考《周易注疏校勘記》稿本、謄清本的情況,可能是部分後增按語當時在稿本上僅以空格區分,謄清時則未保留空格,故刊本與前句連排。

　　② 段玉裁撰,鍾敬華校點《經韻樓集》卷四《春秋左傳校勘記目錄序》,上海古籍出版社,2008年,第64頁。

鉤、拘均侯部見母，段氏《六書音均表》古音十七部，第四部正爲侯。
又檢段氏《周禮漢讀考》卷三即有此條内容：

> "金路鉤"注：故書鉤爲拘，杜子春讀爲鉤。 拘、鉤古音同
> 在弟四侯部。①

又如卷五"素衣麑裘"條引《説文》等討論"麖""麝"二字，〇後按語
云："按，兒聲、弭聲古音同部。"段氏《説文解字注》"麝……从鹿弭
聲"下云："十六部，兒聲同部也。"可見補入按語者對段氏古音學非
常熟悉，很可能就是段玉裁本人。但也有一些按語明顯非段氏口吻，
如卷五"加朝服拖紳"條〇後按語謂"聞諸段玉裁云"，卷七"襁負其
子而至矣"條〇後按語末綴"段玉裁説"四字，卷九"古者烏曹作簙"
條末謂"段玉裁《説文注》已正其誤"，可見按語並非出自段氏一人。
方東樹曾記録段玉裁復校《詩經》時，因與顧廣圻意氣之爭而肆行駁
斥顧説，不告阮、顧二人而徑行寄粤付刊。方氏謂此語乃"乙酉八
月，嚴厚民杰見告，蓋以後諸經乃嚴親齎至蘇共段同校者也"②。據
此則《論語注疏校勘記》蓋由段玉裁、嚴杰二人共同復核，編定時間
在《毛詩注疏校勘記》及《左傳注疏校勘記》之後。又阮元《論語注疏
校勘記序》謂"元於《論語注疏》舊有校本，且有箋識"，則《校勘記》
中或亦迻録阮氏按語。

《論語注疏校勘記》於嘉慶十一年（1806）十月由儀徵阮氏文選
樓刊行，爲《宋本十三經注疏併經典釋文校勘記》之一③。分卷從唐
石經作十卷④。校記凡 2750 條，其中卷一 333 條，卷二 224 條，卷三
279 條，卷四 261 條，卷五 298 條，卷六 261 條，卷七 331 條，卷八 243

---

① 段玉裁《周禮漢讀考》卷三，影印嘉慶刻本（乾隆五十八年〔1793〕段氏自
序、嘉慶元年〔1796〕阮元序），《續修四庫全書》，第 80 册，第 52b 頁。

② 蕭穆撰，項純文點校，吴孟復審訂《敬孚類稿》卷八《記方植之先生臨盧抱
經手校十三經注疏》，黄山書社，1992 年，第 211—212 頁。

③ 張鑒等撰，黄愛平點校《阮元年譜》卷二，中華書局，1995 年，第 65 頁。

④ 《校勘記》云："十行本、閩本、北監本、毛本並分爲二十卷。按，唐石經分十
卷，皇本同。考之《宋史·藝文志》，卷數正合。今《校勘記》分卷從之。"（卷一"論
語註解經卷第一"條）

條,卷九 253 條,卷十 173 條,《釋文》94 條。

二、《論語注疏校勘記》引據版本考實

（一）底本

對於《論語注疏校勘記》的底本,阮元《論語注疏校勘記序》及書前《引據各本目録》並無明確交代。《宋本十三經注疏併經典釋文校勘記凡例》謂《論語》"以宋版十行本爲據",然《論語注疏校勘記》校語中屢屢出現"十行本"字樣,則其出文所據顯非十行本,與《凡例》之説齟齬不合。從《校勘記》本身看,校語中十行本、閩本、北監本、毛本均有出現,可見底本並非此四本①。實際上,《論語注疏校勘記》是不主一本的,出文爲孫同元初校時認爲正確的文字,故校語多作"某本某誤某",亦有"各本某誤某"。但對於不涉及正誤問題的銜名、標題、體式等,出文仍據十行本,如卷一邢昺銜名、經注疏格式、卷端標題格式等。又無法判斷異文正誤時,出文亦爲十行本文字,下列各本異文,如卷二"主將有祭祀之射"條、卷三"成就万物"條等。當然也偶有校語以出文爲誤者,如:

此章論君子當賑窮周急　閩本、北監本"賑"作"振"。案,作"振"是也。（卷三）

又晉趙孟孝伯疾將死　十行本"疾"作"並",是也。（卷四）

皋陶字廷堅　北監本、毛本"廷"作"庭",是也。（卷四）

以魚釣奸周西伯　十行本"奸"誤"好"。毛本"魚"作"漁",是也。（卷四）

此類斷語(加着重號之字)孫同元初稿當無,乃其後增入。《周易注疏校勘記》稿本中有一些簡單的是非判斷,如"作某爲是""是也"

① 關口順撰,水上雅晴譯注《十三經注疏校勘記略説》云:"《論語》是以十行本爲校勘材料,但是不能説是以十行本'爲據'的(底本不明)。"劉玉才、水上雅晴主編《經典與校勘論叢》,北京大學出版社,2015 年,第 233 頁。

"不可從"等用語,乃阮元所批①,《論語注疏校勘記》或亦如是。

有個別校記僅出毛本異文,校語形式也比較特殊,如:

> 一爲方千里者百　毛本作"千",乃"十"字之誤。(卷一)

> 不以此方百里者一　毛本作"不",乃"又"字之誤。(卷一)

> 右加弛弓　毛本作"弨"。○按,《禮注·射儀》注作"弛",是正字。(卷二)

> 鄉射禮　毛本作"禮"。《周禮注》作"記",不誤。(卷二)

實際上,前三條校記十行本、閩本、監本皆同毛本作"千"、作"不"、作"弨",而校語卻僅出毛本。四本皆同,則不可能通過對校校出異文,且此校語"毛本作某,乃某字之誤"的形式也與其他大多數校記"某本某誤某"不同。考慮到阮序謂其"舊有校本,且有箋識",而阮元舊日校本即爲毛本②,此類校記或即錄自阮校本之箋識。

(二)校本

《引據各本目錄》所列版本凡九種:

1. 漢石經十卷

即東漢熹平石經《論語》,《校勘記》"據洪适《隸釋》所載石刻殘字"轉引。漢石經始刻於東漢熹平四年(175),刻成於光和六年(183),立石洛陽太學。刻《周易》《尚書》《魯詩》《儀禮》《春秋》五經及《公羊》《論語》二傳,凡四十六石③。其後歷經變亂,崩毀殆盡。唐宋時偶有殘石出土,洪适即錄其文字於《隸釋》《隸續》中,其中《論語》九百七十一字,爲前四篇、后四篇之文。一九二三年洛陽有《論

---

① 劉玉才《阮元〈十三經注疏校勘記〉成書蠡測》,第9頁。

② 《阮元年譜》卷二:"先生弱冠時,以汲古閣本《十三經注疏》多譌謬,曾以《釋文》、唐石經等書手自校改。"(第65頁)

③ 王國維《魏石經考》,《觀堂集林·史林》,中華書局,1959年,第955—956頁。

語‧堯曰篇》殘石出土，馬衡推測爲《張侯論》（《魯論》）①。

2. 唐石經十卷

唐石經始刻於唐文宗大和七年（833），刻成於開成二年（837），故又稱"開成石經"。包括《易》《書》《詩》《三禮》《三傳》及《孝經》《論語》《爾雅》，共十二種，並附《五經文字》《九經字樣》二種。立石長安國子監太學，清代在陝西西安府府學，今存西安碑林。其中《論語》十卷，僅刻經文，然前有何晏序，各篇標題下署"何晏集解"，可見亦源自經注本。

唐石經磨改、補刻的情況十分複雜，部分《校勘記》如《周易注疏校勘記》指出了初刻、改刻、後增、後删的不同，而《論語注疏校勘記》雖然指出了明顯的旁添字，如：

> 未若貧而樂　皇本、高麗本"樂"下有"道"字。唐石經"道"字旁添。案，唐石經旁添字多不足據，此"道"字獨與古合。（卷一）

卻未對磨改情況加以説明。與嚴可均《唐石經校文》對比，即可看出《校勘記》在此問題上的不足之處。如卷二"爾愛其羊"條：

> 《校勘記》：唐石經"爾"作"女"，皇本、高麗本作"汝"。

> 《唐石經校文》："爾"磨改作"女"，皇疏本作"女"。《釋文》不發音，則陸所見本不作"女"。《金石文字記》云"爾"誤作"女"。按，初刻是"爾"字，不誤。

3. 宋石經

《引據各本目録》云："宋紹興時石刻本。"即宋高宗御書石經，紹興十三年（1143）秦檜"請刊石于國子監，頒其本徧賜泮宮"，至十六年漸次刻成《周易》《尚書》《毛詩》《左傳》《論語》《孟子》六經，立石

---

① 馬衡《從實驗上窺見漢石經之一斑》《漢熹平石經論語堯曰篇殘字跋》，《凡將齋金石叢稿》，中華書局，1977年，第199—210頁、第247—249頁。馬衡收集到的《論語》殘石見《漢石經集存》，上海書店出版社，2014年。又1980年洛陽漢魏太學遺址出土漢石經殘石中亦有《論語》，可辨者十三字，見段鵬琦執筆《漢魏洛陽故城太學遺址新出土的漢石經殘石》，《考古》1982年第4期，第381—389頁。

臨安太學。字體爲小楷,惟《論語》《孟子》作行楷,結體較大。淳熙
四年(1177)孝宗詔建"光堯石經之閣"奉安石經,並從知臨安府趙磻
老之請,搜訪舊本御書《禮記‧中庸》《大學》《學記》《儒行》《經解》
五篇,重行摹勒,以補禮經之闕①。至清代存杭州府學,乾隆四十七
年(1782)冬王昶訪碑時尚存八十七石,嘉慶十年(1805)成書之《兩
浙金石志》記爲八十六石(《左傳》少一石)②,今僅存七十七石(亡
《尚書》一,《左傳》八)③。其中《論語》七石,每石四列,列二十七行,
行十六字或十五字,後有紹興癸亥(1143)秦檜記。凡十卷,首題"論
語卷第一"五字,次"學而第一"四字,次即"子曰學而時習之"云云
,每章皆連接。諸經避諱字皆本字缺筆,惟《論》《孟》則多改字④。
《兩浙金石志》並"以毛氏汲古閣本詳校其文",與《論語注疏校勘
記》所引略有出入。校經諸君與此石刻近在咫尺,故亦取以入校。

4. 皇侃《義疏》十卷

《校勘記》所據爲"日本寬延庚午根伯修遜志校正付刻"之本,
"前有彼國人平安服元喬敘"。梁代皇侃所撰《論語義疏》爲南朝義
疏之學的代表性著作,北宋初邢昺撰《論語正義》,即以此書爲重要
依據。然自邢疏行世,皇氏《義疏》逐漸晦而不顯,最終亡佚於南宋
中期以後。《論語義疏》傳入日本的時間不詳⑤,藤原佐世於寬平間

① 王昶《金石萃編》卷一四八"高宗御書石經"條,影印嘉慶十年(1805)刻同
治錢寶傳等修補本,《續修四庫全書》,第890册,第5a—19a頁。馬衡《中國金石學
概要》第四章《歷代石刻》,《凡將齋金石叢稿》,第82頁。

② 阮元《兩浙金石志》卷八"宋太學石經"條,影印道光四年(1824)李濰刻
本,浙江古籍出版社,2012年,第5b—34a頁。

③ 馬衡《中國金石學概要》第四章《歷代石刻》,《凡將齋金石叢稿》,第82頁。

④ 《兩浙金石志》卷八"宋太學石經"條,第23a—25a頁。《論語‧子路篇》以
上以改字爲主,以下又改爲闕避,見《兩浙金石志》《論語》各石校記,《論語注疏校
勘記》卷一"敬事而信"條亦言之。

⑤ 高田宗平根據天平十年(738)左右成書的"古記"(《令集解》所引)對《論
語義疏》的引用,推測《論語義疏》在天平十年左右就已經傳入日本。見高田宗平
著,簡亦精譯,陳捷校訂《日本古代論語義疏受容史初探》,劉玉才主編《從鈔本到
刻本:中日論語文獻研究》,北京大學出版社,2013年,第198—202頁。

（889—898）所撰《日本國見在書目録》已著於録，一直以鈔本形式流傳。至根本遜志以足利學校所藏室町鈔本爲底本①，又據邢疏體例更改鈔本面貌，於寬延三年（乾隆十五年，1750）校正付刊，首有服部元喬（號南郭）序。根本遜志（1699—1764），字伯修，號武夷，通稱"八右衛門"。

乾隆二十九年（1764），錢塘汪鵬（字翼滄）自長崎攜歸此本，傳之士林②。乾隆三十七年，高宗諭旨徵訪遺書，浙江乃設遺書局。乾隆四十年初，汪鵬以此日本刻本上之③，由浙江巡撫進呈四庫館，並采入《四庫全書》。乾隆五十二年，武英殿又刻板印行，卷末附陸費墀、彭紹觀等考證。汪書在局中時，鮑廷博曾鈔録副本，由布政使王亶望出資，刻入鮑氏《知不足齋叢書》第七集中，行款全同原刻，惟省去句讀、訓點，卷端"日本根遜志校正"改爲"臨汾王亶望重刊"④。《四庫》本及武英殿本因違礙字句，對原書有改竄之處⑤。《知不足齋叢書》初印本無改易，後印本則削去"臨汾王亶望重刊"，並據《四庫》本改竄原本文字。

---

①　影山輝國認爲根本在足利本外還參照了別的鈔本，見氏撰《論語義疏鈔本與根本刻本的底本》，《從鈔本到刻本：中日論語文獻研究》，第164—174頁。

②　藤塚鄰著，童嶺譯《皇侃論語義疏及其日本刻本對清朝經學的影響》，《從鈔本到刻本：中日論語文獻研究》，第433—434頁。

③　據《纂修四庫全書檔案》，自乾隆三十七年（1772）十一月至乾隆四十年五月，浙江共進呈遺書十四次。《浙江采集遺書總録》記録了前十二次所進之書，《各省進呈書目》收録了前十三次呈送清單（其中"續購書"爲第十三次書目，乾隆三十九年十二月進呈，參江慶柏《乾隆朝浙江省向四庫館呈送圖書的數目》，《歷史檔案》2009年第三期）。《論語義疏》不見於《浙江采集遺書總録》和《各省進呈書目》，則汪鵬獻書遺書局的時間當在乾隆四十年初，屬於浙江第十四次進呈之書（進呈時間爲乾隆四十年五月）。

④　翟灝《四書考異》上編《總考三十二》"前人考異本"："武林汪君鵬航海至日本國，竟購得以歸，上遺書局，長塘鮑君廷博槧其副於《知不足齋叢書》中。"（影印乾隆刻本，《續修四庫全書》，第167册，第6a—6b頁）盧文弨《皇侃論語義疏序》："新安鮑以文氏……剞劂之費有不逮，浙之大府聞有斯舉也，慨然任之，且屬鮑君以校訂之事。"（《知不足齋叢書》本《論語集解義疏》書前，第1b頁）

⑤　如《八佾篇》"夷狄之有君，不如諸夏之亡也"義疏。

《論語義疏》回傳中國後，受到當時學者的極大重視，翟灝撰《四書考異》、陳鱣撰《論語古訓》，皆以《義疏》爲重要依據，吳騫更撰《皇氏論語義疏參訂》，直接以《義疏》爲研究對象。《校勘記凡例》亦云“《論語》則考之皇侃《義疏》”，《校勘記》中頻頻引用。然清儒所據之根本遜志刊本變亂鈔本體式，已非《論語義疏》原貌。至一九二三年，武内義雄以文明鈔本爲底本，參考其他鈔本校勘，一仍舊鈔本原貌，由大阪懷德堂記念會刊行，並附校勘記。

5. 高麗本

《引據各本目録》云：“據海寧陳鱣《論語古訓》本所引。”陳氏書“于《集解》所載之外搜而輯之，且據石經、皇侃《義疏》、山井鼎、物觀諸本訂其譌缺而附注于下”①。阮元曾於京師獲見稿本，乾隆六十年（1795）冬，阮元調任浙江學政，正值《論語古訓》付刻初成，乃於嘉慶元年（1796）正月爲之敘，故對此書頗爲熟悉。而所謂高麗本實爲日本正平本《論語集解》之誤認。

正平本十卷，有所謂“雙跋本”（卷末有“堺浦道祐居士重新命工鏤梓，正平甲辰〔1364〕五月吉日謹志”“學古神德揩法，日下逸人貫書”二跋）與“單跋本”（僅有“堺浦道祐居士”云云一跋），雙跋本爲正平初刻本。另有一種經過校改的覆刻雙跋本，時間應比單跋本更晚②。

錢曾《讀書敏求記》記一高麗鈔本《論語集解》，乃遼海道蕭應宮監軍朝鮮時所得③，末有“道祐居士”及“學古神德”云云二跋④，因知源自雙跋本。此本後歸長洲顧安道，即陳鱣借校之本，又歸元和顧之

---

① 阮元《論語古訓敘》，《論語古訓》書前，乾隆六十年（1795）刻本，第 1a 頁。

② 川瀨一馬《正平版論語考》，《斯文會》第十三編第一號，1931 年。此據橋本秀美《日本古代論語學資料及其研究》，《從鈔本到刻本：中日論語文獻研究》，第 311—312 頁。

③ 錢曾著，管庭芬、章鈺校證，余彦焱標點《讀書敏求記校證》卷一上，上海古籍出版社，2007 年，第 32 頁。

④ 《讀書敏求記》僅録“道祐居士”跋，據《愛日精廬藏書志》知有二跋（張金吾撰，柳向春整理《愛日精廬藏書志》卷六，上海古籍出版社，2014 年，第 93—94 頁）。

递,嘉慶二十四年(1819)爲黄丕烈購得①,後再歸張金吾。嘉慶六年二月,陳鱣在京師詢朝鮮使臣,方知正平非朝鮮年號,因疑"殆是日本國,當呼爲倭本耳"②,而《校勘記》仍沿原誤。至嘉慶二十四年,翁廣平於黄丕烈處觀此本,後又見《日本年號箋》,方知正平乃日本南朝後村上天皇年號,當中國元順帝至正二十四年(1364)③。

6. 十行本二十卷

《校勘記》以爲"宋刻,元明遞有修補",實誤。此本乃元刊明修本,版心有"泰定四年"年號者並非補刊,而是元版。北京市文物局藏元刊明修本《論語注疏解經》,修版至嘉靖初年,故一部之中有元版、明初補版、正德六年(1511)補版、正德十二年補版、嘉靖初補版五種版片。以此本與《校勘記》所載十行本異文對勘,多有不合之處,如:

> 朝廟朝享朝正　十行本"享"上脱"朝"字。閩本、北監本、毛本作"朝廟享廟正",大誤。(卷二)
>
> 不復夢見周公　十行本"公"字闕。(卷四)

以上二條所涉版面,文物局本皆嘉靖初補版(府舒校),與閩、監、毛本同作"朝廟享廟正","公"字不闕。尚有更大差異者,如:

> 言先覺人者是　十行本"是"下九字模糊,下接"所以非賢者"。(卷七)
>
> 不信之人爲之億度　十行本"度"下五字模糊,下接"人故先覺者"。(卷七)

文物局本此葉亦嘉靖初補版(候番劉校),"言先覺人者具"下十字實闕,下接"以非賢者"。"不信之人"下十字實闕,下接"故先覺者"。可見《校勘記》所據十行本並無嘉靖初補版。

> 門人相與輯而論篹　十行本"與"字、"論"字實闕,"篹"作

---

① 黄丕烈撰,余鳴鴻、占旭東點校《黄丕烈藏書題跋集·蕘圃藏書題識》卷一"論語集解十卷",上海古籍出版社,2013年,第43頁。

② 《讀書敏求記校證》卷一上,第32頁。

③ 《愛日精廬藏書志》卷六,第94—95頁。

“篆”。（卷一）

文物局本此葉爲正德六年（1511）補版（許成寫），“與”字不闕。

> 未聞更有好學者也十行本“聞”字與下“顏回任道”“顏”字互易，大誤。（卷三）

> 彼云 十行本“彼”誤“皮”。（卷三）

文物局本此葉爲正德十二年（1517）補版（刻工：文昭），二條皆不誤。可見《校勘記》所據十行本亦並無正德補版。

又《校勘記》卷三“今乃晝寢”至“雖聽其言更觀其行”“桴鏝也”“釋宮云鏝謂之杇郭璞云泥塗也李巡曰塗一名杇”“因謂泥塗爲杇”“申棖魯人”八條記錄十行本實闕之字，文物局本（此葉爲明初補版）皆不闕，則《校勘記》所據十行本甚至並無明初補版。以文物局本元刊葉與《校勘記》所錄十行本異文對勘，則一一符合，可見《校勘記》所據之本確爲元刊，未經明代遞修。《引據各本目錄》記“上邊書字數，下邊書刻工姓名”，亦元版版式，明代補版無記字數者。當時學者多以“南監本”“南雍本”之名稱十行本[1]，以爲明代在南京國子監曾修補匯印[2]，故所謂“元明遞有修補”云云乃受此觀念影響，並非有明確證據（如版心年號）證明書中有明代補版。考慮到此本已多有模糊闕字處，故其刷印時間當亦較晚（仍早於明初補版）。

7. 閩本二十卷

此本爲明嘉靖間福建巡按御史李元陽、提學僉事江以達刊於福州[3]，乃《十三經注疏》的第一次彙刻。閩本《論語註疏解經》出於

---

① 顧廣圻著，王欣夫輯《顧千里集》卷八《撫本禮記鄭注考異序》：“南雍本，世稱十行本。”（上海古籍出版社，2007年，第132頁）

② 元刊明修本《十三經注疏》的修補、匯印地點實際在福州，詳參程蘇東《“元刊明修本”十三經注疏修補匯印地點考辨》，《文獻》2013年第2期。

③ 李元陽《中谿家傳彙稿》卷八《遊龍虎山》云：“余嘉靖丙申使閩，戊戌五月得代出疆。”（影印民國三年〔1914〕刻《雲南叢書》本，《叢書集成續編》，第142冊，第707頁）知李元陽任福建巡按御史在嘉靖十五年（1536）至十七年五月間，閩本即刻於此時。

正德本,但改易版式爲半葉九行,經大字單行,注中字單行,疏小字雙行。閩本各經初印本卷端皆署"明御史李元陽、提學僉事江以達校刊"①,今所見皆後印本,銜名多被削去。

8. 北監本

監本《十三經注疏》爲萬曆十四年(1586)至二十一年北京國子監刊行,故稱"北監本"。監本據閩本重雕,故行款、分卷皆與閩本同,惟注文改閩本中字單行爲小字單行,空左偏右。各經版心上方刻刊版年份,卷端次行起刻校刊者祭酒、司業銜名。其中《論語註疏解經》版心刻"萬曆十四年刊",卷端次行、三行刻"皇明朝列大夫國子監祭酒臣李長春等奉/勑重校刊"。北監本經過校勘,補足了閩本的部分闕字。如卷十九《子張篇》"叔孫武叔毀仲尼"章,疏文引張衡《西京賦》:"炙炮夥,清酤多,皇恩溥,洪德施。""夥清酤""皇恩溥"六字,閩本皆爲墨釘,監本補足。

監本於崇禎間有修版,重修本將萬曆校刊者銜名由大字單行改爲小字雙行,"校"諱改"較",並於其後增刻"皇明朝列大夫國子監祭酒臣吳士元、承德郎司業仍加俸一級臣黃錦等奉/旨重修",版心刊版年份未改。吳士元,字長吉,進賢人。崇禎四年(1631)"管北司業事",五年陞北京國子監祭酒②。重修本"有崇禎六年祭酒吳士元題疏,稱板一萬二千有奇,始刻於萬曆十四年(1586),成於二十一年,至崇禎五年冬,奉旨重修"③。至清康熙二十五年(1686),北京國子監又對版片進行了修補。每卷首葉版心改鎸"康熙二十五年重修",餘葉將萬曆刊記刪去。卷端舊銜名亦改刻"康熙二十五年國子監祭

---

① 莫友芝《宋元舊本書經眼録》附録一《書衣筆識·春秋公羊傳註疏》,同治獨山莫氏刻本,第5a頁。繆荃孫著,黃明、楊同甫標點《藝風藏書續記》卷一,上海古籍出版社,2007年,第229頁。王國維撰,王亮整理《傳書堂藏書志》,上海古籍出版社,2014年,第62頁。

② 盧上銘、馮士驊《辟雍紀事》卷十五,《四庫全書存目叢書》史部影印明崇禎刻本,第271冊,第1b—2a頁。

③ 錢大昕撰,竇水勇校點《竹汀先生日記鈔》卷一《所見古書》,遼寧教育出版社,1998年,第9頁。

酒臣常錫布、祭酒加一級臣翁叔元、司業臣宋古渾、司業加一級臣達
蕭、司業臣彭定求、學正臣王默、典籍臣程大畢奉旨重校脩"。舊刊
記、銜名亦有未删,或删而未刻者。

萬曆監本經過崇禎、康熙間兩次修補,質量每況愈下,浦鏜《十
三經注疏正字例言》云:"修板視原本誤多十之三。"《校勘記凡例》對
監本評價頗低,所據實爲重修之本,不符萬曆監本之實。通觀各經
《校勘記》,亦有明晰監本初印與重修之别者。如嚴杰分任之《左傳
注疏校勘記》即區分"監本"與"重修監本",且一云"錯字較少,非毛
本可及",一云"譌字較原本爲多"。徐養原分任之《儀禮注疏校勘
記》,所據亦有監本、國朝重修監本之别。至於《論語注疏校勘記》,
其《引據各本目録》未明言所據,惟云"字體惡劣,誤字亦多",《校勘
記》中謂"第二、三行書明校刊重修等姓名",既有重修姓名,則所據
蓋崇禎修補本。今檢《校勘記》所謂監本誤字,萬曆監本多不誤,如:

> 此章明弟子公冶長之賢也　北監本"此"誤"地"。(卷三)

> 故問之曰　北監本"問"誤"間"。(卷三)

> 子貢雖得夫子　北監本"雖"誤"繼"。(卷三)

亦證孫同元所用爲重修監本。後印萬曆監本"問""雖"二字有磨損,
故重修時誤補。

9. 毛本

毛本《論語注疏解經》爲崇禎十年(1637)常熟毛晋汲古閣刻本,
故又稱"汲古閣本"。毛氏刻《十三經注疏》,始崇禎元年,終十二年,
各經末均鑴刊版年份,其中《論語》爲"皇明崇禎十年歲在彊圉赤奮
若古虞毛氏鑴"。毛本據監本重刻,而校正粗疏,誤字甚多,故《校勘
記凡例》譏之爲"魯魚亥豕之訛,觸處皆是,棼不可理"。然其初印本
亦多有佳處,蓋嘗對校宋元善本①。以《論語注疏解經》而言,毛本於
疏文闕字多有補足,如卷十七《陽貨篇》"古者民有三疾"章,十行本

---

① 原三七《汲古閣刻板考稿》,《東方學報·東京》第六册,東方文化學院東京
研究所,1936 年。加藤虎之亮《周禮經注疏音義校勘記·引據各本書目解説》,無
窮會,1957 年,第 12a—12b 頁。

疏文"今之狂也蕩者"下徑接"謂忿怒而多咈戾",必有脱文,閩本、監本雖知之,然無法補足,僅留二十九字空闕,毛本則補足全部闕文(見《校勘記》卷九)①。又如《校勘記》卷十"其何傷於日月乎者言"至"仲尼亦不"四條,十行本、閩本、監本皆有闕文,賴毛本補足②。

　　毛本版片後於乾隆四十年(1775)由常熟席世宣修補印行,嘉慶間書坊並有翻刻本③,"譌字又倍之"④。毛本於清代極爲流行,盧文弨云:"唯是外閒所通行,唯毛本獨多,故仁和沈萩園廷芳、嘉善浦聲之鎧作《十三經註疏正字》,日本國足利學山井鼎等作《七經孟子考文》,皆據毛本爲説。"⑤阮元登第前校《十三經注疏》,亦以毛本爲底本⑥。對於毛本的流行,葉德輝的解釋是:"由于南北兩監刻本版片日就散佚,乾隆武英殿刻版尚未告成,士人舍此無他本可求,故遂爲天下重也。"⑦但即使在殿本刊行之後,毛本仍以其易得而盛行不衰。

　　除《引據各本目録》所載,《校勘記》中尚有一處引及"盧文弨校本"(卷二"武樂爲一代大事"條),當即盧文弨手校本《十三經注疏》。此本今不存,道光四年(1824),方東樹曾借録盧校於阮刻《十三經注疏校勘記》之上,其跋云:"抱經先生手校《十三經注疏》本,後

---

　　①　檢宋蜀刻本《論語注疏》(十卷,民國十八年〔1929〕中華學藝社珂羅版影印本)及景元元貞本《論語注疏解經》(十卷,光緒甲辰〔1904〕貴池劉氏玉海堂景刻本)皆作"謂曠蕩無所依據古之矜也廉者謂有廉隅今之矜也忿戾者",與毛本所補有異文。因未見八行本,暫不知毛本補闕所據。

　　②　南昌本《論語注疏校勘記》此四條末謂"今依毛本補正",阮本《論語注疏解經》已補足闕文。上條則因十行本未留墨釘或空闕,故阮本翻刻時未據毛本補脱。

　　③　長澤規矩也《汲古閣本注疏の序跋封面に就いて》,《長澤規矩也著作集》第一卷《書誌學論考》,汲古書院,1982年,第40—41頁。

　　④　《宋本十三經注疏併經典釋文校勘記凡例》。

　　⑤　盧文弨《群書拾補·周易注疏》,乾隆刻《抱經堂叢書》本,第1a頁。

　　⑥　《阮元年譜》卷二:"先生弱冠時,以汲古閣本《十三經注疏》多譌謬,曾以《釋文》、唐石經等書手自校改。"(第65頁)

　　⑦　葉德輝撰,楊洪升點校《郋園讀書志》卷一,上海古籍出版社,2010年,第13頁。

入衍聖公府,又轉入揚州阮氏文選樓。"①

　　又有"孫志祖校本"(卷三"同其飢渴"條),《論語注疏校勘記》所引孫志祖校勘意見,除指明爲《讀書脞録》外,當皆出此校本。孫志祖已卒於嘉慶六年(1801)。

(三)《釋文》

　　與《論語注疏校勘記》相同,《論語釋文校勘記》之出文也是不主一本的。采用的版本有:

1. 葉林宗影鈔本

　　即《凡例》所謂"崇禎間震澤葉林宗仿明閣本"。所謂"明閣本"即明文淵閣舊藏宋刻本,流出後爲錢謙益所得,崇禎十年(1637)"葉林宗購書工影寫一部"②。通志堂、抱經堂二本皆以葉鈔爲底本,而多有改動。明文淵閣藏宋刻《經典釋文》數部,錢氏所得本煅於絳雲樓之火,然清宮"天禄琳瑯"尚有一部宋刻宋元遞修本,今藏中國國家圖書館。

　　葉鈔原本舊藏吳縣朱文游處,盧文弨校刻《抱經堂叢書》本《釋文》時曾借校,乾隆末歸同邑周錫瓚。乾隆五十八年(1793),段玉裁借此本屬臧庸細校,臧氏因復自臨一部③,顧廣圻又臨臧校④。諸君與纂《校勘記》時,葉鈔原本仍在周錫瓚處⑤,《校勘記》所謂葉本乃其傳校之本(以葉本臨於通志堂本之上)。顧氏謂校《毛詩》"用何夢

---

　　①　蕭穆撰,項純文點校,吳孟復審訂《敬孚類稿》卷八《記方植之先生臨盧抱經手校十三經注疏》,黃山書社,1992年,第213頁。

　　②　通志堂本《經典釋文》書末馮班跋,中華書局影印本,1983年,第439頁。

　　③　乾隆五十八年(1793)十月初九日臧庸跋,見蕭山朱氏藏王筠轉録陳奐所鈔段校本(陳奐鈔本當出自臧庸自臨之一部)。此據羅常培(原刊誤排爲"羅四培")《段玉裁校本經典釋文跋》,《圖書季刊》1939年第2期,第145頁。此文收入《羅常培文集》第八卷《恬庵語文論著甲集》,山東教育出版社,2008年。

　　④　《顧千里集》"《經典釋文》三十卷(校本)":"武進臧庸堂在東氏用葉林宗景宋本校,元和顧廣圻臨。近知此人好變亂黑白,當不足據,擬借元本一覆之。壬戌正月記。"(第266頁)

　　⑤　《顧千里集》"《經典釋文》三十卷(校本)"顧氏嘉慶九年(1804)跋:"元本今藏香嚴氏。"(第268頁)

華臨段本", 又云"段茂堂據葉鈔更校, 屬其役於庸妄人"(筆者按:指臧庸)及"阮蕓臺辦一書曰《考證》, 以不識一字之某人臨段本爲據"(筆者按:指何元錫)爲《釋文》之厄①。據此則《校勘記》所用葉本蓋即何元錫(夢華)臨段玉裁校葉本, 故《論語釋文校勘記》屢屢引用段玉裁校語。卷四"子温而厲"條引《釋文》"一本作'子曰厲作列'", 今檢宋本、通志堂本、盧本"列"皆作"例", 惟段玉裁云"例"當作"列"(見《經典釋文彙校》)。此亦《釋文》用段玉裁校葉本之一證。

2. 通志堂本

即康熙徐乾學校刊《通志堂經解》本《經典釋文》, 據葉鈔本, 而有校改。

3. 盧文弨刻本

即乾隆五十六年(1791)盧文弨校刻《抱經堂叢書》本, 亦據葉鈔本, 有校改。其《重雕經典釋文緣起》雖云"書中是非及今所因革, 以嘗所聞於師友者別爲考證, 附於當卷之後", 而《經典釋文考證》最終單行(乾隆常州龍城書院刻本), 並未附於抱經堂本《釋文》。

4. 宋蜀本

僅《釋文校勘記》"賦魯論作傳"條一見。即所謂影寫北宋蜀大字本《論語音義》一卷, 毛氏汲古閣舊物, 當時藏於吳縣周錫瓚香嚴書屋②。不知撰寫《校勘記》時是否曾借校原本。至嘉慶十八年(1813), 黄丕烈精摹重刊, 爲《三經音義》之一種。

三、《論語注疏校勘記》徵引之文獻

《論語注疏校勘記》徵引的前代文獻主要有韓愈、李翱《論語筆解》③, 朱熹《論語集注》等《論語》注本, 王應麟《困學紀聞》等考證筆

---

① 《顧千里集》"《經典釋文》三十卷(校本)", 第266—267頁。

② 陳鱣《經籍跋文》, 光緒四年(1878)葉氏龍眠山房刻本, "宋本論語音義跋"條, 第27b頁。

③ 《論語注疏校勘記》作"僞昌黎《論語筆解》", 見卷一"故曰近禮也"條○後按語。

記,以及《初學記》《藝文類聚》《太平御覽》等類書。此外,仍以徵引清人考證成果爲多,如毛奇齡《論語稽求篇》、臧琳《經義雜記》、惠士奇《禮説》、惠棟《九經古義》、盧文弨《鐘山札記》、翟灝《四書考異》①、程瑤田《通藝録》、錢大昕《十駕齋養新録》(實《養新餘録》)《潛研堂答問》《潛研堂文集》、孫志祖《讀書脞録》等。引及次數最多者乃嘉善浦鏜之説。於浦氏之書,各經《校勘記》所稱不一,《論語注疏校勘記》作"十三經注疏正誤"(卷一"齊論者"條)。對於浦書,《校勘記凡例》評價不高:"雖研覈孜孜,惜未見古來善本。又以近時文體讀唐代義疏,往往疑所不當疑。又援俗刻他書肆意竄改,不知他書不必盡同義疏所引,而他書之俗刻尤非唐代所傳之本也。"《論語注疏校勘記》雖頗多徵引,然於浦氏引他書改字,亦有批評,如:

> 仁者不忍好生愛人　今《白虎通》作"仁者,不忍也,施生愛人也"。案,《白虎通》本有作"好"字者,古人所據之本不必盡同今本,且引書亦不盡用元文者,不得援彼改此。浦鏜遽以"好"爲誤字,非也。(卷一)

《校勘記》徵引前代文獻,多是據清人著作轉引,而非自行翻檢所得。如卷二"郁郁乎文哉"條云:"《汗簡》云:《古論語》郁作鿌。"今檢《汗簡》云:"鿌,郁。見《古論語》。"而惠棟《九經古義》卷十六云:"《汗簡》云:《古論語》郁作鿌。"《校勘記》蓋從惠氏書轉引,而非自《汗簡》檢得,故文字全同惠書。偶有因轉引而沿誤者,如卷一"政所施行也"條云:"《文選·閒居賦》引此注,'施,行也'下有此五字。"今檢《文選》通行各本,惟汲古閣本有此五字,蓋涉上下文而誤衍,不足爲據。《校勘記》或從《論語古訓》轉引②。

---

① 其中兩處孫同元初校時用翟灝《四書考異》之説而未標明,○後按語指出"翟灝之説云爾"(卷五"夫子循循然"條)、"此亦翟灝之説"(卷五"可與立未可與權"條)。

② 嘉慶十四年(1809)胡克家覆宋本《文選》李善注行世後,劉寶楠《論語正義》、潘維城《論語古訓集箋》仍謂《文選注》有此五字,可見層層相因之弊。

四、《論語注疏校勘記》之版本

（一）嘉慶十一年儀徵阮氏文選樓刻本

即《宋本十三經注疏併經典釋文校勘記》之一。上文已指出，此本於嘉慶十一年（1806）十月由儀徵阮氏文選樓刊行。京都大學人文科學研究所藏本爲最初印本，無嘉慶戊辰酉月段玉裁序，《揔目》末葉刻"臣嚴杰挍字"①，刷印時間在嘉慶十三年八月前。此本爲王念孫舊藏，當爲刊成即刷印就正者。《續修四庫全書》影印南京圖書館藏本則已有段序，"嚴杰"之名亦改爲"阮亨"，刷印時間當在嘉慶十三年之後。此後又有附載嘉慶二十一年十二月《進表》的印本，刷印時間則更晚。而《進表》謂"連年校改方畢，敬裝十部，進呈御覽"②，則刻成後又續有修改，故初印、後印文字偶有不同③。

（二）嘉慶二十年江西南昌府學刻《論語注疏解經》附本

嘉慶二十年（1815）至二十一年，阮元在江西南昌府學開雕《重刊宋本十三經注疏》，即後世所稱"阮本"④。無《十三經注疏併釋文挍勘記序》《宋本十三經注疏併經典釋文挍勘記凡例》《宋本十三經注疏併經典釋文挍勘記揔目》，各經卷末附《校勘記》，皆武寧縣貢生盧宣旬據文選樓本摘錄。《論語注疏校勘記》原分十卷，南昌本摘附《論語注疏解經》各卷末，故爲二十卷⑤。盧氏摘錄時，並無十分明確

---

① 關口順原著，水上雅晴譯注《十三經注疏校勘記略説》，《經典與校勘論叢》，第 231、233 頁。

② 阮元撰，鄧經元點校《揅經室集》（三集）卷二《江西校刻宋本十三經注疏書後》阮福案語，中華書局，1993 年，第 621 頁。

③ 關口順原著，水上雅晴譯注《十三經注疏校勘記略説》原註四九，《經典與校勘論叢》，第 234 頁。補注：文選樓本前後印本的差異，可參本書第六章《〈儀禮注疏校勘記〉編纂考述》。

④ 對於阮本的刊行時間，嘉慶本阮元記、胡稷後記與道光重校本朱華臨跋所言不同，汪紹楹認爲是朱跋所云嘉慶二十一年（1816）仲春至二十二年仲秋，見氏著《阮氏重刻宋本十三經注疏考》，《文史（第三輯）》，第 27—28 頁。

⑤ 以下舉例時所標《校勘記》卷數，仍以文選樓本爲準。

的標準,故阮福謂南昌本"校勘記去取,亦不盡善"①。

以《論語注疏校勘記》而言,盧氏僅於卷一"所以爲説懌"條末增一按語:"案,皇本注文有'也'字者甚多,此本十去八九,今不悉出。"大致説來,除經文校記外,指出皇本"也"等虛字異文的校記多被删去。亦有一條校記中保留"也"字異文,僅删去"下某某下同"字樣者,如:

美大孝之辭　皇本無"大"字,"辭"下有"也"字,下"兄弟"下同。(卷一)

使民戰栗　皇本、高麗本"栗"下有"也"字,下注"戰栗"下、"諫止"下、"其後"下竝有"也"字。(卷二)

標着重號者,南昌本皆删去。但不盡然,如卷一"政謂法教"條即整條保留。又,指出閩、監、毛本明顯誤字的校記及僅録《釋文》所載異文的校記亦多被删削。十行本《論語注疏解經》無《釋文》,南昌本以之翻刻,亦無《釋文》,故未附《論語釋文校勘記》。

南昌本《校勘記》附於重刊十行本後,出文必然以十行本爲據,而文選樓本《論語注疏校勘記》出文不主一本,故盧氏又對摘録的校記進行了改造,將出文改爲十行本文字,如卷一:

文選樓本:由禮貴於用和　十行本、閩本"由"誤"曰"。

南昌本:曰禮貴於用和　閩本同。北監本、毛本"曰"作"由",是也。○今訂正。

又如卷三:

文選樓本:數爲人所憎惡者　十行本、閩本、北監本"爲"誤"謂"。

南昌本:數謂人所憎惡者　閩本、北監本同,毛本"謂"作"爲"。案,所改是也。

亦有出文未改從十行本者,如卷八:

文選樓本:此章記孔子阨於陳也　十行本"阨"誤"路"。

① 《揅經室集》(三集)卷二《江西校刻宋本十三經注疏書後》阮福案語,第621頁。

南昌本：此章記孔子阨於陳也　本"阨"誤"路"，今正。

又如：

文選樓本：但不如小人窮則濫溢爲非　十行本"如"誤"好"。

南昌本：但不如小人窮則濫溢爲非　本"如"誤"好"，今正。

由於文選樓本出文爲正確文字，故校語中可以"某誤某"的形式做是非判斷。南昌本改造校記後，則只能通過在正確異文後綴以"是也"二字的方式來作判斷。亦偶有指出致誤之由的文字，如"形近之訛""此寫者誤脱人旁也"（卷七"故優"條）、"上畫板損"（卷八"孔曰至乏食"條）等，實際皆一望可知，且文選樓本已有校勘意見，本不煩新增。至於"今訂正""今正""今補正"等文字則説明南昌府學刻本《論語注疏解經》已經據改訛字，據補闕文。

由於需要改造的條目很多，南昌本在轉換過程中出現了不少問題：

1. 校語已改而出文未改。如卷一：

文選樓本：成帝綏和元年　十行本"綏"誤"緩"。

南昌本：成帝綏和元年　北監本、毛本"緩"作"綏"，是也，今依訂正。

2. 失去十行本異文。如卷八：

文選樓本：子昭公禓立　十行本"禓"誤"禍"，閩本、北監本、毛本作"稠"。

南昌本：子昭公禓立　閩本、北監本、毛本作"稠"。

3. 失去閩、監、毛本異文。如上舉卷一"成帝綏和元年"條，文選樓《校勘記》雖僅言十行本之誤，而閩、監、毛三本實皆在通校之列，按照《校勘記》體例，未舉三本異文，説明三本文字與出文"成帝綏和元年"相同，皆作"綏"（不誤）。而經過盧氏改造後，讀者僅知北監本、毛本作"綏"，似乎閩本同十行本作"緩"。今檢閩本亦作"綏"，南昌本誤。又如卷一：

文選樓本：荀彧之子　十行本"彧"誤"或"。

南昌本：荀彧之子　案，"或"當作"彧"，今正。

文選樓本僅言十行本誤，則閩、監、毛三本皆不誤。經過南昌本的改造，讀者僅知十行本文字，而閩、監、毛三本異文全部失去。更明顯的例子如卷一"又木之始"條，文選樓本云"十行本、閩本'木'誤'未'"，而南昌本作"本'木'誤'未'，今正"，直接遺漏了閩本。南昌本中此類問題甚多。再如卷四：

> 文選樓本：勅知切　十行本、閩本"彫"下有此三字。○案，此邢昺自爲音釋，或以爲誤衍，非也。説詳《詩經校勘記》。

> 南昌本：彫勅知切　案，此邢昺自爲音釋，或以爲誤衍，非也。説詳《詩經校勘記》。

雖然南昌本通過改造出文，説明了"勅知切"三字的位置，但因此直接删去"十行本、閩本'彫'下有此三字"則使讀者以爲各本均有此三字，十分不妥。實際上，監本、毛本皆無此三字，即案語所謂"或以爲誤衍"而删去者。

4. 校語前後矛盾。如卷二：

> 文選樓本：朝廟朝享朝正　十行本"享"上脱"朝"字。閩本、北監本、毛本作"朝廟享廟正"，大誤。

> 南昌本：朝廟享朝正　毛本"享"上有"朝"字，此誤脱也。閩本、北監本、毛本作"朝廟享廟正"，尤誤。

南昌本校語，前謂毛本"享"上有"朝"字，後謂毛本作"朝廟享廟正"，並無"朝"字，一條校語之中，前後齟齬不合。文選樓本謂十行本脱"朝"字，乃理校，所據顯非毛本。今檢毛本確無"朝"字，南昌本大誤。

5. 校語中"各本"云云指向不一。文選樓本中所謂"各本"指向比較一致，即《校勘記》引據的所有版本（由於大部分爲疏文校記，所以"各本"多數情況下即十行本、閩本、監本、毛本四本）。而南昌本有時指除十行本外的閩、監、毛本，如卷七：

> 文選樓本：此章楚葉縣尹問爲政之法於孔子也　十行本"尹"作"公"。

> 南昌本：此章楚葉縣公問爲政之法於孔子也　各本"公"作"尹"，"公"字誤也，今正。

有時又包括十行本在内,如卷七"天王狩于河陽"條,"各本'狩'下衍'獵'字",南昌本出文、校語與文選樓本完全一致。今檢十行本(此葉爲元刊)確衍"獵"字,知此處十行本亦在"各本"之列。南昌本又有所謂"諸本",倒是比較明確的指閩、監、毛三本,如卷九:

> 文選樓本:言此所以賊德也　十行本無"也"字。

> 南昌本:言此所以賊德　諸本有"也"字。

既有"各本",又有"諸本","各本"所指又不明確,使讀者無所適從。

6. 漏標章題。南昌本漏標"道不行章""顏淵季路侍章""子游爲武城宰章""達巷黨人章""顏淵問爲邦章""群居終日章"六章標題。

7. 刻版誤字。於南昌府學重刊《十三經注疏》,阮福云:"此書尚未刻校完竣,家大人即奉命移撫河南,校書之人不能如家大人在江西時細心,其中錯字甚多。"①所指雖爲經注疏正文,所附《校勘記》亦可見草率處,如《論語注疏校勘記序》"門弟子所以記載聖言之文也"之"聖言",南昌本誤"聖人","臣元於《論語》舊有挍本"之"臣元",南昌本誤"元元"。又如卷六"將移風易俗"條,"皇本此段注作'苞氏曰'"之"苞",南昌本作"包"。今檢《知不足齋叢書》本《論語義疏》作"苞",南昌本誤。又卷九:

> 文選樓本:涅而不緇　十行本、閩本"涅"作"湼"。

> 南昌本:涅而不緇　閩本同。毛本"涅"作"湼"。

"毛本'涅'作'湼'"無異文,上"涅"字當作"湼",南昌本誤刻。

南昌本除摘録、改寫文選樓本《校勘記》外,還做了一些增補工作,皆標"補"字,以示區分②。有整條補入者,亦有補於文選樓本原校語之後者。所補内容,或爲文選樓本遺漏之異文(北監本、毛本),或爲盧宣旬案語。如卷二所補凡四條:

> 討迷惑者　十行本、閩本"迷"下誤衍"士"字。○補:案,此

---

①　《揅經室集》(三集)卷二《江西校刻宋本十三經注疏書後》阮福案語,第621頁。

②　偶有漏標"補"字者,如卷七(南昌本卷十四)所增"予告季孫"條。

"士"字因下"士不大射"誤衍。

　　不大射　十行本大誤犬。○補：毛本"不"上有"士"字。案，此誤脫。

　　落繹然相續不絕也　補：北監本、毛本"落"作"絡"。

　　且志不從　補："且"當作"見"，北監本、毛本並是"見"字。除據以重刊之底本十行本外，盧宣旬手中似乎只有北監本和毛本，故所補異文不出此二本。改造文選樓本《校勘記》時常常遺漏閩本，可能也與無法檢核此本有關。

（三）道光學海堂刻《皇清經解》本

　　阮元調任兩廣總督後，於廣東學海堂編刊《皇清經解》，又名《學海堂經解》，命嚴杰主其事，始道光五年（1825）八月，終道光九年九月，收書凡一百八十三種，版存學海堂側之文瀾閣①。咸豐七年（1857），英軍進攻廣州，版片殘佚過半。咸豐十年，兩廣總督勞崇光募資補刊，並增刻馮登府著作七種，即所謂"庚申補刊本"。

　　《皇清經解》收入《十三經注疏校勘記》，其中卷一千一十六至一千二十六爲《論語校勘記》，各卷末刻"嘉應生員李恆春校"。咸豐補刊本卷末刻"嘉應李恆春舊校，南海潘繼李新校"。道光本據文選樓本翻刻，因而沿襲了文選樓本的一些錯誤，如卷一"別有問王知道二篇"條校語"因譌玉爲王"，文選樓本"譌"誤"偽"，道光本同。又如卷二"右加弛弓"條，文選樓本出文"弛"誤"弪"，與校語矛盾，道光本仍其誤。再如卷三"君子博學於文"條校語引《經義雜記》，文選樓本作"後《顏淵篇》此見再見"，文意不通，道光本仍之。當然，道光本亦偶有改正文選樓本訛誤處，如卷三"子使漆雕開仕"條，文選樓本出文"彫"誤"雕"，同樣是與校語矛盾，道光本改正。又如卷六（學海堂本卷一千二十一）《顏淵篇》"子張問崇德辨惑章"章題，文選樓本"子張"誤"子章"，道光本改正。此外，道光本在翻刻時又產生了一些誤字，如卷十"炙炮夥清酤多"條校語"西京賦夥作夥"之"夥"，道光本誤作"夥"。

---

　　① 夏修恕《皇清經解序》，《皇清經解》書前，道光九年（1829）廣東學海堂本。

　　咸豐補刊本雖爲道光本之翻刻,亦有改正原本錯誤之處,如卷三"欲極觀仁者憂樂之所至"條,文選樓本、南昌本、道光學海堂本校語皆作"皇本者作仁",惟咸豐補刊本"仁"作"人"。今檢《知不足齋叢書》本《論語義疏》,咸豐補刊本所改是。又如卷四"五十以學易"條校語"外黄令高彪碑",文選樓本"令"誤"今",此明顯誤字,南昌本、道光學海堂本皆沿之,惟咸豐補刊本改正。亦有知道光本有誤而所改仍欠妥者,如上舉卷三"君子博學於文"條"此見再見",咸豐補刊本"此見"改"此句",而《經義雜記》實作"此章"。

　　除了上舉三種主要版本,《十三經注疏校勘記》尚有光緒二十四(1898)年至二十五年蘇州江蘇書局重刊本。原爲重刊阮本《十三經注疏》,附"阮氏足本《校勘記》"(即文選樓本《校勘記》),後未畢而停工,僅刊成《十三經注疏校勘記》,以單行本行世①。《論語注疏校勘記》尚有日本刻本,據文選樓本翻刻,增刻句讀,長澤規矩也考定爲天保十年(1839)至弘化二年(1845)間福井藩刊行②。

　　　　　　　　　　本文原載《中國經學(第二十輯)》

---

　　①　關口順原著,水上雅晴譯注《十三經注疏校勘記略説》原註五十,《經典與校勘論叢》,第 234 頁。

　　②　長澤規矩也《和刻本十三經注疏に就いて》,《長澤規矩也著作集》第一卷《書誌學論考》,第 49—50 頁。中譯有蕭志強譯《關於和刻本十三經注疏》,《中國文哲研究通訊》第十卷第四期,中研院文哲研究所,2000 年。

第十二章 《孝經注疏校勘記》編纂考述

張學謙

　　《孝經注疏校勘記》三卷、《釋文校勘記》一卷，題"臣阮元恭撰"，實際分任校勘者爲錢塘嚴杰。阮元《孝經注疏校勘記序》云："臣元舊有校本，因更屬錢塘監生嚴杰旁披各本，並《文苑英華》、《唐會要》諸書，或讎或校，務求其是，臣復親酌定之。"各卷末亦署"臣嚴杰校字"。嚴杰助阮元編《經籍籑詁》及《皇清經解》。著有《經義叢鈔》《小爾雅疏證》《蜀石經殘本毛詩考證》等①。除《孝經》外，尚分任《左傳注疏校勘記》的編纂。

　　中國國家圖書館藏《周易注疏校勘記》稿本，原稿爲李銳籑成，後經嚴杰校補、段玉裁批校，嚴、段二氏案語在刻本中均以"○"或空格的方式與原稿校記區別②。《周易注疏校勘記》謄清本亦經嚴杰校定。由此推斷，嚴杰在《十三經注疏校勘記》的編纂中，很可能承擔了各經的定稿工作③。與《周易注疏校勘記》不同，《孝經注疏校勘

---

①　佚名撰，王鍾翰點校《清史列傳》卷六十九《儒林傳》下二，中華書局，1987年，第 5616 頁。標點本書名破句，今改正。

②　劉玉才《阮元〈十三經注疏校勘記〉成書蠡測》，《國學研究（第三十五卷）》，北京大學出版社，2015 年。

③　李慧玲已推測嚴杰爲《毛詩注疏校勘記》的定稿（三校）者，見氏著《阮刻毛詩注疏（附校勘記）研究》第三章《首創初校、覆校、三校制度》，華東師範大學博士論文（指導教師），朱傑人，2008 年。

記》並無"○"後案語,説明作爲定稿者嚴杰纂成的《校勘記》,此稿很可能未經段玉裁批校。

《孝經注疏校勘記》於嘉慶十一年(1806)十月由儀徵阮氏文選樓刊行,爲《宋本十三經注疏併經典釋文校勘記》之一①。校記凡915條,其中卷一329條,卷二292條,卷三230條,《釋文》64條。

一、《孝經》孔傳與鄭注

《孝經》有今文、古文之別,今文十八章,古文二十二章。然從内容看,除《閨門章》之有無外,二者無大差別。唐以前的注本,有今文系統的鄭氏注(相傳爲東漢鄭玄所注)和古文系統的孔氏傳(相傳爲西漢孔安國所作)。唐玄宗開元七年(719)詔"令儒官詳定所長",司馬貞主今文,劉知幾主古文,爭論不休,仍以二注並行。至開元十年,玄宗以今文爲主,參據鄭注、孔傳,撰《御注孝經》一卷,並命元行沖作疏三卷,頒行天下,即所謂"開元始注"本。後又於天寶二年(743)重注(元疏亦隨之重訂②),並於天寶四年以御書上石刊刻,立之太學,世稱"石臺《孝經》",即所謂"天寶重注"本。自"御注"行而鄭注、孔傳俱衰,亡佚於五代。北宋咸平三年(1000),邢昺以元行沖疏爲藍本,約而修之,纂成《孝經正義》。今傳注疏本系統即爲玄宗御注,邢昺疏。

對於孔傳,《孝經注疏校勘記序》云:"孔注今不傳,近出於日本國者,誕妄不可據。要之,孔注即存,不過如《尚書》之僞傳,絶非真也。"孔傳亡於梁亂,至隋經劉炫校定復出。五代時雖復亡於中土,日本仍多有鈔本流傳。所謂"近出於日本國者"即日本太宰純校刻之《古文孝經孔傳》,刻於享保十七年(1732),不久即傳入中國。乾隆四十一年(1776),鮑廷博以汪鵬自長崎帶回之本付梓,即《知不足齋叢書》本,《四庫全書》又據鮑本收入。盧文弨、吳騫、鄭辰序及鮑

---

① 張鑒等撰,黃愛平點校《阮元年譜》卷二,中華書局,1995年,第65頁。
② 元疏重訂在天寶五年(746),見王溥《唐會要》卷七十七《論經義》,中華書局,1955年,第1411頁。時元行沖已卒。

廷博跋皆信其出自隋唐之本,《四庫全書總目》則謂"撫諸書所引孔傳,影附爲之⋯⋯出自宋 元以後"。其後清人多以日傳孔傳非劉炫本,乃僞中之僞①。經現代學者研究,劉炫並非《古文孝經孔傳》的僞造者,而是整理校定者②。流傳至日本的《古文孝經孔傳》淵源於隋唐舊本,亦非日人僞造。太宰純校定音注本雖有種種缺陷,但於當時仍屬佚籍復出,自有其重要價值。《校勘記》雖譏其"誕妄不可據",仍有數條據以校邢疏所引司馬貞《孝經議》中之孔傳,稱"僞《孝經孔傳》"。

對於鄭氏注,《孝經注疏校勘記序》云:"鄭注之僞,唐劉知幾辨之甚詳,而其書久不存。近日本國又撰一本,流入中國,此僞中之僞,尤不可據者。"此本僅題鄭氏注,而無玄名,南北朝時多有異議,至唐劉知幾更立"十二驗"以辨其非鄭玄所著。鄭注亡於五代,至北宋太平興國九年(984),日僧奝然入宋,進獻《孝經鄭注》,藏於秘閣。南宋乾道中熊克刻之京口學宫,然不久即再次亡佚。《校勘記》所謂日本國所撰之本即岡田宜生校定之《孝經鄭注》一卷,寬政六年(乾隆五十九年,1794)尾張書肆永樂屋片野東四郎刊行,乃據尾張藩刊行之天明本《群書治要》輯出。其識語云:"右《今文孝經鄭注》一卷,《群書治要》所載也。其經文不全者,據注疏本補之。"③岡田本傳入中國後,鮑廷博於嘉慶六年(1801)刻之,收入《知不足齋叢書》第二十一集。《十三經注疏校勘記》之纂修亦始於嘉慶六年④,從事諸君

---

① 參顧永新《經學文獻的衍生和通俗化》第四章第一節《日本傳本古文孝經孔傳回傳中國考》,北京大學出版社,2014年,第703—730頁。

② 林秀一撰,陸明波、刁小龍譯《關於孝經孔傳之成立》,《中國典籍與文化論叢(第十四輯)》。

③ 參顧永新《經學文獻的衍生和通俗化》第四章第二節《日本傳本孝經鄭注回傳中國考》,第730—746頁。

④ 嚴元照《悔菴學文》卷六《書手校汲古閣刻本儀禮注疏後》:"辛(辛酉,嘉慶六年)、壬(壬戌,嘉慶七年)之間,儀徵阮公元巡撫浙江,延客校《十三經注疏》。"(光緒刻《湖州叢書》本,第十葉)楊文蓀《思適齋集序》:"嘉慶辛酉,儀徵相國撫浙,延元和顧君澗薲及武進臧君拜經、錢唐何君夢華,同輯《十三經校勘記》,寓武林之紫陽別墅。"(顧廣圻《思適齋集》卷首,道光二十九年(1849)徐渭仁刻本)

如阮元、臧庸皆以岡田本爲僞。臧庸撰《孝經鄭氏解輯》，亦收入《知不足齋叢書》第二十一集①，不用岡田本，而主要從《釋文》、邢疏采輯，兼及他經疏文、史注、《文選》李善注、唐宋類書等。阮元《孝經鄭氏解輯本題辭》云：

> 　　往者鮑君以文持日本《孝經鄭注》請序，余按其文辭，不類漢魏人語，且與群籍所引有異，未有以應。近見臧子東序輯録本，喜其精核，欲與新出本合刊，仍屬余序……然則《孝經》舊引之注、新出之書，二本並行，亦奚不可？ 嘉慶辛酉季冬儀徵阮元題。

當時學者於《群書治要》爲何書尚多茫然不知，故對出於《治要》之岡田本頗有疑慮②。但阮元於嘉慶初年即得到日本天明本《群書治要》進呈内府，《四庫未收書提要》謂“洵初唐古籍也”③。其嘉慶三年所作之《曾子注釋》，已多據《群書治要》進行校勘，有“日本國唐魏徵《群書治要》……此唐初古本”云云④。可見阮元雖對《群書治要》之價值早已了然，但對岡田本《孝經鄭注》仍持否定態度，此後亦未見改變。

　　然當時亦有肯定岡田本之價值者。如洪頤煊撰《孝經鄭註補證》，以岡田本爲底本，“補者，采群書所引補《治要》之缺；證者，群書

---

① 書末刻“嘉慶壬戌孟冬，錢塘嚴杰讀，時寓西湖詁經精舍之第一樓”，知底本曾爲嚴杰讀本。

② 《知不足齋叢書》本《孝經鄭註》末嘉慶六年（1801）鮑廷博跋：“不知所謂《群書治要》輯自何人，刊於何代，何以歷久不傳，至近時始行於世？ 其所收是否奭然獻宋原本，或由後人掇拾他書以成者？”焦循《雕菰集》卷十二《勘倭本鄭注孝經議》：“《群書治要》未識彼地何書（相傳魏徵所纂）。”（《叢書集成初編》本，中華書局，1985 年，第 188 頁）

③ 《揅經室集》（外集）卷二《四庫未收書提要》，第 1217 頁。獻書及各篇提要之撰寫皆阮元在浙時，前後歷時十數年（《四庫未收書提要》道光二年阮福序），仁宗命將所進之書仿《四庫全書》之式編排庋置，賜名《宛委別藏》。

④ 阮元《曾子注釋》卷一，嘉慶三年（1798）揚州阮氏揅經室刻本，北京大學圖書館藏。有嘉慶三年阮元序。此本版片後燬於火，道光二十五年（1845）重刊，重刊本卷首有劉文淇、王翼鳳識語，云：“嘉慶戊午儀徵相國注釋是書，栞於浙江使院，板藏揚州 福壽庭，燬於火。乙巳冬，以初印本重栞。”

所引有與《治要》同者，則注其下以相印證"①，亦收入《知不足齋叢書》第二十一集，附於岡田本後。又如嘉定錢侗《重刊鄭注孝經序》（嘉慶七年，1802）云：

> 此本與《經典釋文》《孝經正義》所述鄭注，大半皆合。初疑彼國稍知經學者抄撮而成，繼細讀之，如……俱《釋文》《正義》之所未引，而此本秩然具載，不謀而合，恐非作偽者所能出也。惟挺之序謂與《釋文》吻合，則不盡然。即以首章而言……此類甚多，率今本所無，其與陸氏所見本不同明矣……此本挺之後跋稱，《鄭注孝經》一卷，《群書治要》所載。考《群書治要》凡五十卷，唐魏鄭公撰，其書久佚，僅見日本天明七年刻本。前列表文，亦有岡田挺之題銜，則此書即其校勘《治要》時所錄而單行者。《治要》采集經子各注，不著撰人名氏，而今本竟稱鄭注，或亦彼國相承云爾，而挺之始據《釋文》定之，故太宰純、山井鼎諸人舉未言及耳。鄭注各經自漢至唐多立學官，惟《孝經》顯晦不一，故唐初傳寫率多蹖錯。《釋文》摘注爲音，每注云"自某至某，本今無"，以明所見之異，則其時已無足本，可知《治要》所載恐亦有所刪削。而陸云本無者，今半無之，亦有陸以爲無而今仍存者，知別一古本流傳外國者如此。其經文與注疏本異者數處……並同石臺《孝經》、開成石經，益足定爲宋以前古本也。②

錢氏曾見天明本《群書治要》，知岡田挺之亦校勘者之一，故信此本之淵源有自。經過考證，並定爲宋以前古本，可謂卓識。

---

① 孫啓治、陳建華編撰《中國古佚書輯本目錄解題》，上海古籍出版社，2009年，第76頁。

② 《知不足齋叢書》第二十一集《孝經鄭注》卷首。按，民國十年（1921）上海古書流通處影印《知不足齋叢書》初印本並無錢序，此據北京大學圖書館藏補刻後印本（書號 X/081.17/2714.3：21）。又據錢序，其所見之本乃平湖賈舶自日本國購歸，"時余寓杭州萬松山館，客有攜以相示者""余曾印鈔一册……友人見之，傳錄者頗衆，因授剞氏，用公同好……至原刻經注字句之下多有點乙，譯其意義，殆爲便於蒙誦而設，無裨經學。今亦仿而摹之，使存其舊焉"。然今未見有錢氏刻本流傳，蓋其後不久即得見鮑氏刻本，刊刻之事遂寢，而鮑氏則增刻錢序於卷首，亦可謂兩全。

隨着二十世紀初敦煌寫本《孝經鄭注》的發現，岡田本業已被證明並非偽作。《校勘記》斥爲“偽中之偽”，摒棄不取，頗爲遺憾。

二、《孝經注疏校勘記》引據版本考實

（一）底本

據《引據各本目録》，《孝經注疏校勘記》以“正德本《孝經注疏》九卷”爲底本，“是本刊于明正德六年（1511）”，《目録》並詳述其行款、版式，謂“皆元泰定間刊本舊式”。阮元以己藏十行本諸經注疏爲宋本，“雕版南宋，遞有修補，下至明正德間”①，故《宋本十三經注疏併經典釋文校勘記凡例》謂“《孝經》以翻宋本爲據”。嚴杰指出正德本《孝經注疏》實以元泰定本爲據，極是，蓋嘗寓目泰定本。

今中國國家圖書館藏元泰定刻本《孝經注疏》九卷（十行本），刻工中有“泰定二年（1325）程瑞卿”“泰定丙寅英玉”，丙寅即泰定三年。明代十行本版片存於福州府學②，遞有修補。以《孝經注疏》而言，至明正德間，元泰定版片皆朽壞漫漶，故補版遍及全書，與重刻無異，故嚴杰稱爲“正德本”。今檢《中華再造善本》影印北京市文物局藏十行本《孝經注疏》（元刊明修《十三經注疏》之一），版式多爲四周雙邊，雙黑魚尾相順，版心上刻“正德六年刊”，中刻謄録工名（如“書手陳景淵謄”），下或刻刻工名（如“刊字江操”），故嚴杰定爲正德六年（1511）所刊。亦有數葉爲單黑魚尾，版心無年號、謄録工及刻工，實際爲正德十二年補版③。然當時有誤以正德十二年補版爲原版者，如洪頤煊《讀書叢録》卷二十四云：

---

① 《宋本十三經注疏併經典釋文校勘記凡例》。筆者按，十行本有宋刻、元刻之别，阮元所據實爲元刊明修十行本。參長澤規矩也《正德十行本注疏非宋本考》，《長澤規矩也著作集》第一卷《書誌學論考》，汲古書院，1982 年，第 32—39 頁。有蕭志強中譯，載《中國文哲研究通訊》第十卷第四期，中研院文哲研究所，2000 年。

② 程蘇東《“元刻明修本”十三經注疏修補匯印地點考辨》，《文獻》2013 年第 2 期。

③ 元刊明修十行本《周易兼義》明補版有相同版式者，部分版心刻“正德十二年”，故知。

(《周易註疏》《毛詩註疏》《周禮註疏》《禮記註疏》《左傳註疏》《公羊註疏》《穀梁註疏》《孝經註疏》)以上八種皆南宋閩中所刊,即世所稱十行本也,間有明正德、嘉靖補刻葉。唯《孝經》殘缺最多,原葉幾無一二存矣。阮尚書南昌學宮刊本即從此本翻雕。①

所謂"幾無一二存矣"之"原葉"即正德十二年補版之誤認。又孫星衍《平津館鑒藏記書籍》卷一"宋版"著錄"《孝經注疏》九卷",云:"此本亦南宋刊本,正德六年補刻,而殘缺過多,板心上不標年代者僅數葉存矣。"②度其文意,即以不標年代之葉爲宋版。此本今藏北京大學圖書館(書號 LSB/8275)③,以元泰定刻本原葉與正德十二年補版對照,字體差異明顯,孫氏、洪氏等人之誤,皆未見原版之故。嚴杰所據即洪頤煊所見阮元藏本,主體爲正德六年所刊,間有正德十二年補版數葉。

如上所述,文選樓本《孝經注疏校勘記》確以正德本爲底本(《校勘記》中稱"此本"),但出文據他本及文意改正了正德本明顯的誤字,如卷一:

故須更借曾子言 此本"更"誤"吏",據閩本、監本、毛本改正。

謚曰明孝皇帝 "明"字據毛本補。

我先師北海鄭司農 此本"北"誤"比",今改正。

十行本《孝經注疏》(泰定本、正德本)均無《釋文》,《孝經釋文校勘記》未明言底本,今檢《校勘記》"賴之引辟"條:"上鹿艾反。辟止 或作辟,同,匹辟反。○葉本作'止本'。"核之宋本、盧本皆有

① 洪頤煊《讀書叢録》卷二十四,道光二年(1822)富文齋刻本。

② 孫星衍《平津館鑒藏記書籍》卷一,《海王邨古籍書目跋叢刊》(中國書店,2008 年)第三冊影印道光二十年金陵陳宗彝刻《獨抱廬叢刻》本,第三葉右。孫星衍序云:"《平津館鑒藏書記》三卷,洪明經頤煊助予寫録成帙。"知此題記蓋亦出洪頤煊之手。

③ 李盛鐸著,張玉範整理《木犀軒藏書題記及書録》,北京大學出版社,1985 年,第 77 頁。

"本"字,惟通志堂本闕,則《孝經釋文校勘記》底本爲通志堂本可知矣。又"卜其宅兆"條:"字書皆作垗。《廣雅》云:垗,葬地。○按,一本'雅'誤作'韻'。"今檢康熙通志堂刻初印本《釋文》確作"雅",此"一本"乃乾隆五十年(1785)修補通志堂本。當時内府有"蘇州織造解到《通志堂經解》版片,内有殘缺模糊,應行補刊、全刊者,共計三千五百餘頁",高宗令仿寫刊補,至乾隆五十年二月完成,並將乾隆五十年二月二十九日諭旨刊載《經解》書首①。其中之《經典釋文》經過修補,故文字與康熙印本偶有差異。

(二)校本

除底本正德本外,《引據各本目録》所列校本凡七種:

1. 唐石臺《孝經》四軸

即上文所云天寶二年(743)頒行之"天寶重注"本。此碑清代存於西安府學(現存西安碑林),四面環刻,此云"四軸",知爲整拓。《引據各本目録》引顧炎武《金石文字記》,於此碑介紹頗詳。

2. 唐石經《孝經》一卷

唐石經始刻於唐文宗大和七年(833),刻成於開成二年(837),故又稱"開成石經"。包括《易》《書》《詩》《三禮》《三傳》及《孝經》《論語》《爾雅》,共十二種,並附《五經文字》《九經字樣》二種。立石長安國子監太學,清代在陝西西安府府學,今存西安碑林。《孝經》一卷,僅刻經文,用玄宗御注本。首行題"孝經序",次行題"御製序并注",卷尾題"御注孝經一卷"。

3. 宋熙寧石刻《孝經》一卷

《引據各本目録》云:"是本張南軒所書,不分章,每行十一字,末題:'熙寧壬子八月壬寅書付姪憑收。時寓阝(鄧)之廢寺,居東齋。

---

① 中國第一歷史檔案館編《纂修四庫全書檔案》,上海古籍出版社,1997 年,第 1868 頁、第 1871—1872 頁。

南軒題。'"①此碑在浙江紹興,阮元《兩浙金石志》收錄,作"宋張南軒手書《孝經》碑",云:"右碑分六列,每列三十三行,正書。在紹興府學《十哲贊碑》之陰。橫列刻,中闕十三行。後有小字跋,剝蝕幾盡,南軒書傳刻甚少,亟爲錄出。文中敬字皆闕筆。"②張南軒即張栻,字敬夫,號南軒,張浚長子。南宋理學家。然張栻生於紹興三年(1133),顯非熙寧壬子(五年,1072)書經之南軒。杜春生《越中金石記》於此碑有考證:

> 按此刻不載書人姓名,亦不詳刻時歲月。阮元《孝經校勘記》《兩浙金石志》及乾隆《府志》據"南軒"二字,遂以爲張敬夫書,而竟忘時代之不相值。余嘗考得之,蓋謝景初所書,熙寧六年所刻也。景初字師厚,慶曆六年進士,官至屯田郎致仕。太子賓客濤之孫,兵部員外郎絳之子。本富春人,絳知鄧州,卒於官,貧不能歸,因葬其地而寓居焉。具詳歐陽永叔撰絳墓銘中。陳後山《詩話》亦有師厚廢居於鄧之語。絳子四人,景初最長,次曰景溫、景平、景回。景初爲黃魯直婦翁,二子,公敬名愔,公定名悰,見《山谷集》任淵注。悰爲景初之姪,故命名皆從心旁。程公闢《續會稽掇英集》詩有表姪太廟齋郎謝悰,當即其人。又景平、景回墓誌並王介甫作,俱云無子,則悰乃景溫之子。景溫於熙寧六年正月以工部郎中直史館,知越州,悰必隨父在越。景初又嘗知餘姚縣事,築海堤,清湖界,遺愛在民,越其宦游之地。景溫以兄書勒石郡庠,非無意也。經文敬、匡二字避翼祖、太祖諱,並缺筆。③

杜氏所考頗精,知書者乃北宋人謝景初(1020—1084),《校勘記》誤。

---

① 《校勘記》"齋"原誤"齊",今據北京大學圖書館藏此碑清拓本改正。又此拓本"鄧"字上部筆畫稍有殘損,但仍可辨。《兩浙金石志》雖云此題記"剝蝕幾盡",但其錄文"齋"字不誤,"鄧"字不損。

② 阮元《兩浙金石志》卷六,影印道光四年(1824)李漗刻本,浙江古籍出版社,2012年,第六葉右。

③ 杜春生《越中金石記》卷二,《石刻史料新編(第二輯)》第十册影印道光十年(1830)山陰杜氏詹波館刻本,新文豐出版社,1979年,第三十五葉。

《越中金石記》並録此碑經文全文。

4. 南宋相臺本《孝經》一卷

《校勘記》以爲宋岳珂刊,實則元代荆溪(宜興)岳浚刊行①。岳刻《孝經》清代僅存一部,清初經季振宜、徐乾學遞藏,後入内府,爲"天禄琳瑯"藏書,《天禄琳瑯書目後編》著録。民國間爲周叔弢所得,現藏中國國家圖書館。然此本嘉慶間尚貯於内府,嚴杰不得據以校勘。且《引據各本目録》謂"卷末有木刻亞形篆書'相臺岳氏刻梓荆溪家塾'印",而此本無之,可知《校勘記》所據絶非此本。清代尚流傳一部影鈔岳本《孝經》,亦崑山徐氏藏書,或即傳是樓影寫。清末歸繆荃孫,《藝風堂藏書記》著録云:

> 《孝經》一卷,影鈔相臺岳氏刻本。摹寫極精。崑山徐氏藏書。收藏有"傳是樓"朱文長印"徐炯珍藏祕笈"朱文長方印"彭城中子審定"朱文長印,"徐仲子"朱文長印,"御賜"白文、"忠孝堂"朱文長印,"慧成私印"白文方印。後有"浙江按察使""兩浙江南鹽運使"兩官印。②

既有"浙江按察使""兩浙江南鹽運使"官印,則此本清代曾藏於浙江。《四部叢刊初編》第一次印本即借此本印行,卷末摹有亞形篆書印記③。此外又有桐鄉金氏翔和書塾翻刻本④,朱學勤批《四庫簡明目録》作"桐華館翻岳本"⑤,桐華館即桐鄉金德興(1750—1800)室名,二者當即一本。陳鱣(1753—1817)《經籍跋文》云:

---

① 張政烺《讀〈相臺書塾刊正九經三傳沿革例〉》,《張政烺文集·文史叢考》,中華書局,2012 年。

② 繆荃孫著,黄明、楊同甫標點《藝風藏書記》卷一,上海古籍出版社,2007年,第 13 頁。

③ 岳刻《孝經》卷末無相臺木記,影鈔本印記乃臆添。又刻本雖無木記,但確爲岳本原刻,參見附録《"岳本"補考》。

④ 邵懿辰《增訂四庫簡明目録標注》卷三,上海古籍出版社,2000 年,第 125 頁。莫友芝《邵亭知見傳本書目》卷三,民國三年(1914)傅增湘天津排印本,第一葉右。按,《邵目》"書塾"作"書屋",疑誤。

⑤ 朱學勤《朱修伯批本四庫簡明目録標注》卷三,影印黄永年藏管禮耕據潘祖蔭 滂喜齋鈔本傳録本,北京圖書館出版社,2001 年,第 129 頁。

《孝經》一卷,唐明皇注,繙宋相臺岳氏刻本……卷末有亞形篆書"相臺岳氏刻梓荆谿家塾"印,與所刻各經同……宋刻本向藏昆山徐氏,前有"傳是樓"及"徐炯珍藏祕笈"二印,後有"徐中子"及"彭城中子審定"二印。今本爲桐鄉金氏翔和書塾精摹繙刻,視原本幾欲亂真。①

陳氏所録印記與傳是樓影鈔本同,因知所謂宋刻本實爲影鈔本。陳氏蓋未嘗寓目宋刻及影鈔二本,所記藏印乃據翻刻本之摹刻,故有此誤。桐鄉金氏翔和書塾翻刻本以傳是樓影鈔本爲底本,故卷末有木記,與《引據各本目録》所云相符,《校勘記》所據當即此本。

5. 閩本《孝經注疏》九卷

此本爲明嘉靖間福建巡按御史李元陽、提學僉事江以達刊於福州②,乃《十三經注疏》的第一次彙刻。閩本《孝經注疏》出於正德本,但改易版式爲半葉九行,經大字單行,注中字單行,疏小字雙行。卷端題"宋邢昺註疏",頗爲不倫。泰定本、正德本皆"御製序并註"之疏文在前,《孝經序》及其疏文在後,閩本反之,監、毛本又沿閩本③。正德補板偶有墨釘,閩本補足,如卷六《五刑章》第十一疏"至周穆王命吕侯入爲司寇,令其訓暢夏禹贖刑,依夏之法,條有三千,則周三千之條首自穆王始也"(《校勘記》卷三),"千則周三"四字正德本均爲墨釘,閩本補闕。閩本各經初印本卷端皆署"明御史李元陽、提學僉事江以達校刊"④,今所見皆後印本,銜名多被削去。如《孝

---

① 陳鱣《經籍跋文》,光緒四年(1878)葉氏龍眠山房刻本,第二十八葉左至二十九葉右。

② 李元陽《中谿家傳彙稿》卷八《遊龍虎山》云:"余嘉靖丙申使閩,戊戌五月得代出疆。"(《叢書集成續編》第一四二册影印民國三年刻《雲南叢書》本,第707頁)知李元陽任福建巡按御史在嘉靖十五年(1536)至十七年五月間,閩本即刻於此時。

③ 萬曆監本如此,康熙修補本次序同正德本。

④ 莫友芝《宋元舊本書經眼録》坿録一《書衣筆識·春秋公羊傳註疏》,同治獨山莫氏刻本,第五葉右。繆荃孫著,黄明、楊同甫標點《藝風藏書續記》卷一,上海古籍出版社,2007年,第229頁。王國維撰,王亮整理《傳書堂藏書志》,上海古籍出版社,2014年,第62頁。

經》卷端第三行爲大小不一之墨釘，當爲挖版後擠入之木條，欲刻字而未刻。

6. 重脩監本《孝經注疏》九卷

監本《十三經注疏》爲萬曆十四年（1586）至二十一年北京國子監刊行，故稱“北監本”。監本據閩本重雕，故行款、分卷皆與閩本同，惟注文改閩本中字單行爲小字單行，空左偏右。各經版心上方刻刊版年份，卷端次行起刻校刊者祭酒、司業銜名。其中《孝經注疏》版心刻“萬曆十四年刊”，卷端次行、三行刻“皇明朝列大夫國子監祭酒臣韓世能等奉/敕重校刊”。

監本於崇禎間有修版，重修本將萬曆校刊者銜名由大字單行改爲小字雙行，“校”改“較”，並於其後增刻“皇明朝列大夫國子監祭酒臣吳士元、承德郎司業仍加俸一級臣黃錦等奉/旨重修”，版心刊版年份未改。吳士元，字長吉，進賢人。崇禎四年（1631）“管北司業事”，五年陞北京國子監祭酒①。重修監本《十三經注疏》“有崇禎六年祭酒吳士元題疏，稱板一萬二千有奇，始刻於萬曆十四年（1586），成於二十一年，至崇禎五年冬，奉旨重修”②。《孝經注疏校勘記》所據即此崇禎五年重修本。

至清康熙二十五年（1686），北京國子監又對版片進行了修補。每卷首葉版心改鐫“康熙二十五年重修”，餘葉將萬曆刊記删去。卷端舊銜名亦改刻“康熙二十五年國子監祭酒臣常錫布、祭酒加一級臣翁叔元、司業臣宋古渾、司業加一級臣達鼐、司業臣彭定求、學正臣王默、典籍臣程大畢奉旨重校脩”。舊刊記、銜名亦有未删，或删而未刻者。

萬曆監本經過崇禎、康熙間兩次修補，質量每況愈下，浦鏜《十三經注疏正字例言》云：“修板視原本誤多十之三。”《校勘記凡例》對

---

① 盧上銘、馮士驊《辟雍紀事》十五，《四庫全書存目叢書》史部影印明崇禎刻本，第 271 册，第 304—305 頁。

② 錢大昕撰，竇水勇校點《竹汀先生日記鈔》卷一《所見古書》，遼寧教育出版社，1998 年，第 9 頁。

監本評價頗低,所據實爲重修之本,不符萬曆監本之實。嚴杰於監本初印與重修之别頗爲明了,其分任之《左傳注疏校勘記》於"監本"云"錯字較少,非毛本可及",於"重修監本"則云"譌字較原本爲多"。《引據各本目録》僅列"重脩監本",知《孝經注疏》未得萬曆監本。

7. 毛本《孝經注疏》九卷

毛本《孝經注疏》爲崇禎二年(1629)常熟毛晋汲古閣刻本,故又稱"汲古閣本"。毛氏刻《十三經注疏》,始崇禎元年,終十二年,各經末均鐫刊版年份,其中《孝經注疏》爲"皇明崇禎二年歲在屠維大荒落古虞毛氏鐫"。毛本據監本重刻,而校正粗疏,誤字甚多,故《校勘記凡例》譏之爲"魯魚亥豕之訛,觸處皆是,棼不可理"。然其初印本亦多有佳處,蓋嘗對校宋元善本①。

泰定本、正德本《孝經註疏序》,前六行文字皆低二格,後署"翰林侍講學士朝請大夫守國子祭酒上柱國賜紫金魚帶臣邢昺等奉勅校定註疏""成都府學主鄉貢傅注奉右撰",其後文字皆頂格。閩本邢昺與傅注題名間空一行,監本沿之,毛本則將前後文字分離,各自起訖。邢昺題名移至前半文字前,仍題"孝經注疏序",傅注題名則移至後半文字末。殿本從毛本所改,惟將傅注題名亦移至後半文字前。

毛本版片後於乾隆四十年(1775)由常熟席世宣修補印行,嘉慶間書坊並有翻刻本②,"譌字又倍之"③。毛本於清代極爲流行,盧文弨云:"唯是外間所通行,唯毛本獨多,故仁和沈萩園廷芳、嘉善浦聲之鐘作《十三經註疏正字》,日本國足利學山井鼎等作《七經孟子考

---

① 原三七《汲古閣刻板考稿》,《東方學報·東京》第六册,東方文化學院東京研究所,1936年。加藤虎之亮《周禮經注疏音義校勘記·引據各本書目解説》,無窮會,1957年,第十二葉。

② 長澤規矩也《汲古閣本注疏の序跋封面に就いて》,《長澤規矩也著作集》第一卷《書誌學論考》,第40—41頁。

③ 《宋本十三經注疏併經典釋文校勘記凡例》。

文》，皆據毛本爲説。"①阮元登第前校《十三經注疏》，亦以毛本爲底本②。對於毛本的流行，葉德輝的解釋是："由于南北兩監刻本版片日就散佚，乾隆武英殿刻版尚未告成，士人舍此無他本可求，故遂爲天下重也。"③但即使在殿本刊行之後，毛本仍以其易得而盛行不衰。

上文已指出，《孝經釋文校勘記》以通志堂本爲底本，校本則有"葉本""盧本"。盧本即盧文弨校訂《抱經堂叢書》本《經典釋文》，《釋文校勘記》並參據盧氏《經典釋文考證》。葉本即《凡例》所謂"崇禎間震澤葉林宗仿明閣本影寫"本。所謂"明閣本"即明文淵閣舊藏宋刻本，流出後爲錢謙益所得，崇禎十年（1637）"葉林宗購書工影寫一部"④。通志堂、抱經堂二本皆以葉鈔爲底本，而多有改動。明文淵閣藏宋刻《經典釋文》數部，錢氏所得本燬於絳雲樓之火，然清宮"天禄琳瑯"尚有一部宋刻宋元遞修本，今藏中國國家圖書館。

葉鈔原本舊藏吳縣朱文游處，盧文弨校刻《抱經堂叢書》本《釋文》時曾借校，乾隆末歸同邑周錫瓚。乾隆五十八年（1793），段玉裁借此本屬臧庸細校，臧氏因復自臨一部⑤，顧廣圻又臨臧校⑥。諸君與纂《校勘記》時，葉鈔原本仍在周錫瓚處⑦，《校勘記》所謂葉本乃其傳校之本（以葉本臨於通志堂本之上）。顧氏謂校毛詩"用何夢華

---

① 盧文弨《群書拾補·周易注疏》，乾隆刻《抱經堂叢書》本。

② 《阮元年譜》卷二："先生弱冠時，以汲古閣本《十三經注疏》多譌謬，曾以《釋文》、唐石經等書手自校改。"（第 65 頁）

③ 葉德輝撰，楊洪升點校《郋園讀書志》卷一，上海古籍出版社，2010 年，第 13 頁。

④ 通志堂本《經典釋文》書末馮斑跋，中華書局影印本，1983 年，第 439 頁。

⑤ 乾隆五十八年（1793）十月初九日臧庸跋，見蕭山朱氏藏王筠轉録陳奐所鈔段校本（陳奐鈔本當出自臧庸自臨之一部）。此據羅四培（筆者按：即羅常培）《段玉裁校本經典釋文跋》，《圖書季刊》1939 年第 2 期，第 145 頁。此文收入《羅常培文集》第八卷《恬庵語文論著甲集》，山東教育出版社，2008 年。

⑥ 《顧千里集》"《經典釋文》三十卷（校本）"："武進 臧庸堂 在東氏用葉林宗景宋本校，元和顧廣圻臨。近知此人好變亂黑白，當不足據，擬借元本一覆之。壬戌正月記。"（上海古籍出版社，2007 年，第 266 頁）

⑦ 《顧千里集》"《經典釋文》三十卷（校本）"顧氏嘉慶九年（1804）跋："元本今藏香嚴氏。"（第 268 頁）

臨段本”，又云“段茂堂據葉鈔更校，屬其役於庸妄人”（筆者按：指臧庸）及“阮雲臺辦一書曰《考證》，以不識一字之某人臨段本爲據”（筆者按：指何元錫）爲《釋文》之厄①。據此則《校勘記》所用葉本蓋即何元錫（夢華）臨段玉裁校葉本，《孝經釋文校勘記》即有一處稱引“段玉裁校本”，此外尚引及惠棟、臧鏞堂（即臧庸）、顧廣圻諸人之説。

（三）關於“盧文弨校本”

除了《引據各本目録》所載諸本，《孝經注疏校勘記》中尚有三處引及“盧文弨校本”：

> 性未達何足知　盧文弨校本下補“此依劉注也”五字。（卷一）

> 於禮記其義文多　盧文弨校本“文”作“尤”。（卷二）

> 孔傳指家相室老側室　……案，盧文弨校本“室”作“宗”。（卷三）

盧文弨《群書拾補》並無《孝經》，此三條盧校當録自盧氏手校本《孝經注疏》。盧校《十三經注疏》今不存，道光四年（1824），方東樹曾借録盧校於阮刻《十三經注疏校勘記》之上，其跋云：“抱經先生手校《十三經注疏》本，後入衍聖公府，又轉入揚州阮氏文選樓，阮作《校勘記》，以此爲本。道光四年樹館廣東督署，傳校一過，惜無疏本傳其句讀也。東樹。”②對於盧校本的面貌，方氏記其中的《毛詩注疏》“於傳注、《釋文》《正義》三者所校更爲繁細，助語多寡，偏旁增減，或不足爲重，然精核可采者，亦復不少”。盧校諸經部分内容已采入《群書拾補》③，各經《校勘記》引用盧校時又有甄選，故方東樹謂“此記所載及惠氏、盧氏所刻《古義》《拾補》，於此原校本詳略異同甚多，所遺亦甚多”。

---

① 《顧千里集》“《經典釋文》三十卷（校本）”，第 266—267 頁。

② 蕭穆撰，項純文點校，吳孟復審訂《敬孚類稿》卷八《記方植之先生臨盧抱經手校十三經注疏》，黄山書社，1992 年，第 213 頁。

③ 盧文弨《群書拾補》收有《易經注疏》《尚書注疏》《春秋左傳注疏》《禮記注疏》《儀禮注疏》五經之校正，其中《春秋》僅序，《禮記》僅《曾子問》等八篇，《儀禮》僅《士冠禮》《士昏禮》二篇。

由於各經分校者不同,故不同《校勘記》中對盧校本的指稱並不一致。如《周易》《尚書》等《校勘記》中對於已采入《群書拾補》的盧校,各經《校勘記》徑據《拾補》文字,稱"盧文弨"云云,直接引自盧氏手校本的不見於《拾補》的盧校文字,則稱"盧文弨校本"①。而其他僅有盧氏手校本而無《群書拾補》可據的《校勘記》,如《毛詩》《周禮》《公羊》等,則僅稱"盧文弨"云云。由於盧校采用較多的《十三經注疏正字》和《七經孟子考文補遺》二書已在《校勘記》參校之列,《校勘記》於盧校與二書同者不録②。故從數量上看,各經《校勘記》對"盧文弨校本"的引用並不甚多,部頭較大的《左傳注疏校勘記》僅三十餘條,《毛詩注疏校勘記》僅四十餘條,最多的《周禮注疏校勘記》亦僅七十餘條,且惟《禮記注疏校勘記》之《引據各本目録》載有"盧文弨校本"之目。但盧校本的價值並不僅僅在於盧氏自己的校勘意見,更重要的是盧氏轉録的各家校記,成爲阮氏《校勘記》取資的對象。如《周易注疏校勘記》所用"錢本"(錢孫保影宋鈔本),即據盧氏之傳校③。《周禮注疏校勘記》的主要校本之一"惠校本《周禮注疏》四十二卷",實亦據盧校本轉録之惠校④。

① 《春秋左傳注疏校勘記》僅用盧氏手校本(《群書拾補》中僅有序文校正,内容過少),《記》中亦稱"盧文弨校本"。

② 《春秋左傳注疏校勘記》卷一"但年祀縣遠"條云:"餘姚盧文弨挍本'祀'改'紀'。案,盧文弨書多本之浦鏜《正誤》及《七經孟子考文補遺》,後凡與二書同者不録。"

③ 《宋本十三經注疏併經典釋文挍勘記凡例》:"《周易》依盧文弨所挍錢孫保影宋本。"《周易注疏校勘記·引據各本目録》云:"據餘姚盧文弨傳校明錢孫保求赤校本,今稱'錢本'。"

④ 《敬孚類稿》卷八《記方植之先生臨盧抱經手校十三經注疏》,第212頁。《周禮注疏校勘記·引據各本目録》於"惠校本"下引盧文弨曰:"東吳惠士奇暨子棟以宋注疏本挍疏,以余氏萬卷堂本校經、注、音義,書於毛氏本。"筆者按:盧説不確。據惠棟跋,其所校惟盧見曾所得"宋槧余仁仲《周禮》經注",並無注疏本。而盧氏過録惠校本尚有何焯跋:"康熙丙戌,見内府宋板元修注疏本,粗挍一過。"因知注疏本異文乃惠棟過録何焯校本,非惠氏自校也。清吳昕亦曾過録惠校本,其跋即謂:"大約先録何義門先生所校内府宋板元修本,繼録余氏萬卷堂本。"(《上海圖書館善本題跋選輯·經部》,《歷史文獻〔第一輯〕》,上海社會科學院出版社,1999年,第86頁)

三、《孝經注疏校勘記》徵引之文獻

除以上校本外，《校勘記》尚據《文苑英華》卷七六六、《唐會要》卷七七所引劉知幾、司馬貞《孝經議》，以校邢疏所引，《孝經注疏校勘記序》已言之。引據前代及清人之説有王應麟（《困學紀聞》）、顧炎武（《金石文字記》）、臧琳（《經義雜記》）、惠棟、盧文弨（《經典釋文考證》《鍾山札記》）、戴震（《戴東原集》）、周春（《十三經音略》）、段玉裁（《古文尚書撰異》）、孔廣森（《校經録》）、顧廣圻、臧庸（《孝經鄭氏解輯》）等。

引及次數最多者乃嘉善浦鏜之説。於浦氏之書，各經《校勘記》所稱不一，如《凡例》謂“《十三經注疏正字》”，《尚書注疏校勘記》《儀禮注疏校勘記》（皆徐養原分校）謂“《十三經正字》”，《毛詩注疏校勘記》（顧廣圻分校）謂“《毛詩注疏正誤》十四卷”，《周禮注疏校勘記》（臧庸分校）謂“《周禮注疏正誤》十卷”，《春秋公羊傳注疏校勘記》（臧庸分校）謂“《春秋公羊傳注疏正誤》四卷”，《爾雅注疏校勘記》（臧庸分校）謂“《爾雅注疏正誤》三卷”，《禮記注疏校勘記》（洪震煊分校）謂“《十三經正誤·禮記正誤》十五卷”，《論語注疏校勘記》（孫同元分校）謂“《十三經注疏正誤》”，嚴杰分任之《春秋左傳注疏校勘記》及《孝經注疏校勘記》亦皆稱“正誤”①。

乾隆間，沈世煒（沈廷芳子）以此書進呈四庫館，收入《四庫全書》②。

---

① 李鋭分校之《周易注疏校勘記》《春秋穀梁傳注疏校勘記》及《孟子注疏校勘記》，浦鏜之説初稿所無，當皆嚴杰增入，故《引據各本目録》未列浦書，《校勘記》中僅謂“浦鏜云”，未稱書名（惟《孟子注疏校勘記》一處稱“正誤”）。

② 見《浙江采集遺書總録》丙集，《四庫全書提要稿輯存》第一册影印乾隆四十年（1775）刻本，北京圖書館出版社，2006 年，第 318 頁。《欽定四庫全書總目》卷三三《經部·五經總義類》，中華書局影印浙本，1965 年，第 278 頁。二目誤以《十三經注疏正字》歸於沈廷芳名下，當時學者如盧文弨、阮元等皆知之，故盧氏於《浙録》書眉批“嘉善浦鏜纂輯”，《校勘記》所署亦不誤。惟《四庫》官書，不便指摘其誤，故盧文弨亦偶有稱二人同撰（《群書拾補·周易注疏》），或稱“嘉善浦君鏜所訂，仁和沈萩園先生廷芳覆加審定”（《抱經堂文集》卷八《十三經注疏正字跋》）處。民國初有印行《四庫全書》之議，最早指出此誤者爲浦氏鄉人蔡文鏞，見 1925 年 10 月 10 日蔡氏致章士釗函，載《甲寅周刊》第一卷第二十九期（1926 年 1 月 30 日出版）《通訊》，今附入《章士釗全集》第六卷，文匯出版社，2000 年，第 117 頁。

翁方綱據進呈本鈔録一部,盧文弨曾見之,亦稱"《十三經注疏正字》"①,與《四庫》本同。而甘肅省圖書館藏鈔本一部,爲同光間臺灣知府周懋琦舊藏,卷端題"十三經註疏正誤""浙西浦鏜聲之校"②。浦銑(浦鏜弟)《歷代賦話》乾隆二十九年(1764)自序云"先兄聲之先生……時方卒業《十三經正誤》一書",③蓋浦鏜稿本確作"正誤","正字"之名或爲沈廷芳所改,或爲進呈時沈世焯所改,故盧文弨所見鈔本及《四庫》本皆作"正字"。浦銑《秋稼吟稿序》云"《正字》書沈椒園(筆者按:沈廷芳)先生許爲付梓,今已入《四庫全書》,而非兄之名也"④,乃是對《四庫》本而言,故稱"正字"。各經《校勘記》分稱浦書某經時皆作"正誤",惟總稱全書時方有云"正字"者,或《校勘記》所據與甘肅圖所藏鈔本皆源自浦氏稿本,而非進呈本或《四庫》本,故《校勘記》所引浦説偶有不見於《四庫》本者⑤。

據浦氏《例言》,所見惟監本、監本修板、閩本、毛本四種,故浦氏並校以注疏所引之書,多以己意按斷之。對於浦書,《校勘記凡例》評價不高:"雖研覈孜孜,惜未見古來善本。又以近時文體讀唐代義疏,往往疑所不當疑。又援俗刻他書肆意竄改,不知他書不必盡同義疏所引,而他書之俗刻尤非唐代所傳之本也。"《孝經注疏校勘記》亦云:"浦鏜書不盡足據。"(卷一"以明君臣父子之行所寄"條)

《校勘記》引用文獻有據他書轉引者,如引孔廣森《校經録》,實轉引自盧文弨《經典釋文考證》,《考證》僅一處作"孔氏《校經録》",餘皆作"孔云"。此外,《校勘記》引用文獻亦偶有疏誤,如卷一邢昺衙名條引《宋會要》云云,並不見於是書。經檢,蓋據《經義考》卷二

---

① 《抱經堂文集》卷七《周易注疏輯正題辭》(第 85 頁)、《七經孟子考文補遺題辭》(第 87 頁),卷八《十三經注疏正字跋》(第 106 頁),中華書局,1990 年。

② 劉玉才《浦鏜十三經註疏正字論略》,《王叔岷先生百歲冥誕國際學術研討會論文集》,臺灣大學中國文學系編印,2015 年,第 397 頁。

③ 浦銑《歷代賦話》,乾隆五十三年(1788)刻本。

④ 此序未見,據胡玉縉《四庫全書總目提要補正》卷八轉引,上海古籍出版社,1998 年,第 211 頁。

⑤ 如《論語注疏校勘記》卷六"此章以論友"條引"浦鏜云:'友'下當脱'也'字,'以'當'亦'字誤","友下當脱也字"即不見於《四庫》本《正字》。

二五《孝經》轉引,《經義考》有誤,實爲《玉海》卷四十一"咸平《孝經》《論語正義》"條。

四、《孝經注疏校勘記》之版本

(一)嘉慶十一年儀徵阮氏文選樓刻本

即《宋本十三經注疏併經典釋文校勘記》之一。上文已指出,此本於嘉慶十一年(1806)十月由儀徵阮氏文選樓刊行。京都大學人文科學研究所藏本爲最初印本,無嘉慶戊辰酉月段玉裁序,《摠目》末葉刻"臣嚴杰挍字"①,刷印時間在嘉慶十三年八月前。此本爲王念孫舊藏,當爲刊成即刷印就正者。《續修四庫全書》影印南京圖書館藏本則已有段序,"嚴杰"之名亦改爲"阮亨",刷印時間當在嘉慶十三年之後。此後又有附載嘉慶二十一年十二月《進表》的印本,刷印時間則更晚。而《進表》謂"連年校改方畢,敬裝十部,進呈御覽"②,則刻成後又續有修改,故初印、後印文字偶有不同③。

(二)嘉慶二十年江西南昌府學刻《孝經注疏》附本

嘉慶二十年(1815)至二十一年,阮元在江西南昌府學開雕《重刊宋本十三經注疏》,即後世所稱"阮本"④。無《十三經注疏併釋文挍勘記序》《宋本十三經注疏併經典釋文挍勘記凡例》《宋本十三經注疏併經典釋文挍勘記摠目》,各經卷末附《挍勘記》,皆武寧縣貢生盧宣旬據文選樓本摘録。以《孝經注疏校勘記》而言,《校勘記》中指出的底本誤字(此本某誤某,今改正),南昌本《孝經注疏》多已據改,

---

① 關口順原著,水上雅晴譯注《十三經注疏校勘記略說》,劉玉才、水上雅晴主編《經典與校勘論叢》,北京大學出版社,2015年,第231頁、第233頁。

② 《揅經室集》(三集)卷二《江西校刻宋本十三經注疏書後》阮福案語,第621頁。

③ 關口順原著,水上雅晴譯注《十三經注疏校勘記略說》原註四九,《經典與校勘論叢》,第234頁。

④ 對於阮本的刊行時間,嘉慶本阮元記、胡稷後記與道光重校本朱華臨跋所言不同,汪紹楹認爲是朱跋所云嘉慶十一年(1806)仲春至二十二年仲秋,見氏著《阮氏重刻宋本十三經注疏考》,《文史(第三輯)》,第27—28頁。

故盧宣旬摘録時於此類條目多删去,但亦偶有存而未删者(如卷一"則有評論"條、"我先師北海鄭司農"條等)。此外各類校記,或删或留,並無特別明確的標準。故阮福謂此本"《校勘記》去取,亦不盡善"①。正德本《孝經注疏》無《釋文》,南昌本據以翻刻,自然亦無《釋文》,故亦未附《孝經釋文校勘記》)。

南昌本底本與文選樓本《校勘記》相同,故直接摘録部分條目,校文基本一致。但由於南昌本對底本文字的改動有所增加(多據《校勘記》案語),故南昌本所附《校勘記》與文選樓本的出文偶有不同,校文相應的也有表述上的改動。如卷一"孝經註疏序"條,文選樓本出文如此,與正德本同,南昌本則改爲"孝經注疏序",相應的,校文也由"案,註當作注"改爲"案,注原作註,今訂正",並於此條校記末添"○註今改作注"一句。又如卷一"今特剪截元疏。案,剪當作翦,下同。剪乃俗翦字"條,文選樓本如此,南昌本改爲"今特翦截元疏。案,翦原作剪,俗字,今訂正,下同"。此類變動僅限於表述上的不同,校文實際内容並無差别。

南昌本偶有改正校記次序之誤者,如卷三"明日祔祖父"條與"如將見之是之"條,文選樓本原誤倒。但南昌本亦有摘録不全、遺漏信息及錯訛處,如卷一:

> 文選樓本:分憕門徒 閩本、監本、毛本作"分撜"。《文苑英華》、《唐會要》作"分授",是也。

> 南昌本:分授門徒 閩本、監本、毛本作"分撜",誤也。《文苑英華》、《唐會要》並作"分授"。

南昌本改動了出文,卻未在校文中補充底本異文,致使讀者誤以出文即爲底本文字。又如卷二"則私養不闕者"條,文選樓本校文作"閩本、監本、毛本作'養不闕',此本誤'力於田',今改正",南昌本脱"田今改正"四字(二本皆"於"字後轉行,蓋摘録時漏鈔或刊刻時漏刻)。

---

① 《揅經室集》(三集)卷二《江西校刻宋本十三經注疏書後》阮福案語,第621頁。

（三）道光學海堂刻《皇清經解》本

阮元調任兩廣總督後，於廣東學海堂編刊《皇清經解》，又名《學海堂經解》，命嚴杰主其事，始道光五年（1825）八月，終道光九年九月，收書凡一百八十三種，版存學海堂側之文瀾閣①。咸豐七年（1857），英軍進攻廣州，版片殘佚過半。咸豐十年，兩廣總督勞崇光募資補刊，並增刻馮登府著作七種，即所謂"庚申補刊本"。

《皇清經解》收錄《十三經注疏校勘記》，其中卷一〇二七至卷一〇三〇爲《孝經校勘記》，各卷末刻"嘉應生員張嘉洪校"。據文選樓本翻刻，惟於校記前後次序之誤偶有改正。如卷三"明日祔祖父"條，文選樓本原誤置於"如將見之是之"條後，學海堂本改正。亦有文選樓本不誤，學海堂本誤刻者，如《釋文》"宮割"條"盧本……又補'壞（音怪）人'四字"，學海堂本"壞"作"環"，於音不合，今檢盧本《釋文》，學海堂本誤。

咸豐補刊本《孝經校勘記》卷末刻"嘉應張嘉洪舊校，番禺高學瀛新校"，雖爲補刊，卻並非簡單重刻道光本，而是據南昌府學本校正了原本的個別錯誤。如卷二"秋斂冬藏"條校"岳本改爲秋斂，非此之謂。斂、歛乃正俗字"，文選樓本如此，"非此之謂"云云頗費解，南昌本作"非此作歛"。道光學海堂本與文選樓本同，咸豐補刊本則據南昌本改正。亦有文選樓本、南昌本、道光學海堂本皆誤，惟此咸豐補刊本改正者。如卷一"播於國序"條校記"毛本於作于"，文選樓本、南昌本、道光學海堂本"于"下皆衍"播"字，咸豐補刊本刪正。今檢毛本，咸豐本是。

本文原載《經學文獻研究集刊（第十五輯）》。

---

① 夏修恕《皇清經解序》，《皇清經解》書前，道光九年（1829）廣東學海堂本。

第十三章 《爾雅注疏校勘記》編纂考述

唐田恬

一、《爾雅》版本源流概述

《爾雅》是我國最早的訓詁書,作者不詳,書約成於漢初。今傳十九篇,前三篇按照同義歸併古書中的一般性詞語,并用通用詞加以訓釋;後十六篇則分門別類,解釋各種名物。《爾雅》是解讀經典古義的重要工具書,故自漢代起,就不斷有學者爲之作注。如犍爲舍人、劉歆、樊光、孫炎、李巡等,然其注多已散佚。現存較早的注本爲晋郭璞的《爾雅注》,宋初邢昺奉勅校訂《爾雅》經注,撰成《爾雅疏》,合之而成流傳甚廣、影響最巨的《爾雅注疏》。

唐石經共刻有十二部儒家經典,其中亦包含《爾雅》,這就是後世《爾雅》刻本經文的源頭。五代後唐長興三年(932)至後周廣順三年(953)年間,國子監以唐石經爲經文底本,合以注文,刊刻《九經》(實際經數與唐石經同),是爲《爾雅》雕版印本之始。此後,《爾雅》的刊刻在宋代得到進一步發展。在經注組合形式上,除了延續刻本時代之前就已經出現的經注本、白文本、單疏本之外,又將經注與疏文合刻,形成注疏本;或將《經典釋文》與經注合而爲一,形成附《釋音》本。這裏依據經注的組合方式,擇要列舉《爾雅》存世版本及館藏地如下。

單經本(白文本):唐石經,原石今存西安碑林,民國十五年(1926)皕忍堂依拓本影模刻板,成《景刊唐開成石經》,爲民國時期著名藏書家陶湘代奉系軍閥張宗昌所刻。

經注本：宋刻《爾雅》三卷，今藏臺北故宮博物館，有一九三二年《天禄琳琅叢書》影印本。宋刻《爾雅》三卷《音釋》三卷，今藏中國國家圖書館，有《四部叢刊》影印本。

單疏本：宋刻遞修《爾雅疏》十卷，今藏中國國家圖書館，有《四部叢刊續編》《續古逸叢書》影印本。

注疏本：元刻明修《爾雅注疏》十一卷，今藏中國國家圖書館等處。

二、《爾雅注疏校勘記》的編纂情況

《爾雅注疏校勘記》由臧庸擔任分校。臧庸同時擔任《周禮》《公羊傳》二經的分校。比對這三種《校勘記》來看，以《爾雅注疏校勘記》的特點最爲突出，最能反映臧庸的治學特點。

《爾雅注疏校勘記》依唐石經分三卷，每卷又分上下。《釋文校勘記》分上下二卷。《校勘記》共出 4598 條校記：經注疏部分 4198 條，其中卷上之上 594 條，卷上之下 819 條，卷中之上 625 條，卷中之下 486 條，卷下之上 966 條，卷下之下 708 條；《釋文》部分 400 條，其中卷上 212 條，卷下 188 條。

在這些校記當中，詳略分化的特徵非常明顯。一部分校記只是簡單羅列了版本之間的文字差異，其中主要是《爾雅》的注疏本與底本之間的差異。這部分校記有些甚至只是標識注疏本刪削文字的情況，而這些刪削的文字是由注疏本合併經、注、疏、《釋文》造成的，並沒有在版本形制或文字内容上造成太多歧義。還有一部分校記除了記載參校各本的異同外，引用了大量文獻對最後的結論加以佐證。這些校記往往徵引豐富，論述詳細，但是失於煩瑣，某些校語過於繁雜。

三、《爾雅注疏校勘記》引據的版本

《爾雅注疏校勘記》使用了多種參校版本，計有單經本、經注本、單疏本、注疏本、《經典釋文》五類十四種，也是十三種《校勘記》中徵引版本較爲豐富的《校勘記》之一。臧庸、阮元等人認爲,《爾雅》一經没有宋刻十行注疏本,《校勘記》搜羅到的最早的《爾雅注疏》合刻本是元刻明修的九行本,此本並不具有代表性。因此使用明刻仿宋經注本和宋刻單疏本分别作爲經注和疏文的底本。這是十三種《校勘記》中較爲特殊的使用兩種版本組合互補而作爲底本的情況。

第一,單經本方面,主要包括唐開成石經和清代彭元瑞的《石經考文提要》。

唐石經本《爾雅》三卷,每卷又分上下。唐石經屢經改補,各拓本之間文字多有差異;而且除卻因傳拓造成的訛誤之外,石經本身的質量也存在一定問題。阮元在《儀禮石經校勘記序》中稱:"唐開成石經所校未盡精審,且多朱梁補刻及明人補字之訛。"①可見其雖爲雕版經書經文之祖,但實際上在使用時需要非常謹慎。然而此本畢竟是三卷《爾雅》早期之本,大概出於溯源復古的目的,《爾雅注疏校勘記》依據唐石經進行分卷,並大量采用了唐石經的内容作爲校勘依據。

彭元瑞所撰《石經考文提要·爾雅》一卷。此書爲乾隆五十九年(1794)編撰。乾隆五十七年,乾隆帝下令刻石經於太學,尚書彭元瑞實際主事,阮元亦奉勅充任校勘官,分校《儀禮》。彭元瑞以《毛詩》、那彦成以《爾雅》屬阮元襄助,因此《石經考文提要》中《爾雅》一卷亦有阮元的學術成果。《爾雅注疏校勘記》主要是轉引《考文提要》所記的版本及文獻信息。

第二,經注本方面,主要包括明仿宋刻《爾雅注》和元刻《爾雅注》。

明吴元恭仿宋刻《爾雅注》三卷。此本半葉八行,行十七字,爲嘉靖十七年(1538)吴元恭校刻。吴元恭,生卒年不詳,字仲内,吴縣(今屬江蘇蘇州)人,嘉靖三十四年舉人。喜藏書,精於校勘。所校有《賈誼新書》《韓昌黎集》《穀梁注疏》《爾雅注》等書,均稱善本。

_____

① 阮元撰,鄧經元點校《揅經室集》(一集)卷二,中華書局,1993年,第41頁。

《校勘記》稱此本“間有一二小誤,絕無私意竄改處”,因其不附《釋文》,而完整保留了郭注中的注音,故稱其所據必是宋刻無疑。臧庸通過闕筆避諱,進一步判斷此本乃仍南宋之舊①。因此,《爾雅注疏校勘記》選擇其爲校勘經注的底本。

元槧雪牕書院《爾雅注》三卷。此本具體刊刻時間不詳。半葉十行,行經十九字,注二十六字。《校勘記》稱此本“較諸注疏本獨爲完善”,認爲其遠勝於郎奎金、鍾人傑所刊之俗本。臧庸對此本極爲重視,曾於嘉慶年間重刻此本,並極言其優於他本之獨得之處。然而今學者董恩林經過比對宋經注本發現,“臧氏所論此本之得未必爲得,而此本之私改則不可不知”②。可見《校勘記》雖然極爲重視此本的校勘價值,但實際上有些判斷可能是不夠準確的。

第三,單疏本方面,主要有宋槧《爾雅疏》一種。

宋槧《爾雅疏》十卷。此本每半葉十五行,行三十字,或多少一字。臧庸、阮元等人極爲重視此本的價值,將其作爲校勘疏文的底本。《爾雅注疏校勘記》書前《引據各本目錄》下稱此本“當脱胎於北宋本”。《十三經注疏校勘記凡例》中則認爲“《爾雅》無十行本,而有北宋時所刊之單疏本,爲……邢昺之原書……又在宋十行本之上”③。然而此本遞經元明刊補,其中多明人補葉,質量較差。

第四,注疏本方面,包括元槧《爾雅注疏》和此後相沿而成的明閩、監、毛三本,以及一些清人校本。

元槧《爾雅注疏》十一卷。此本分卷無一定理路。每半葉九行,行二十字。内多明人補葉。補刻質量不高,多有他本不誤而補刻反誤者。注疏本文字質量較好的部分往往與宋單疏本及元雪牕經注本相同,然其中訛字亦不少。由於此本是明代閩、監、毛本的祖本,因此《校勘記》還是將其列爲重要的參校版本,並試圖通過羅列異文來揭

---

① 臧庸《拜經文集》卷二《書吴元恭本爾雅後》,民國十九年(1930)宗氏石印本。

② 董恩林《爾雅郭注版本考》,《文獻》2000 年第 1 期,第 60 頁。

③ 劉玉才主編《十三經注疏校勘記(1)》,北京大學出版社,2015 年,第 29 頁。

示其與明代三本之間的關係。爲了體現此本的版本細節,《校勘記》將其中的正德補葉稱爲"正德本",時間不詳的補葉稱爲"舊本",希望以此來反映其與元刻的區別。

明代的注疏本中,《爾雅注疏校勘記》主要選取了閩、監、毛三本。閩本《爾雅注疏》十一卷,爲明嘉靖閩中李元陽用元刻注疏本重刻。此本雖多有與宋單疏本及元注疏本相合之處,但是增補之字多出臆改,往往不得其當。監本《爾雅注疏》十一卷,爲萬曆二十一年(1593)用閩本重刻。此本較閩本略爲完善,而錯字亦比毛本少。毛本《爾雅注疏》十一卷,爲明崇禎十三年(1640)用監本重刻而成。此本雖是清時較爲通行之本,但是質量最差。尤其是毛本新刊本,由於輾轉翻刻,文字多難以識讀,修補時又多妄改,以致訛上加訛。

《爾雅注疏校勘記》還重點使用了浦鏜的《爾雅注疏正誤》和惠棟、盧文弨的校本。

《爾雅注疏正誤》是浦鏜所著的《十三經注疏正字》的一部分,此書是較爲詳善的通校各經的校勘著作。但是浦鏜不重視版本對校勘的意義,多援引宋人經解回改本經,改動之處往往不當,因此可以作爲校勘依據的內容是有限的。《校勘記》在使用浦氏的意見時,大多只是將其作爲批評的對象。惠棟校本以毛本爲工作底本,利用《説文解字》、唐石經等較古文獻,訂正流通俗本的錯訛。盧文弨校本綜合了多家校記的長處。惠校與盧校這兩種校本的意見多爲《校勘記》所采納。

第五,《經典釋文》主要包括明葉林宗影鈔宋本及盧文弨的《爾雅音義考證》。

與《爾雅注疏校勘記》相比,《爾雅釋文校勘記》在形式和內容上都有特殊之處,所有校記全部爲加"〇"按語,有時加"〇"按語疊加出現(一條校記中包含兩條加"〇"按語),而這些都是《爾雅注疏校勘記》的經注疏部分不曾出現的現象。《爾雅注疏校勘記》幾乎不使用目錄所羅列的這二種《釋文》版本;同時,《釋文校勘記》也很少使用前四類版本內所附入的《釋文》作爲校勘依據。因此,《釋文》的校勘可以視爲一個獨立環節。《經典釋文》校本的選擇與校勘的具體工作都與注疏部分的《校勘記》有很大不同。

明代没有《經典釋文》的單行本。崇禎年間,震澤(今屬江蘇蘇州)葉林宗以錢謙益絳雲樓所藏宋本影寫,其中雖多有訛誤,但是頗受到清代眾多學者的重視。清朝徐乾學取此本刻入《通志堂經解》,盧文弨又刻之抱經堂。徐本和盧本雖然修訂了葉鈔本的部分錯誤,但是也有顛倒是非、棄瑜取瑕的地方。因此,《校勘記》還是選擇葉鈔本作爲底本,同時也參考了徐氏、盧氏的意見。

校勘是一門綜合性的學問。廣泛而合理地運用各種善本,是校勘學的治學利器。總體説來,《爾雅注疏校勘記》較爲重視版本學對校勘的作用,主要體現在:其一,較爲全面地運用了《爾雅注疏》的常見版本。其二,注意考辨版本形式,記錄了很多版本的細節信息。其三,注意到經、注、疏、《釋文》以及其他文獻使用《爾雅》底本的區別,因而能夠正確地處理因底本差異產生的異文。

但是,比對目前國内主要的圖書館藏與重要的版本目錄可以發現,阮元雖然自稱廣搜眾本,卻仍有一些重要版本没有利用或見到,這也是不能回避的事實,我們應該辯證地看待《爾雅注疏校勘記》在版本學方面的經驗與不足。

四、《爾雅注疏校勘記》的校勘理念

阮元在《校勘記凡例》中記述了他使用的各種經書版本和參考文獻的特點,但是並没有很明確地説明各經的校勘理念和工作原則。根據《爾雅注疏校勘記》的具體内容,可以知道阮元等人的校勘原則和方法是比較科學謹慎的,這裏簡單舉例以對《爾雅注疏校勘記》的校勘理念進行總結。

(一)區分古今字、正俗字

阮元在主持編撰《十三經注疏校勘記》時,儘可能多地搜集了當時常見的具有代表性的版本,因此,《校勘記》在異文材料十分充分的基礎上,十分成功地運用了對校方法,成爲了這種校勘方法的實踐典範。尤其是《校勘記》不僅針對所選底本進行了較爲細緻的校勘,而且廣校眾本,兼以標識他本之誤。《爾雅注疏校勘記》在羅列異文及文字錯誤的同時,已經有意識地區分古今字、正俗字,辨析通假字。

《爾雅注疏校勘記》辨析古今字時,區分古字與今字的差異,如:

> 卷上之上"縱橫家者流":舊本同。閩本、監本、毛本"縱"作"從",與《漢書》合。按,"從""縱"古今字。

考察不同時代用字特點的,如:

> 卷中之上"二達謂之岐旁":唐石經、單疏本、雪牎本、注疏本同。《釋文》作"歧旁",字從止。《一切經音義》卷二十"歧路"下引《爾雅》"二達謂之歧旁"。《五經文字》云:"俗以岐爲山名,別作歧路字,字書無。"按,《玉篇·止部》"歧,翹移切,歧路也",《廣韻·五支》"岐,山名。歧,歧路",是六朝以來歧路字多從止矣。

同時,《校勘記》對待古今字的態度是辯證的,認爲後出版本自有其刊刻時代的文字特點的,不必盲從古字,如:

> 卷中之上"因以簿圍捕取之":單疏本同。雪牎本、注疏本"簿"作"薄"。按,《詩·潛》正義及《廣韻·五十二沁》引此注皆作"簿圍",蓋相傳舊本如是。今本作"薄",係近人改從古字耳。

除了區分古今字,《校勘記》還有大量區分正俗字的內容,如:

> 卷上之上"胚":唐石經、單疏本、雪牎本同。《釋文》:"胚,舊音之日反,本又作'至',又作'胚'。"按,《史記·司馬相如列傳》"爰周胚隆",徐廣曰"胚,蓋字誤,或爲'郅'。北地有郁郅縣。郅,大也,音質",《索隱》曰"郅,至也。樊光云'郅,可見之大也'"。今本《史記》"胚""郅"字互誤。《漢書注》"文穎曰'郅,至也'"。○按,作"郅"、作"胚"、作"胚"者,皆"至"之轉寫譌俗,漢魏人所爲也,而"胚"字僅見《後漢書》人名。

> 卷上之下"憴繩音義同":閩本、監本、毛本"憴繩"倒。元本誤作"憴憴"。○按,"繩"正字,"憴"俗字也。

《校勘記》還注意辨析假借字的,如:

> 卷上之上"易之嗛嗛":正德本、閩本同,與《漢書》合。監、毛本改作"謙謙"。按,《易釋文》"謙,子夏傳作'嗛',云'嗛,謙

也'",言"嗛"爲"謙"之假借字也。班《志》所用正韓嬰《易》。此本舊亦描改爲"謙",今訂正。

卷上之下"蓋割裂也":唐石經、單疏本、雪牕本同。《釋文》:"蓋,古害反,舍人本作'害'。"按,《書·呂刑》"鰥寡無蓋",即"害"字之借,言堯時鰥寡無害也。《釋名》"害,割也",《書·堯典》"洪水方割",《大誥》"天降割"之類,皆"害"字之借。"割"與"蓋"亦音相近,《書·君奭》"割申勸寧王之德",鄭注《緇衣》云"割之言蓋"是也。

但是,《校勘記》對於通假字的態度是審慎的。對於一些難以決斷的用字,《校勘記》反復推理,辨析源流,並不簡單判斷成通假來敷衍了事,如:

卷下之上"蘩由胡":唐石經、雪牕本、注疏本同。《釋文》:"蘩,音繁,本今作'繁'。"按,"繁"當作"蘩"。此"蘩由胡"與上"蘩皤蒿"一也,字皆從艸。傅崧卿本《夏小正》"蘩,由胡。由胡者,蘩母也",上"蘩"下"繁",最有區別。《春秋》隱三年正義及邢疏"蘩皤蒿"皆引陸機《疏》曰"《夏小正》'蘩,游胡'"。今本《夏小正》亦作"繁",皆俗寫流傳,失其本真,非古字通也。《詩·采蘩》字亦從艸。

(二)區別經注疏的用字

在此基礎上,校勘者已經認識到由於經書、經注及疏證的成書與刊刻時間都不同,因此,十分容易形成文字的差異。古今字、正俗字的存在,不應該簡單歸結爲正誤問題,在校勘過程中强行尋求一致,湮没異文。《爾雅注疏校勘記》較爲注意區分經、注、疏的文字區別,反對依注改經。如:

卷上之下"矜":唐石經、雪牕本、注疏本同。單疏本作"矜"。《釋文》:"齡,音矜,本又作'矜'。"按,《廣雅·釋詁一》"齡,哀也",《玉篇·鹵部》"齡,苦也",皆本此經。蓋經作"齡",注作"矜",後人轉寫亂之。

卷中之上"故謂之消雪":雪牕本同。邢疏云"霄即消也",注疏本作"謂之霄雪",一脱一誤。按,此經作"霄",注作"消"。

《釋文》"霄音消,本亦作'消'",蓋援注改經,未審經注異文之致,自陸氏作《釋文》時依然矣。

(三)還原隱藏版本

除了注意辨析經、注、疏因爲古今差異和正俗體差異而形成的文字區別以外,《爾雅注疏校勘記》還意識到隱藏版本的存在。即鄭注、賈疏以及其他一些引用材料所依據的版本實際上已經存在文字差異,因此不能强行劃一,力圖"以賈還賈,以陸還陸"。如:

> 卷上之下"枙":唐石經、單疏本、雪牕本同。《釋文》:"枙,孫作'光',古黃反。"按,《説文》"枙,充也",與"橫,闌木也"連文。"枙""橫"字通,鄭注《禮記·樂記》《孔子閒居》皆云"橫,充也",此其證。《尚書》"光被四表",《漢書·王莽傳》《後漢書·馮異傳》皆作"橫被四表",蓋作"枙"、作"橫"者爲今文,作"光"者爲古文。孔傳《堯典》云"光,充也",與孫叔然本合,賈逵云"古文讀應《爾雅》",是《爾雅》本作"光"也,作"枙"者蓋李巡本。

> 卷上之下"縣縣穮也":唐石經、單疏本、雪牕本同。《釋文》"穮,字書作'穮'",引《説文》《字林》皆從禾。《詩·載芟》"縣縣其穮",毛傳"穮,耘也",《釋文》"縣縣,如字,《爾雅》云'穮也'",《正義》曰"《釋訓》'縣縣穮也'",據此知《詩經》《爾雅》、毛傳皆作"穮"。陸、孔所據《釋訓》字皆不從禾,自唐石經據字書增加,而今本承之。

(四)反對全據他書輕改本經

《爾雅注疏校勘記》除了廣泛運用對校方法以外,還大量運用了他校的方法,徵引大量文獻材料作爲旁證,從而使校勘論證更加充分,結果更加準確。更加可貴的是,校勘者注意到這些文獻只能作爲補充材料,而不能片面依靠他書材料輕易改經,因此反對全據他書以改本書。如:

> 卷上之下"水懦民狎而翫之":注疏本同。浦鏜依今《左傳》作"水懦弱",云脱"弱"字。按,偶少一字,亦可不補。

卷中之上"則共其金版":注疏本作"供其金鈑",係依郭注改。正德本亦作"共"。單疏本引《爾雅注》作"即供今鈑",引《周禮》作"共其金版",各依本文,不彼此互改,故足貴。

(五)慎改本書

對於改動經書文本,阮元采取了比較謹慎的態度。其在《江西校刻宋本十三經注疏書後》稱:"刻書者最患以臆見改古書。今重刻宋板,凡有明知宋板之誤字,亦不使輕改,但加圈於誤字之旁,而別據《校勘記》擇其説,附載於每卷之末,俾後之學者不疑于古籍之不可據,慎之至也。"[1]因此,對於校勘出的種種錯誤,《爾雅注疏校勘記》一般只是列出校記,而並不改動出文原來的文字面貌。同時,對於前人一些沒有根據的經文改動,《校勘記》采取了批判性的態度。

然而《爾雅注疏校勘記》中還是有一些直接改動原文的地方,如:

卷上之下"寏":《釋文》、唐石經、單疏本、注疏本同。雪牕本及此本作"宛",訛,今訂正。

卷中之上"樆及定當是一器":注疏本"樆"上有"鎛"字。按,自引《廣雅》"定謂之樆"至毛傳"鎛,樆也",皆言"樆"以釋經之"定",故云"樆及定當是一器"。《詩正義》則釋毛傳,不釋《爾雅》,故云"鎛、樆當是一器"。淺者據此增"鎛"於"樆"上,誤甚。此本舊有"鎛"字,係剜擠,今刪正。

同時,不能否認,校勘者在實際的校勘中仍然存在過於自信,輕易排斥他説的研究心態,就《爾雅注疏校勘記》的具體內容而言,"淺人""妄改"之語比比皆是。尤其是對待浦鏜的校勘意見,多以帶有強烈主觀色彩的語言進行貶斥,而這是在規範嚴謹的校記當中所不應出現的現象。

結　語

《爾雅注疏校勘記》是清代《爾雅注疏》的重要研究著作。我們

---

① 《揅經室集》(三集)卷二,第620頁。

不能否認,《校勘記》本身存在着一些問題,如校勘内容的錯誤,版本價值判斷的失誤等。後續也有不少學者對此書進行了修正補改。但是,《校勘記》仍然是經學史上一部不能繞開的重要著作,它是我們研究《爾雅注疏》的重要參考資料,是我們考察清代《爾雅》存世文本的重要依據。同時,《校勘記》的編修體例、工作方法、校勘理念對今日我們構建新的善本和經典的校勘活動提供了很好的參考標準,具有極强的示範意義。

第十四章 《孟子注疏校勘記》編纂考述

王耐剛

《孟子注疏校勘記》是阮元主持編修的《十三經注疏校勘記》中的一部,其修纂的情況和諸經疏《校勘記》的情況有相同之處。關於《十三經注疏校勘記》修纂之經過,可參汪紹楹《阮氏重刻宋本〈十三經注疏〉考》一文①。所以我們在本章中主要討論和《孟子注疏校勘記》(本章以下簡稱"《校勘記》")編纂相關的情況。

一、《校勘記》成書之前學者的校勘工作

《校勘記》成書之前,校勘《孟子》的成果大致有兩類,一是已經成書的校勘專著,一是學者的校本。前者主要有日本學者山井鼎所作《七經孟子考文》中的《孟子》部分以及物觀完成的《補遺》中的相關部分,浦鏜《十三經注疏正字》中的《孟子注疏正字》(《校勘記》中稱爲"正誤")。後者則以何焯、何煌兄弟,戴震、盧文弨等爲代表。

山井鼎《七經孟子考文》及物觀《補遺》,利用足利學校所藏古舊之本對《周易》《尚書》《毛詩》《禮記》《左傳》《論語》《孝經》及《孟子》等書進行校勘。據《七經孟子考文序》及《補遺序》等可知,《考文補遺》大致成書於日本中御門天皇享保十一年(1726,雍正四年),後傳入中國,並收入《四庫全書》之中。此書甚爲清代學者所重,主要是因其利用了當時中國學者並不多見的日本足利學校所藏古舊鈔

---

① 載《文史(第三輯)》,中華書局,1963年,第25—60頁。

本、宋代舊槧等珍本。阮元曾重刻此書,在《刻七經孟子考文並補遺序》中云:"山井鼎所稱宋本,往往與漢晉古籍及《釋文》別本、岳珂諸本合,所稱古本及足利本,以校諸本,竟爲唐以前別行之本,物茂卿序所稱唐以前王、段、吉備諸氏所齎來古博士之書,誠非妄語。"①阮氏所主持的《十三經注疏校勘記》中也反復引用此書,可見對此書的重視。此書校勘《孟子》所利用的版本主要有正德本,即元刻明修十行本;嘉靖本,即李元陽閩中刻本;萬曆本,即萬曆間北京國子監刊本;崇禎本,乃是崇禎間毛晉汲古閣所刊。以上諸種皆是注疏本。又有足利古本,乃是日本足利學校所藏古舊鈔本;又有活字本,亦是足利學校所藏,《考文》中稱爲足利本。《校勘記》中主要利用的就是《考文補遺》中所記載的這兩個版本。

浦鏜的《孟子注疏正字》,《校勘記》中亦有引用。此書也收入了《四庫全書》,作者署爲沈廷芳,但是實際的作者是浦鏜,所以《校勘記》引此書時,直説"浦鏜云"。《四庫全書總目》對此書也多有稱贊,云:"是書所舉,或漏或拘,尚未能毫髮無憾。至於參稽衆本,考驗六書,訂刊版之舛譌,祛經生之疑似,注疏有功於聖經,此書更有功於注疏。較諸訓詁未明而自謂能窮理義者,固有虛談實際之分矣。"②

清代學者大都重視此書。盧文弨在《十三經注疏正字跋》一文中云:"是書八十一卷,嘉善浦君鏜所訂,仁和沈萩園先生廷芳覆加審定,録而藏之。……余初得日本國人山井氏鼎所撰《〈易〉〈書〉〈詩〉〈春秋〉〈左傳〉〈禮記〉〈孝經〉〈論語〉〈孟子〉考文》,深喜其遵用舊式,據古本、宋本以正今本之誤。然特就本對校而已,其誤處相同者,雖間亦獻疑,然而漏者正多矣;且今本亦有絶勝於舊者,不能辨也。是書所校正,視彼國爲倍多,且凡引用他經傳者,必據本文以正之。雖同一字而有古今之別,同一義而有繁省之殊,亦備載焉。此則令讀者得以參考而已,非謂所引必當盡依本文也。"③盧文弨這裏將

① 阮元撰,鄧經元點校《揅經室集》,中華書局,1993 年,第 43 頁。
② 永瑢等撰《四庫全書總目》,中華書局影印,1965 年,第 278 頁。
③ 《抱經堂文集》,中華書局,1990 年,第 106 頁。

《七經孟子考文補遺》與《十三經注疏正字》相比，認爲《正字》更優。根據《十三經注疏正字·例言》，浦氏在校勘中所使用的主要版本是閩本、北監本的初印本及後重修本和毛氏汲古閣本，但浦鏜沒有利用時代較早的經注本和注疏本，具體到《孟子》，浦氏還使用了《孟子音義》。浦氏認爲《孟子注疏》是僞書，所以只校經文、注文，對於疏文不加校理。

阮氏《校勘記》中對兩書都所有參考，但兩書也存在問題。如盧文弨指出《七經孟子考文補遺》雖多記舊本、古本，但是多校異同，而于諸本皆同並誤之處，措意不多。而於《十三經注疏正字》，盧氏云："其書微不足者，不盡知《釋文》之本與義疏之本元不相同，後人欲其畫一，多所竄改，兩失本真，此書亦未能盡正也。又未得見古本、宋本，故《釋文》及《義疏》有與今之傳注不合者往往致疑，此則外國本甚了然也。又於題篇分卷本來舊式多不措意，或反有以不誤爲誤者。"①盧文弨在這裏指出了浦鏜《正字》一書在校勘中存在的不足，主要有以下幾點：第一，對於古書的層次構成未加注意，這主要是指浦鏜尚未意識到經書版本的流變尤其是由經注本、單疏本到注疏合刻的過程，因此單純追求文字統一；第二，版本搜羅上不夠廣泛，對於山井鼎等人的成果也未能及時采納；第三，對於古書格式有所忽略，單純校文字異同。另外，我們已經指出，浦鏜也沒有校勘《孟子注疏》中疏文文字。

學者校本一類，《校勘記》中曾經參考過何煌所校的"岳本"與何焯所校的"廖本"。何氏兄弟而外，尚有戴震的校本，而《校勘記》所使用的孔本和韓本，則是戴震校本的直接成果。何氏兄弟校本和戴震所校諸本詳參下文"引據版本分析"部分。

盧文弨曾立志匯校"十三經"，尤其是在乾隆四十四年（1779）在鮑廷博處看到《七經孟子考文補遺》、四十五年從翁方綱處借得《十三經注疏正字》後，更欲兼取二書之長。方東樹甚至認爲盧文弨所校《十三經注疏》是阮元《十三經注疏校勘記》的藍本，這一觀點也爲

---

① 《抱經堂文集》，第 106—107 頁。

汪紹楹先生所繼承。盧文弨校過《孟子注疏》，其《抱經堂文集》卷八有《孟子注疏校本書後（丙申）》一文：

> 趙邠卿注《孟子》，今所傳監本、汲古閣本，凡與疏相連者，多被增損，失趙注之舊矣。趙氏於每一章後皆有"章指"，作疏者徑削去之，仍取其辭置於疏首，而又不盡用也，獨於章指所用事辭往往於疏內具釋之。然則何以知章指爲作疏人所去也？其於"恥之於人大矣"章具著之矣。云"凡於趙注有所要者，雖於文段不錄，然於事未嘗敢棄之而不明"，是以疏內釋章指之語者不一而足。當館閣校刻經史時，於此書未嘗前後契勘，於是見注無其文而疏乃爲之具釋者，則疑以爲衍文，或又以爲他書誤入於此，或徑刪去之，或雖刪而仍錄其疏於《考證》中。乃亦有疑今所傳趙注之不全者。衆論差互，皆不知有"章指"二字之名目也。乾隆辛巳，余從吳友朱文游兊處借得毛斧季所臨吳匏菴校本，乃始見所爲章指者，獨於末卷缺如也。後見余仲林蕭客所纂《五經鉤沈》，亦復如是。更後乃聞有何仲子校本，則所缺者獨完，求之累歲，不獲。今江都汪容甫乃始以其錄自何本者借余，遂得補錄以成完書。計今年丙申，上距辛巳，十六年矣，及老眼猶明，得還漢人舊觀，豈不大快也哉！更有《孟子篇敘》，亦出趙氏，世知之者蓋鮮。余意欲先鈔《篇敘》與《章指》孤行，而注之爲後人增損者，亦不可不復其舊。誠得好古而有力者合而梓之，則尤爲善之善已。疏非孫宣公所撰，而假託其名。宣公有《音義序》，作疏者即略改數語，便以爲《正義序》，此尤爲作僞之明驗。昔人譏其疎陋不足觀，非過論也。①

由盧氏此文，我們可以推知以下幾點：第一，盧文弨的《孟子注疏》校本所使用的本子有萬曆國子監本、毛晉汲古閣本、武英殿本三個注疏本，同時因輯校《章指》和《篇敘》還參考了毛扆臨吳寬校本，汪中過錄何煌校本；第二，盧氏此文的重點并非是注疏本的異同，而是強調他所輯校的《章指》和《篇敘》，尤其是《孟子疏》對趙岐《章

---

① 《抱經堂文集》，第 121 頁。

指》的改造,因此於注疏本着墨不多;第三,雖然强調了"館閣校刻經史時",也就是武英殿所刊《孟子注疏》,但重點依然是批評殿本對於《章指》的處理不當。另外盧氏此文之後附録了"孟子異文"16 條和"句讀之異"7 條,這顯然非常簡略。

考孫志祖《與盧抱經書》云:

> 伏讀手校《孟子注疏》,全録邠卿《章指》,較之余蕭客《古經解鈎沉》所載,益復完善,令後學得覩趙注足本,亦一快事也。每卷標題俱依監本舊刻增"解經"二字,又於"孫奭音義并疏"删去"音義并"三字,具見好古盛心。但監本注疏於《周易》獨標"兼義"之名,《孟子》並列"解經"之號,學者究莫能詳其説也。至陸德明《經典釋文》,獨於《孟子》闕如,是以監本不載,今新刻以孫宣公《音義》補之,最足裨益多聞,兼可以正疏説之謬。則首行似不得不標"兼義"二字,此與監本舊刻體例稍有不同,疏非宣公所作,以《音義》參校之,益知朱子所云邵武士人僞作者可信,但沿習既久,亦止可從舊,以宣公之名冠之也。敢質之高明以爲何如?①

孫志祖這封書札中透露了一些盧文弨《孟子注疏》校本的信息。盧文弨校勘所用的工作底本似乎是武英殿本,武英殿本《孟子注疏》題名爲"孟子注疏",而北監本沿襲宋以來的傳本題名爲"孟子注疏解經",盧文弨遂據以增"解經"二字。武英殿本署名爲"孫奭音義并疏",盧文弨亦據舊本删去"音義并"三字,改作"孫奭疏"。但孫志祖似乎有不同意見,認爲保留武英殿本的署名可以"裨益多聞"。孫志祖説看似有理,但他忽略了武英殿校勘者尚未意識到孫奭并非《孟子疏》作者這一客觀事實,也沒有意識到盧文弨正是基於上述客觀事實才作出的校改。另外,孫志祖在信中還說盧文弨"全録邠卿《章指》",這與盧文弨在《孟子注疏校本書後》一文中所言相合。

---

① 孫志祖《申鄭軒遺文》,《清代詩文集彙編》影印清鈔本,上海古籍出版社,2011 年,第 392 册,第 190 頁。

另外,盧文弨在寫給汪中的信中也和汪中討論了《孟子注疏》校勘相關的問題,這也有助於我們瞭解盧文弨校本的情況,因此我們鈔錄於此:

> "夫子加齊之卿相"章"公孫丑問,伯夷、伊尹何如",案,注但云"丑曰伯夷之行何如",下又云"言伯夷之行不與孔子、伊尹同道也",似正文不當有"伊尹"二字。上舉諸賢以爲問,以其同出聖人之門,固無嫌竝舉也。若伊尹之與伯夷,則有辨矣。如復雜然竝舉以爲問,不漫浪乎? 其爲後人所增入明矣。其他如"西子"章注"惡人醜類者也",趙氏必本是"醜貌",以形近而譌爲"類"也。"滕更之在門也"章注"宜答見禮",定當是"宜見答禮"而倒其文耳。①

以上是盧文弨對《孟子注疏》校勘的具體意見。尤其他詳論的第一條爲《校勘記》所接受,且認爲盧文弨"此説極確"。

二、《校勘記》編修人員之推測②

《校勘記序》云"今屬元和生員李鋭合諸本臚其同異,臣爲辨其是非",由此可知《校勘記》的成書至少經過了校同異和辨是非,也就是初校和復校兩道手續,其他各經的情況也大致如是。根據各經《校勘記》的序和錢泰吉《曝書雜記》的記載,各部經書的分工如下:

《周易》《穀梁》《孟子》:李鋭

《尚書》《儀禮》:徐養原

《毛詩》:顧廣圻

《周禮》《公羊》《爾雅》:臧庸

《禮記》:洪震煊

《左傳》《孝經》:嚴杰

---

① 《抱經堂文集》,第 269 頁。

② 關於《校勘記》和段玉裁之關係,進一步的論證可以參考董洪利、王耐剛《從〈孟子注疏校勘記〉看段玉裁與〈十三經注疏校勘記〉修策之關係》一文,《國學學刊》2013 年第 3 期,第 75—81 頁。

《論語》:孫同元

那麼除了李鋭之外,是否還有他人參與了《校勘記》的編修呢?我們認爲是有的。下試論證之。

首先,《校勘記》的初校是由李鋭來完成的,這一點應該没有多大問題。《校勘記》也經過了初校和復校兩個過程。其中一些簡單的按語,如"是""非",參考《周易注疏》稿本、謄清本、刻本的情况,可能是由段玉裁完成的。①

如上文所言,《校勘記》經由初校、復校等過程。

卷六上第 47 條"篚厥玄黄",閩、監、毛三本同。廖本、孔本、韓本"篚"作"匪"。案,《音義》出"匪厥",丁云義當作"篚",此作"匪",古字借用,則作"匪"是也,下同。〇按,據《説文·匚部》,匪似竹篋,引《周書》"實玄黄於匪",非借用也,乃正字也。《竹部》"篚"訓車笭也。

卷十一下第 40 條"此天之所與我者",廖本、閩、監、毛三本同。岳本、孔本、韓本"此"作"比"。按,《朱子文集》云:"舊官本皆作'比'字,注中'此乃'亦作'比方'。"又《集注》云:"舊本多作'比',而趙注亦以'比方'釋之。今本既多作'此',而注亦作'此乃',未詳孰是。"〇按,朱子誤矣,趙注既云"比方",安可因近本之譌而疑之。上文"官有二",故比方之而先立其大者,文義甚明。《漢書·賈誼傳》"比物此志也",如淳曰:"比謂比方也。"今多譌"此物"。《公羊傳》注"父老比三老,孝弟官屬",今本"比"亦譌"此"。

通過上述兩例,我們可以發現,"〇"之前和之後的按語的意見是相反的,顯然不可能出於一人之手。那麼這部分新意見是由誰撰寫的呢?這是我們接下來要討論的問題。但是由於没有可靠的記載和資料,所以這裏只能作一番推測。

卷五上第 37 條:"晝爾于茅",《音義》:張云,或作"苗",誤也。〇按,《士相見禮》"在野則曰草茅之臣",注:"古文'茅'作

① 詳參劉玉才《〈周易註疏校勘記〉稿本、謄清本解題》。

'苗'。"是"茅""苗"古通用，張説非也。茅山古曰苗山，魏有"苗茨之碑"，即茅茨之碑。

此説亦見段注《説文》。《説文·艸部》云："苗，草生於田者，從艸田。"段玉裁注云："古或假'苗'爲'茅'。如《士相見禮》古文'艸茅'作'艸苗'，《洛陽伽藍記》所云魏時'苗茨之碑'實即茅茨，取堯舜'茅茨不翦'也。"①

段注之稿本《説文解字讀》"苗"字下云："楊衒之《洛陽伽藍記》曰，'奈林南有石碑一所，魏明帝所立也。題云'苗茨之碑'。高祖于碑北作苗茨堂。永安中年，莊帝馬射于華林園，百官皆來讀碑，疑苗字誤。國子博士李同軌曰：魏明英才，世偁三祖，公幹仲宣，爲其羽翼，但未知本意如何，不得言誤也。衒之時爲奉朝請，因即釋曰：以蒿（段氏原注：當作稿）覆之，故言苗茨，何誤之有。衆咸偁善，以爲得其旨歸。'玉裁按，衒之强作解事耳。古音茅、苗不別，無蕭、肴之分。苗茨碑取堯舜茅茨不翦名之，古書必有作茅茨者。《士相見禮》'在野則曰艸茅之臣'，鄭注曰，'古文茅作苗。'會稽山本名茅山，亦曰苗山，《越絶書》作茅山，張勃《吳録》作苗山（《史記索隱》），是其證也。"②

對比段玉裁的看法和《校勘記》中的意見，二者都使用了《儀禮》鄭注和《洛陽伽藍記》中的材料，認爲"茅""苗"二字古通用，從而駁斥《孟子音義》中所録張鎰説法。所以無論是證據還是結論，二者都是一致的，由此我們可以考見此條校記"○"後按語和段玉裁的關係。

卷十二上第 3 條："翅饜也若言何其不重也"，按，"翅，饜也"者，翅者是語詞，即不啻也。《説文·口部》曰："啻，語時不

---

① 段玉裁《説文解字注》，上海古籍出版社，1988 年，第 40 頁。又《洛陽伽藍記》卷一云："奈林南有石碑一所，魏明帝所立也。題云'苗茨之碑'。高祖于碑北作苗茨堂。"周祖謨《校釋》引《水經注》云："天淵池南置魏文帝茅茨堂，前有茅茨碑，是黄初中所立也。"雖《洛陽伽藍記》與《水經注》所載立碑之人有異，然二書可證段玉裁説之確。

② 段玉裁《説文解字讀》，北京師範大學出版社，1995 年，第 66 頁。

啻也。”“奚翅”“不啻”猶《史》《漢》之言“夥頤”。或析“翅”字
訓但，誤矣。注云“若言何其重也”，正謂色食之重者，後人添
“不”字，遂不可解矣。

此條按語之内容亦可與段玉裁《説文解字注》互參。《説文·口
部》云：“啻，語時不啻也。”段注云：“玄應引《倉頡篇》曰：‘不啻，多
也。’按不啻者，多之詞也。《秦誓》曰‘不啻若自其口出’，《世説新
語》云‘王文度弟阿智，惡乃不啻’，《玉篇》云‘買賣云不啻也’，可知
爲市井常談矣。不啻，如楚人言‘夥頤’。啻，亦作翅，支聲、帝聲同
部也。《疒部》‘痕’下曰：‘病不翅。’《孟子》曰：‘奚翅食重。’”①又
《疒部》之“痕”字云：“病不翅也。”段注云：“翅，同‘啻’，《口部》
‘啻’下曰：‘語時不啻也。’《倉頡篇》曰：‘不啻，多也。’古語‘不
啻’，如楚人言‘夥頤’之類。《世説新語》云：‘王文度弟阿至，惡乃
不翅。’晋宋間人尚作此語，帝聲、支聲、氏聲同在十六部，故‘痕’
以‘病不翅’釋之，取疊韻爲訓也。《爾雅·釋詁》、《詩·無將大
車》《白華》傳皆云：‘痕，病也。’《何人斯》假借‘祇’爲‘痕’，故
《毛傳》曰：‘祇，病也。’言假借也。又按古書或言‘不啻’，或言‘奚
啻’，‘啻’皆或作‘翅’。《國語》曰‘奚啻其聞之也’，韋注云：‘奚，
何也。何啻，言所聞非一也。’《孟子》‘奚翅食重’‘奚翅色重’，趙
注：‘翅，辭也。若言何其重也。’今刻本作‘何其不重也’，乃大
誤。”②可見按語之説與段玉裁説全同，甚至涉及的相關説法（如“夥
頤”）也是相同的。

像上面這樣與段玉裁《説文注》中的説法和證據極爲相似的例
子我們還可以找出一些，如果我們將例證的範圍從《孟子注疏校勘
記》擴大至其他各經的《校勘記》的話，這樣的例子會更多。如果只
是結論相似，尚不足以斷定這些意見一定是段玉裁的，但是如果所舉
證據甚至涉及的相關問題也是一致的話，如上述幾個例子，那麼《校
勘記》和段玉裁的關係則是顯而易見的。這裏還可以提供一個更加

---

① 《説文解字注》，第 58 頁。
② 《説文解字注》，第 352 頁。

明確的例子：

> 卷十下第 2 條："郤之郤之爲不恭"，閩本同。監、毛二本，孔本、韓本"郤"作"卻"。《音義》出"卻之"云："或作'郤'，誤。"案，"卻"字從"卪"，《説文》曰"卻也"，俗作"却"。郤者，邑名，字從邑，經傳亦借爲"隙"字。

按，《校勘記》中引用《説文》釋"卻"字，但與傳世之大徐本和小徐本皆不同，而與段玉裁改訂本同。大徐本作："卻，節欲也，從卪谷聲。"小徐本與大徐本同。然段玉裁改訂本作："卻，卪卻也，從卪谷聲。"注云："各本作'節欲也'，誤。今依《玉篇》'欲'爲'卻'，又改'節'爲'卪'。卪卻者，節制而卻退之也。"① 可見，段玉裁是根據《玉篇》修改了傳世本《説文解字》，而《校勘記》中所引恰恰正與段玉裁的改訂本最爲相似，再結合上面例子，我們雖然不能斷定《校勘記》中所有的按語都是出自段玉裁，但是卻可以説其中的一部分按語應當是段玉裁的意見。

在《校勘記》中還有一點值得我們注意，因爲校記中有和其他經疏的《校勘記》相互參證的情況。

> 卷五上第 25 條："且志曰"，此與《左傳》"且謚曰：匪宅是卜，惟鄰是卜"文法正同，依趙注疑"且"字下奪"曰"字，《左傳》亦然。

今按，《左傳》云云見昭公三年。《春秋左傳注疏校勘記》卷二十六"則使宅人反之且謚曰"條云："陳樹華曰：朱氏《日鈔》云：'且'字文義不接，或疑上有闕文，又疑'曰'字之誤。'謚曰'以下皆晏子使宅人反故室辭。"

> 卷十一下第 34 條："樲棘"，樲棘，古書皆作"樲棗"。《爾雅》"遵，羊棗"注引《孟子》"養其樲棗"②，古本《爾雅》皆同，詳

---

① 《説文解字注》，第 431 頁。
② 《校勘記》此處所言《爾雅注》引《孟子》文似誤記。《爾雅·釋木》"樲，酸棗"，郭璞注引《孟子》曰："養其樲棗。"《爾雅》又云"遵，羊棗"，郭璞注引《孟子》曰："曾晳嗜羊棗。"

《爾雅校勘記》。唐宋人《本艸注》皆作"樲棗",毛傳曰:"棘者,棗也。",統言之也,故羊棗雖小而得稱棗。

此處言《校勘記》此條可與《爾雅注疏校勘記》互參。《爾雅》云云見《釋木》,《爾雅注疏校勘記》卷下之上"養其樲棗"條云:"單疏本、雪牕本、正德本同。閩本、監本、毛本'棗'改'棘',俗本《孟子》同。按,此疏引《孟子》及趙岐注作'樲棗',《玉篇·木部》'樲,酸棗,《孟子》云樲棗是也,'皆與此合。"

由上述可見,《校勘記》的修撰也參考到了其他經注疏的《校勘記》工作,而上面涉及的《左傳》《爾雅》和《孟子》分別由嚴杰、臧庸和李銳擔任初校,當然存在他們之間互相交換意見的可能性。但是我們考慮到段玉裁審定《十三經注疏校勘記》的情況,那麼這些彼此互參的按語是否是段玉裁在審定時,根據各經的情況而撰寫的呢,這種可能性也是存在的。①

段氏《説文解字注》的初刻本刻于嘉慶二十年(1815),而《十三經注疏校勘記》刻板時間是嘉慶十三年,所以《校勘記》修纂時引用的可能是段注的稿本,即修纂《校勘記》時已經成書並有盧文弨、王念孫先後作序的《説文解字讀》。

接下來我們要討論的問題是,《校勘記》中所有的按語都是由段玉裁一人來撰寫嗎? 我們認爲恐怕也不能這樣説。因爲《校勘記》也有與段玉裁意見不同之處。

卷十四下第 25 條:"是以言餂之也",《音義》云:本亦作"甜"。○按,韻書無"餂"字,而趙注與《方言》正合,則爲"甜"字之誤無疑也。

此説與段玉裁之説不同,段氏之説見《經韻樓集》卷六《答江晉三論韻(壬申七月)》,其説云:"銛,舌聲,足下改作甛省聲,不知此乃'㕯'聲之誤也。考《木部》之'栝',即今'檜'字(鉉曰:當甛省聲);《炎部》"甜"字,舌聲(鉉曰:當甛省聲);《心部》'恬'字,甛省聲。《谷部》'㕯'下曰:'舌皃,从谷省,象形。'(《唐韻》他念切)此正上三

字所從以爲聲也。丙與舌,義近形相似,故'丙'譌'舌',淺者不得其
説,改爲舓省聲,非也。舌能引取物,故炊竈木字从丙,亦形聲含會
意。《方言》:'銛,取也。'孫宣公説《孟子》'言銛''不言銛'皆當作
'銛',僕則謂皆當作'鈎'。'恬'字或可舓省聲,'栝''銛''秳'字
斷不可也。"①《説文解字注》之説與此同,可見《校勘記》初校之後的
工作並非由段玉裁一人完成。

三、引據版本考析

《校勘記》卷首有《引據各本目録》,我們現在就這一部分,對《校
勘記》中使用的各個版本進行分析。

(一)單經本

《校勘記》明確交代的單經本僅有一種,即:

> 宋石經殘本(高宗御書,行書,每行字數參差不齊,今止存
> 十一碑,見在杭州府學。)

宋石經而外,《校勘記》中還提到了"宋《九經》本"與"咸淳衢州
本",但在卷前《引據各本目録》中並未提及,蓋據他人校本。

宋《九經》本,《校勘記》中出現十三次。《天禄琳琅書目後編》
卷三著録《九經》四函,十六册,云:"巾箱本,不分卷。《易》《書》共
一册,《詩》二册,《周禮》二册,《禮記》三册,《左傳》六册,《孝經》《論
語》共一册,《孟子》一册,音義皆附上方。諱'眘'不諱'惇',淳熙、
乾道間刻也。"②《藏園訂補邵亭知見傳本書目》云:"九經,明刊本,
白文,爲《周易》《尚書》《毛詩》《周禮》《禮記》《春秋左傳》《孝經》
《孟子》各一卷,《論語》二卷,共十卷。半葉二十行,行二十七字,細
黑口,左右雙闌,上加眉闌,内注字音,此即世所謂靖江本,故宫有一

---

① 段玉裁撰,鍾敬華點校《經韻樓集》,上海古籍出版社,2008 年,第 134—
135 頁。

② 彭元瑞等纂,徐德明點校《天禄琳琅書目》(後編),上海古籍出版社,2007
年,第 438 頁。

帙,江南圖書館有一帙,前人誤認爲宋本。"①《藏園群書題記·宋刊巾箱本八經書後》亦云:"世傳宋巾箱本諸經正文,各家目録多載之,其行格與此同,所謂行密如櫛、字細如髮者。然簡端加闌,上注字音,與此本異……明靖江本即據以覆木,而加上闌焉,故行格同,尺寸同,避諱之字亦無不同。"②由此可知欄上加音義者乃是明代翻刻之本。此書題爲"宋刊白文《九經》",故前人誤以爲宋本。阮元所云"宋《九經》本"未知即此本否。又有明崇禎十三年(1640)錫山秦璨刻《九經》,半葉十三行,行二十四字,白口,四周雙闌,有眉闌。

《校勘記》中還提到了所謂"咸淳衢州本",計十七次,皆校經文。按,此本實爲《四書章句集注》,故不校趙注、疏文。《天禄琳琅書目》卷一"宋版經部"著録《四書》五函,二十七册,云:"咸淳癸酉,衢守長沙趙淇刊於郡庠,每版中有'衢州官書'四字……此本,淇爲衢守所刻,時度宗九年。按虞集《道園學古録》:淇乃趙葵次子,幼以郊恩補承奉郎,舉童子科。刻書後六年而入元,拜湖南道宣慰使。"③

(二)經注本

《校勘記》中使用的經注本共計七種,但是在《引據各本目録》中卻提到了八種,分別是北宋蜀大字本、宋本、岳本、廖本、孔本、韓本,以及《七經孟子考文補遺》中所載之古本及足利本。但是《校勘記》各條目下所引用的各本文字中並没有北宋蜀大字本的異文。

1. 北宋蜀大字本(章邱李氏所藏,今據何焯校本)

從校記文字來看,《校勘記》中並未提及此本。這大概是編修《校勘記》時計劃尋找或者使用此本,但可能最後未尋到。或者忘記將何焯校文補入。

有很多清代學者都曾經提到過這個所謂的"北宋蜀大字本"。戴震《孟子趙注跋》云:"有章丘李氏所藏北宋蜀大字章句本,毛斧季

① 傅增湘《藏園訂補郘亭知見傳本書目》,中華書局,2009年,第4頁。
② 傅增湘《藏園群書題記》,上海古籍出版社,1989年版,第1—2頁。
③ 《天禄琳琅書目》,第16頁。

影鈔者,並得趙岐《孟子篇序》。"①陳鱣《經籍跋文》亦云《孟子》經注舊刻有"李中麓所藏北宋蜀大字本"②。戴震及阮元所說的章丘李氏,就是陳鱣所說的李中麓,也就是李開先。李開先(1501—1568),字伯華,號仲麓,亦作中麓,章丘是其籍貫,朱彝尊《静志居詩話》云其"藏書之富,甲于齊東"③。毛扆曾經在書賈處見到過這個"北宋本",其爲影宋鈔《三經音義》所撰寫的跋文云:

> 余在京師得宋本《孟子音義》,發而讀之,其條目有《孟子篇敘》,注云"此趙氏述《孟子》七篇所以相次敘之意",茫然不知所謂。書賈又挾北宋板《章句》求售,亦係蜀本大字,皆章丘李氏開先藏書也。卷末有《篇敘》之文,狂喜叫絶,令僮子影寫攜歸,附於《音釋》之後,後人勿易視之也。虞山毛扆識。④

由毛扆此跋可知以下幾點:第一,毛扆曾經收藏過宋蜀刻大字本《孟子音義》,與其經由書賈所見《章句》皆爲李開先舊藏,也就是戴震、阮元所說的章丘李氏,陳鱣大概也是據此跋而知章丘李氏爲李中麓;第二,毛扆以此本爲北宋蜀刻本,後人遂本之亦云其爲北宋本;第三,毛扆曾命人影鈔,但可能只是此書的篇末即《篇敘》部分,故云"附於《音釋》之後",毛氏是否影鈔《章句》全書,從此不易推定。據何焯云"毛斧季從真定梁氏借得宋槧本影鈔"⑤,則毛扆所影鈔之《章句》則是自梁清標處。

章丘李氏藏書後來流出,范鳳書《中國私家藏書史》云:"首先在萬曆初,其藏書相當一部分與江都葛氏書合萬卷歸明宗室朱睦㮮。餘者康熙間散出,半爲昆山徐乾學傳是樓所得。詞曲精本盡歸毛

① 戴震《戴震集》,上海古籍出版社,2009年,第205頁。
② 陳鱣《經籍跋文》,《宋版書考録》影印道光十七年(1837)海昌蔣光煦刻本,北京圖書館出版社,2003年,第261頁。
③ 朱彝尊著,黄君坦校點《静志居詩話》卷十二,人民文學出版社,1990年,第332頁。
④ 《蘇州圖書館藏古籍善本提要·經部》,鳳凰出版社,2004年,第116頁。
⑤ 何焯語亦見戴震《孟子趙注跋》,《戴震集》,第205頁。

宸。"①結合毛扆跋文書賈求售一語,可以推測此書亦大概是康熙間流出的。又毛扆跋《五色綫集》云:"辛酉夏日,余訪書于章丘李氏中麓先生之後。"②辛酉是康熙二十年(1681),因此我們推測此書是康熙間從李開先後人手中流出。

又何焯云:"聞真定梁氏有北宋刻本,安得一旦遇之,盡爲是正乎。"③真定梁氏,即梁清標(1621—1691),字玉立,一字蒼岩,號蕉林,真定乃是其籍貫。《四部叢刊》影印本卷一鈐有"蕉林藏書"印記,由此可以判斷,前人所謂真定梁氏所藏北宋本亦即《四部叢刊》本《孟子章句》。今按,《四部叢刊》本《孟子章句》卷後有《孟子篇敍》,與毛氏汲古閣影鈔本《孟子音義》後所附《孟子篇敍》字體、行款全同。由上文所引毛扆跋文可知毛氏影鈔源自李開先舊藏,因此我們可以肯定此本即是毛扆在書賈處所見的李開先舊藏"北宋本"《孟子章句》。這即是說,章丘李開先所藏者後歸真定梁清標,而二人所藏者即是後來《四部叢刊》本《孟子章句》的底本。

又《四部叢刊》影印本卷二、卷六標題下有"至正二十五年(1365)正月"印,卷十一葉十七 A 有一印記,左側一行已經不易辨認,右側一行可識者爲"不許借出",當是元人的收藏印記,張元濟《影印〈續古逸叢書〉緣起》據此云"驗其印記,尚是元時松江儒學官書"④。那麼此書在元代曾爲儒學官書,後輾轉流傳至李開先處,而後又歸梁清標。

梁氏藏書不知散失於何時,而此書在梁氏之後至入清内府之前這段時間的流傳則說法歧而不一。一說梁氏獻此書於官府,以備四庫館采擇。桂馥《晚學集》卷六《與龔禮部麗正書》云:"當四庫館初開,真定梁氏獻《孟子趙注章旨》及宋槧《說文解字》,官府以《孟子》

---

① 范鳳書《中國私家藏書史(修訂版)》,大象出版社,2009 年,第 203 頁。

② 毛晉等撰,潘景鄭校訂《汲古閣書跋》,上海古籍出版社,2005 年,第 132 頁。

③ 傅增湘《藏園群書經眼錄》,中華書局,2009 年,第 5 頁。

④ 張元濟《影印〈續古逸叢書〉緣起》,《張元濟全集》第十卷,商務印書館,2010 年,第 247 頁。

《説文》非遺書,不爲上,有識者鈔其《章旨》流布世間,《説文》則仍歸梁氏。"①四庫館初開在乾隆三十七年(1772)②,乾隆皇帝亦屢下徵求天下書籍之詔,那麼如果桂馥之説可信的話,梁氏獻書的時間當在乾隆三十七年或者其後不久。而乾隆三十七年時,梁清標早已辭世,所以獻書的當是其後人。孔繼涵《孟子趙注序》云:"乾隆己丑之春,晤梁孝廉用梅于京邸,詢其宋本趙注《孟子》,許假而未與。"③乾隆己丑是乾隆三十四年,梁孝廉用梅是梁清標五世孫,王鳴盛《贈梁生序》云:"真定梁生用梅,力學有文,屢試省闈不售;今秋已雋矣,又屈置副乘……生爲故相國蕉林先生諱清標之五世孫,相國群從昆弟清寬、清遠,同時官九卿。生之曾大父及尊甫仍世通籍,有烏衣雀桁,蘭錡貂蟬之美。蓋河北數巨族者,必首及焉。"④那麼獻書之人可能是梁用梅。

又桂馥言梁氏所獻者有"《孟子趙注章旨》及宋槧《説文解字》",並没言明梁氏所獻者僅是《章指》還是《章句》全書,但從下文所云"官府以《孟子》《説文》非遺書"可知,梁氏所獻者爲《章句》全書。如果僅有《章指》的話,應該並不會説是"非遺書",因爲在清代尤其是清初,《章指》並不常見,所以很多學者都在對《章指》進行輯佚。

又桂馥言"有識者鈔其《章旨》流布世間,《説文》則仍歸梁氏",從桂馥此語來推斷,《孟子趙注章旨》一書似乎並没有歸還梁氏,所

① 桂馥《晚學集》卷六,《續修四庫全書》影印清道光孔憲彝刻本,第1458册,第697頁。

② 四庫館開館之時間,諸家説各不同,有乾隆三十六年(1771)、三十七年、三十八年三説,一般認爲是乾隆三十七年。詳參張升《四庫全書館研究》第一章"四庫館開、閉館的時間",北京師範大學出版社,2012年。

③ 王昶編《湖海文傳》卷二十一,《續修四庫全書》影印道光經訓堂刻本,第1668册,第587頁。按,《湖海文傳》所載孔氏此文與孔氏刊本《孟子章句》書後所附孔氏跋文文字略有不同,跋文于"晤梁孝廉用梅于京邸"下有"真定大學士之孫也"一句,而《文傳》無之,據下文引王鳴盛之文,則《文傳》刪去此一句更近情實。

④ 王鳴盛《西莊始存稿》卷十五,《嘉定王鳴盛全集》第十册,中華書局,2010年,第278頁。

以桂馥言"《說文》仍歸梁氏",而不及《孟子》。是否是進獻內府了呢? 由於缺乏文獻證據,我們不得而知。王國維曾推測說:"今觀此帙,則當時雖未著録,實已進御矣。惜《四庫》例不録單注本,遂令此書顯而復晦。"①

第二種説法則見於傅增湘《藏園訂補郘亭知見傳本書目》,其卷三云:"真定梁氏有北宋本,後歸王侍郎之樞。"②王之樞,曾爲康熙四十四年(1705)乙酉科鄉試江南考官,《清秘述聞》卷三云:"侍講學士王之樞字恒麓,直隸定州人,乙丑(康熙二十四年)進士。"③曾官吏部右侍郎。又江慶柏《清代人物生卒年表》據《康熙二十四年乙丑科會試進士履歷便覽》載其生年爲康熙五年,卒年不詳,字雪石。傅氏云此書真定梁氏後歸王之樞,應該是據《困學紀聞注》中所引方樸山(引者按,方薰如,號樸山)説。方氏云:"真定梁氏所藏,是北宋槧本,今在侍郎王公之樞家。其本篇有《篇序》,章有《章指》,即義門所云僞疏所割者也。諸經注亦往往與今刊本異。余在京師,曾于同年王虛舟(引者注,王澍,號虛舟)處閲之,得以校正譌謬。"④

此書後自內府流出,傅增湘《藏園訂補郘亭知見傳本書目》云:"此書清宫舊藏。曾借出影印,收入《續古逸叢書》中。後忽爲人竊出,余嘗見數卷於張岱杉許,已離析矣,可惜之至。"⑤張岱杉即張弧,民國時曾任財長。此書自內府流出後部分歸於張弧,而在此之後則下落不明,至今不知尚存否。

清人多以此本爲北宋本,但實則不然。孟森先生曾經用《四部叢刊》本《孟子章句》與《校勘記》對校,並撰寫《宋槧大字本孟子校記》一文,詳細説明此本的避諱情況:"今大字本,審其時代,刊于南宋孝宗時,北宋諸帝諱皆避,南宋則僅避高孝兩朝。高宗名構,搆怨、

---

① 王國維《觀堂題跋選録(經史部分)》,《文獻》1981年第3期,第209頁。

② 《藏園訂補郘亭知見傳本書目》,第140頁。

③ 法式善等撰《清秘述聞三種》,中華書局,1982年,第93頁。

④ 王應麟著,翁元圻等注,欒保群等校點《困學紀聞》,上海古籍出版社,2008年,第1004頁。

⑤ 《藏園訂補郘亭知見傳本書目》,第140頁。

搆兵之搆，避嫌名而缺筆；孝宗名眘，故‘術不可不慎’及‘慎子爲將軍’之慎亦皆缺筆。至光宗諱惇，宋書版避諱例，‘享’作‘饗’，‘郭’字亦缺筆作‘郭’，今本‘享多儀’及‘七里之郭’‘城郭不完’皆不缺筆，‘使虞敦匠事’之敦，音義皆同，又同偏旁，亦無缺筆，是不避光宗諱也。至寧宗諱擴，‘擴而充之’不避。理宗諱昀，‘舉百鈞’‘井地不均’‘鈞是人也’不避。度宗諱禥，‘雖有鎡基’不避。度宗以後，宋不國矣，可不復論。”①因此，從避諱字來判斷，《四部叢刊》本即清人所說的章丘李氏藏北宋本並不是真正的北宋本，其刻板時代不可能早於孝宗朝。

2. 宋本（劉氏丹桂堂巾箱本，鄭師山所藏，闕《公孫丑》《告子》二册，今據何焯校本）

此本未詳。鄭師山是元代學者鄭玉，字子美，事蹟詳《宋元學案》卷九十四《師山學案》。傅增湘《藏園群書經眼録》卷一録何焯題記云：“康熙丙戌，常熟錢楚殷以宋劉氏丹桂堂巾箱本《孟子》見贈，其中闕《公孫丑》《告子》二册，雖非完書，然猶是鄭師山舊藏也，袪疑正誤，爲功甚大。聞真定梁氏有北宋刻本，安得一旦遇之，盡爲是正乎！辛卯春日，汲古毛氏以影寫元盱郡重刊廖氏善本質錢於志雅齋，因假其第三、第四卷，第十一、十二卷，盡爲校正，案頭趙注遂有完本，願與好古之士共之。右義門先生記，鳳翔謹録。”②傅增湘先生《雙鑒樓善本書目》卷一著録《孟子注疏解經》十四卷，云：“汲古閣本，金鳳翔臨何義門校宋丹桂堂巾箱本、盱郡重刻廖氏本。”③傅增湘所見是金鳳翔過録於汲古閣本《注疏》上的何校本。未知《校勘記》修纂者所見爲何校原本或是過録之本。

又何焯《義門先生集》卷九《孟子音義跋》云：“建陽殘本《孟子》

① 孟森《宋槧大字本孟子校記》，《國立北平圖書館館刊》第九卷第四號，1935年，第81頁。
② 《藏園群書經眼録》，第5頁。
③ 傅增湘《雙鑒樓善本書目》，《中國著名藏書家書目彙刊：近代卷》影印民國十八年（1929）江安傅氏藏園刻本，商務印書館，2005年，第28册，第20頁。

五册,得之虞山錢氏。末葉脱爛,手寫補完。《篇叙》自世綵堂以下諸刻皆闕,毛丈斧季爲東海司寇購得章邱李中麓少卿所藏北宋本乃有之,余又傳于毛氏也。壬辰夏六月,廬江何焯記。"①第一,此文雖題爲《孟子音義跋》,但從册數上判斷,應是有《音義》的《孟子》,若是只有《音義》,則不可能有五册。第二,此處説此福建建陽刻本得自虞山錢氏,而上文所録何焯題記云丹桂堂巾箱本乃是常熟錢楚殷所贈,錢楚殷乃是錢曾之子錢沅,由此可知《文集》中所提及的建陽刻本即是《校勘記》中所言及的丹桂堂巾箱本。

3. 岳本(亦據何焯校本)

4. 廖本(廖瑩中世綵堂本,元旴郡重刊,今據何煌校本)

以上兩種版本,皆爲翻刻廖瑩中世綵堂刊本。

廖瑩中世綵堂所刊諸書,世稱善本。周密《癸辛雜志·後集》"賈廖刊書"條云:

> 廖群玉諸書,則始《開景福華編》,備載江上之功,事雖誇而文可采。江子遠、李祥父諸公皆有跋。《九經》本最佳,凡以數十種比校,百餘人校正而後成,以撫州草抄紙、油烟墨印造,其裝襯至以泥金爲籤,然或者惜其删落諸經注爲可惜耳,反不若韓、柳文爲精妙。又有《三禮節》《左傳節》《諸史要略》及建寧所開《文選》諸書,其後又欲開手節《十三經注疏》,姚氏注《戰國策》《注坡詩》,皆未及入梓,而國事異矣。②

又其《志雅堂雜抄》云:

> 廖群玉諸書則始于《景開福華編》,備載江上之功,雖鋪張過實,然文字古雅頗奇,可喜。江子遠、李祥文諸公皆有跋。其後開《九經》,凡用十餘本對定,各委本經人點對,又圈句讀,極其精妙,皆以撫州單鈔清江紙,造油煙墨印刷,其裝飾至以泥金

---

① 何焯《義門先生集》,《續修四庫全書》影印道光三十年(1850)刻本,第1420册,第230頁。

② 周密撰,吴企明點校《癸辛雜識》,中華書局,1988年,第84—85頁。

爲籤,然或者惜其删略經注爲可議耳。①

由以上兩段可知:第一,廖瑩中刊刻《九經》,選用諸本進行對校,加以句讀。這和岳氏《刊正九經三傳沿革例》的記載是相合的。岳氏《沿革例》本自廖瑩中《九經總例》②,其云:"今以家塾所藏唐石刻本、晋天福銅版本、京師大字舊本、紹興初監本、監中見行本、蜀大字舊本、蜀學重刻大字本、中字本、又中字有句讀附音本、潭州舊本、撫州舊本、建大字本、俞韶卿家本、又中字凡四本、婺州舊本,並興國于氏、建余仁仲凡二十本,又以越中舊本注疏、建本有音釋注疏、蜀注疏,合二十三本,專屬本經名士反復參訂,始命良工入梓。固自信以爲盡善,正恐掃塵隨生,亦或有之,惟望通經先達不吝惠教。"③周密言十餘本,《總例》言二十三種,周氏當是約略言之,或是岳氏有所增補。第二,除了文字精良之外,當時的印刷也極爲講究,無論是紙墨還是裝幀,都較爲考究。第三,廖氏所刻《九經》亦有不足之處,即周密所謂"删落諸經注"。就《孟子章句》而言,廖本删落了各篇題下之注釋。

關於廖瑩中所刊《九經》具體書目,據張政烺先生《讀〈相臺書塾刊正九經三傳沿革例〉》,有《周易》王弼、韓康伯注,《尚書》僞孔傳,《毛詩》傳箋,《周禮》鄭注,《禮記》鄭注,杜預《春秋經傳集解》,《孝經》唐玄宗注,何晏《論語集解》,趙岐《孟子章句》九種。這與王應麟《玉海》的記載時人所謂的"九經"是相合的,《玉海·藝文》云:

　　……至唐貞觀中,答那律淹貫群書,褚遂良稱爲"九經庫",九經之名又昉乎此。其後明經取士以《禮記》《春秋左傳》爲大經,《詩》《周禮》《儀禮》爲中經,《易》《尚書》《春秋公》

① 周密撰《志雅堂雜抄》卷下第十五頁,《粵雅堂叢書》本。
② 張政烺先生認爲岳氏《刊正九經三傳沿革例》主體部分承襲自廖氏《九經總例》,參看氏著《讀〈相臺書塾刊正九經三傳沿革例〉》第二部分"徵廖氏《九經總例》",載《張政烺文集·文史叢考》,中華書局,2012年,第315—319頁。
③ 岳浚《相臺書塾刊正九經三傳沿革例》,孫欽善選注《中國古文獻學文選》,江蘇教育出版社,2008年,第121頁。

《穀》爲小經，所謂九經也。國朝方以三《傳》合爲一，又舍《儀禮》而以《易》《詩》《書》《周禮》《禮記》《春秋》爲六經，又以《孟子》升經，《論語》《孝經》爲三小經，今所謂九經也。①

但是廖瑩中所刻《九經》並無傳本，岳氏《刊正九經三傳沿革例》謂：廖氏所刻九經，"板行之初，天下寶之，流布未久，元板散落不復存。嘗博求諸藏書之家，凡聚數帙，僅成全書"。可見在元代時，廖氏書版已經毀亡，而九經原本亦不常見，所以岳氏盡力搜求才成完帙。儘管廖氏原本並未傳世，但其版刻風貌賴覆刻本以傳。《刊正九經三傳沿革例》云："懼其久而無傳也，爰仿成例，乃命良工刻梓家塾。"②可見義興岳浚所刻《九經三傳》中的"九經"，就是覆刻廖瑩中世綵堂本《九經》。並在此基礎上增以何休《春秋公羊經傳解詁》，范寧《春秋穀梁傳集解》，又附刻《春秋年表》《春秋名號歸一圖》。今所存岳氏刻本有《周易》王弼、韓康伯注，《周禮》鄭注殘卷，《春秋經傳集解》，《孝經》唐玄宗注，《論語集解》，《孟子章句》。

廖瑩中世綵堂《九經》，除了義興岳浚的覆刻本之外，尚有元盱郡的覆刻本。今所見盱郡覆刻之本，僅有《論語》《孟子》二書，每卷末皆有牌記，書"盱郡重刊廖氏善本"八字。又陳澔《禮記集説》卷首《凡例》所列"校讎經文"諸本有"盱郡重刊廖氏本"。又明張萱《內閣藏書目錄》卷二著錄《九經總例》一冊，注云："依盱郡廖氏元本梓之，莫詳姓氏。"由此可知：一、盱郡所重刊者，《論語》《孟子》之外，尚有《禮記》鄭注及《九經總例》。由此可以進一步推測，盱郡所刊可能是"九經"，所以張政烺先生説："元盱郡重刊殆屬全書，並及《九經總例》。"③二、明代所刻《禮記集説》皆誤"盱郡"之"盱"爲"盰"，可見明代以來盱郡重刊廖氏《九經》並不常見。張政烺先生云："史語所藏明經廠本《禮記集説》及《禮記集説大

① 王應麟《玉海》，廣陵書社影印，2005 年，第 783 頁。

② 《相臺書塾刊正九經三傳沿革例》，孫欽善選注《中國古文獻學文選》，第120 頁。

③ 張政烺《讀〈相臺書塾刊正九經三傳沿革例〉》，《張政烺文集·文史叢考》，第 335 頁。

全》'盱'字皆誤作'旴',同治十一年(1872)山東書局刊本同,自明以來知有盱郡覆廖本者鮮矣。"①而陳澔自序題至治壬戌(元英宗至治二年,1322),張政烺先生由此推測,盱郡覆刻本開版當在元英宗以前。又云:"盱郡以盱江得名,江出江西南城縣,宋爲建昌軍治,元爲建昌路治。又盱江書院(見《大明一統志》卷五十三建昌府),此本或刊置書院者。"②

如上所述,廖瑩中世綵堂所刊《孟子》原書已經不存,但義興岳氏所刻《九經三傳》,盱郡重刊廖氏本,其中的《孟子》皆存。二本的行款版式一致,皆每半頁八行,行十七字,注文雙行,行亦十七字;四周雙欄;細黑口,版心上方記字數,中爲雙魚尾,上魚尾下記卷次,下魚尾上記頁次,版心下方記刻工姓名。二本每卷末皆有牌記,左欄之外皆有書耳。

字體風格上,兩本也是高度一致。而在文字內容上,兩本也有異文。例如盱郡本《公孫丑下》"城非不高也"注"有堅强如此而破之走者",岳本"破"作"彼"。但這種情形極少,二本的絕大多數文字是相同的。在句讀和音讀上,兩本所加圈也基本一致,偶有彼本有而此本無者,但並不多見,可能是手民之誤。

所以,岳本和盱郡本同出一源,且均較爲忠實地保留了廖本的原貌,因此廖氏所刻《九經》中《孟子》的原本雖已不存,但是通過岳本、盱郡本我們仍能瞭解其概況。

義興岳氏刻《孟子》今藏中國國家圖書館。其上鈐有"晋府書畫之印""敬德堂書畫印""李國壽印""陳氏世寶""陳定書印",又有"滄葦""季振宜印"二印,"崑山徐氏家藏""乾學之印""健菴"三印,可見先後經季振宜、徐乾學傳是樓收藏,又有"五福五代堂古稀天子寶""八徵耄念之寶""太上皇帝之寶""乾隆御覽之寶""天禄琳琅"

① 《讀〈相臺書塾刊正九經三傳沿革例〉》,《張政烺文集·文史叢考》,第317頁。
② 《讀〈相臺書塾刊正九經三傳沿革例〉》,《張政烺文集·文史叢考》,第316頁。

"天禄繼鑒""子子孫孫永寶用",是爲清内府天禄琳琅所藏。《天禄琳琅書目後編》卷三"宋版經部"著録此本。時人誤以岳珂爲刻書之人,故著録作宋版,後經張政烺先生考證所謂岳氏乃是元時宜興(古稱義興)岳浚,刻板時代當在元大德末①。卷末牌記云"相臺岳氏刻梓荆溪家塾"。此本部分頁面已經殘泐,但主體部分尚好。其書口下方之刻工有:范、祜、王圭、王、圭、凌拱、凌、拱、伯、恭、伯恭、史、張守中、張、守中、中、子、金、從善、從、善、永、何、永言。

元旴郡翻刻廖本現存臺北故宫博物院,民國二十年(1931)時影印入《天禄琳琅叢書》,後 1985 年臺北故宫博物院再次影印。其上鈐有"毛晋私印""子晋""毛氏子晋""毛褒之印""華伯氏""毛氏收藏,子孫永保",可見是毛氏汲古閣舊藏。後入藏故宫位育齋。又有"沅叔審定"印記,則又爲傅增湘所經眼者,見於《藏園群書經眼録》卷二。卷末有牌記,云"旴郡重刊廖氏善本",卷七則作"旴江重刊廖氏善本"。又此本卷九末頁、卷十首二頁及卷十三第十一頁皆爲補寫。其版心下方録有刻工姓名:祥、張泳(或作"張""泳",知張泳爲一人者,據旴郡重刊廖本《論語集解》推測)、子成、戴觀(或作"觀")、宏、吳栱(或作"栱")、余德高(或作"德高""高")、弓、嵩甫(或作"嵩父""嵩")、可華(或作"可")、澄、吉榮(或作"榮")、明甫、吳明(或作"吳""明")永、久、興甫(或作"興")、甫等。另在上象鼻或下魚尾下有:水村(或作"水")、若虛(或作"若""虛")、心,阿部隆一先生《增訂中國訪書志》以爲亦是刻工,而昌彼得先生則推測爲書手②。版心下方刻工不同的書版上往往同樣書有"水村"等,而且大致上水村出現在此書的前一部分,而若虛則出現在中間部分,心則出現在後面,因此,我們認爲昌彼得先生之説可能更可信。

---

① 《讀〈相臺書塾刊正九經三傳沿革例〉》,《張政烺文集·文史叢考》,第327—334 頁。

② 阿部隆一先生之觀點,見氏著《增訂中國訪書志》,汲古書院,昭和五十八年(1983),第 214 頁。昌彼得先生之説,見氏著《增訂蟫庵群書題識》,臺北商務印書館,1997 年,第 41 頁。

此書雖曾入藏内府,但《天禄琳琅書目》及《後編》並未著録。而《天禄琳琅書目後編》卷八"影宋鈔諸部"著録《孟子》一函七册,云:"趙岐注,同前,每卷末亦有'旴郡重刊廖氏善本'各種印。琴川毛氏影鈔,商丘宋氏藏。八印俱同上《論語》,蓋並弆藏者。"其上所鈐諸印有:"毛晋私印""子晋""汲古閣""汲古主人""毛扆之印""斧季""臣筠""三晋提刑"①。由此可知,汲古閣除藏有旴郡原本之外,又有影鈔本。原本歸毛褒,而影本則歸毛扆。然旴郡所刊在元時,《天禄琳琅書目後編》著者以爲影宋鈔,並不可信。而此影鈔本之存藏,何焯云:"辛卯春日,汲古毛氏以影寫元旴郡重刊廖氏善本質錢於志雅齋,因假其第三、第四卷,第十一、十二卷,盡爲校正。"②由此可知,何焯尚知毛氏影寫者爲元時刊本,而非《天禄琳琅書目後編》所云影宋鈔;又此影寫本後從毛氏流出,賣於志雅齋,又由商丘宋筠收藏,其後又流入内府。此影鈔本今藏上海圖書館。

5. 孔本(乾隆壬辰曲阜孔繼涵微波榭刊,凡十四卷,末附《音義》,韓本同)

6. 韓本(乾隆辛丑安邱韓岱雲刊)

乾隆壬辰即乾隆三十七年(1772),辛丑即乾隆四十六年。《校勘記》以孔本刊刻於乾隆壬辰,可能是根據書後戴震的跋文(詳後),但是孔繼涵跋云:"迨癸巳之秋,東原徵赴京師,予走謁諸寓,即出是本與宋刻《國語》及補音本見付,余喜劇,遂重校授梓。"因此,壬辰當是戴震完成校本之歲,而次年孔繼涵則刊之于《微波榭叢書》之中。孔本、韓本時代相近,有諸多的共同點。

首先,兩者在版式、行款上幾乎相同。二本皆四周雙邊,單魚尾。每半頁皆十一行,行二十一字,經文頂格,注文單行大字低一格。惟書口略有差別,孔本上象鼻鎸"孟子趙注"四字,魚尾下書卷次、頁次,版心下方小字鎸"微波榭刻"四字。韓本上象鼻處刻"孟子趙氏

---

①　《天禄琳琅書目》(後編),第 565 頁。
②　《藏園群書經眼録》,第 5 頁。

注"五字,魚尾下書卷次、頁次。

其次,二書在內容上也是相同的,均包括趙岐《孟子章句》十四卷及孫奭《孟子音義》兩卷。尤其是趙氏《章句》,含有《題辭》《篇敘》《章指》,是完整的趙注文本。

再次,在版本源頭上,二者皆與戴震有關。

孔繼涵跋語云:"乾隆己丑之春,晤梁孝廉用梅于京邸,真定大學士之孫也。詢其宋本趙注《孟子》,許假而未與。歸寓以告吾友戴君東原,東原因舉《正義序》即刪改《音義序》,尤爲作僞之證。迨癸巳之秋,東原徵赴京師,予走謁諸寓,即出是本與宋刻《國語》及補音本見付,余喜劇,遂重校授梓。"可見孔本所據本是源自戴震。

韓岱雲跋語云:"右趙氏注足本十四卷,孫氏《音義》二卷,休寧戴吉士(震)從館書録副以畀益都李南澗先生,蓋即毛斧季借鈔正定梁玉立相公宋槧本也。南澗攜之桂林,踰歲卒官,未及授梓。頃聞同縣曹子仲儒言益都諸君子將募刻焉,(岱雲)以鬻田之直爲出半資,又得兩縣茂宰捐俸助之,乃克蕆事……乾隆辛丑,如月晦日,安邱韓岱雲。"由此亦可知,韓本所據之本亦源自戴震。

韓岱雲認爲戴氏校本乃是自"館書録副",即源自四庫全書館;另外韓氏還推測戴氏校本的源頭乃是毛扆影鈔梁清標藏本,韓本卷尾有周嘉猷跋,亦云:"益都李南澗司馬獲宋槧本於京師,謀付諸梓而齎志以歿。"那麼事實是否如此呢?

戴氏在《孟子趙注跋》云:

> 吾友朱君文游出所藏校本二示余。一有"虞山毛扆手校"印記,稱引小宋本、元本、抄本,又有宋本又或稱廖氏本,而逐卷之末,多記從吳文定抄本一校。何屺瞻云:"毛斧季從真定梁氏借得宋槧本影鈔。"今未見其影鈔者,而此本《盡心下》惟"梓匠輪輿"章有《章指》,餘並闕。

> 一爲何仲子手校之本,末記云:"文注用盱郡重刊廖氏善本校。"而《盡心上》"有事君人者"一章,"孔子登東山"已下三章,《盡心下》"吾今而後知"已下七章,並闕《章指》。

> 二校本各有詳略,得以互訂。

外有章丘李氏所藏北宋蜀大字《章句》本,毛斧季影鈔者,並得趙岐《孟子篇序》。於是臺卿之學殘失之餘,合之復完,亦一大快也。乾隆壬辰春正月,休寧戴震識。①

由戴震跋文可知,戴氏校本的來源有三:一是毛扆的校本,另一個是何煌的校本,二者皆是朱奐(字文游)所藏;三是毛扆影鈔的李開先藏本,這個藏本大概僅有《音義》部分,辨詳下文。

戴震所見毛扆的校本,是以吳寬(字文定)的抄本參校的本子,故而"逐卷之末,多記從吳文定抄本一校"。盧文弨也曾見過毛扆的這個校本。盧氏《孟子注疏校本書後》云:"乾隆辛巳,余從吳友朱文游奐處借得毛斧季所臨吳匏庵校本,乃始見所爲《章指》者,獨於末卷缺如也。"②其《答汪容甫書》亦云:"在辛巳歲,從吳友朱君文游處借得毛斧季所臨吳匏庵趙注《孟子》校本,獨末卷缺《章指》,於意終未慊也。"③由盧氏所言可知毛扆的校本是臨吳寬校本。盧氏云其"卷末缺如""獨末卷缺《章指》",和戴震所云"此本《盡心下》惟'梓匠輪輿'章有《章指》,餘並闕"正相符合。毛扆所用校本尚有廖氏本,即盱郡本。其他校本則不易考知:其所謂"小宋本",未知是否即《校勘記》所謂丹桂堂巾箱本;其所謂"抄本"未知是否即士人所傳"毛斧季從真定梁氏借得宋槧本影鈔"者。

何仲子即何煌,何煌的校本主要是利用盱郡重刊廖瑩中世綵堂本,阮元編修《校勘記》所用"廖本"即源自何煌校本。

戴震的校本的《章句》部分正是在這些校本的基礎上重新加以厘定和整理的。因此,韓岱雲推測恐不能成立,此其一。

其二,戴氏明云"何屺瞻云:'毛斧季從真定梁氏借得宋槧本影鈔。'今未見其影鈔者。"真定梁氏就是我們在上文所提到的梁清標,戴震明確指出他是沒有見到毛扆所影鈔的梁清標藏《章句》(即我們在上文所討論過的《四部叢刊》本)的。我們在上文已經指出,梁清

---

① 《戴震集》,第 205 頁。
② 《抱經堂文集》,第 121 頁。
③ 《抱經堂文集》,第 268 頁。

標所藏《孟子章句》乃是李開先舊藏。而戴氏在跋文中又有“外有章丘李氏所藏北宋蜀大字《章句》本，毛斧季影鈔者，並得趙岐《孟子篇序》”云云，這説明戴氏見到了毛扆影鈔的李開先藏本。這似乎前後矛盾，唯一的解釋就是，戴震所見的部分只有《音義》毛扆所影鈔的《篇敘》，而没有《章句》。這樣就可以解釋戴震一方面説自己没有見到毛扆影鈔梁氏本（即李開先舊藏），一方面又説有毛扆影鈔李開先本。

因此韓氏、周氏所云戴氏校本源自毛扆影鈔梁清標藏本恐不可信。

孔、韓二本都是源自戴震的校本，因此二者在文字上相近，與其他經注本相類，而與注疏本中的注文差别較大。二本雖然同源，但在文字上並不完全相同，例如：

孔本《梁惠王上》“無望民之多於鄰國也”注“何異於以五十步笑百步者乎”，韓本無“以”字。《四部叢刊》本、岳本、盱郡本、音注本同孔本，注疏十行本、閩本、監本、毛本、阮刻本同韓本。

孔本《梁惠王上》“齊桓晋文之事可得聞乎”注“欲以仁義爲首篇”，韓本無“爲”字。《四部叢刊》本、岳本、盱郡本、同韓本，注疏十行本、閩本、監本、毛本、音注本同孔本。

由以上二例可知，孔、韓二本的文字不同，造成這種情況的原因，我們認爲可能有以下幾點。第一，戴震在乾隆三十七年（1772）壬辰完成校本並在次年由孔繼涵刊刻後，又陸續重新加以校訂。第二，就是孔繼涵、韓岱雲等刻書之人的再加工。孔繼涵在刻書跋語中説“重校授梓”，孔本卷六所載牌記亦云“曲阜孔繼涵重校刊”，可見孔繼涵在整理戴震的校本的過程中有一定的再加工。韓本所載周嘉猷跋文亦云：“趙太常《孟子章句》已列於《十三經注疏》中，顧《章指》既遭刊落，注文復有竄易，則已失邠卿之舊矣。益都李南澗司馬獲宋槧本于京師，謀付諸梓而齎志以殁。乾隆庚子冬，厥弟（文濤）欲遂其兄之遺志，乃與楊孝廉（峒）、段茂才（松苓）重加讎校，訂其闕譌。”韓本也有整理之人的“重加讎校”。

由以上二例，我們還可以推知，在戴氏或者整理校本的“再加工”的過程中，也曾經參校過注疏系統的版本，因而，孔、韓二本也有與注疏諸本一致而與經注諸本相異之處。例如：

孔本《梁惠王下》"反其旄倪"注"旄，老耄也"，韓本、注疏十行本、閩本、監本、毛本同。《四部叢刊》本、岳本、盱郡本、音注本"耄"作"旄"。

孔本《盡心下》"夫予之設科也，往者不追，來者不拒"，韓本、注疏十行本、閩本、監本、毛本同。《四部叢刊》本、岳本、廖本、音注本"拒"皆作"距"。

因此，雖然戴震在跋文中没有説明他在校勘的過程中是否使用過《注疏》系統的版本，但是從實際的情況來看，《注疏》諸本還是對韓本、孔本的文本有所影響。

孔、韓二本的流傳並不廣泛。葉德輝《郋園讀書志》云："但據安邱韓氏跋，竟不知孔氏已刻於前。以同鄉共里之人，事止越十年之久，而竟茫然不知，何也？尤奇者，歷城馬國翰《玉函山房輯佚書》中列趙岐《孟子章指》二卷，謂本之毛鈔，亦竟不知鄉先輩有孔、韓二氏刻本者，豈當時兩刻本流傳甚稀耶？"①造成這種情況的原因，主要有以下幾點：第一，明清時代《孟子》注本自以朱熹《集注》爲主，因此這一系統的衍生的書籍極多。儘管隨着考據學風氣的興盛，漢代的經注又重新受到人們的重視，在經歷數百年之後，在戴震的協助下，孔繼涵刊刻《孟子章句》，但是由於科舉考試等因素，理學系統的《孟子》學著作，仍然是一般學者閱讀《孟子》的主要文本。第二，在古注興起的同時，疏亦得到重視，所以趙注在清代的主要流傳方式是以《孟子注疏》的形式流傳。

7. 日本國古本（已下二本據《七經孟子考文補遺》）

此本爲足利學校藏古寫本，《七經孟子考文·凡例》："有曰古本者，亦足利學校所藏寫本也：《周易》三通，各三本；《略例》一通；《尚書》一通，三本；《毛詩》二通，各十本；《禮記》一通，十本；《論語》二通，各二本；皇侃《義疏》一通，十本；《古文孝經》一通；《孟子》一通，七本。皆此方古博士家所傳也。所以識其者，其《禮記》

① 葉德輝撰，楊洪升點校《郋園讀書志》，上海古籍出版社，2010年，第76頁。

書尾猶存永和年中,清原良賢句讀舊跋。又活字版《禮記》其和訓用朱點,別有一法,非復今時專用假名者比。皆古博士家所授受者,而每卷末之有落款可徵焉。"又云:"《孟子》有《題辭》及《章指》矣。"①由此可知,第一,山井鼎所見的《孟子》古本一種凡七冊,爲足利學校所藏,其中有《題辭》與《章指》,可見是較爲完整的趙注。第二,山井鼎認爲足利學校所藏的古本是日本博士家的傳本,並以《禮記》爲證加以説明。同時山井鼎還以活字本《禮記》的訓點與當時所流行的假名不一致這一點來説明活字本與古本之間的關係。這既指出了古本的源頭,同時也指出了後來日本的活字本與古本之間的關係。

8. 足利本

《七經孟子考文·凡例》:"有曰足利本者,亦本學所印行活字版也。細翫其本,後人騬栝古本者。"②

趙注的活字本有二,一是半頁七行者,一是半頁八行者,二者皆是日本後陽成天皇慶長年間(1596—1615)印本。

活字七行本,每半頁七行,行十七字,注文小字雙行,行亦十七字。四周雙欄,黑口,雙魚尾。版心書"孟子卷幾"及頁次。嚴紹璗先生《日藏漢籍善本書録》著録作"京都下村生藏刊"③。東京大學東洋文化研究所和北京大學圖書館皆有藏本。東京大學東洋文化研究所所藏者上鈐有"雙鑒樓藏書記",可知曾爲傅增湘先生收藏。又北大所藏者有大量批語,卷三末有"以累家秘本寫之,加朱墨訖,爲後葉一之卷申請家君御證明而已(空格)給事中清原判",這與日本天理圖書館所藏鈔本各卷末的識語相同,可能是後人據鈔本加以過録。北大所藏者鈐有"清原氏"藏書章,東大所藏者鈐有"清原""弘賢"藏書章。

---

① 山井鼎撰,物觀補遺《七經孟子考文補遺》卷首《凡例》,《叢書集成初編》,商務印書館,民國二十五年(1936),第3頁。

② 《七經孟子考文補遺》卷首《凡例》,第3頁。

③ 嚴紹璗《日藏漢籍善本書録》,中華書局,2007年,第206頁。

　　活字八行本，每半頁八行，行十七字，注文小字雙行，亦十七字。
四周雙欄，黑口，雙魚尾。版心書"孟子卷幾"，後是頁次。我們所據
以討論者是京都大學附屬圖書館的藏本。其上鈐有"松本文庫"和
"高橋藏書"二印。在卷首內頁抄錄有《四庫全書總目提要》所載《孟
子正義》提要及《孟子篇敍》等。

　　據高橋智先生考察，這兩個版本與古鈔本之間存在着相當密切
的關係："中世末期古活字版的時代到來以後，慶長年間印刷的古活
字版七行本是依據清家本，八行本則依據廣隆寺系統本，這兩個系統
的古活字版都贏得了衆多讀者，令古鈔本獲得一個完美的謝幕。"①
二本有各自不同的源流（圖 1）：

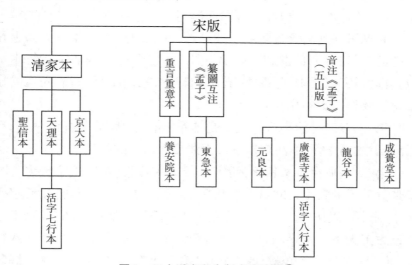

圖 1　日本活字印本版本源流圖②

　　①　高橋智著，楊洋譯《日本室町時代古鈔本〈論語集解〉研究》，北京大學出版
社，2013 年，第 3—4 頁。
　　②　高橋智著，楊洋譯《日本室町時代古鈔本〈論語集解〉研究》，第 4 頁。本文
在引用時稍有變動。圖中高橋先生所提及的聖信本、天理本、京大本、養安院本、東
急本、元良本、廣隆寺本、龍谷本、成簣堂本皆是現存《孟子》趙注的古鈔本，詳參氏
著《舊鈔本趙注孟子校記（一）》，《斯道文庫論集（24 輯）》；《舊鈔本趙注孟子校記
（二）》，《斯道文庫論集（26 輯）》。

高橋智先生提到了所謂的音注本《孟子》,此本是日本五山版,因將孫奭《音義》和趙岐《章句》合而爲一,故名"音注"。五山版漢籍多爲覆刻宋元舊槧,此音注《孟子》中亦避宋代皇帝名諱,因此可以知曉音注本《孟子》亦出自宋本。民國時羅振玉《吉石盦叢書》二集收入此音注《孟子》時,就稱之爲"日本復宋本音注《孟子》"。此本每半頁十一行,行十九、二十字不等,注文雙行,行二十七字。左右雙邊,細黑口。此本與上述諸本相較,最大的特點是加入了重言互注,即在某句注文之後,將其他篇章中相似或者相關的文句附於其下,並以陰文標出其所在篇章。這種做法與福建地區的坊刻本如重言重意,纂圖互注等極爲相似。將其與各本對勘,此本與活字七行本、活字八行本文字相近,與《四部叢刊》本、世綵堂諸本相差較多。

我們再回到高橋先生的上述結論,我們認爲這一結論大體上是正確的。但將《四部叢刊》本、音注本、活字七行本和活字八行本加以對勘,並參以岳本、盱郡本、孔本和韓本,我們認爲,高橋先生的結論還需要進一步補充和完善。

第一,無論是活字八行本還是活字七行本,屬於單經注一系,有《章指》《題辭》等,與注疏本以及由注疏本衍生的經注本不同。

第二,兩個活字本相比,活字八行本的質量較差,譌字較多。一是形近而譌者較多,如"載之行事""靡所不載""五百餘載",活字八行本"載"皆誤作"戴"。二是將左右活字誤倒的情況。如"以百里之地以致王天下",活字八行本"致"誤作"也";"謂文王也",活字八行本"也"誤作"致"。今按,此二句中"致""也"二字,八行本左右擺印錯誤,故有此誤。

因此高橋智先生認爲活字本八行本源於寺院講讀本,而寺院講讀本一系又源自質量較差的福建地區坊刻本。例如《四部叢刊》本趙注"政殺人",各本或作"刃政殺人",活字八行本"殺人"誤作"教人",正以"殺"與"教"形近而誤,參考高橋智先生《舊鈔本趙注孟子校記(一)》可知,廣隆寺本亦作"教",則活字八行本之譌誤其來有自。又如,"頭半白斑斑者也",活字八行本"白"下增"曰頒"二字,"曰"字乃是"曰"字之譌,而廣隆寺本、元良本等日本寺廟古鈔本亦

作"日"。從這種情況來看,高橋智先生認爲活字八行本源自寺院將
讀本一系是正確的。

第三,將五山版音注本、活字七行本及活字八行本相較,三者的
整體情況相似,而三者與《四部叢刊》本及岳本等國内所流傳的宋元
本相差較大。例如如下異文(表1):

表 1

《四部叢刊》本	音注本	活字七行本	活字八行本	備考
君臣集穆	君臣輯穆	君臣輯穆	君臣輯穆	岳本、旴郡本、孔本、韓本同《四部叢刊》本。《音義》引張鎰云"集"當作"輯"。
使林木茂暢	使材木茂暢	使材木茂暢	使材木茂暢	各本同《四部叢刊》本作"林"。
冬入保城二畝半	各入保城二畝半	各入保城二畝半	各入保城二畝半	各本同《四部叢刊》本作"冬"。
王復曰政殺人	王復曰刃政殺人	王復曰刃政殺人	王復曰刃政教人	各本同《四部叢刊》本無"刃"字。又活字八行本作"教"誤。
以食人也	以食人者也	以食人者也	以食人者也	各本同《四部叢刊》本無"者"字。
虎狼食禽獸	古者虎狼之中能常食於禽獸,是人所惡,今	古者虎狼之中能常食於禽獸,是人所惡,今	古者虎狼之中能常食於禽獸,是人所惡,今	各本同《四部叢刊》本。

《四部叢刊》本	音注本	活字七行本	活字八行本	備考
仁與不仁也	仁與不仁者也	仁與不仁者也	仁與不仁者也	各本同《四部叢刊》本無"者"字。
足以察秋豪之末	足以察秋毫之末	足以察秋毫之末	足以察秋毫之末	各本同《四部叢刊》本作"豪"。

　　以上所羅列者,僅僅是一部分異文。因此,我們認爲音注本、活字七行本和活字八行本在源頭上較爲一致。高橋智先生指出活字七行本源自清家本,而清家本源自宋監本。而從對勘的結果來説,這樣的結論恐怕很難成立。活字七行本與五山版音注本的文字相似,這一點我們可以從上述例證發現,如"虎狼食禽獸"例,國内傳本皆同,而音注本與活字二本皆作"古者虎狼之中能常食於禽獸,是人所惡,今",由此一例,即可知活字七行本與宋監本之間恐並無淵源。而且參考高橋智先生《舊鈔本趙注孟子校記(二)》,源自清家本的京大本和天理本與五山版音注《孟子》的文字亦較爲相近,而與源自宋監本的《四部叢刊》本不同。因此,我們認爲活字七行本的源頭清家本也極有可能源自五山版《孟子》。退一步講,即使如高橋智先生所言,清家本源自宋代的監本,那麽也不應該忽略,在日本産生較大影響的五山版對於清家本的影響。

　　第四,山井鼎在《七經孟子考文》中指出"活字版"是足利學校印行的,並源自日本的古本。我們在上文指出,東京大學東洋文化研究所所藏活字七行本上鈐有傅增湘先生"雙鑒樓藏書記"。傅氏《藏園群書經眼録》亦云:"日本足利學校活字印本,七行十七字。慶長(壬子)。"①也就是説傅增湘先生認爲活字七行本即是山井鼎在《七經孟子考文》中所使用的足利本。而從對勘的結果來看,山井鼎在校勘《孟子》中所使用的"足利本",不是活字七行本,而是質量較差源自

① 《藏園群書經眼録》,第79頁。

寺院講讀本的活字八行本（表2）。

表 2

《四部叢刊》本	音注本	活字七行本	活字八行本	備考
故曰王何必以利爲名乎	故曰王何必以利爲名乎	故曰何必以利爲名乎	故曰可必以利爲名乎	各本同《四部叢刊》本，又據《校勘記》，足利本與活字八行本同。
湯臨士衆而誓之	湯臨士衆而誓之	湯臨士衆而誓之	湯臨士衆而誓往	各本皆同《四部叢刊》本。
我與汝俱往亡之	我與女俱往亡之	我與女俱往亡之	我與女俱之亡之	汝，各本皆作"女"。往，各本皆如此。活字八行本此處"之"字與上例"往"字，同在一行，活字擺印誤倒。《七經孟子考文補遺》所引足利本亦誤倒。
足以笑百步止者不	是以笑百步止者不	足以笑百步止者不	是以笑百步止者不	各本作"足"。又《校勘記》引足利本作"是"。
頭半白斑斑者也	頭半白曰頒，班者，負也。	頭半白曰頒，班者，負也。	頭半白曰頒，班班者也。	岳本、盰郡本、韓本作"頭半白斑斑然者也"，孔本作"頭半白曰頒，斑斑然者也"。又《校勘記》所引足利本同活字八行本。

《四部叢刊》本	音注本	活字七行本	活字八行本	備考
王爲仁之道也	王爲仁之道也	爲仁之道也	王爲仁道也	各本有"王"字、"之"字。《校勘記》引足利本與活字八行本同。
尤當爲之甚者也	尤當爲之甚者也	尤當爲之甚者也	尤爲之甚者也	岳本、盱郡本、孔本有"當"字,韓本無"當"字。《校勘記》引足利本與活字八行本同。

由上述例證可知,山井鼎在《七經孟子考文》中所使用的"足利本"與活字八行本一致,而與活字七行本不同。因此傅增湘先生認爲其所收藏的活字七行本是足利本是錯誤的。

(三) 注疏本

《校勘記》中使用的注疏本有宋十行本、閩本、監本、毛本。這裏有這樣幾個問題需要説明:

第一,阮元所見十行本並非宋刻。

錢大昕《十駕齋養新録》云:"《論語注疏》,每葉廿行,每行廿餘字,首卷標題'注疏'下多'解經'二字。首葉板心有'正德某年刊'字,但遇宋諱,旁加圈識之。疑本元人翻宋板,中有避諱不全之字,識出令其補完耳。若明刻前代書籍,則未見此式,必是修補元板也。"①

錢氏雖論證《論語注疏》,但其情況同樣適用於《孟子注疏》,錢大昕從避諱字的角度來看,但是出於審慎仍僅言"疑本元人翻宋板"。

顧廣圻則説得更加肯定:"南雍本,世稱十行本,蓋原出宋季建

---

① 錢大昕著,楊勇軍整理《十駕齋養新録》,上海書店出版社,2011 年,第 247 頁。

附音本,而元明間所刻,正德以後,遞有修補,小異大同耳。李元陽本、萬曆監本、毛晉本,則以十行爲之祖,而又轉轉相承,今於此三者不更區別,謂之俗注疏而已。近日有重刻十行本者,款式無異,其中字句特多改易,雖當否參半,但難可徵信,故置而弗論。"①顧氏認爲十行本源出宋末福建地區的坊刻,故謂之"俗注疏"。具體就此遞經明代修補的十行本而言,則是元明時所刻。顧千里同時也質疑此十行本的價值,並且説"明南雍有附音注疏本,乃俗本之祖,而譌舛滋多",同時也質疑在此基礎上進行校勘、翻刻的阮元南昌府學本。

那麼問題的關鍵在於,以阮元爲代表的學者何以認爲此十行本是宋刻? 又何以錢大昕、顧廣圻等人又認爲阮元所見十行本乃是元刻本? 下面我們以《中華再造善本》影印北京市文物局藏元刻明修《十三經注疏》中之十行本《孟子注疏解經》來説明這些問題。

《再造善本》所影印之《注疏》,卷首有《孟子正義序》,無《孟子注疏題辭》,鈐有"積學齋徐乃昌藏書""南陵徐乃昌校勘經籍記"楷書朱文印記,"劉印盼遂"篆文白方印,可知爲徐乃昌、劉盼遂舊藏。

首先,此本中有若干頁遇宋諱是缺末筆的,如"殷""玄""匡""恒""桓"等字,且這些諱字多加圈圍。如卷一下《梁惠王上》"無恒產而有恒心者……若民則無恒產因無恒心,苟無恒心……"趙注:"恒,常也。產,生也。恒產則民常可以生之業也。民誠無恒心……"上所舉經、注之"恒"字皆缺末筆,而疏文爲明代補版,則不缺。大概是基於這樣一種情況,所以以阮元爲代表的學者才會認爲此本是宋刻本。

那麼,爲何錢大昕等人卻不認同是宋刻而提出乃是元刻之説呢? 這主要有以下幾點。一是,在某些經注疏的版心下方有"泰定四年(1327)"字樣,泰定四年乃是元時年號。二是,從避諱上講,也有不避宋諱的情形。且這種情況頗多。如"構""讓""慎""完""廓""樹"等字也皆不諱。且有諱字之頁與無諱字之頁在版刻風格上都

---

① 顧廣圻著,王欣夫輯《顧千里集》,中華書局,2007 年,第 132 頁。

極爲相似,皆左右雙邊,白口,有書耳,因此我們不能從版刻風格上將二者截然分開。

二説看起來都很有道理,主要依據是避諱字。但是坊刻本的避諱字並不嚴格,因此僅以避諱字就斷定其版刻時代恐怕是不合理的。而且從嚴格意義上講,避諱字只能確定版刻時代的上限,並不能準確斷定版刻時代的下限。

下面我們據《再造善本》影印之《注疏》的版面情形來分析上述諸説。大體而言,我們可以把影印本《注疏》的版面分爲如下三類:

A. 非明代補版頁

這類版片大體上是左右雙邊,白口,有書耳,偶有四周雙邊者或細黑口者,然以刻工互見,知雖版式稍異,但爲同時期版片。有的版心上象鼻之上刻此頁字數:大字若干小字若干,版心下方爲刻工姓名。有的版片版心無字數,亦無刻工姓名。避諱的情況也並不一致,有的遇到宋諱缺末筆,有的則加圈圍以爲記號,有的不諱。從這一點來講,避諱並不嚴格。

記録刻工姓名可識者有:仲明、枝、君祐(或作"祐")、吕善(或作"善")、伯、中、宸、山等,亦有因漫漶而不能識讀者數人。

其實阮元和錢大昕等人對十行本的認識的差異主要是因爲這類版片。

需要説明的是,避宋諱未必是宋代的版片。卷十二下《告子》"國恒亡"之"恒"字缺末筆,然此頁之刻工爲"仲明",與其他葉互見,而他葉之中則又不避宋諱,由此例可知,避宋諱者未必是宋時刻板。

另外,張麗娟教授《宋代經書注疏刊刻研究》指出,宋刻十行本的版式一般爲細黑口,版心不計字數,亦無刊工姓名①。顯然這和我們所説的 A 類版片並不一致。

因此,我們認爲錢大昕之説是合理的,即此本是元時翻刻宋本,遇宋諱字輒加圈,以爲待補之標識。如卷九下葉四 B,"殷"字不諱,

---

① 張麗娟《宋代經書注疏刊刻研究》,北京大學出版社,2013 年,第 374 頁。

但是其末筆歪斜，與他字不類，可知這一筆是後來補上的。這種情形正合錢大昕之推測。

其他兩類補版爲明代補版：

B. 明代正德十二年（1517）補版葉，四周雙邊（一葉四周單邊），無書耳。上象鼻刻"正德十二年重刊"，文字細長，刻工僅見楊尚旦一人。

C. 明代補版葉。這部分版片的版式與上述正德十二年補版不同，四周單邊，無書耳，文字風格亦與正德十二年補版不同。上象鼻刻"侯番劉校"，版心偶刻"卿林重校"，此種補版數量較多。刻工可識讀者有江達、謝元慶、余富一、王仕榮等四十餘人，多爲福建閩中地區刻工，且這些刻工往往亦見於李元陽刻本《十三經注疏》。因此，這部分刻板的時代雖與正德十二年者不同，但補版時代可能在正德、嘉靖期間。

第二，《校勘記》編纂中所用的注疏本同出一系。

這幾個版本之間的關係，傅增湘先生在其《藏園訂補郘亭知見傳本書目》中説：

　　《注疏》有十行十七字附釋音者，係宋元舊刊，至明正德後遞有修補之頁，即明初南雍所集舊板也……至嘉靖中，閩中御史李元陽等即用此十行本重寫，刊爲《十三經注疏》，每半頁九行，行二十一字，所謂閩本也。南監中諸經板仍十行之舊，其初本闕《儀禮》，以楊復《儀禮圖》補之，亦宋元舊板。嘉靖五年，陳鳳梧刻《儀禮注疏》於山東，以板送監，十行，行二十字。閩刻《儀禮》即據其本，經文佚脱數處，亦未能校補。後南監《周禮》《禮記》《孟子》板盡無存，餘亦多殘缺。神宗萬曆中，乃依閩板刻北監《十三經》。崇禎時，常熟毛氏又依北監板刊《十三經》，譌誤甚多，不及其《十七史》多據古本重刊，勝於監板也。本朝乾隆初殿板，注疏句下加圈，校刻甚精。嘉慶乙亥，阮文達太傅巡撫江西，重刊十行本於南昌府學，共四百十六卷，後附《校勘記》，然不若單本《校勘記》之詳備。①

---

① 《藏園訂補郘亭知見傳本書目》，第2頁。

據傅增湘先生所言,我們可以將諸本之關係歸納如下(圖2):

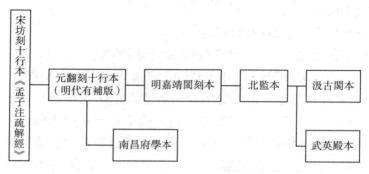

圖2

(四)小結:《校勘記》版本使用的特點

第一,在版本搜羅上超過前人,但以經注本爲主。

浦鏜《十三經注疏正字》中的《孟子注疏》部分中利用了北監本和毛氏汲古閣本。山井鼎《七經孟子考文》中《孟子》部分主要利用了古本、足利本和毛氏汲古閣本,偶及李元陽所刻閩本。又據《抱經堂文集》卷八《孟子注疏校本書後(丙申)》知,盧文弨校勘《注疏》利用了浦鏜、山井鼎等人的成果,同時也利用了乾隆間新刊的武英殿本。與上述諸家相比,《校勘記》則直接或間接地使用了十四種不同版本的《孟子》,這些不同的版本可以分爲白文本、經注本、《注疏》本及朱子《四書》本四個系統(表3):

表3

白文本	宋石經殘本、宋九經本
經注本	宋本、岳本、廖本、孔本、韓本、日本國古本、足利本
《注疏》本	宋十行本、閩本、監本、毛本
朱子《四書》本	咸淳衢州本

不難發現,《校勘記》所使用的四個系統中所涉及的經注本是最多的,因此在《校勘記》所反映的文字差異方面,也以趙注爲主。《校

勘記》出校異文共 2020 條,其中注文的異文有 1279 條,加上補充《章指》的 261 條和校勘《孟子題辭》的 4 條,涉及趙注的條目有 1544 條,占到了全部條目的 76.4%,接近八成。也就是説《校勘記》中絕大多數條目是在校勘趙注。這一情況與使用的趙注的版本較多有直接的關係。

第二,經注本使用上,所目驗的版本不多,以間接利用爲主。

所謂"間接利用",是指《校勘記》所利用的版本中有些未經目驗,而只是使用了他人的校本。

我們分析《校勘記》所使用的十四種版本,其中《校勘記》直接利用的僅有七種,而另外的七種則或據前人校勘學著作,或據他人校本。其中宋本、岳本據何焯校本,廖本據何煌校本,日本國古本和足利本據山井鼎等《七經孟子考文補遺》。宋九經本、咸淳衢州本是《校勘記》卷首《引據各本目録》中未提及而在校記中出現的二種,而在其他十二部經疏的校記中並沒有提到這兩種版本。因此,我們推測這兩種版本也可能轉録自他人校本。

間接利用這些版本的風險在於,這些校本爲《校勘記》提供版本信息的數量和質量取決於校書人的細緻負責程度和學術水平的高低,這些校本所記録的版本信息是否源自第一手資料也是一個問題。由於今天我們已經無法看到《校勘記》編修者所利用的這些校本,所以他們對於校本的異文是如何進行處理的,如是否有所去取等,我們也不得而知。如《校勘記》卷七上第 38 條:

> "家謂卿大夫家",閩、監、毛三本同,孔本、韓本下"家"作"也",《考文》古本下有"也"字。

此條没有列舉廖本的異文,似乎是廖本没有異文。但實際上,廖本與校記中提到的各本文字都不同,作"家謂卿大夫之家也",較《校勘記》羅列諸本異文又多一"之"字。但是,我們今天已經不能斷定是所利用的何煌校本中遺漏了這一條,還是《校勘記》的編者遺漏了何煌校本上的這一條。

這些校本所記録的異文的可信程度,也是由校書之人的認真程度來決定的。《校勘記》中所記這些間接版本的異文並不全部可信。

例如：

> 卷一上第 95 條："梃刃殺人與政殺人"，閩、監、毛三本，廖本、岳本同，宋本、孔本、韓本無"梃刃殺人與"五字。

據《校勘記》所載，廖本、岳本當與出文相同，但是我們核實廖本、岳本發現，其實二本的文字也沒有"梃刃殺人與"，與宋本、孔本、韓本是相同的。又如：

> 卷八下第 52 條："言賓師不與臣同耳"，閩、監、毛三本同。廖本無"耳"字。宋本、孔本、韓本、《考文》古本作"言師賓不與臣同"。

《校勘記》此條所揭示文字之差別有二，一是"賓師"二字互乙，一是"耳"字之有無。據《校勘記》所載，廖本與注疏諸本的差別只是"耳"字之有無，而與宋本等經注本作"師賓"不同。今核諸廖本，實際上廖本的文字與經注本等並無不同，無"耳"字，作"師賓"。這種明顯的錯誤由於材料的缺乏，我們已經不易斷定是《校勘記》編撰者心粗而誤，抑或《校勘記》所利用的校本已經有所錯誤。

　　第三，由於注疏本出於同一系統，因此《校勘記》所反映的疏文的差異並不全面。

《校勘記》使用的四種注疏本之間存在着直接的源流關係，同屬一個系統，因此這幾種版本所反映的各個版本之間的差別是有限的。上一節中，我們已經指出《校勘記》全部異文共計 2020 條，其分布如下（表 4）：

表 4

序、《題辭解》異文	各卷題名異文	經文異文	注文異文	輯校章指	疏文異文
15	9	201	1279	261	255

　　據上表數據不難發現，《孟子》各本的差別主要在注文，而注文主要是靠七種經注本反映的，因爲閩本、監本、毛本經常作爲一個整體出現。另一個問題就是疏文的異文數量偏少，而從文字數量上說，疏文的文字是最多的。《孟子》全書共 261 章，而疏文異文卻僅有 255 條，章均不足 1 條。從疏文的角度來看，我們只能說，現有的《校

勘記》只反映了十行本系統的差異，並不全面。因此一個十行本系統之外的注疏本的價值自然不言而喻。

由上述三個部分可知，《校勘記》的修纂有較强的計劃性，是學者分工合作的結果，在這之中，段玉裁發揮了統籌性的作用。《校勘記》的編修是在充分繼承前人成果的基礎上完成的，這主要表現爲對前人校勘成果的利用。《校勘記》突破前人之處主要在於版本上的相對完備，但也不無缺憾。

附:試論《校勘記》的不足

《校勘記》是清代校勘《孟子》一書的集成之作。是書搜羅了當時能夠見到的衆多《孟子章句》及《孟子注疏》的版本,吸收前人校勘成果,利用各種校勘方法,對趙岐《孟子章句》和託名孫奭的疏進行了較爲全面的匯校。但是,以今日學者的視角來看,它也存在着很多問題,有待今人的進一步完善。概括地講,這些問題主要集中在版本搜羅、校勘版本的使用、校勘成果引用和具體校記出校四個方面。這裏還需要説明的是,我們的出發點是便於今人更加全面利用和客觀認識《校勘記》,并沒有厚誣古人與求全責備之意。

(一)版本搜羅及相關問題

1. 版本遺漏

我們在《孟子注疏編纂考述》一文中,已經指出《校勘記》在版本方面搜羅廣泛,超出前人。但是隨着藏書不斷向公共圖書館集中,公共圖書館進一步向一般讀者開放和古籍影印事業的發展,一些《校勘記》編纂時難以見到的善本不斷出現。因此,從今天的視角來看,《校勘記》在版本搜羅方面也并非毫無遺漏。

首先,在白文本方面,《校勘記》未使用的版本有"八經"本《孟子》。

傅增湘先生《藏園群書題記》云:"宋巾箱本諸經正文今存者八經,凡《周易》二十二葉,《尚書》二十八葉,《毛詩》四十葉,《禮記》九十三葉,《周禮》五十五葉,《孝經》三葉,《論語》一十六葉,《孟子》三十四葉,蓋《九經三傳》之僅存者耳。每半葉二十行,每行二十七字,細黑口,左右雙闌,板心下方記刊工姓名,一二三字不等。補板則標明係刊換某某板字。宋諱貞、恒、桓、慎、惇皆缺末筆,廓字不缺,寧宗以前刻板也……考《景定建康志·書籍門》載五經正文有四:曰監本、曰建本、曰蜀本、曰婺本。歸安陸氏剛甫得世行小帙,即斷爲婺州刻本,謂與婺本重意《尚書》《周禮》相似。今此本結體方峭,筆鋒犀鋭,是閩工本色,決爲建本無疑。明靖江本即據以覆木,而加上闌焉,故行格同,尺寸同,避諱之字亦無不同。"①

此本原書藏國家圖書館,又有陶湘涉園民國十五年(1926)影印本。

其次,經注本方面,《校勘記》未使用的版本有《四部叢刊》影印大字本《孟子章句》。這個版本就是《引據版本目録》中提及但在校記中卻未曾引用的"北宋本",今人據避諱字斷爲南宋孝宗以後刻本。

再次,在注疏本方面,《校勘記》未使用的版本有八行本《孟子注疏解經》。

《校勘記》使用的四種注疏本之間存在着直接的源流關係,同屬一個系統,因此這幾種版本所反映的各個版本之間的差別是極其有限的。《校勘記》全部異文共計2020條,《孟子》全書共261章,而疏文異文卻僅有255條,平均每章不足1條。從疏文的角度來看,我們只能説,現有的《孟子注疏校勘記》只反映了十行本系統內部的差異,并不全面。因此一個十行本系統之外的注疏本的價值自然不言而喻。

2. 因版本遺漏而産生的相關失誤

由於在版本搜羅方面有遺漏,因此而導致的最爲直接的問題就是《校勘記》遺漏了部分版本的異文,而這正是上面所説的這些版本的價值之一。異文遺漏大致有兩種情況:第一,《校勘記》未曾出校的異文;第二,《校勘記》已經出校的異文,但是新的版本與校記中記録的各本文字不同。我們這裏以《四部叢刊》影印南宋蜀刻大字本爲例,來説明這一問題。

第一,《校勘記》未曾出校的異文。

《梁惠王下》"秋省斂而助不給"注,蜀刻本作"秋省斂,助其力不足也",不足,《校勘記》未出校,八行本、十行本、閩本、毛本、明熊氏刊本、武英殿本、阮刻本《孟子注疏解經》皆作"不給",岳本、廖本、孔本、音注本《孟子章句》亦作"不給"。從上羅列的異文來看,《校勘

---

① 《藏園群書題記》,第1—2頁。

記》之所以没有出校,是因爲各本皆無異文,而此本則提供了一條異文,從文義判斷,似可兩通。

《公孫丑上》“不目逃”,注文:“刺其目,目不轉精逃避之矣。”精,八行本《注疏》、廖本同,十行本(補版)、閩本、毛本、阮刻本皆作“睛”。今按,《説文·目部》云“瞔,目童子精也”,段玉裁《説文解字注》云:“精,謂精光也,俗作‘睛’。”又《荀子·解蔽》“用精惑也”,楊倞注云:“精,目之明也。”又《文選·吳都賦》“精若曜星”,劉良注云:“精,目精也。”是則“精”“睛”二字可通。

《公孫丑上》“行一不義,殺一不辜而得天下,皆不爲也,是則同”,蜀刻本注云:“孟子曰,此二人君國,皆能使鄰國諸侯尊敬其德而朝之,不以其義得之,皆不爲也,是則孔子同之矣。”二人,岳本、廖本、音注本、注疏八行本與此本同,孔本、十行本、閩本、毛本、熊氏刻本、阮刻本作“三人”。《校勘記》未出校。按,此處比較孔子與伯夷、伊尹,二人指伊尹、伯夷,故下注云“是則孔子同之矣”,作“二人”近是。孟森先生《校記》云:“按,下文云‘是則孔子同之矣’,趙之解‘是則同’句如此,是所得百里而君之皆能朝諸侯有天下等語,專就伯夷、伊尹言之,則作‘二人’爲合趙注本旨,各本作‘三’皆訛也。”①

又如《公孫丑下》“今之君子,豈徒順之,又從爲之辭”,注云“順過飾非,就爲之辭”,岳本、廖本、孔本、音注本,注疏八行本、閩本、毛本、熊氏刻本、殿本皆與此本同,注疏十行本、阮刻本“就”作“或”,似誤。此條校記亦未出校,對校二本,可知惟阮刻本有誤,此或手民之誤。

又如《離婁上》“孟子曰,存乎人者,莫良於眸子,眸子不能掩其惡”,此本注云:“眸子,目瞳子也。存人,存在人之善惡也。”岳本、廖本、孔本、音注本、注疏八行本、閩本、毛本、熊氏刊本、殿本皆與此本同,注疏十行本、阮刻本“惡”誤作“心”。

第二,《校勘記》已出校,但是上述新的版本的文字與校記中各

---

① 孟森《宋槧大字本孟子校記》,《國立北平圖書館館刊》第九卷第四號,第89頁。

本皆不同。例如：

> 卷七上第 38 條：“家謂卿大夫家”，閩、監、毛三本同，孔本、韓本下“家”作“也”，《考文》古本下有“也”字。

蜀刻本此注作“家謂卿大夫之家也”，廖本同（校記中亦失校）。與校記中所述諸本皆不同。

又如《離婁下》“地之相去也千有餘里”，蜀刻本注云：“土地相去千有餘里以外也。”此與諸本皆不同。岳本、廖本、音注本、《考文》古本、孔本、韓本注疏八行本、十行本、阮刻本作“土地相去千有餘里，千里以外也”，較此本多“千里”二字。閩本、監本、毛本、熊氏刻本、殿本則作“土地相去千有餘里，千里之外也”，亦較此本多“千里”二字，“以外”作“之外”。而從文義上判斷，似可兩通。

這種情形的異文較少，一則説明此本與其他經注本在版本系譜上有着淵源關係，一則説明，《校勘記》雖然没有使用此本，但是由於其廣泛搜羅，在經注本的選擇和使用上已經大致全面，能夠反映不同版本系統趙注的面貌。

我們在上文已經指出，由於阮元等人在主持編纂《校勘記》時所選擇的四種《注疏》本存在直接的源流關係，所以其所揭示的疏文的差别並不全面。而八行本與上述諸注疏本并没有直接的源流關係，所以八行本可以補充十行本系統的疏文的異文。

以上所論者，主要是討論《校勘記》因版本搜羅不廣泛而存在的異文遺漏與結論不可信的問題。

（二）版本使用上的疏失

《校勘記》除了存在版本搜羅不廣泛的問題之外，在版本使用是也存在着一些問題。

1. 間接利用版本居多

所謂“間接利用”，是指《校勘記》所利用的版本中有些未經目驗，而只是使用了他人的校本。

這種情況的具體例子，我們在本章上述文中已經有所涉及，這裏不再重複。

由於某些版本不能目驗,只能間接利用他人的校本,所以在一些具體的問題上也存在以訛傳訛的情況。例如對宋《九經》本的認識,《校勘記》沒有説明其版刻時代,但是由校記中的版本排列我們可以推知。校記中同一種文字所羅列的各個版本是按照時代先後排列的(《考文》古本和足利本除外)。校記中 13 次提及"宋《九經》本",并且數次將其列於岳本與咸淳衢州本之前,顯然《校勘記》認爲它是一個宋代的版本。這大概是當時人的普遍認識。《天禄琳琅書目後編》卷三"宋版經部"著録《九經》四函、十六冊,云:"巾箱本,不分卷。《易》《書》共一冊,《詩》二冊,《周禮》二冊,《禮記》三冊,《左傳》六冊,《孝經》《論語》共一冊,《孟子》一冊,《音義》皆附上方。諱'眘'不諱'惇',淳熙、乾道間刻也。"①但是經後來學者鑒定,其非宋本。傅增湘先生《藏園訂補郘亭知見傳本書目》云:"《九經》,明刊本,白文,爲《周易》《尚書》《毛詩》《周禮》《禮記》《春秋左傳》《孝經》《孟子》各一卷,《論語》二卷,共十卷。半葉二十行,行二十七字,細黑口,左右雙闌,上加眉闌,内注字音,此即世所謂靖江本,故宫有一帙,江南圖書館有一帙,前人誤認爲宋本。"②此所謂"故宫藏一帙"當即《天禄琳琅書目後編》所著録者。《後編》云其"《音義》皆附上方",實爲明人所爲,而宋版并没有上欄之《音義》,此由今傳世宋版《八經》可知。

2. 忽略了底本的補版情況

由於書版可以反復利用,因此同一書版刷印的書籍存在初印與後印的情況,而書版在反復使用的過程中有磨損的現象,所以會出現挖版重刻或新爲補版的情形。因而同一套書版中的部分版片就會與初刻初印時不同,而且抽换的版片的數量也會隨着刷印次數的增加而增加。這就造成了同一套書版印刷的書中有原版與補版的差別,且同有補版葉的書也會因印刷先後的差異而補版葉數多寡不同。而今天傳世的十行本《孟子注疏解經》恰恰屬於這種情況。以《中華再

---

① 《天禄琳琅書目》(後編),第 438 頁。

② 《藏園訂補郘亭知見傳本書目》,第 4 頁。

造善本》中影印的十行本《注疏》爲例,其中存在着大量的明代補版葉,這些補版可以分爲兩種,一是版心標爲明正德十二年(1517)補版葉,一是與正德補版版式不同的明代補版葉,這一點,我們在上文已經有所説明。嚴紹璗《日藏漢籍善本書録》著録静嘉堂文庫所藏《注疏》則僅有後一種補版。① 《校勘記》依據的底本是否有補版,如有補版,補版的具體情況又如何。由於校記中没有作出明確的説明,因此詳細情況我們無從知曉。但可以肯定的是,《校勘記》所利用的底本是有一些闕頁的,這一點可以從部分校記中得知,例如上文所引卷二上第2條。

而利用《校勘記》出文和傳世十行本進行對勘,我們仍能發現這方面的一些綫索。例如:

> 卷三上第19條:"夫子志意堅勇",岳本、廖本、孔本、韓本、《考文》古本同。閩、監、毛三本"意"作"氣"。

據《校勘記》,則十行本作"志意堅勇",而再造善本影印十行本《注疏》此頁爲明代補版,作"志氣堅勇",與閩、監、毛三本同。又如:

> 卷三上第36條:"稟授群生者也",孔本、韓本、《考文》古本同。閩、監、毛三本"授"作"受"。○按,"授"是。

據此,則當時所見十行本作"授",而再造善本影印十行本《注疏》此頁亦爲明代補版,其文字與閩、監、毛三本同。

這樣的例子尚多,我們不一一列舉,根據這些例子可以推測,《校勘記》所據的底本如果存在補版的話,其具體情況與我們今天傳世的十行本《注疏》并不一致,其數量較少。但是《校勘記》中也存在一些出文有誤的情況,也就是由於校勘者的疏忽而造成出文與實際不合,例如:

> 卷三上第57條:"夫子既聖矣",各本同。足利本下有"乎"字,非。

此條文字廖本、閩本、毛本與出文同,然再造善本影印十行本《注疏》此頁爲原版而非補版,其下有"乎"字,與校記出文不同。而

---

① 《日藏漢籍善本書録》,第206頁。

在阮刻本《注疏》所附《校勘記》此條改作：

> "夫子既聖矣乎"，各本無"乎"字，此本有"乎"字，非也，足利本同。

另外受到時代學術水準的限制，《校勘記》對於一些版本的認識也存在問題。例如岳本，《校勘記》以爲宋岳珂刊本，而據張政烺先生考證岳本爲元義興岳浚刊刻，與岳珂無涉。由於這一點爲今人所熟知，故不詳論。

（三）成果引用上的疏失

《校勘記》在對前人成果引用上也存在着以下兩個問題。

1. 引用清人成果較少

《校勘記》完成於考據學發達的嘉慶時期，而其引用的清人的考據成果并不多。其引用清人之説且明確標明姓氏的主要有以下幾家：

> 浦鏜《孟子注疏正誤》，共 8 次；
>
> 臧琳《經義雜記》，1 次；
>
> 盧文弨，計 2 次，其中 1 次出於《抱經堂文集》；
>
> 周廣業《孟子四考》，1 次；
>
> 段玉裁，計 6 次，其中《古文尚書撰異》3 次；
>
> 孫志祖《讀書脞録》，1 次；
>
> 戴震《文集》，1 次。

另外也有不標其説之出處或發明者之姓氏的情況，但其中多數和段玉裁《説文解字注》中的某些説法相合。但從整體上考量，《校勘記》引用清人成果的數量與當時考據學尤其是小學的發達的程度是不平衡的。有一些條目時人已經有較爲清晰的考證，但是《校勘記》卻没有引用。例如：

> 卷一上第 56 條："於牣魚躍"，閩、監、毛三本、孔本、韓本同。《音義》出"於牣"，云：丁本作"仞"。

這裏并没有作詳細的考證。吳玉搢《别雅》卷四云："充仞，充牣也。《史記·殷本紀》'益收狗馬奇物充仞宮室'，又司馬相如《子虚賦》'充仞其中者不可勝紀',仞即牣字。《孟子》'於牣魚躍',孫奭《音義》云:'牣,丁本作仞。'《三公山碑》'巨仞不數',《隸釋》云'以仞爲牣'。"焦循《孟子正義》進一步補充,云:"《文選·上林賦》'虚館,而勿仞'郭璞注云:仞,滿也。"①(毛傳:牣,滿也。)根據上面的考證,我們可以得知,二字可通。《校勘記》當然不可能看到在嘉慶末成書的《孟子正義》,但是忽視了吳玉搢的成果,則是一個遺憾。又如:

> 卷一上第 58 條:"孟子謂王誦此詩",閩本同。廖本、孔本、韓本、監、毛本"謂"作"爲"。

> 卷十四上第 19 條:"何謂而後我",閩、監、毛三本同。宋本"謂"作"爲"。廖本無"而"字。孔本、韓本、《考文》古本作"何爲後我"。

以上二條均涉及"謂"與"爲"二字,《校勘記》中也并未加以考證。王引之《經傳釋詞》卷二云:"家大人曰:謂猶爲也。(此爲字讀去聲。)《史記·魯仲連傳》曰'所謂貴於天下之士者,爲人排患釋難,解紛亂而無取也',所謂,所爲也。《鹽鐵論·憂邊》篇曰'有一人不得其所,則謂之不樂',謂之,爲之也。故《呂氏春秋·恃君》篇'凡吾所爲爲此者',《趙策》'所爲'作'所謂'。《史記·蕭相國世家》'上所爲數問君者',《漢書》'爲'作'謂'。《周本紀》'請爲王聽東方之變',《東周策》'爲'作'謂'。《大戴禮·朝事》篇曰'禮樂謂之益習,德行謂之益修(高安朱氏本改兩"謂"字作"爲",失之),天子之命爲之益行',謂亦爲也,互文耳。"②又如:

> 卷五下第 37 條:"放勳曰",石經、閩、監、毛三本、韓本同。孔本"曰"作"日",《音義》出"日"云:"丁音馹,或作曰,誤。"

臧琳《經義雜記》云:"孫宣公《音義》引丁音:日音馹,或作曰,誤也。案趙注此節云:'放勳,堯號也。遭水逆行,其小民放僻邪侈,故勞來之,匡正直其曲心,使自得其善性,然後又從而振其贏窮。德,恩

---

① 焦循撰,沈文倬點校《孟子正義》,中華書局,1987 年,第 47 頁。

② 王引之《經傳釋詞》,江蘇古籍出版社,2000 年,第 27 頁。

惠之德也.'據趙意不以爲堯之言,則今讀日爲越者誤。自上文'當
堯之時,天下猶未平'至此,皆敘事之辭也。蓋'曰''日'二字形近易
譌,唐石經'日'字皆作'曰',《釋文》於'曰''日'字每加音別之,亦
有不能別而具越、實兩音者。此疏云'又言放勳有曰',朱子《集注》
云'堯言勞者勞之',又云'蓋命契之辭也',皆誤讀'日'爲
'曰'矣。"①

以上所舉數例,清人皆有較爲詳細的考證,而《校勘記》未曾加
以利用。之所以會出現這種情況,也與《孟子》一書的性質和《孟子》
各個版本的異文的具體情況相關。首先,在《十三經》中,《孟子》在
文字理解上,需要從文字和單純考據角度來疏通的問題相較他經少。
其次,《校勘記》所反映的各個版本的異文以虛詞居多,因此需要《校
勘記》來承擔的文字考據任務本身相對較少。

2. 利用校勘成果之疏失

《校勘記》在利用前人校勘成果時,也存在一些問題。本文主要
就其對山井鼎等《七經孟子考文補遺》的利用來論述這一問題。

《校勘記》利用《考文補遺》中所記錄的古本和足利本,但是校記
中這兩個版本并不是總是同時出現,多數情況是只出現"《考文》古
本",另外的情況是,兩個版本的文字不同時,兩個版本同時出現,只
有少數情況在文字相同的情況下才同時提及兩本。那麼如果只提及
《考文》古本,足利本的文字情況如何呢? 是與《考文》古本一致,還
是和出文一致,或者是《考文補遺》本身沒有記錄足利本的文字呢?
對於此,《校勘記》沒有明確說明,而山井鼎在《考文》的《孟子》部分
則有明確的交代:"古本、足利本多相同矣,二本同者,不復識別,以
下放此。"②這就說明在《考文》中,如果古本與足利本文字相同,那就
只提及古本。所以《校勘記》在使用《考文》的成果時也使用了這一

---

① 臧琳《經義雜記》,《續修四庫全書》影印拜經堂刻本,上海古籍出版社,
2002 年,第 172 册,第 271 頁。

② 山井鼎撰,物觀補遺《七經孟子考文補遺》,國家圖書館出版社,2016 年,第
756 頁。

體例,但是卻沒有加以説明。需要説明的是,這種體例只是在《考文》中才存在,而《補遺》并沒有使用這樣的體例,因此在《校勘記》中,如果校記只提到了古本而沒有提到足利本,我們首先要區分校記所引用的是《考文》還是《補遺》,如果是《考文》,則遵循上面的凡例,而如果出自《補遺》,則需要進一步核對《補遺》的記録。如果在兩本文字相同的情況下,同時提及兩本,那麼除了卷一上第 20 條之外的其他條目均出自《補遺》。以上是因《校勘記》在利用《考文》及《補遺》時忽略了其各自的體例而造成了今天我們在使用上的一些問題。

但也有特殊的情形,這主要是《校勘記》在利用《考文補遺》時有所遺漏。這主要有兩種情況,一是在相關條目下,遺漏《考文》同一條目的部分文字。二是某些條目下雖然引用了《考文補遺》的條目,但是與《考文補遺》并不同。兹舉數例如下:

卷一上第 65 條:"湯臨士衆誓",閩、監、毛三本同。廖本、孔本、韓本作"湯臨士衆而誓之"。《考文》古本下有"之"字。

這條校記中所録《考文》古本出自《考文》,那麼按照上面的凡例,足利本的文字應與古本同,而實際的情況并非如此,因爲《校勘記》在引用《考文》時遺漏了相關條目的後面部分,《考文》此條作:

湯臨士衆誓,下有"之"字,足利本作"往"字,下文"俱往亡之"足利本"往"作"之"。[謹按]:是活字板誤也,"往"字、"之"字自相左右耳。

據山井鼎所言,則足利本雙行注文左右的兩個活字誤倒而產生了與古本不同的異文。以上屬第一種情況。

卷四下第 53 條:"《論》曰",閩、監、毛三本同。廖本、孔本、韓本、《考文》古本作"《論語》曰"。○按,趙注多稱"《論》"。

此條出自《考文》,據校記所引及我們所提及的《考文》凡例,似乎古本與足利本都作"論語曰",但實際情況并非如此。《考文》此條云:

《論》曰,足利本作"《論語》曰"。

據《考文》則古本作"《論》曰",而足利本作"《論語》曰",顯然

《校勘記》所述與實際情況不符。又如：

> 卷十一上第 44 條："民之秉彝"，閩本同。石經"彝"作"夷"，監本、毛本、孔本、韓本、《考文》古本、足利本同石經，下同。

《校勘記》此條校經文，是言古本與足利本經文同作"民之秉夷"。而《考文》云：

> 民之秉彝彝常也，二"彝"作"夷"。［謹按］：古本本文作"夷"，足利本本文同今本，注同古本，參差不一如此。

據《考文》古本經文、注文皆作"夷"，而足利本經文作"彝"，注文作"夷"，這與《校勘記》所記錄的足利本的經文不一致，顯然《校勘記》轉述有誤。

以上所説明的是對於《考文補遺》的凡例的遺漏以及與之相關的引用上的問題。除此而外，尚有以下兩個問題：一是《校勘記》在某些條目下，遺漏《考文》的相關條目。例如：

> 卷十上第 33 條："堯亦就享舜之所設"，閩、監、毛三本同。廖本、孔本、韓本"享"作"饗"。

此條未提及《考文》古本的情況，似是《考文補遺》并未出校，而實際情況不是如此。《考文》此條云：

> 堯亦就享，"享"作"饗"。

二是某些條目，《考文補遺》出校，而《校勘記》中卻未出校。例如：

> 以諫正刑罰之不中者，"以"作"似"，足利本同今本。

宋蜀刻本同古本作"似"，八行本、十行本、廖本、閩本、毛本皆作"以"。

> 謂性命難言也，"命"下有"之"字，足利本同今本。

宋蜀刻本亦有"之"字，八行本、十行本、閩本、毛本無"之"字。又此注爲《告子上》篇題注，而廖本無此段注文，如此之差别，《校勘記》未予以出校，爲一疏漏。

（四）具體校記存在的問題

以上問題之外，《校勘記》在具體校記的出校上也存在一些失誤。

有順序錯亂者,例如:

卷十二下第 58 條:"三十徵庸",監本"徵"誤"微"。○按,此"三十"當同"五十而慕"注作"二十"。

卷十二下第 60 條:章指言:仕雖正道,亦有量宜。聽言爲上,禮貌次之,困而免死,斯爲下矣(《考文》古本作"夫"),備(《考文》古本作"漏")此三科,亦無疑也。

第 60 條所録章指爲《告子下》第十四章之章指,而第 58 條校記爲第十五章經文"舜發於畎畝之中"之注文,故第 60 條應當上移至第 58 條前。

有兩條而誤合爲一條者,例如:

卷七下第 5 條:章指言:水性趨下,民樂歸仁。桀紂之驅,使就其君。三年之艾,畜而可得,一時欲仁,猶將沉(孔本、韓本、《考文》引古本作"沈"。按依《說文》當作"湛","沈",假借字,"沉",俗字)溺。所以明鑒戒也。是可哀傷也(閩、監、毛三本同,廖本、孔本、韓本、《考文》古本"也"作"哉")。

此條當析爲兩條,"是可哀傷也"以上爲《離婁上》第九章之章指,爲一條;"是可哀傷也"爲第十章經文"舍正路而不由,哀哉"之注文,爲一條。而且此注文使用了閩、監、毛三本進行校勘,顯然不是《章指》的内容,因爲注疏本中無章指。

有校記體例不嚴者,如:

卷三上第 65 條:"泰山之於丘垤",咸淳衢州本"泰"作"太"。

此條没有詳細説明,只是作了簡單的對校。到了卷九下第 3 條才指出:"'泰''太'皆俗,古衹作'大'。"

另外,《孟子注疏校勘記序》指出:"《章指》及《篇敘》既學者所罕見,則備載之。"但是《校勘記》中僅有《章指》,并無篇敘。

以上所舉數例皆是較爲具體的問題,需要在利用《校勘記》時加以注意。

以上所論,卑之無甚高論,敬祈方家教正。

附録一　浦鏜《十三經注疏正字》論略

劉玉才

　　儒家傳統經典，相沿有"五經""九經""十三經"諸説。儒家諸經典之經注與義疏，原本别行，而南宋坊刻本爲便利起見，匯合經注、義疏、《釋文》於一書。南宋之後，《十三經》的組合方式，經、注、疏、《釋文》的文本結構，逐漸形成固定搭配，《十三經注疏》遂成爲士人閲讀的最基本文獻，影響深遠。然而由於經疏文字率而搭配，章節分合、長短無定，而且相互遷就改易，又人爲造成經典文本的混淆。正如盧文弨《重雕〈經典釋文〉緣起》所云："古來所傳經典，類非一本。陸氏所見，與賈、孔所見本不盡同。今取陸氏書附於注疏本中，非强彼以就此，即强此以就彼。欲省兩讀，翻致兩傷。"①宋板《十三經注疏》在宋元明三朝不斷刷印，但後印本多有補板、修板，字迹漫漶，明代又據之翻刻爲閩本、監本、毛本諸本，文本訛誤更甚。清乾隆以降，考據之學興起，校訂經書文字亦漸成風尚，而日人山井鼎《七經孟子考文》（物觀《補遺》）的校勘成果引進之後，亦頗爲中土學人所推重。其間，惠棟、浦鏜、盧文弨諸儒實開風氣之先，阮元繼之組織匯校《十三經注疏》，撰集《十三經注疏校勘記》，則堪稱經書校勘的集大成之作。惠棟、盧文弨校經研究，學界已有關注，阮元《十三經注疏校勘記》更是治經學者案頭必備，惟浦鏜《十三經注疏正字》（以下亦簡稱

---

① 盧文弨撰，王文錦點校《抱經堂文集》卷二，中華書局，1990年，第24頁。

《正字》），尚未見有專門研究，故此不揣鄙陋，略事搜討論列。

一、浦鏜與《十三經注疏正字》

浦鏜（？—1762），字金堂，一字聲之，號秋稼，浙江嘉善人，廩貢生。生平資料無幾，清光緒《嘉善縣志》、徐世昌等編《清儒學案》輯有小傳①。傳云乾隆廿七年（1762）入都應京兆試，假館紀文達家，一夕赴友人招飲，醉後仆地身亡。浦鏜好古窮經，嘗與同里陳唐、周灃、章愷爲講學之會，各攻一業。而其獨究心注疏，每遇古籍善本，輒廣爲購借，於文字之異同，參互考訂，前後歷十二年，成《十三經注疏正字》八十一卷。另著有《清建閣集》《小學紺珠補》《文選音義》《雙聲疊韻録》及《文賦》等，均未梓行。清人茹綸常《容齋詩集》、阮葵生《七録齋詩鈔》録有與浦鏜交游詩，浦鏜之弟浦銑《百一集》有《秋稼吟稿跋》。徐世昌《晚晴簃詩匯》收録浦鏜詩《同董愚溪探梅鄧尉夜宿萬峰禪院》《登東山》兩首，楊鍾羲《雪橋詩話》云其“亦復清拔”（《續集》卷五）。

《十三經注疏正字》後收入《四庫全書》，然題爲山東按察使沈廷芳撰。有關該書的著者問題，文獻記載頗多齟齬之處。《四庫全書總目》記載：“《十三經注疏正字》八十一卷，國朝沈廷芳撰。廷芳，字椒園，仁和人。乾隆丙辰召試博學鴻詞，授翰林院編修，官至山東按察使。”②《清史稿·文苑傳》、《藝文志》亦著録爲沈廷芳撰。此外，清唐鑒《國朝學案小識》、錢林《文獻徵存録》、李元度《清朝先正事略》諸傳記文獻，均相沿作沈廷芳撰。但是，阮元《十三經注疏校勘記》引述《正字》內容，直言浦鏜云、浦本，不及沈廷芳。《嘉善縣志》《清儒學案》所輯小傳亦只記浦鏜成書。究竟沈、浦二人與該書爲何關係？沈廷芳門生汪中所撰《行狀》，列沈氏著作“有《理學淵源》十卷，《續經義考》四十卷，《鑒古録》十六卷，《文章指南》四卷，《隱拙

---

① 　《嘉善縣志·文苑》卷二四，清光緒刊本，第 37 頁。徐世昌等《清儒學案·獻縣學案》卷八〇，中華書局，2008 年，第 3110 頁。

② 　永瑢等《四庫全書總目》卷三三，中華書局，1965 年，第 278 頁。

齋詩集》四十卷,《文集》二十卷,《鹽蒙雜著》四卷,其《十三經注疏正字》八十卷,則嘉善浦鏜同校"①。而徐世昌《清儒學案》則云:"仁和沈椒園爲御史時,嘗錄存其副,後攜書北上,及喪歸,則原稿已失。"原注參考文獻來源爲《嘉善縣志》、盛百二《柚堂續筆談》、周震榮撰《先友傳》②。胡玉縉《四庫全書總目提要補正》考證曰:

> 案廷芳爲浦鏜作傳云:"《正字》書存余所,故人苦心,曾當謀諸剞劂,芳得附名足矣。"而鏜弟銳作《秋稼吟稿序》云:"《正字》書,沈椒園先生許爲付梓,今已入《四庫全書》,而非兄之名也。"據此,則是書爲浦鏜撰,非出沈廷芳。③

盧文弨是較早見到《正字》進呈本的少數學者之一,且在其著作中屢屢提及,并加以引用,但對著者問題亦頗有前後依違之詞。盧氏《抱經堂文集》卷七《周易注疏輯正題辭》云:"庚子之秋,在京師又見嘉善浦氏鏜所纂《十三經注疏正字》八十一卷,於同年大興翁秘校覃溪所假歸讀之,喜不自禁。誠不意垂老之年,忽得見此大觀。"④而同卷《七經孟子考文補遺題辭》又云:"庚子入京師,又見吾鄉沈萩園先生所進《十三經正字》"。卷八《十三經注疏正字跋》則云:"是書八十一卷,嘉善浦君鏜所訂,仁和沈萩園先生廷芳覆加審定,錄而藏之。其子南雷禮部世煒上之四庫館。大興翁覃溪太史方綱從館中鈔出一本,余獲見之。"三文雖均撰於乾隆四十六年(1781),然於著作責任者表述微異。此外,盧文弨《群書拾補》亦謂仁和沈萩園、嘉善浦聲之作《正字》⑤,但書內引用均作"浦云"。

綜合前述文獻記載,筆者認同《正字》爲浦鏜所纂,但浦鏜於乾隆二十七年(1762)猝死,書稿或是生前即已託付,或如《清儒學案》

---

① 汪中《述學·別錄》卷一,《四部叢刊》影印無錫孫氏藏本,第22—27頁。
② 《清儒學案·獻縣學案》卷八〇,第3110頁。
③ 胡玉縉《四庫全書總目提要補正》卷八,上海古籍出版社,1998年,第211頁。
④ 盧文弨《周易注疏輯正題辭》,《抱經堂文集》卷七,第85頁。
⑤ 盧文弨《群書拾補·周易注疏》卷首,北京圖書館出版社影印民國十二年(1923)北京直隸書局《抱經堂叢書》本,2004年,第27頁。

所云，"仁和沈椒園爲御史時，嘗録存其副，後攜書北上，及喪歸，則原稿已失"。而依據胡玉縉搜集的文獻，沈氏亦有爲之付梓的打算，并以附名爲愿。據汪中所撰《行狀》，沈廷芳乾隆三十六年赴京祝皇太后壽，恩加一級，次年二月卒於其子禮部主事沈世煒宅邸。如此推算，《正字》書稿當有較長時間存放在沈廷芳處，沈氏是否進行過審定，還不易遽下結論。乾隆三十七年正月，清廷下詔全國徵集圖書，然沈廷芳此年二月即過世，當無緣親自獻書。而據清沈初等撰《浙江采集遺書總録》，浙江自乾隆三十七年秋至三十九年夏，共分十二次進呈書籍四千五百二十三種，《總録》將前十次依時間順序編爲甲至癸十集，第十一、十二次補編爲閏集。《正字》編在該書丙集經部，當是乾隆三十七至三十八年間進呈。其著録内容爲："《十三經注疏正字》八十一卷，寫本。右國朝山東按察司使仁和沈廷芳輯。據監本及毛晋汲古閣等本校正疑訛，悉舉而彙録之，詢有功於治經者。"①由此可見，《正字》在進呈之時已經題作沈廷芳輯，而這很可能是其子沈世煒所爲。《浙江采集遺書總録》於乾隆三十九至四十年刊刻，盧文弨有批校本傳世，而他在《正字》條沈廷芳輯旁批曰"嘉善浦鏜纂輯"，更鑿實了浦鏜的原作者身份。

此外，阮元《十三經注疏校勘記》引用浦書，名稱有《正字》《正誤》兩説。阮校所用浦本來源未詳，或許浦書原本尚未定名。筆者作此猜測的依據是，近年在甘肅圖書館發現鈔本一部，原爲清同光間台灣知府周懋琦所藏，即題作《十三經注疏正誤》，署名爲"浙西浦鏜聲之校"。因館方秘不示人，該本迄今未得目驗，僅據全國古籍普查目録著録的有限信息和書影，似與《四庫全書》本文字有異，如首頁有"鏜按"字樣，《四庫全書》本只作"案"（圖1），或是有意隱匿原作者浦鏜之名。如果以兩本文字對校，可能有助於解決作者和文本的未定問題，姑留待來日。

---

① 沈初等《浙江采集遺書總録》（丙集），上海古籍出版社，2010 年，上册，第126 頁。

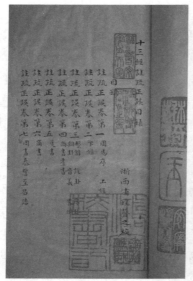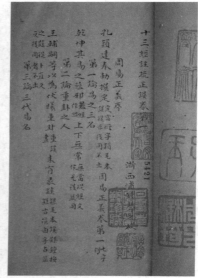

圖1　《十三經注疏正誤》書影(甘肅省圖書館藏)

二、《十三經注疏正字》的校勘方式與價值

　　《十三經注疏正字》八十一卷,凡《周易》三卷、《尚書》五卷、《詩》十四卷、《周禮》十卷、《儀禮》十一卷、《禮記》十五卷、《左傳》十卷、《公羊傳》四卷、《穀梁傳》二卷、《孝經》一卷、《論語》二卷、《孟子》一卷、《爾雅》三卷。卷首有《例言》七條,略陳該書校勘所據及取捨之法。浦鏜自云所見《十三經注疏》有四本,即監本、監本修板本、陸氏閩本和毛氏汲古閣本,其中監本修板本較原本誤多十之三,但因閩本、舊監本世藏較少,故據監本修板本、毛氏汲古閣本校正,《釋文》部分則以徐氏通志堂本校。據此,《正字》並非如《四庫全書總目》所言,是以監本、重修監本、陸氏閩本、毛氏汲古閣本四本參互考正,而只是以通行的監本修板本、毛氏汲古閣本互校,參以他書己意,訂訛正誤。因此,《正字》的校勘方式亦非循通常之例確定底本、參校本,進行對校,羅列異文,撰寫按語校記,而是不主一本,擇善而從,主要目的在於訂正通行本的文字訛誤。具體校訂表述形式,《例言》第三條云:"字一本誤者曰某本誤,并誤者曰某字誤,某誤而無可考

曰當某字誤,可商曰疑某字,誤不可知曰某字疑或脱、或衍、或誤,而不能定則概曰疑。"①試舉《周易》數條爲例:

鄭學之徒并依此説也(1-2a)②　　監本"依"誤"焉","此"字闕。

惟隱居爲泗上亭長(1-3a)　　上,誤"水"。

七既爲陽爻其畫已長(1-3a)　　長,當"陽"字誤。

三與上相應矣(1-3a)　　矣,疑"其"字之誤,屬下句。

日本學者野間文史歸納浦鐘的校勘方式爲三類:1. 調查底本所引文獻的原典。2. 引文來自佚書的場合,參照他書,特別是《十三經》他經注疏所引文本。3. 從文脈來判斷③。李慧玲氏亦認爲浦鐘的校勘方法並非只限於版本之間的"參互考正",而是對校、本校、他校、理校諸法齊備④。兩位研究者均舉例佐證其説,但歸類略失籠統。今以《正字》的《周易》部分爲考察對象,根據其校語文字,歸納用例,並與阮元《十三經注疏校勘記》(簡稱"阮校")、山井鼎《七經孟子考文》(簡稱"《考文》")對照⑤,以顯示浦鐘的校勘理念與方法的豐富面相。

(一)以訂正文字爲目的,不重校録異文

《正字》僅以通行的監本修板本、毛本爲校勘對象,辨識正誤,而不是如阮校、《考文》般廣集衆本,羅列異文。試舉幾例加以比較:

人若得静而能正　《正字》(1-6a):若,毛本誤"君"。阮校

---

①　本文引據《十三經注疏正字》均爲臺灣商務印書館影印文淵閣《四庫全書》本。

②　括注爲引文出處之卷號頁碼,下同。

③　野間文史《自述〈春秋正義校勘記〉之撰作》,"經典與校勘"國際學術研討會(2013年11月18—19日,日本沖繩縣那霸市)宣讀論文,水上雅晴翻譯。

④　李慧玲《阮元〈毛詩注疏〉(附校勘記)研究》,華東師範大學2008年博士論文(指導教師朱傑人),第179—180頁。

⑤　本文引據《十三經注疏校勘記》爲上海古籍出版社《續修四庫全書》影印清嘉慶阮氏文選樓刻本,《七經孟子考文補遺》爲臺灣商務印書館影印文淵閣《四庫全書》本。

(1-11a)：閩、監本同，錢本、宋本、毛本"若"作"君"。《考文補遺》(1-11a)：人君得静，"君"作"若"。

既云義以方外 《正字》(1-7a)：監本"既"字闕。阮校(1-13a)：十行本、閩、監本缺"既"字，毛本如此，錢本、宋本作"下"，是也。《考文》(1-10b)："既"作"下"。謹按，"下"字諸本闕，亦屬强補。

使令洽而後乃誅也 《正字》(1-17b)："洽"誤"治"。阮校(3-2b)出文作"使令治而後乃誅也"，閩、監、毛本同，岳本、宋本、古本、足利本"治"作"洽"。按，《正義序》引注亦作"洽"。

不爲己乘 《正字》(2-6b)：乘，監本誤"棄"，毛本誤"弃"，從盧本校。阮校(5-2b)：不爲己棄，閩、監本同，毛本"棄"作"弃"，岳本、宋本、古本、足利本"棄"作"乘"。

(二)兼用本校、他校資料

《正字》雖未列衆本對校，但不時引據經史傳注，又以本經與他經、經注與疏文互證，不乏所得，且可與阮校、《考文》以版本相勝者互爲補充。例如：

猶豫遲疑 《正字》(1-3b)：遲疑，當依注作"持疑"，後并同。阮校(1-5a)：閩、監、毛本同，宋本"遲"作"持"，與注合。

所之在貴也 《正字》(2-2b)：之，誤"以"，從《噬嗑》注校。阮校(4-5a)：閩、監、毛本同，岳本、宋本、古本、足利本"以"作"之"。案《噬嗑》注皆"所之在貴也"，足證此文"以"字爲"之"字之誤。

卑者有謙而不可踰越 《正字》(1-16a)：脱"者有"二字，從《論語》疏校。阮校(2-13b)：《集解》作"卑者有謙而不踰越"，盧文弨云《論語》疏所引正同。

而不寧鄭讀而曰能 《正字》(3-19a)：案《禮運》疏作"耐不寧云"，《説苑》"能"字皆爲"而"。

(三)廣泛徵引前人校勘成果

《正字》於前人校經成果，廣采博引，其中尤以陸德明《經典釋文》、李鼎祚《周易集解》、毛居正《六經正誤》采録最夥，對於程朱的經解、顧炎武的考訂，亦是兼而采之，不持門户之見。相較之下，盧文弨、阮元校經基本摒棄宋人之説①，或失公正。

　　成物之性　《正字》(1-15a)：案毛氏居正云"性"原本作"美"。阮校(2-12b)：閩、監、毛本同，岳本、宋本作"成物之美"。

　　艮其止　《正字》(2-11b)：案晁氏公武云"止"當依卦辭作"背"。阮校(5-11a)：艮其趾，石經、岳本、閩、監、毛本同，《釋文》"趾，荀作止"。

　　鴻漸于陸　《正字》(2-12a)：案范氏諤昌云"陸"當作"逵"。朱子謂以韻讀之，良是。顧寧人謂古讀"儀"爲"俄"，不與"逵"爲韻也。阮校(5-12a)：閩、監、毛本同，宋本無"漸"字。

(四) 勇於按斷，有所根據

《正字》既以訂正通行本之誤爲旨歸，故勇於按斷，且不憚於改字。校語中最爲常見的字眼是"某誤某"，"某某本誤某"，"某當某字誤"，疑不能定者則作"某疑某字誤"。對於認定的誤字，徑直改訂原文。雖然由於所見版本不廣，改訂文字不無臆測，但筆者以《周易》部分查考，大多應是有所根據，故按斷結果往往與阮校、《考文》的岳本、宋本、古本、足利本相合。浦鏜的按斷，除取資前述本校、他校資料以及前人校勘成果之外，版本方面利用最多的當是盧見曾《雅雨堂叢書》本《周易集解》，校語稱"盧本"。盧見曾刊刻此書，延請惠棟校訂，惠棟自謂校以宋本，雖因擅改文字而爲清儒所譏，甚或懷疑是否校過宋本，但就《正字》引據條目來看，其經注文字的確更近岳本、宋本、古本、足利本。試舉二例：

　　特處異地爲衆所觀　《正字》(1-18b)：脱"所"字，"特"誤"將"，從盧本校。阮校(3-5a)：閩、監、毛本同，岳本、宋本、古本、足利本"將"作"特"，"觀"上有"所"字。

---

① 盧文弨《周易注疏輯正題辭》曰："《正字》於郭京、范諤昌之説，亦有取焉。余謂其皆出於私智穿鑿而無所用，故一切刊去。若漢以來諸儒傳授之本字句各異已見《釋文》者，今亦不録。"(《抱經堂文集》卷七，第85頁)

故終則復始往無窮極 《正字》(2-1b)：極，誤"也"，從盧本校。阮校(4-2b)：閩、監、毛本同，岳本、宋本、古本、足利本"也"作"極"。

《正字》所作文字取捨，有論者以其多與清乾隆武英殿本《十三經注疏》相合，遂斷定爲依從殿本，是取資殿本以訂監、毛之誤。筆者以爲，似還不宜作此推斷，因爲殿本刊布之初，流傳并不廣，以浦鏜的身份，能否直接利用，頗值得懷疑，何況《正字》並未提及殿本①。筆者查考的《周易》部分，與殿本相合者，大多亦與盧本以及岳本、宋本、古本、足利本相合，來源當不外前文所述根據。對此問題，本文不擬展開，只舉《正字》與殿本取捨相合相異的正反例證，以供參考。

而能永保無疆用之者 《正字》(1-6a)：能，誤"以"，從盧本校。阮校(1-10b)：閩、監、毛本同，岳本、宋本、古本、足利本"以"作"能"。筆者按，殿本亦作"能"。

動之方正不爲邪也 《正字》(1-6b)：正，誤"直"，從盧本校。阮校(1-12b)：閩、監、毛本同，岳本、宋本、古本、足利本"直"作"正"。筆者按，殿本作"直"。

物得生成而爲元也 《正字》(1-2b)：生成，疑"始生"誤。筆者按，殿本作"生存"。

又如此宣令之後三日 《正字》(1-17b)：如，疑"繼"字誤。阮校(3-2b)：閩、監、毛本同，錢本、宋本"如"作"於"。筆者按，殿本亦作"於"。

(五)不僅校訂文字正誤，而且留意文本錯亂

《正字·例言》第四條於訛誤衍脱、上下互易、左右跳行之外，專門提出以《釋文》羼注、以傳注併經、或疏存而經亡、或彼疏而此注之類問題，是清儒中較早關注《十三經注疏》經、注、疏搭配錯亂者，對於盧文弨當不無啓發。浦鏜的觀點，顯然來自於其校勘實踐。

乾元者節疏其六爻發揮至略言之 《正字》(1-5a)：二百八

---

① 盧文弨《周易注疏輯正題辭》曰"《正字》亦未見宋時佳本，故語亦不能全是，此則今之官本爲近古也"，似可理解爲浦鏜未能參考當時作爲官本的殿本。

字當在下節疏"旁通萬物之情也"下。筆者按,浦説與《考文》不謀而合。

釋株者機木謂之株也　《正字》(2-8a):九字跳行,當在上爻辭疏内,兼有脱誤,存考。阮校(5-5b):**初不謂之株也**　錢本、宋本"初不"作"机木",閩、監、毛本作"机木"。①

彖曰節注命乃行也　《正字》(2-15a):案郭氏京云"重巽以申命,命乃行也","命乃行也"一句,誤入注。

(六)尊重經傳本文,間加字形字義考訂訓釋

《正字·例言》第六條曰:"注疏引經字體不一,或文有假借,或本有異同,俱載原文,兼述義訓。"對此,盧文弨頗爲認同,云其"凡引用他經傳者,必據本文以正之。雖同一字而有古今之别,同一義而有繁省之殊,亦備載焉。此則令讀者得以參考而已,非謂所引必當盡依本文也。蓋引用他書,有不得不少加增損者。或彼處是古字,或先儒之義定從某字,若一依本文,轉使學者讀之不能驟曉,則莫若即用字義之顯然者爲得也"②。試舉幾例:

可久則賢人之德可大則賢人之業　《正字》(3-1b):案《詩·頌·天作》疏引王輔嗣注云,不曰聖人者,聖人無體,不可以人名而名,故易簡之主,皆以賢人名之。

雖在陽陽中必无道也　《正字》(3-3a):案前文當作言道雖在於陽而无於陽,言道所在皆无陽也,此略而言之。

至於百姓日用通生之道　《正字》(3-3a):案"通"即前注道者无不通也,"生"即上疏日日賴用此道而得生之生。

關於《正字》校訂經書的價值,《四庫全書總目》謂其"所舉或漏或拘,尚未能毫髮無憾,然參稽衆本,考驗六書,訂刊板之舛訛,祛經生之疑似,注疏有功於聖經,此書更有功於注疏,較諸訓詁未明而自

---

① 盧文弨:"釋株者机木謂之株也。各本'机'皆作'杌'。案杌者,木無枝也。《列子·黄帝篇》'若橜株駒',《釋文》李頤云'株駒,枯樹本也'。"(《群書拾補·周易注疏》,第38頁)

② 盧文弨《十三經注疏正字跋》,《抱經堂文集》卷八,第106頁。

謂能窮義理者,固有虛談實際之分矣"①,徐世昌《清儒學案》亦謂浦
鏜"兼綜條貫,抉微糾謬,功不在陸德明下"②,評價堪稱公允。日本
現代學者吉川幸次郎認爲浦鏜"所參考的資料顯然不足,但是在資
料不足的情況下,卻有所推導出孔疏的原形,思索之精,值得佩服。
只是一些校語過於臆改,這就是缺點"③。清儒之中,盧文弨對《正
字》最爲稱道,云"凡譌誤之處多所改正,其不可知者亦著其疑,又凡
所引經傳脱誤處皆據本文正之"④,認爲較諸山井鼎《七經孟子考
文》,不僅校正倍多,而且見聞更廣,思慮更周,超出遠甚⑤。盧文弨
自謂其《周易注疏輯正》,即兼取《正字》、《考文》所長,略其所短,復
取己校,重加整頓而成⑥。《群書拾補》内《周易注疏》當爲該書内
容,其中多采浦鏜之説。阮元《十三經注疏校勘記‧凡例》云當時校
經諸書莫詳於浦著,故其書中亦廣爲徵引。據李慧玲氏統計,南昌府
學本《毛詩注疏校勘記》共有校記 3665 條,列入阮校"引用諸家"者
中,陸德明《釋文》1205 次,山井鼎《考文》472 次,浦鏜《正誤》735
次,陳啓源《毛詩稽古編》2 次,惠棟《毛詩古義》13 次,戴震《毛鄭詩
考正》11 次,另有盧文弨校本 56 次,臧琳《經義雜記》32 次,除《釋
文》之外,以浦説最多⑦。據門生唐田恬統計,阮元文選樓本《周禮注
疏校勘記》徵引清儒校勘成果,惠棟(含《九經古義》、惠校本)651
次,浦鏜 538 次,段玉裁(含《周禮漢讀考》)237 次,盧文弨 71 次,惠
士奇(含《禮説》)35 次,臧琳 30 次,孫志祖 17 次,戴震 10 次,引用浦

① 《四庫全書總目》卷三三,中華書局,1965 年,第 278 頁。
② 《清儒學案‧獻縣學案》卷八〇,第 3110 頁。
③ 吉川幸次郎《東方文化研究所經學文學研究室毛詩正義校定資料解説》,
《東方學報(京都)》13 册 2 分(1943 年 1 月),後收入《吉川幸次郎全集(第十卷)》,
筑摩書房,1968—1970 年,第 461—462 頁。
④ 盧文弨《七經孟子考文補遺題辭》,《抱經堂文集》卷七,第 87 頁。
⑤ 盧文弨《周易注疏輯正題辭》,《抱經堂文集》卷七,第 85 頁。
⑥ 盧文弨《周易注疏輯正題辭》,《抱經堂文集》卷七,第 85 頁。
⑦ 李慧玲《阮元〈毛詩注疏〉(附校勘記)研究》,第 180 頁。

説亦僅次於惠棟①。據此可見,《正字》在清代校勘學史上的地位不容小覷,其校訂經書的成果值得清理。

三、《十三經注疏正字》的局限與疏失

浦鏜以己之力,完成《十三經注疏》的校訂,就其工作量而言,在陸德明《經典釋文》與阮元《十三經注疏校勘記》之間,確無出其右者。但是畢竟所見版本有限,加之僻處地方,接觸學者無多,見聞不廣,這無疑都給著作帶來局限和疏失。盧文弨雖然對《正字》評價甚高,但也沒有迴避存在的問題,云"其書微不足者,不盡知《釋文》之本與《義疏》之本元不相同,後人欲其畫一,多所竄改,兩失本真,此書亦未能盡正也。又未得見古本、宋本,故《釋文》及《義疏》有與今之傳注不合者往往致疑,此則外國本(指《考文》)甚了然也。又於題篇分卷本來舊式多不措意,或反有以不誤爲誤者"②。阮元雖以《正字》《考文》詳備可觀,廣事徵引,但批評亦頗爲嚴厲。《十三經注疏校勘記·凡例》謂"浦鏜雖研覈孜孜,惜未見古來善本,又以近時文體讀唐代義疏,往往疑所不當疑,又援俗刻他書,肆意竄改,不知他書不必盡同《義疏》所引,而他書之俗刻,尤非唐代所傳之本也",故阮校於《正字》《考文》二書,"多慎取之間,亦辨其似是而非之處,不欲多言滋蔓也"③。茲以阮氏指摘爲據,類舉其《周禮注疏校勘記》部分事例,加以説明。

(一)不明經本差異例

置埶以縣視以景 余本、嘉靖本、毛本"埶"作"槷",《釋文》同,惠挍本疏中亦從"槷"。此從"埶",誤。浦鏜云"視"當依本文作"眂"。案《記》用古字作"眂",注改今字作"視"。浦説非。

---

① 唐田恬《由〈周禮注疏校勘記〉看阮元〈十三經注疏校勘記〉的成就與價值》,《藝衡(第七輯)》,中國文聯出版社,2012 年,第 54 頁。
② 盧文弨《十三經注疏正字跋》,《抱經堂文集》卷八,第 107 頁。
③ 見載《十三經注疏校勘記》卷首,《續修四庫全書》影印清嘉慶阮氏文選樓刻本。

(1-13b)

故云坐而論禮無官職 浦鏜云脱"婦"字。案,三夫人坐而論禮,猶三公坐而論道也。此引注作"坐而論禮",無"婦"字,今注有"婦",蓋衍文。(1-9b)

其次有潎而疏 《唐石經》"其次"下有"角"字。按,《釋》曰"其次有潎而疏者,以上參之,此謂兩邊亦有",則疏意蒙上"筋角皆有潎"。是賈本無此"角"字,故經下始言角也。石經此"角"誤衍,浦鏜據增,非。(12-22a)

(二)不明字體、訓詁例

施猶賦也 浦鏜云"頒"誤"賦",從注校。○按,鏜誤也。古凡以物分布曰賦。《國語》"社而賦事,烝而獻功",《説文》"襚,賦事也",《吳都賦》"方雙鬠而賦珍羞"。注妄改而鏜從之。(2-27b)

授受班者 諸本同。浦鏜云"頒"誤"班"。非也。此經作"頒",注作"班",通書準此。(2-32b)

孰灼之明其兆 浦鏜云"藝"誤"孰",疏同,從《集注》校。○按,浦鏜誤也。灼者,炙也。炙之不熟,其兆不明。"孰"者,今之"熟"字。"藝"之訓"燒"也。古皆言"灼龜",未有言"藝龜"者。(6-20b)

(三)援引俗説他書妄改例

賢有善行也 浦鏜云注本作"賢有德行者",從《集注》校,今本"德"作"善"者,誤也。疏内同。案,疏引"六德六行"以釋此句,是賈疏本作"德行",淺人臆改爲"善行"耳。以下句"能多才藝者"文法例之,"也"當本作"者"。(1-12b)

以其膳夫即不掌祭祀之事 浦鏜云"膳夫"下脱"共王之膳羞"五字,從《儀禮通解續》校。案,此類蓋後人以意增足,非賈疏本文。(1-36b)

夫妻片合 浦鏜云"片"當作"胖",語本《喪服傳》。○按,《喪服傳》本作"片合",今本作"胖",乃俗人以"片""半"二字合

而爲之。此疏云"夫妻片合",正可據以校正。(2-8a)

玉節之制如王爲之以命數爲小大 此本"王"誤"土",嘉靖本誤"玉",今據諸本訂正。《通典》七十五引作"以命數爲大小"。浦鏜改作"以玉爲之",云據《儀禮經傳通解》校。案,賈疏云"以邦國與王同稱玉節,亦皆以玉爲之。以其諸侯國內亦有徵守、好難、起軍旅之等,故知與王同",然則注正作"如王"。浦鏜輕據他書竄改,誤甚。(4-18a)

翔迴顧也 浦鏜云"迴顧"當從集注本作"迴旋"。按,《集注》妄改古注,而浦鏜反信之。迴顧謂矢行倒回,若云迴旋,則是矢行盤屈成圈,恐無是也。(12-4b)

(四)援據俗刻例

以增三十九并後合百二十一人 閩、監、毛本"三十九"誤"二十九",浦鏜因刪改此文云"以增之合百二十一人",誤甚。案,三十九并八十一爲一百二十,合后爲百二十一人也。(1-9a)

若然首反處下者 閩、監本同。毛本"若"改"也",上屬。浦鏜反據之,誤甚。(1-10b)

皆官師擁鐸拱稽 浦鏜云《國語》"師"作"帥","擁"作"攡"。案,浦據俗本《國語》如此耳。明道本作"行頭皆官師擁鐸拱稽",與此合。(1-23a)

(五)疑所不當疑例

縮浚也 諸本同。《釋文》:"浚也,苟順反,劉思順反。"浦鏜改"浚"爲"滲",云"滲"誤"浚",謬甚。浦鏜之書多不可據者。(1-34b)

皐門有伉 浦鏜云"伉"誤"亢"。按,《詩》《釋文》有"伉,本又作亢",與此正合,非誤也。(2-28b)

乘車之輪崇六尺六寸 浦鏜云"兵"訛"乘"字。按,浦鏜誤,疏固兼引《考工記》"兵車乘車之輪皆崇六尺六寸矣"。(4-13b)

則二官自白士 按,"士"爲"王"之誤。浦鏜云"士"疑
"上"誤,非矣。下文亦云"自白王"。(8-4b)

則上夾庚利近射與弋 浦鏜云"射"下脱"侯"。按,經云
"利射侯與弋",此言"近射",故不言"侯",省文,非脱也。浦按
此類,今皆不用。(12-22b)

小　結

清乾隆以降,考據之學興起,校訂經書文字亦漸成風尚,惠棟、浦
鏜、盧文弨諸儒實開風氣之先。浦鏜以己之力,完成《十三經注疏》
的校訂,就規模而言,在陸德明《經典釋文》與阮元《十三經注疏校勘
記》之間,無人可出其右。《四庫全書》收錄浦著,然改署沈廷芳撰,
於事實不符。《正字》以訂正文字爲校勘旨歸,雖未列衆本對校,但
引據經史傳注,又以本經與他經、經注與疏文互證,可與阮校、《考
文》以版本相勝者互補。《正字》博采歷代校經成果,較盧文弨、阮元
摒棄宋人之説,似更少門户之見。浦鏜基於訂誤之校勘理念,勇於按
斷,且不憚改字,但大多有所根據。如其據盧見曾《雅雨堂叢書》本
《周易集解》訂正監本、毛本經注誤字,即多與阮校、《考文》徵引之岳
本、宋本、古本、足利本相合。《正字》所作文字取捨,有論者以其多
與清乾隆武英殿本《十三經注疏》相合,遂斷定爲依從殿本,實際兩
者相合處亦多與盧本以及岳本、宋本等相合,恐不宜作此推斷。《正
字》在訂正文字正誤之外,尚留意經注疏文本錯亂,當對盧文弨不無
啓發。盧文弨、阮元校經均大量吸收《正字》成果。

但是,浦鏜因爲所見版本有限,加之僻處地方,接觸學者無多,亦
導致《正字》存在明顯的疏失。根據盧文弨、阮元的指摘,問題大致
可歸納爲不明經本差異、不明字體訓詁、援引俗説他書妄改、援據俗
刻、疑所不當疑諸例,可供清理使用《正字》校勘成果時參考。

原載《王叔岷先生百歲冥誕國際學術研討會論文集》,台灣大學
中國文學系,2015 年

附録二 “岳本”補考

張學謙

　　所謂“相臺岳氏”《九經三傳》，前人皆以爲南宋岳珂所刻，經張政烺考證，始知此岳氏乃元代荊溪（宜興）岳浚。張氏《讀〈相臺書塾刊正九經三傳沿革例〉》一文於“岳本”之刊刻年代、刊刻者、所刻經數、底本來源等問題考證精詳，可謂定論。然張文畢竟以《九經三傳沿革例》爲中心進行考察，仍有一些“岳本”的問題需要補充研究。

一、天禄琳琅“八經”之流傳

　　乾隆內府舊藏《周易》《尚書》《毛詩》《禮記》《春秋》《論語》《孝經》《孟子》八經，前人均視爲岳本。

　　《周易》《尚書》《毛詩》《禮記》《春秋》五經即“五經萃室”所藏，乾隆四十八年（1783）以之覆刻。其中《春秋》見於《天禄琳琅書目》（前編）卷一，入藏較早，原與天禄琳琅各書一併庋藏於乾清宮昭仁殿。其後復得《周易》《尚書》《毛詩》《禮記》四經，乃於乾隆四十八年“撤出昭仁殿之《春秋》，以還岳氏五經之舊，仍即殿之後廂，所謂慎儉德室者，分其一楹，名之曰‘五經萃室’，都置一几。是舊者固不出昭仁殿，而新者亦弗闌入舊書中”①。嘉慶二年（1797）十月，乾清宮大火，昭仁殿之天禄琳琅藏書及後廂“五經萃室”之岳本五經皆被

---

① 高宗《五經萃室記》，《御製文二集》卷十四，《景印文淵閣四庫全書》本，臺灣商務印書館，1986 年。

焚毀①。《論語》《孝經》《孟子》則見於《天禄琳琅書目後編》卷三,乃嘉慶三年重建昭仁殿"天禄琳琅"後續入之"天禄繼鑑"書②。此三經現均藏於中國國家圖書館,其中《論語》《孝經》已經《中華再造善本》影印。

高宗《五經萃室記》云:"至於收藏家,則《易》《書》《詩》蓋同經七八家而略有異,(《易》《書》《詩》三經皆有晋府書畫之印及徐乾學、季振宜、陳定書、李國壽、陳氏世寶、敬德堂諸印,《尚書》又有覃懷李氏印,蓋大同小異云)。藏《禮記》者四家,(晋府書畫印、李國壽印、覃懷李氏印、敬德堂圖書印)。藏《春秋》者三家,(宋本印、項氏萬卷樓圖籍印、季振宜印)。"現據乾隆武英殿翻刻岳本五經所摹藏印及《天禄琳琅書目後編》所載《論語》《孝經》《孟子》三書藏印,略考諸經流傳情況如下。

以印章位置判斷,李國壽藏印"李國壽印"朱方、"覃懷李氏"白方最早鈐蓋。《天禄琳琅書目後編》卷三"論語"條云:"覃懷李氏,宋參政李曾伯之後,見前。"③卷一"御題班馬字類"條云:"(李)曾伯字長孺,覃懷人,後居嘉興。"④蓋據籍貫推之。

《内務部古物陳列所書畫目録》第五卷著録"元李士行《江鄉秋晚圖卷》",有李國壽行書三行,署"覃懷李國壽",鈐"李國壽印"

① 劉薔《天禄琳琅研究》第一章《清宮"天禄琳琅"藏書始末》,北京大學出版社,2012年,第28—35頁。

② 實際上,若以鈐印區分,則《春秋》原爲天禄琳琅前編之書,故僅鈐"乾隆御覽之寶"闊邊朱文大方印及"乾隆御覽之寶"朱文小方印;《周易》《尚書》《毛詩》《禮記》《論語》《孝經》《孟子》七經均爲"丙申(筆者按:乾隆四十一年,1776)以後所獲之書,别弆於御花園之養性齋,以待續入"(《五經萃室記》)者,故鈐印有"乾隆御覽之寶"朱文橢圓印、"天禄繼鑑"白文方印、"古希天子"朱文圓印等。只是後來《周易》《尚書》《毛詩》《禮記》四經於乾隆四十八年移入昭仁殿"五經萃室",並於嘉慶二年(1797)被焚毀,故未能與其他三經一併著録於《天禄琳琅書目後編》。在重建"天禄琳琅"時,《論語》《孝經》《孟子》被續入,並於副頁加鈐"五福五代堂古稀天子寶""八徵耄念之寶""太上皇帝之寶"三璽。

③ 彭元瑞等撰,徐德明標點《天禄琳琅書目》(後編),上海古籍出版社,2007年,第435頁。

④ 《天禄琳琅書目》(後編),第387頁。

（朱文）①。此圖現藏臺北故宮博物院，據何傳馨文，圖卷拖尾二十七則題詩經考訂，順序依次爲：陳深（1260—1344）、柯九思（1290—1343）、鄭元祐（1292—1363）、王時、李國壽、郭畀（1280—1335）、姚文奐（？—1348以後）、曹鑑（1271—1335）、趙由辰、薩都刺（約1300—約1350）、李淳、劉致（？—1328以後）、龔璛（1266—1331）等。其中龔璛題署元文宗天曆二年（1329），薩都刺題據推知亦在此年②，則此前包括李國壽在内的數人，題詩時間當在同年或略早。

又朱存理《鐵網珊瑚》載《雷雨護嬰圖》諸家題咏，中有署"青畍李國壽"者③。同時見於《雷雨護嬰圖》《江鄉秋晚圖》的題咏者有李國壽、郭畀、曹鑑、龔璛四人④。至正二十六年（1366）二月十六日楊基題《雷雨護嬰圖》云：

> 鄉先生題其卷者凡八人，而基之先大父處士府君、外祖中齋龔先生（筆者按：即龔璛）手澤在焉。其六人，則響林陳先生者，先大父之忘年交，克明曹先生（筆者：即曹鑑）、天錫郭先生（筆者：即郭畀）、君輔青陽先生、用中俞先生、子泰堯先生皆大父之友，而堯又先人授業之師也……欲考題咏歲月，無所引據，撫卷燈下，徘徊久之。忽祖母驚視曰："此予在京口時，汝祖嘗持以示我，其時汝父猶在襁褓，去今六十年矣。"⑤

以此推之，龔璛、曹鑑、郭畀的題咏時間大致在成宗大德十年

---

① 古物陳列所編《内務部古物陳列所書畫目録》，《中國歷代書畫藝術論著叢編》影印民國十四年（1925）鉛印本，第五卷，第28b頁。

② 何傳馨《元代書畫題咏文化——以李士行〈江鄉秋晚卷〉爲例》，《故宮學術季刊（第十九卷）》2002年第4期，第20—21頁。

③ 朱存理集録，韓進、朱春峰校證《鐵網珊瑚校證》，廣陵書社，2012年，第886頁。據校勘記，"青畍"別本有作"清畍""清畍"者。筆者按：《式古堂書畫彙考》（文淵閣《四庫全書》本）卷五十三畫二十二亦集録此圖卷題跋，"青畍"作"清畍"。

④ 龔璛題咏僅據楊基題識，《鐵網珊瑚》《式古堂書畫彙考》皆無録文，蓋流傳中失之。

⑤ 《鐵網珊瑚校證》，第887—888頁。

（1306），李國壽同此。據以上所考可知，李國壽生於元初，元代中期主要活動於江浙一帶，應與上舉龔璛、郭畀、曹鑑等人有交游。據張政烺考證，岳浚刊刻《九經三傳》在大德（1297—1307）末年①，正與李國壽活動時代相同。又郭畀、鄭元祐等人均與岳浚有交往②，李國壽或亦如是。要之，岳本行世不久即爲國壽所得。《周易》《尚書》《毛詩》《禮記》《論語》《孝經》《孟子》七經皆其所藏。

　　“晋府書畫之印”朱方、“敬德堂圖書印”朱方、“子子孫孫永寶用”朱方皆明朱鍾鉉藏印。《天禄琳琅書目後編》卷三引朱謀瑋《藩獻記》：“晋莊王鍾鉉，憲王之子，高皇帝曾孫，好博古，喜法書，刻《寶賢堂集古法帖》，今世所傳書畫多晋府章，即其人也。”③李國壽舊藏《周易》《尚書》《毛詩》《禮記》《論語》《孝經》《孟子》七經皆爲晋府所得。

　　“陳定書印”朱方、“陳氏世寶”朱方二印鈐蓋時間次之。檢《石渠寶笈》卷十“宋諸名家墨寶一册”有“陳定印”“陳以御”“陳定書印”“陳氏世寶”“陳定平生真賞”諸印。此外，卷二十二“歷代名繪一册”有“陳以御鑒定”印，卷四十四“元錢選秋江侍渡圖一卷”有“陳定畫印”。《石渠寶笈》所載藏品時有陳氏藏印，乃知陳定字以御，富於書畫之收藏。

　　又顧復《平生壯觀》卷一“神龍蘭亭”條云：“金陵陳以御從太平曹氏得之。”④卷二“黃庭堅”條云：“《趙景道帖》……此季弟（筆者按：即顧維岳）物，爲陳以御所豪奪……壬申春復得一見，頓還舊觀，忽忽若昨日事，屈指不覺二十九年，已四易其主矣。”⑤徐乾學爲《平

---

　　①　張政烺《讀〈相臺書塾刊正九經三傳沿革例〉》，《張政烺文集・文史叢考》，中華書局，2012 年，第 327—334 頁。

　　②　郭畀《郭天賜手書日記》“至大元年（1308）九月十三日”，古典文學出版社，1958 年，第 4b 頁。鄭元祐《遂昌山人雜録》《僑吳集》。皆參張政烺《讀〈相臺書塾刊正九經三傳沿革例〉》《張政烺文集・文史叢考》，第 327—334 頁。

　　③　《天禄琳琅書目》（後編），第 434—435 頁。

　　④　顧復《平生壯觀》卷一，影印道光間蔣氏宋體精鈔本，上海人民美術出版社，1962 年。

　　⑤　《平生壯觀》卷二。

生壯觀》所作序、顧復《平生壯觀引》均署康熙三十一年（1692），壬申即當此年，則陳定豪奪事在康熙二年。因知陳定爲明末清初江寧人。所藏有《周易》《尚書》《毛詩》《論語》《孝經》《孟子》六經。

《孝經》曾經武進唐辰①（良士）收藏，"毘陵唐良士藏書"朱方、"晋昌祕笈記"白方、"唐"朱圓、"于辰"白方、"唐辰"白文、"良士"白文皆其藏印。唐氏與季振宜爲姻親，彭元瑞《知聖道齋讀書跋尾》卷二《盡忠録跋》云："余獲見季滄葦所藏正德年初印《盡心録》……有滄葦手跋。其夫人唐氏乃毘陵孝廉孔明父（筆者按：唐宇昭字孔明，良士父）之女，荆川（筆者按：唐順之）四世孫也。以是書見貽，朱墨皆荆川筆云。"②此《孝經》當亦爲唐良士贈予季振宜。

其後陳定舊藏六經均爲季振宜所得（其中《孝經》當得自唐良士）。季振宜《延令宋板書目》（嘉慶十年黄氏士禮居刻本）："岳倦翁《周易》（三本）、《詩經》（六本）、《尚書》（三本）、《孝經》（一本）、《論語》（一本）、《孟子》十四卷（三本）。"以藏印證之亦然。此後季振宜又得項篤壽萬卷堂舊藏《春秋》。

徐乾學所得有《周易》《尚書》《毛詩》《論語》《孝經》《孟子》六經。《傳是樓書目》經部天字上格："周易注，上下經六卷，晋王弼注；略例一卷，唐邢璹注；繫辭三卷，韓康伯注。三本。"當即岳本《周易》。

又《藏園群書經眼録》著録清金鳳翔校明末毛氏汲古閣本《十三經注疏》，《周易兼義》《毛詩正義》《論語注疏解經》爲"校岳刻本"，皆有識語③。其中《論語》識語云："康熙丁酉（1717）九月二十二日、二十三日兩日，借相臺岳氏所刻校於樂安志雅堂。"所校他本識語中，有"丙申（1716）冬日貯書樓主人質得東海《纂圖互注禮記》"，"玉峰徐氏以宋槧《春秋正義》質於樂安貯書樓"云云，所謂東海、玉

---

① 葉昌熾撰，王欣夫補正《藏書紀事詩》卷二誤作"唐仁"，上海古籍出版社，1999 年，第 182 頁。

② 彭元瑞《知聖道齋讀書跋尾》卷二，《國家圖書館藏古籍題跋叢刊》影印嘉慶刻本，第 18a 頁。

③ 傅增湘《藏園群書經眼録》卷一，中華書局，2009 年，第 3—5 頁。

峰徐氏皆指昆山徐氏。徐乾學已卒於康熙三十三年（1694），質書者當爲徐氏後人。貯書樓主人爲長洲蔣杲①，其子蔣元益（1708—1788）官至兵部侍郎，有《志雅齋詩鈔》②。金氏校書時，元益尚幼，故知樂安貯書樓、樂安志雅堂爲蔣氏父子沿用之齋名。金氏未明言所校岳本是否亦爲徐氏質於蔣氏者，僅將此事拈出備考。

諸經遞藏情況如下：

《周易》《尚書》《毛詩》《論語》《孟子》：李國壽→晉府→陳定→季振宜→徐乾學→內府。

《孝經》：李國壽→晉府→陳定→唐良士→季振宜→徐乾學→內府。

《禮記》：李國壽→晉府→內府。

《春秋》：項篤壽→季振宜→內府。

附：天禄琳琅藏八經諸家藏印表（表1）。

表1

	李國壽	晋府	項篤壽	陳定	唐良士	季振宜	徐乾學
周易	"李國壽印"朱方	"晋府書畫之印" 朱方、"敬德堂圖書印" 朱方、"子子孫孫永寶用"朱方		"陳定書印" 朱方、"陳氏世寶"朱方		"季印振宜" 朱方、"滄葦"白方	"崑山徐氏家藏" 朱長方、"乾學之印" 白方、"健菴"白方

①　《藏書紀事詩》，第431—432頁。

②　南京師範大學古文獻整理研究所編著《江蘇藝文志·蘇州卷》，江蘇人民出版社，1996年。

	李國壽	晋府	項篤壽	陳定	唐良士	季振宜	徐乾學
尚書	"李國壽印"朱方、"覃懷李氏"白方	"晋府書畫之印"朱方、"敬德堂圖書印"朱方、"子子孫孫永寶用"朱方		"陳定書印"朱方、"陳氏世寶"朱方		"季印振宜"朱方、"滄葦"白方	"崑山徐氏家藏"朱長方、"乾學之印"白方、"健菴"白方
毛詩	"李國壽印"朱方	"晋府書畫之印"朱方、"敬德堂圖書印"朱方、"子子孫孫永寶用"朱方		"陳定書印"朱方、"陳氏世寶"朱方		"季印振宜"朱方、"滄葦"白方	"崑山徐氏家藏"朱長方、"乾學之印"白方、"健菴"白方
禮記	"李國壽印"朱方	"晋府書畫之印"朱方、"敬德堂圖書印"朱方、"子子孫孫永寶用"朱方					
春秋			"項氏萬卷堂圖籍印"、"紫玉玄居寶刻"白方、"美酒飲教微醉後,好華看到半開旹"			"季印振宜"朱方、"滄葦"朱方、"季振宜字詵兮號滄葦"朱方、"宋本"朱橢圓	

續表

	李國壽	晋府	項篤壽	陳定	唐良士	季振宜	徐乾學
論語	"李國壽印"朱方、"覃懷李氏"白方	"晋府書畫之印"朱方、"敬德堂圖書印"朱方、"子子孫孫永寶用"朱方		"陳定書印"朱方、"陳氏世寶"朱方		"季印振宜"朱方、"滄葦"白方	"崑山徐氏家藏"朱長方、"乾學之印"白方、"健菴"白方
孝經	"李國壽印"朱方	"晋府書畫之印"朱方、"敬德堂圖書印"朱方、"子子孫孫永寶用"朱方		"陳定書印"朱方、"陳氏世寶"朱方	"毘陵唐良士藏書"朱方、"晋昌祕笈記"白方、"唐"朱圓、"于辰"白方、"唐辰"白文、"良士"白文	"季印振宜"朱方、"滄葦"白方、"子祈"①朱長方、"季大斗印"白方	"崑山徐氏家藏"朱長方、"乾學之印"白方、"健菴"白方
孟子	"李國壽印"朱方	"晋府書畫之印"朱方、"敬德堂圖書印"朱方、"子子孫孫永寶用"朱方		"陳定書印"朱方、"陳氏世寶"朱方		"季印振宜"朱方、"滄葦"白方	"崑山徐氏家藏"朱長方、"乾學御史"、"健菴"白方

———————————

① 《天祿琳琅書目》(後編)誤作"子析",今核《中華再造善本》影印本,實作"子祈"。

二、現存岳本五經

現存有"相臺岳氏刻梓荆溪家塾"木記確然爲岳本者,僅有《周易》(中國國家圖書館藏)、《周禮》(臺北故宫博物院藏,殘本)、《春秋》(中國國家圖書館藏,卷十九、二十配他本;日本静嘉堂文庫藏,殘本)、《論語》(中國國家圖書館藏)、《孟子》(中國國家圖書館藏)五經。其中《周易》爲四庫底本,《論語》《孟子》即上舉"天禄琳琅"舊藏。

(一)《周易》

説詳下文(四、《四庫全書》本《周易注》)。

(二)《周禮》

臺北故宫所藏《周禮》殘本原爲民國國立北平圖書館舊藏(即所謂"平館書"),蝴蝶裝,存卷三二十八葉半,《北平圖書館善本書目》著録①。此殘本亦見於《文禄堂訪書記》《中國善本書提要》,卷末有"相臺岳氏刻梓荆溪家塾"十字亞形木記。②

此外,《舊京書影提要》收録"宋刻零葉,行款與相臺岳氏刻五經同。舊清内閣書,見藏大連圖書館"③。似無卷末葉留存,故不知有無相臺木記。《舊京書影》收録卷四第二十葉左④,亦爲蝴蝶裝,經與《四部叢刊》影印明翻岳本此半葉對比,雖無異文,但個別字形略有差異,零葉或亦爲元刊岳本。

---

① 趙萬里撰集《國立北平圖書館善本書目》,《舊京書影·北平圖書館善本書目》影印民國二十二年(1933)鉛印本,人民文學出版社,2011年,第786頁。惟誤作宋刻本。

② 王文進著,柳向春標點《文禄堂訪書記》,上海古籍出版社,2007年,第15頁。王重民《中國善本書提要》,上海古籍出版社,1983年,第16頁。

③ 原載《文字同盟》第二十四、二十五號合刊本,今據《舊京書影·北平圖書館善本書目》,第20頁。

④ 倉石武四郎編拍《舊京書影》,《舊京書影·北平圖書館善本書目》影印日本東京大學文學部漢籍室藏品,第125頁。據橋本秀美所撰《出版説明》,《書影》的拍攝時間爲1929年。

　　民國間,史語所清理内閣大庫殘餘檔案,得《禮記》三葉(卷九《玉藻》第五至七葉)、《周禮》四葉(卷七《夏官》上第八至十一葉,刻工:王圭),雖皆殘葉,無木記可證,張政烺以其"楮如玉版,墨如點漆",定爲岳本"原刻初印"。

　　清代内閣大庫所藏分爲六庫,其中禮、樂、射、御四庫爲檔案,書、數二庫爲書籍。宣統元年(1909)大庫屋壞,移藏於文華殿兩廡,淩亂不堪。張之洞奏請以大庫書籍設學部圖書館,成爲後來的京師圖書館、國立北平圖書館藏書的重要來源之一。當時曾委吳縣曹元忠(君直)、寶應劉啓瑞(翰臣)整理①,編有《内閣庫存書目》《内閣庫存殘本書目》《内閣庫存圖籍》②。今檢此三目及《清學部圖書館善本書目》③《京師圖書館善本簡明書目》④,並無岳本《周禮》,蓋此本於大庫檔籍移動散亂之時混於檔案之中,故未能隨大部書籍入藏學部圖書館⑤。大庫檔案於清亡後幾經轉手,現在主要保存在中國第一歷史檔案館(原屬歷史博物館,存於故宫午門樓上的部分)、中研院史語所(購自李盛鐸,爲羅振玉轉賣的部分)、大連圖書館(羅振玉留存的部分)。此外,經手者如同懋增紙店、李盛鐸等都曾留存、轉賣少量檔案。之所以回顧内閣大庫檔籍播遷的歷史,是因爲筆者認爲

---

　　①　羅繼祖《庭聞憶略》,吉林文史出版社,1987年,第45頁。

　　②　劉啓瑞輯,蘇揚劍整理《北京大學藏〈内閣庫存書目〉三種》,《中國典籍與文化論叢(第十五輯)》,2013年。

　　③　繆荃孫編《清學部圖書館善本書目》,民國元年(1911)上海國粹學報社排印《古學彙刊(第一編)》本。

　　④　江翰重編,高橋智整理《京師圖書館善本簡明書目》,見《關於〈京師圖書館善本簡明書目〉及其稿本》,《中國典籍與文化論叢(第十五輯)》,2013年。

　　⑤　曹元忠致繆荃孫函云:"内閣大庫見存書籍,内多宋、金、元舊槧舊鈔,太半蝴蝶裝者,沈霾歲久,已爛脱散絶,亟宜收拾。而當事諸公,頗有子夏之疾。刻下由定興(筆者按:鹿傳霖)派受業重檢,始議編目,以繼張萱。受事以來,辰入酉出,僅止月餘,得宋、元槧百餘種,未及筆記。尚有數十種,榮相催迫不已,亟於要書,閣中同事於斯道本自茫然,遂爾送去。致宋、金、元舊槧尚未記全,何論舊鈔。"(顧廷龍校閱《藝風堂友朋書札》(下),《中華文史論叢》增刊,上海古籍出版社,1981年,第985—986頁)可見當時所編内閣庫存三目尚有闕漏。然其後之《清學部圖書館善本書目》《京師圖書館善本簡明書目》亦未著録,故不影響此推論。

以上岳本《周禮》殘本、殘葉皆内閣大庫舊藏之一本而星散者。此本最初混於檔案之中，其時當已殘闕零落，其後隨檔案輾轉各處，其中卷三殘本流出，故王文進得見，或經其手賣與平圖，時間當在 1933 年（《北平圖書館善本書目》出版）之前。其餘殘葉則隨檔案播遷分藏於史語所及大連圖書館。史語所購入檔案在民國十八年（1929）八月①。羅振玉於 1928 年冬遷居旅順②，前述《舊京書影》拍攝於 1929 年，羅氏捐出殘葉當在此間。

（三）《春秋》

國圖《春秋》清末藏於臨清徐坊處，其後各册分散，爲周叔弢自庚午（1930）春至丁亥（1947）正月陸續收得③，後捐北京圖書館（今中國國家圖書館），《中國版刻圖録》收録，《中華再造善本》影印。各卷末多有相臺木記④。檢藏印有"玄同子邵桂子一之父章"、"睦邵桂子"白方、"桂子"白方、"邵伯子"白方、"壽樂老人章"白方、"雲間壽樂行窩"朱方、"壽樂行窩"朱方、"壽樂""壽樂堂"亞形印、"玄同/邵子"連珠印、"玄同"橢圓印、"玄同"鼎爐形印、"玄之又玄"朱方、"守吾玄"朱長方、"天光雲影"朱方、"甲戌/辛未己未/甲子"朱文亞形印（以上邵桂子印），"徐健菴"白方、"乾學"朱方（以上徐乾學印），"浦祺之印"白方、"浦氏揚烈"白方、"浦玉田藏書記"朱白文相間方印、"浦伯子"朱文橢圓印、"留與軒浦氏珍藏"朱方（以上浦祺（1733—1795）印），"袁印廷檮"朱方、"五硯主人"朱方、"五硯樓"朱長方（以上袁廷檮（1764—1810）印），"嚴杰借讀"白方（嚴杰（1764—1843）印），"定府珍藏"朱方、"曾在定邸行有恆堂"朱方（以上載銓（1794—1854）印），"古逸生"白方（印主不明）。

① 徐中舒《再述内閣大庫檔案之由來及其整理》，《徐中舒歷史論文選輯》，中華書局，1998 年，第 322 頁。

② 《庭聞憶略》，第 102 頁。

③ 詳此本第一册、第二册前周叔弢五跋。跋文亦見李國慶編著、周景良校定《弢翁藏書年譜》，《安徽古籍叢書·附輯》，黄山書社，2000 年，第 46—47 頁。

④ 其中卷三、卷十、卷十二、卷十三、卷十四、卷十六、卷三十末葉刻滿，卷二十三餘一行，卷二十一、二十二餘二行，空間不足，故未刻木記。

　　邵桂子字德芳,號玄同,嚴州淳安人。本姓吳,鞠於所養,因從其姓。宋咸淳七年(1271)以博學宏詞登進士,授處州教授。國亡不仕,娶華亭曹澤之女,因家小蒸,爲斯文領袖者四十年,八十二卒①。戴表元曾爲"古睦邵德芳"(筆者按:北宋宣和三年改睦州爲嚴州)撰《壽樂行窩記》②,知"壽樂行窩"等印亦邵氏藏印。"甲戌/辛未己未/甲子"之"辛未"乃其登進士第之年。邵氏印記均鈐於各卷末,且多在木記之上,部分藏印形狀爲與相臺木記類似的亞形、橢圓形等,如"壽樂堂""甲戌/辛未己未/甲子"等均爲亞形印記。邵氏入元後所居之華亭與宜興臨近,李致忠認爲"可能正是漢陽君岳浚延致的名德巨儒中的代表人物,參與校刻群經",當爲合理之推斷③。

　　此本卷十九、二十末無相臺木記及邵氏藏印,僅首葉鈐"古逸生""曾在定邸行有恆堂"二印,刻工(卷十九:袁、黃、吳、奎、武、鄭、高,卷二十:曹、吾、左、何、趙、於、劉、孫、吳、孟、文、馬、梁、朱、晏)與其他各卷不同,顯非岳本。經核,此二卷刻工與臺北故宮博物院藏元旴郡重刊廖本《論語》《孟子》,中國國家圖書館藏元刻《周禮》殘本(卷三末有鐘形墨記,未經刻字)均無相同者,而字體頗似岳本,惟精

---

　　① 周叔弢跋已指出"《天禄琳琅前編》著録元本《東坡集》,即其所藏也"(見第二冊前)。邵氏小傳見題陳思編、陳世隆補《兩宋名賢小集》卷三百五十四邵氏《僮菴小集》,《景印文淵閣四庫全書》本。淩迪知《萬姓統譜》卷一百三,明萬曆刻本。徐象梅《兩浙名賢録》卷四十六《文苑》,明天啓刻本。《(雍正)浙江通志》卷一百八十二、《天禄琳琅書目》卷六引鮑楹《雪舟詩序》。

　　② 戴表元《剡源戴先生文集》卷三,《四部叢刊初編》影印明萬曆刻本,第13b頁。

　　③ 李致忠《宋版書叙録》,北京圖書館出版社,1994年,第181頁。然李氏以邵氏諸印爲"顯係刻書時鑴印的的",且推測邵氏因"參與校刻群經,頗爲漢陽君岳浚所敬重,故總在牌記上方鑴印邵氏各氏墨記",則不免有誤。今檢《中華再造善本》影印本,邵氏印記均爲朱色,且刻本行格貫穿各印,故可排除影印本套色有誤的可能。上舉岳刻經書及下文靜嘉堂藏岳刻《春秋》,相臺木記上均別無其他墨記,亦是一證。李氏撰叙録時所據當爲此本膠捲,故有此誤。

整稍遜①。《北京圖書館古籍善本書目》《中國古籍善本書目》定爲明刻本②。

日本靜嘉堂文庫藏本存下半部十五卷,其中卷十六至十八③、二十三至二十六、二十九、三十爲元刊岳本,餘以明翻本配補(與國圖配補卷非同版)。卷十七、二十四至二十六、二十九各卷末有木記。明沈巽、冒鸞、清黃丕烈、汪士鐘、汪憲奎、陸心源及陸樹聲父子等遞藏。鈐印有"☰"朱方、"沈士稱"朱方、"沈士稱氏"白方、"滄浪漁隱"白方(以上沈巽印),"東敨子孫"白方④、"名山"白方、"吳氏之章"朱方、"大章"朱方(以上印主不明)⑤,"冒鸞"朱方(冒鸞印),"汪士鐘印"白方、"閬源真賞"朱方(以上汪士鐘印),"憲奎"白方、"秋浦"朱方、"平陽汪氏藏書印"朱長方(以上汪憲奎印),"臣陸尌聲"白方、"歸安陸樹聲叔桐父印"(以上陸樹聲印)⑥。

此書曾經黃丕烈收藏,當時卷一至六及卷十五尚存,卷十六以下與今存岳氏原本卷數同。蓋黃氏藏印僅鈐於卷首,後來隨卷佚失。《百宋一廛書録》云:

> 其收藏圖書有"☰"一印、"沈士稱"一印、"滄浪漁隱"一印、"東敨父子"一印。卷下有墨書一行,云"吳興沈巽士稱題",

---

① 元旴郡重刊廖本《論語》《孟子》已經《天禄琳琅叢書》(故宮博物院,民國二十一年)影印,刻工亦見張麗娟《宋代經注疏刊刻研究》第二章《經注附釋文本》,第170頁。國圖藏元刻《周禮》存卷三至卷六,行款、版式與岳刻《周禮》同,但"字體粗松,印工亦不精"(《藏園群書經眼録》),參張麗娟書第172頁注。

② 《北京圖書館古籍善本書目·經部》,書目文獻出版社,1989年,第90頁。《中國古籍善本書目·經部》,上海古籍出版社,1989年,第240頁。

③ 卷十八末二葉亦以明翻本配補。

④ 《續古逸叢書》影印宋本《乖崖先生文集》亦同時鈐有"沈士稱氏""東敨子孫"二印,或"東敨子孫"亦沈氏藏印,存疑待考。

⑤ "吳氏之章""大章"疑爲宜興吳經印。吳經,字大章,吳克溫(1457—1519)父,王鏊有《送吳大章還宜興》詩。

⑥ 陸心源《皕宋樓藏書志》卷八(光緒八年陸氏十萬卷樓刻本,第1b頁)著録藏印,"沈士稱"誤作"沈士林","☰"(巽卦)誤作"坤卦"。阿部隆一《日本國見在宋元版志·經部》(《阿部隆一遺稿集》第一卷《宋元版篇》,汲古書院,1993年,第331—332頁)著録藏印最詳,但亦沿陸氏"沈士林"之誤。

前所載圖書皆其印也。通體塗抹不堪,其於卷端標明云:“凡抹朱,文章;青,義理;黃,辭命;墨,大綱。”……又有“大章”一印、“冒鶯”一印,是收藏家,非評閱之人矣。①

按“沈士稱”即“沈士偁”。《畫史會要》卷四:“沈巽字士偁,號巽翁,吳興人。山水宗吳廷輝,稍變其法,尤工雜畫。”②《吳興備志》卷二十五“書畫徵第二十一”引《吳興畫苑》:“沈巽字士偁,精於繪事。嘗爲曹孔章作《水晶宮圖》贈貝瓊,瓊作《水晶宮詩》。子孟均亦善畫。”③沈巽編有《皇明詩選》二十卷,洪武三十年(1397)刻本,卷端題“吳興沈巽士偁編集/文林郎前太常典簿吳郡顧禄謹中校選”,有洪武三十年建安曹孔章序、雋李貝季翔(筆者按:即貝翱,瓊子)序及沈氏自跋,沈跋後附刻“水晶宮”“沈士偁氏”“滄浪漁隱”三印④。知沈巽爲明初湖州人,“☰”“滄浪漁隱”皆其藏印。又此本書衣有韓應陛手書題記:“咸豐八年(1858)六月朔日得之蘇州黃氏澇喜園。”知此《皇明詩選》亦曾爲黃丕烈收藏,宜黃氏知其人也。

冒鶯,字廷和,號復齋、東皋,如皋人。弘治六年(1493)進士。汪憲奎,字秋浦,長洲人,汪士鐘族人⑤。又書眉有手書評注,傅增湘謂“審其筆勢,當是元人”⑥,以黃氏《書録》觀之,當即沈巽所批。汪士鐘《藝芸書舍宋元本書目》云“岳板,零配覆本,三十卷”⑦。按黃氏收藏時尚未以明翻本配補,而今日所見配補卷均有汪氏藏印,知爲汪氏補齊。至清末,陸心源《皕宋樓藏書志》僅著録卷十六以下,餘皆佚失。

---

① 黃丕烈《百宋一廛書録》,民國二年(1913),烏程張氏刻《適園叢書》本。
② 朱謀垔《畫史會要》,《景印文淵閣四庫全書》本。
③ 董斯張《(崇禎)吳興備志》,《景印文淵閣四庫全書》本。
④ 臺北圖書館特藏組編《國家圖書館善本書志初稿·集部(四)》,臺北圖書館編印,2000年,第87—88頁。
⑤ 參林申清《中國藏書家印鑒》,上海書店出版社,1997年,第162—163頁。
⑥ 《藏園群書經眼録》卷一,第58頁。
⑦ 汪士鐘《藝芸書舍宋元本書目》,《叢書集成初編》,中華書局,1985年,第3頁。

(四)《論語》《孟子》

《論語》《孟子》二經皆藏於中國國家圖書館,遞藏情況已見於上文。《天禄琳琅書目後編》卷三著録二書,其中《論語》明言"每卷末印記'相臺岳氏刻梓荆溪家塾'",《孟子》則僅云"岳珂荆溪家塾所刻",未言木記之有無。故張政烺謂"若《孟子》亦無相臺木記,疑與《孝經》爲同類,惜乎若存若亡,不可考驗矣"①,誤以《孟子》無木記,非岳本。今檢此本膠捲,凡十四卷,六册,除卷八(末葉刻滿)外,序及各卷末均有相臺木記(圖一)。版心刻"孟幾"。書前《孟子題辭》頗有殘損,未印入《中華再造善本》。

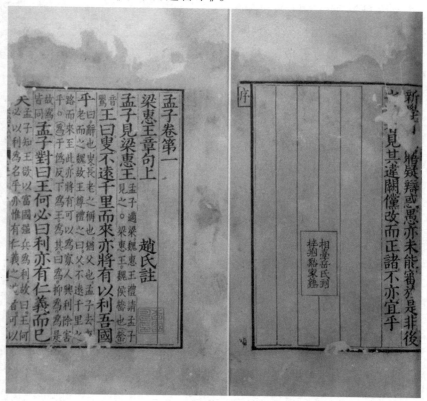

圖一 中國國家圖書館藏岳本《孟子》序後木記

---

① 《讀〈相臺書塾刊正九經三傳沿革例〉》,《張政烺文集·文史叢考》,第335頁。

現存岳本（《周易》《周禮》《春秋》《論語》《孟子》）刻工，如何永言見於元大德間刻《磧砂藏》（刊於平江路磧砂延聖寺），朱子成、趙堅、葉子明、翁天祐、王圭見於元前至元中後期刻《普寧藏》（刊於杭州路餘杭縣普寧寺）①，可證張政烺所考確爲不刊之論。

附：現存岳本刻工

《周易》：子、方、毛、范、孫、杞、祀、章、張、王、拱、葉、弓、子明、圭、仲明、趙堅（趙、堅）、翁福（翁）②。

《周禮》：王圭刊、守中、淩、史、忠、顧、吳、伯恭、金拱（金、拱）、何永言（何、永、言、永言）③。

《春秋》：葉子明（葉、子明）、王圭（王、圭）、翁、子、方、范、朱、拱、李、翁壽昌、仁、趙堅（趙、堅）、日新、日、忠、盛忠、盛允忠、翁天祐（天祐）、朱子成（子成）、拱昌、馬良、奇、才、陳大有（陳）、淩、李生、毛。④

《論語》：子、范、拱、翁福（翁）、王圭刊（圭）、何、永言（永）、王、方、仁⑤。

《孟子》：范、翁、天祐、王圭刊（王、圭）、伯恭（伯、恭）、史、張守中（張、守中、中）、淩拱刊（淩、拱）、子、金、從善（從、善）、何、永、永言。⑥

---

① 據李富華、何梅《漢文佛教大藏經研究》（宗教文化出版社，2003 年）第七章第三節（第 266—267 頁）、第八章第一節（第 335—337 頁）所錄《磧砂藏》《普寧藏》刻工。筆者按：張政烺誤以朱子成爲《磧砂藏》刻工。

② 據《中華再造善本》影印中國國家圖書館藏元相臺岳氏刻《周易注》，并參考《涵芬樓燼餘書録》。

③ 據《文禄堂訪書記》卷一（第 15 頁）及臺北國立故宮博物院善本古籍資料庫 http://npmhost.npm.gov.tw/ttscgi/ttswebrb? @17: 1268306568: 3: 1: 4@ @ 7133A900 B9C008F98878。

④ 據《中華再造善本》影印中國國家圖書館藏元相臺岳氏刻《春秋經傳集解》。

⑤ 據《中華再造善本》影印中國國家圖書館藏元相臺岳氏刻《論語集解》。

⑥ 據中國國家圖書館藏元相臺岳氏刻《孟子注》膠卷（書號 12351）。

三、天禄琳琅舊藏《孝經》刊刻年代

《天禄琳琅書目後編》著録《孝經》,謂“亦岳珂荆溪家塾刻”。張政烺《讀〈相臺書塾刊正九經三傳沿革例〉》則云:“《孝經》今歸建德周氏……雖非岳刻,確出廖本。”[1]

《孝經》民國間爲周叔弢所得,民國十七年(1928)影刻,其後又用珂羅版影印,卷末確無木記。《四部叢刊初編》初版影印繆荃孫藏傳是樓影抄本,二次印本則改用周叔弢藏刻本。二本皆傳是樓故物,現均藏於中國國家圖書館,影抄本即從此刻本出,但於卷末臆添相臺木記。張政烺考證云:

> 天禄舊藏《孝經》,今歸建德周氏者,行款字體雖似岳本,而卷尾無牌記,每葉欄外無耳題爲異。《天禄琳琅書目續編》按藏書印記《論》《孝》《孟》三書多相同,知流傳出一家,因定爲岳版,實則未碻。今考其版心所記刻工爲“翁”與“壽昌”二種。按世綵堂《韓文》刻工有“翁壽昌”,屢見不鮮,亦或分離姓名爲“翁”與“壽昌”,其簽字體式與《孝經》完全相同,因知此《孝經》出於廖刻,其原本必翁壽昌一手雕成也。相臺、旴郡重刻廖氏各經,版框外皆有耳題,必廖本本來如此。又廖刻《左傳》每卷後有牌記,此皆無之。廖刻韓柳文版心下方分二層,下記刻工,上刻“世綵堂”三字,所開《九經》當亦如此。此《孝經》刊工上層界格雖存,而無“世綵堂”三字,且宋諱全不避,故不敢定爲廖刻原本。

今按廖氏世綵堂刻《昌黎先生集》刻工確有“翁壽昌”,或作“壽”“翁”等(圖二 1A—1D)[2]。然岳本《春秋》卷二、卷五、卷六首葉刻工均爲“翁壽昌”(圖二 2A—2B),亦有單作“翁”者,簽字體式有二,一

---

① 《讀〈相臺書塾刊正九經三傳沿革例〉》,《張政烺文集·文史叢考》,第335頁。

② 據《中華再造善本》影印中國國家圖書館藏宋咸淳廖氏世綵堂刻《昌黎先生集》。

與《孝經》同（圖二 2C 與 3A），一與《論語》同（圖二 2D 與 4A）。與
《孝經》同者爲翁壽昌，與《論語》同者爲翁天祐（圖二 2E）。《春秋》
既爲岳本無疑，則不得以翁壽昌與刻《孝經》而否認其爲岳本。廖刻
《九經》當在宋咸淳間，去大德末不過四十年上下，翁壽昌或併與廖
本、岳本之刻。

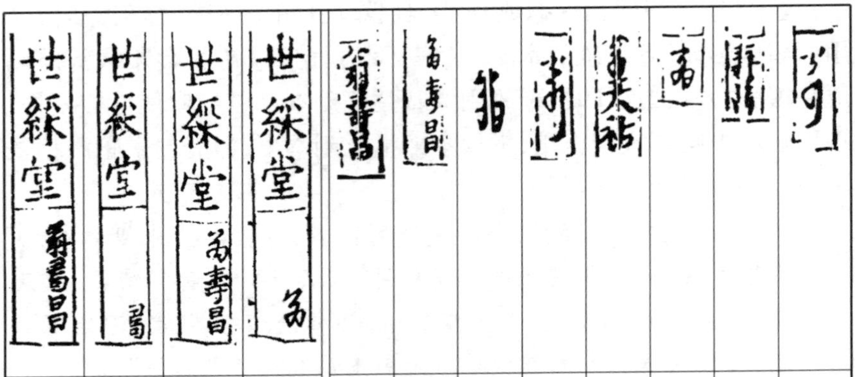

1A	1B	1C	1D	2A	2B	2C	2D	2E	3A	3B	4A
昌黎先生集卷一葉二	昌黎先生集卷一葉四	昌黎先生集卷五首葉	昌黎先生集卷五葉五	春秋卷二首葉	春秋卷六首葉	春秋卷九葉二十七	春秋卷一葉十三	春秋卷十二葉三	孝經	孝經	論語卷五葉四

圖二　世綵堂本《昌黎先生集》及岳本《春秋》《孝經》《論語》刻工

又上文所列岳本各經，並非每卷末均有木記。如《春秋》卷二十
三末餘一行，卷二十一、二十二末餘二行，均無木記。《孝經》全書十
六葉，卷末正文與尾題"孝經一卷"間僅餘一行，或因空間逼仄而未
刻。且《孝經》亦有李國壽藏印，李氏所藏他經均爲岳本，《孝經》當
亦如是。

覆刻本將原本刻工照刻，僅見於明正德、嘉靖以降復古風潮興起
之後。《四部叢刊初編》影印明翻岳本《周禮》，"影覆工細，逼真原
本，雖每卷末岳氏牌記不存，其版心所記刊工與靜嘉堂文庫所藏相臺

《左傳》殘本同（如盛允忠、王圭、拱昌等，皆兩書互見），知確出於岳
氏本也"①。臺北故宫藏岳本《周禮》（圖三），卷末有相臺木記，行
款、版式、刻工確與明翻本（圖四）相同。王重民先生以此本校翻本，
知翻本小注、音義多形似之誤②。除《周禮》外，未見有現存翻岳本將
原本刻工照刻者。明翻岳本《春秋》有兩種：一爲黑魚尾，版心上方
刻字數，中刻"秋×"及頁碼，下爲刻工名，版式與岳本原本近似，惟
刻工有别，上舉國圖藏岳本配補之卷十九、二十兩卷即屬此本。一爲
白魚尾，版心刻"左傳卷×"及頁碼，無字數及刻工名，與原本不同，
最易識别，静嘉堂藏岳本配補卷即屬於此本。《孝經》亦有明代翻刻
本，白口，四周雙邊，卷末有"湯仁甫刻字"一行③。

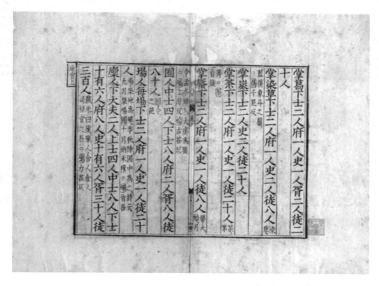

圖三　臺北故宫藏岳本《周禮》殘本

---

①　《讀〈相臺書塾刊正九經三傳沿革例〉》，《張政烺文集·文史叢考》，第 335
頁。

②　《中國善本書提要》，第 16 頁。

③　《藏園群書經眼録》卷一，第 76 頁。瞿冕良以湯仁甫爲"清道光間刻字工
人，刻過《黄仲則先生年譜》、《孝經注》（翻刻荆溪家塾本）"（《中國古籍版刻辭典
（增訂本）》，蘇州大學出版社，2009 年，第 265 頁）。筆者按：當爲同名之二人，瞿説
非是。

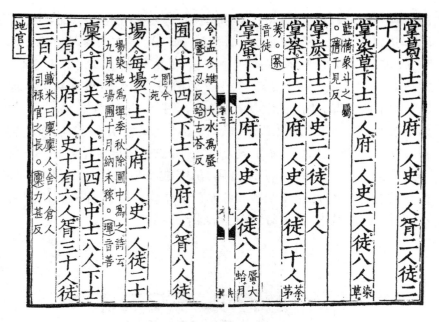

圖四　《四部叢刊》影印明翻岳本《周禮》

四、《四庫全書》本《周易注》

《四庫全書總目》"經部易類"著錄"周易注十卷,浙江巡撫采進本"①。《四庫總目》於其餘各經僅著錄注疏本,惟《易類》著錄此經注本,比較特殊。翁方綱曾爲此書撰寫分纂稿:

周易注并略例十卷

眉注:每節下圈外小注之音是岳氏所增,非王弼所爲也。注中間有音者,則在圈內。

謹按:周易注并略例,凡十卷,宋相臺岳珂刊本。每卷後有"相臺岳氏刻梓荆溪家塾"十字亞形方印。每頁末皆有"某卦""某篇"字,是倒折舊式也。每半頁八行,行十七字。珂之自述謂,證以許慎《説文》、毛晃《韵略》,視廖氏世綵堂本加詳。今世

① 《四庫全書總目》卷一"經部易類一",中華書局影印浙本,1965 年,第 2頁。

綠堂本罕見,而岳氏此本之精善,應存以爲校核之資。其中縫書"易一""易二"之卷數,則通《九經》爲一書之式也。應先存此一部之目,以俟岳氏《九經》刻本彙於一處,而或刊、或抄之。纂修官翁方綱恭校。①

翁氏所撰提要其後雖未被采用,而底本當即此岳本。文溯閣本書前提要(署"乾隆四十七年十一月恭校上")與文津閣本書前提要(署"乾隆四十九年八月恭校上")相同,較爲簡略。文淵閣本書前提要(署"乾隆四十六年三月恭校上")頗詳,與《總目》提要亦有較大差異,後者蓋在前者基礎上復加删改而成。惟文淵閣本書前提要有涉及底本之處:

> 吳仁杰《古周易》稱弼以《繫辭》上下"傳"字,施之《説卦》前後二篇(原注:案仁杰主《隋志》《説卦》三篇之説,然今本從宋岳珂荆溪家塾本翻雕,《繫辭》以下實無"傳"字。)……弼及康伯注皆無音,此本之音全同《經典釋文》,疑岳珂采摭《釋文》散諸句下。今取便省覽,亦兼存之。

所謂"今本"非"此本"之意,此篇提要"今本"另凡四見,皆泛指今日通行之本,此處亦當如此。取文淵閣《四庫全書》本《周易注》與乾隆武英殿覆岳本略加比對,可知庫本確是據岳本抄録,且未經校改,殿本改字之處在庫本中一仍岳本之舊。此岳本並非天禄琳琅所藏,而是經浙江巡撫采進②,入四庫館之本。

民國間涵芬樓收得一岳本《周易》,《涵芬樓燼餘書録》著録,藏印有"吳門周公瑕氏"朱長方、"六止居士"白方、"群玉山樵"朱方、"袁樞之印"白方、"袁伯應珍藏印"朱方、"翰林院典簿廳關防"滿漢文朱長方印③。因知此本爲明太倉周天球、睢州袁樞舊藏,乾隆間入

---

① 翁方綱撰,吳格整理《翁方綱纂四庫提要稿》,上海科學技術文獻出版社,2005年,第1頁。

② 《四庫全書總目》卷一"經部易類一":"周易注十卷,浙江巡撫采進本。"

③ 張元濟《涵芬樓燼餘書録·經部》,《張元濟全集(第八卷)·古籍研究著作》,商務印書館,2009年,第178頁。

四庫館,藏於翰林院,即上揭各閣《四庫全書》據以抄録之本也①。陳紅彦謂此本"卷三、六、十末葉有剜印處"②。有《中華再造善本》影印本。

孟森曾以涵芬樓藏岳本與鐵琴銅劍樓藏宋經注《釋文》本對校,撰《相臺本周易校記》③。此《校記》有幾處失誤,今拈出如下。《校記》:

> 《歸妹》卦首注"少陰而承長陽","承"十行本訛"乘",阮校,宋本、古本、足利本作"承",岳作"永",亦"承"之誤。今檢岳亦作"承","承"字字體微與上下文不類,可知爲翻刻時就原板所修改,與原板相臺本不同。而武英殿翻岳本亦作"承",後又無校語及之,又知武英殿刻相臺本,亦未必相臺原刻,恐與此修改之相臺同一本也……但《小過》九三注"小過之世",據阮校,十行作"世",岳作"時"。今此相臺本亦作"世",殿翻相臺作"時"而無校改之語,可知殿翻之祖本,正同阮氏所云,而此相臺本已屬翻刻校改矣。又《既濟》象注"以既濟爲象者","象"十行誤作"安",阮校,岳亦作"安",而錢本、古本、足利本作"象",宋注疏本作"家","家"即"象"之誤云云。殿翻相臺則校此文云,"象",武英殿注疏本作"安"。是祖本又實作"象",而非阮氏所見之岳本。又《歸妹》象注"嫁而系姊","姊"字原誤,殿翻校改作"娣",而十行阮校則云,岳同十行作"娣",宋注疏本及古本作"姊"。此亦同殿翻祖本,而異於阮據之岳本。又繫辭下"陰卦多陽"注"陰卦一陽",殿翻校改"一"作"二",十行作"二",阮無校語。此則今相臺本同殿翻祖本,阮或漏校,未能定其必與今本異也。總之,此相臺本與武英殿所祖之相臺本、阮文達所校之岳本,皆非一本。又宋諱

---

① 張政烺已經注意到此點,《讀〈相臺書塾刊正九經三傳沿革例〉》云:"書中有'翰林院典籍廳關防'(筆者按:'籍'當作'簿'),當是四庫館撥存之書,或即館臣所見之本耶?"

② 陳紅彦《元本》,江蘇古籍出版社,2002年,第132頁。

③ 《國立北平圖書館館刊》第十卷第三號,第119—124頁。

全不避,可斷定爲宋以後一種翻刻。

今按:孟氏偶失檢殿本,如“承”殿翻岳本實作“永”,此其誤一。阮元《周易注疏校勘記》所用“岳本”爲殿翻本[1],偶有不合,乃因阮校失檢殿本考證(如“象”字、“姊”字),誤以改字爲原文,孟氏以爲阮校另據一岳本,並以此爲據進行推論,此其誤二[2]。孟氏所舉涵芬樓藏本與殿翻祖本不同之處,經核對,實際僅有兩處,即“少陰而承長陽”之“承”、“小過之世”之“世”[3]。世,武英殿注疏本作“時”,翻岳本或據改而未出考證[4]。孟氏云“‘承’字字體微與上下文不類”,今以影印本觀之,未能分辨。“永”爲明顯誤字,或岳本後有挖改,或殿翻岳本誤刻,難以論定。

五、武英殿翻岳本及其再翻本

乾隆四十八年(1783)正月,高宗於昭仁殿后廡建“五經萃室”以貯岳本五經,並作《五經萃室記》以紀其事[5]。高宗隨即於正月内下旨,令永璇等“選員仿寫刊刻,並令校訂群經,別爲考證,附刊各卷之末”。至本年十一月,武英殿翻刻五經完竣,裝潢呈覽[6]。

其刊刻步驟是:先選派四庫館繕簽處的費振勛、羅錦森、王錫奎、

---

① 阮元《周易注疏校勘記》“引據各本目録”,嘉慶阮氏文選樓刻本。

② 1928 年東京文求堂刊鐵琴銅劍樓舊藏宋刊經注附《釋文》本《周易注》十卷,後附孟森《宋本〈周易注〉附〈釋文〉校記》,其“逐句校勘”之卷五“必見侵食”條云:“阮所據之岳本乃用翻刻本,而又不觀其校記,殊誤。”孟氏 1929 年所撰之《相臺本周易校記》即與前説齟齬不合。

③ 文淵閣《四庫全書》本《周易注》亦作“承”“世”,與此涵芬樓藏本同,可見確據此本抄録。

④ 孟森《宋本〈周易注〉附〈釋文〉校記》“逐句校勘”之卷六“九三注小過之世”條云:“按,岳原作‘世’,殿翻岳本作‘時’而無校語,則阮固未見岳原本,殿翻祖本亦非原本也。”此説誤同《相臺本周易校記》。

⑤ 《五經萃室記》見《御製文二集》(文淵閣《四庫全書》本)卷十四及武英殿翻岳本《周易》書前。《御製文二集》有注,未署時間。《周易》書前無注,末署“癸卯新正月上澣御筆”。

⑥ 《多羅儀郡王永璇等奏繕簽處費振勛等請旨分別議叙折》,中國第一歷史檔案館編《纂修四庫全書檔案》,上海古籍出版社,第 1867 頁。

王鵬、金應璸、胡鈺、吳鼎颺、孫衡、虞衡寶九人據岳本原本摹寫,再交武英殿上版刊刻。武英殿翻岳本各卷末均於版框外下方刻一長條狀書耳,內刻"內閣中書臣費振勛敬書""進士臣王鵬敬書""舉人臣金應璸敬書"等字樣。《周易》書前刻《五經萃室記》,各經前刻高宗爲各經所題詩①。翻刻本將原本所鈐包括天禄琳琅諸印在內的歷代藏印一併摹刻,行款、版式、點畫一仍原本之舊。惟原本版心所標書名、卷數極爲簡略,如《周易》作"易幾",《春秋》作"秋幾"(亦有作"某(公)第幾"者),殿本改作"周易幾""春秋幾",並於版心上方刻"乾隆四十八年武英殿仿宋本"。

高宗下旨時即令"校訂群經,別爲考證",但岳本考證似成於翻刻完成之後。以《春秋經傳集解》爲例,卷一考證:"十年,翬帥師會齊人、鄭人伐宋。注:明翬專行,非鄭之謀也。○'鄭之謀'當作'鄧之謀'……原本'鄭'字乃'鄧'字之訛,依殿本改正。"卷五考證:"十四年,沙鹿崩。注:平陽元城縣東有沙鹿土山。○案《晋書·地理志》元城屬陽平郡……原本及諸本訛作'平陽',今依殿本改正。"卷五考證:"獲晋侯以厚歸也。注:君將晋侯入。○案此乃秦伯自言,不當用'君'字,蓋系'若'字之訛,據殿本改。"卷七考證:"晋侯在外十九年矣。注:晋侯生十七年而亡,亡十九年而反,凡二十六年。○案,十七年、十九年合之得三十六,'二'字乃'三'字之訛,依殿本改。"正文均有明顯的挖改痕迹(圖五)。今檢《中華再造善本》影印岳本《春秋》,此四處均與未挖改前文字相同。

---

① 五詩末均署"癸卯新正月御筆"。題詩亦見《御製詩四集》(文淵閣《四庫全書》本)卷九十四《題五經萃室岳珂宋版五經(有序)》,諸詩並有小注。

十九年矣。而果得晉國。晉侯生十七年而亡。十九年而反。凡□

之夫人或自殺。則大夫其何有焉
君弱 將晉侯入。則 何得猶 且

鄭似 綾反 秋八月辛卯沙鹿崩 城縣東有沙□土 沙鹿山名 陽平元

故去氏齊鄭以公不至。故亦更使微者從之伐宋不言及明舉專行。非□之謀也。及例扛

| 卷一隱公十年 | 卷五僖公十四年 | 卷五僖公十五年 | 卷六僖公二十八年 |

圖五　武英殿翻岳本正文挖改痕迹

　　岳本考證參校之本有北監本、汲古閣本（考證或稱“閣本”）、武英殿本、永懷堂本等，且多參用毛居正《六經正誤》之説。岳本書前所附《春秋年表》《春秋名號歸一圖》則校以通志堂本①，並參考《欽定春秋傳説彙纂》。各條考證出文均爲岳本原文，凡經考證岳本有誤者，翻刻本均改字（即《五經萃室聯句序》所謂“較岳刻而掃葉無譌”②），且多有考證未明言改字而正文已改者。阮元校《十三經注疏》，岳本五經用武英殿翻刻本，即有因此而誤以翻刻改字爲岳本原文者。如岳本《周易·歸妹》象注“嫁而係姊”，考證“諸本作係娣”云云，未明言改字，而武英殿翻岳本實作“係娣”。阮校云：“嫁而係娣，岳本、閩、監、毛本同。”誤信翻岳本，未核考證出文。

　　據《書目答問》，殿本有江南、貴陽、廣州、成都四種翻本，《補正》又有南昌熊氏影印本。《邵亭知見傳本書目》云：“道光中，貴州、廣東皆有翻本。”《藏園訂補邵亭知見傳本書目》整理本録佚名眉批三條：“福建翻本有璽印而不精，近日印本尤漫漶。”“江寧書局翻本無璽印，頗佳。”“戊戌歲在京，見廠市各書肆俱有廠刊本五經，價十金一部，而印本漫漶，據説爲道光年間所印。”③

　　據此則翻殿本凡六：道光貴陽書局、道光廣州書局、成都書局、福建書局、琉璃廠、江南書局（即佚名眉批之江寧局）。光緒二年（1876）江南書局翻本與原殿本的差別主要是：一、版心無“乾隆四十八年武英殿仿宋本”字樣；二、卷端無李國壽、晋府、季振宜、徐乾學、天禄琳琅諸印；三、字體較殿本秀麗；四、卷末無書人姓名（如“進士臣王鵬敬書”等）（圖六）。中華書局影印《四部要籍注疏叢刊·尚書》④，其中岳本斷版與江南局本相同，則底本可知矣。更有甚者，此本竟將框外書耳修掉。

―――――――

① 　《春秋年表》不著撰人名氏，《通志堂經解》誤附於《春秋名號歸一圖》後，“連爲一書，亦以爲馮繼先所撰”。參見《四庫全書總目》卷二十六經部春秋類一“春秋年表”提要，第214頁。
② 　高宗《五經萃室聯句》（有序），《御製詩五集》卷一。
③ 　傅增湘《藏園訂補邵亭知見傳本書目》，中華書局，2009年，第3頁。
④ 　《四部要籍注疏叢刊·尚書》，中華書局，1998年。

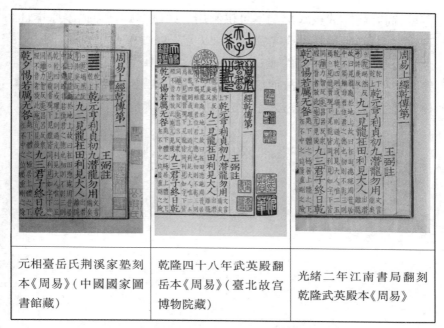

| 元相臺岳氏荆溪家塾刻本《周易》（中國國家圖書館藏） | 乾隆四十八年武英殿翻岳本《周易》（臺北故宮博物院藏） | 光緒二年江南書局翻刻乾隆武英殿本《周易》 |

圖六　岳本《周易》原本、乾隆翻刻本、光緒翻刻本對比

六、結論

　　張政烺之後，學界對"岳本"一直缺乏深入細緻的版本研究。以往對"岳本"的認定，多着眼於相臺木記的有無，並無對刻工的全面梳理考察，藏印的著録更是闕漏極多。而刻工、藏印恰恰是考察岳本刊刻時間、判斷是否岳本的重要因素。岳本刻工見於元大德間刻《磧砂藏》及前至元中後期刻《普寧藏》。收藏者李國壽、邵桂子均與岳浚同時，且所居臨近，很可能與岳浚有交往，皆足爲張政烺結論的重要佐證。天禄琳琅《周易》《尚書》《毛詩》《禮記》《論語》《孝經》《孟子》七經皆李國壽所藏，六經皆有木記，《孝經》雖無，仍可定爲岳本。如此則岳本原本現存《周易》《周禮》《春秋》《論語》《孝經》《孟子》六經。其中《周易》爲四庫底本，《春秋》爲邵桂子舊藏；《論語》《孝經》《孟子》爲李國壽舊藏；後入"天禄琳琅"者；《周禮》爲内閣大庫舊藏，當爲明文淵閣之書。《尚書》《毛詩》《禮記》三經雖無原本

存世,尚有乾隆武英殿翻刻本可供利用。殿翻本雖極力描摹原本,但有改字處,必須檢核卷末考證出文,以免誤以殿本改字爲岳本原文。今日研治版本之學,條件極爲便利,前人無法寓目的版本多經影印,衆多數據庫可供檢索,故而應該綜合利用文獻記載、藏印、刻工、文本校勘等手段,從細節考證入手,復原版本的真實情況。

本文原載《中國典籍與文化》2015 年第 3 期,收入本書時略有修訂。

附錄三 試論八行本《孟子注疏解經》的校勘價值

王耐剛

《孟子注疏解經》十四卷(每卷分上下),趙岐注,孫奭疏。自朱熹以來,世多以爲此乃僞託孫奭之名,故不甚重之。世所傳者有元刻明修十行本,再造善本影印者即是,此本而下有明李元陽刻本,是所謂閩本。又有明北監本,自閩本出;毛氏汲古閣本,自北監本出。武英殿本亦自北監本出。南昌府學本,以十行本爲底本,參校衆本。以上所説衆本皆源自十行本,可謂同出一源,而十行本乃源自宋福建書坊本。十行本而上之注疏合刻本,則當推八行本。本文就管見所及,略述八行本《孟子注疏解經》之存藏,其與十行本之關係及其價值,以供參考。

一、八行本《孟子注疏解經》概説

八行本《孟子注疏解經》是現存最早的《孟子注疏解經》的刻本,以其每半頁八行,故稱八行本,又以其刊於浙東,故又稱越州本,或合稱爲越刊八行本。《孟子注疏解經》而外,又有《周易注疏》《尚書注疏》《毛詩注疏》《周禮疏》《禮記正義》《春秋左傳正義》《論語注疏解經》存於世①。

---

① 八行本存藏之概況可參汪紹楹《阮氏重刻宋本十三經注疏考》,《文史(第三輯)》,第25—60頁。又參張麗娟《宋代經書注疏刊刻研究》第五章"越州刻八行注疏本",北京大學出版社,2013年,第296—353頁。

八行本《孟子注疏解經》每半頁八行，行十六字，注文、疏文小字雙行，行二十二字。《第二批國家珍貴古籍名録圖録》著録作南宋兩浙東路庾司刻本。此八行本《孟子注疏解經》與南宋紹熙三年（1192）黃唐主持刻印的《禮記正義》，慶元六年（1200）紹興府所刊之《春秋左傳正義》風格一致，刻工亦彼此互見。以北京大學所藏八行本《孟子注疏解經》殘卷爲例，刻工許貴、毛俊、宋瑜等亦見於紹熙間所刻《禮記正義》與慶元間所刊《春秋左傳正義》，徐仁、許詠、李彦、李信等亦見於《禮記正義》，許成之、顧祐、吴宥、楊昌等亦見於《春秋左傳正義》。這種刻工彼此互見的情況可以説明，八行本《孟子注疏解經》與《禮記正義》《春秋左傳正義》的刻板時代相近。袁克文《寒雲手寫所藏宋本提要廿九種》以爲：“《孟子注疏》殘本四卷，宋紹熙三山黃唐刊本也，予藏有黃刊《禮記正義》七十卷，與此無殊。”①但八行本《禮記正義》之黃唐跋文及張金吾《愛日精廬藏書志》卷五所載《春秋左傳正義》沈作賓刻書後序，都没有提及《孟子注疏解經》之刊刻，且八行本《孟子注疏解經》中避諱字至“擴”“廓”字止，則其刊刻時代不能早於寧宗時期，故袁克文所云非是。王國維《兩浙古刊本考》以爲此書“刊於慶元後”②。日本學者阿部隆一《增訂中國訪書志》根據八行本《孟子注疏解經》與他書刻工互見以及書中避諱的情況，認爲八行本《孟子注疏解經》的刻板時代爲南宋寧宗至理宗前期③。

八行本《孟子注疏解經》傳於今者，主要存藏於以下四處：

1. 中國國家圖書館

存卷三、卷四、卷十三、卷十四，每卷分上下。《北京圖書館古籍

① 袁克文《寒雲手寫所藏宋本提要廿九種》，《宋版書考録》，北京圖書館出版社，2003 年，第 184 頁。

② 王國維《兩浙古刊本考》，《閩蜀浙粤刻書叢考》，北京圖書館出版社，2003 年，第 259 頁。

③ 詳參阿部隆一《增訂中國訪書志》，汲古書院，昭和五十八年（1983），第 214—215 頁。另外一點需要補充的是，今傳世諸八行本《孟子注疏解經》皆有補版，阿部隆一先生認爲其所見本的補版時代在明代初年。

善本書目》及《中國古籍善本書目》并著録作宋刻元修本，且皆言有繆荃孫跋。

　　然傅增湘先生在其《藏園群書經眼録》中著録其於文德堂所見八行本《孟子注疏解經》卷十三、卷十四後，又云："余筦教育部時，清理大庫殘牘，得宋刻八行本《孟子注疏》八卷，已付圖書館收藏。兹於文德堂復見此二卷，爲館藏所無者，因併校於殿本上，文字粗有訂正。若館中能收此殘卷，則所缺只四卷，異時或有補完之望也。丙寅九月初四日沅叔記。"①傅增湘先生《藏園訂補郘亭知見傳本書目》亦云："北京圖書館有内閣大庫舊儲殘本八卷。"②由此可知，當時北京圖書館藏有源自内閣大庫遺藏的八行本《孟子注疏解經》八卷，但此八卷之起訖則不得而知，唯一可以確知的是此八卷中無卷十三、卷十四。傅增湘先生在民國六年（1917）十二月至八年五月間出任教育總長③，則此八卷之收藏亦當在此一階段。《北平圖書館善本書目新舊二目異同表》中也説："本館善本書目，最早出版者，當推繆荃孫編之《學部圖書館善本書目》，印在《古學叢刻》中。民國五年夏曾佑重加修訂，成《京師圖書館善本書目》四册，即世所行鉛印本是也。其後張宗祥氏就任京師圖書館主任，又據《夏目》重編，改正《夏目》繆誤不少。其時午門歷史博物館整理内閣大庫遺藏，送來宋元以下舊槧舊抄，可補館藏之缺者，爲數甚多。"④這也可以説明這批書的入藏時間。而無論是繆荃孫所編的《學部圖書館善本書目》，還是夏曾佑所編的《京師圖書館善本書目》，甚至是成書於民國二十二年（1933）由趙萬里先生撰集的《北平圖書館善本書目》中均没有提及八行本《孟子注疏解經》，那麼這可以説明在1933年以前，可能這批書已經不在當時的國圖了。

　　如前文所述，今日國家圖書館所收藏的八行本《孟子注疏解經》

　　①　傅增湘《藏園群書經眼録》，中華書局，2009年，第80頁。
　　②　傅增湘《藏園訂補郘亭知見傳本書目》，中華書局，2009年，第141頁。
　　③　詳參蘇精《近代藏書三十家（增訂本）》，中華書局，2009年，第99頁。
　　④　趙萬里撰集《北平圖書館善本書目新舊二目異同表》，《舊京書影·北平圖書館善本書目》，人民文學出版社，2011年，第913頁。

僅有四卷,而非八卷,且其中卷十三、卷十四并不在傅增湘先生所説的八卷之中。其中卷三、卷四兩卷,據目録著録,卷四末有繆荃孫跋,其文云:

> 避諱至"擴"字,是南宋甯宗以後本,向舉佳處:"一豪"不作"一毫","塞于"不作"塞乎","吾聞之也"無"也"字。而"泰山""惟恐"兩處已同今本矣。字大悦目,紙墨精緻,可寶之至,惜止存四卷耳。繆荃孫識。

此跋亦見於繆氏《辛壬稿》,與國圖藏本卷末之跋文字略有不同:

> 宋刊本,止存《公孫丑》上下四卷。每半葉八行,行大十六字,小二十二字。白口,有刻工姓名,"擴""廓"皆避諱,知其甯宗時本。佳處:"一豪"不作"一毫","塞于"不作"塞乎","吾聞之君子不以天下儉其親"無"也"字。而"泰山""惟恐"兩處已同今本矣。字大悦目,紙光玉潔,可寶之至。此本已無《章指》,可見宋本有無《章指》者,不盡由於明本脱落也。①

這段跋文中繆氏言"止存《公孫丑》上下四卷",這可以證明如今存藏在國家圖書館的八行本《孟子注疏解經》中卷三、卷四,與傅增湘先生所説的"八卷"并無關係,另外也可以證明繆荃孫所見者也只有兩卷,而没有卷十三、卷十四。

除了目録著録所提及的繆荃孫跋之外,據李紅英《袁克文經部善本藏書題識(下)》載,國圖所藏八行本《孟子注疏解經》卷三、卷四後尚有袁克文跋,今録於此:

> 藝風於板本中號稱博識,甯於郁華閣之《禮記》、木齋師之《周禮》、鐵琴銅劍樓之《周易》、南皮張氏之《尚書》,俱未一見耶?何不知八行十六字者爲黄唐本耶?此殘本當出自内閣庫中,與宋刊《水經注》同得自曹君直,毛氏印即其僞制,蓋有所避也。(下鈐"克文"朱方印)

---

① 繆荃孫《藝風堂文漫存》,見《繆荃孫全集·詩文(一)》,鳳凰出版社,2014年,第499頁。

　　《孟子注疏》殘本，存卷三、卷四兩卷，與三山黄唐所刻《禮記》無殊，故斷爲黄氏刊本。黄氏刊書跋見於《禮記》卷尾紙，謂刻有《易》《書》《詩》《周禮》《禮記》《春秋》六經。各家著録于《孟子注疏》從攽宋刊，矧爲黄唐本乎？《讀書敏求記》所録乃叢書堂鈔本，以監本、建本校對，監、建皆十行本也。可知《孟疏》之難得，不獨近今始耳。丙辰三月寒雲。（下鈐“克文之鉩”白方印）①

　　由袁氏跋文可知以下幾點：第一，袁克文見到了繆荃孫的跋語，所以才説“何不知八行十六字者爲黄唐本耶”，這是針對繆荃孫跋文没有提及其此本與八行本其他經疏之關係情況而言的；第二，丙辰是民國五年（1916），那麼袁克文得此八行本《孟子注疏解經》殘卷當在此前。據《寒雲日記·洪憲日記》三月十六日載：“沅叔自滬歸，爲購到三山黄唐刻本《孟子》殘本，存卷三下下，卷四上下，凡二册。半葉八行，行十六字，注雙行二十二字。刀法與舊藏《禮記》同。惟用羅紋棉紙摹印爲稍異耳。又北宋刊本《水經注》殘本……上兩書爲曹君直所自内閣大庫携出者，予以重值易之，曹且以元補蜀本《周書》一卷爲勝。”②據此可知，八行本《孟子注疏解經》卷三、卷四殘卷乃民國五年三月十六日由傅增湘自上海曹元忠處爲袁克文購得。

　　國圖現今所藏的八行本《孟子注疏解經》卷三、卷四其上鈐有“臣克文印”“上第二子”“佞宋”“克文之璽”“寒雲主人”等印，又有曹元忠“箋經室所藏宋槧”“曹元忠印”“君直手痕”等印，此數印恰可與上述文獻相互印證。曹氏、袁氏藏印而外，又鈐有“毛晋之印”。據此印，則此卷三、卷四又爲毛晋汲古閣舊藏，但實際情況并非如此。關於此點，袁克文曾有説明：“《孟疏》雖有謂爲僞託而刊本絶罕，即十行本亦不易覯，自朱注流布，趙注本遂渺，斯雖殘帙，亦宜連城視

　　①　李紅英《袁克文經部善本藏書題識（下）》，《文獻》2012 年第 1 期，第 60 頁。

　　②　王雨《古籍善本經眼録》附《寒雲日記》，《王子霖古籍版本學文集》第 2 册，上海古籍出版社，2006 年版，第 162 頁。

之。清宣統間曹元忠理内閣大庫藏書,得此帙,懷之出,恐爲人詰難,因鈐以毛晉僞印,冀亂鑒考,蓋庫書皆自明初搜藏,不應有明末人藏印也。予得自曹氏,知之者爲予言其源。"①由此可知,此本并非由毛晉所藏,其出内閣大庫後歸曹元忠,後又歸袁克文。此二卷後與八行本《禮記正義》并歸潘宗周寶禮堂,故亦見於《寶禮堂宋本書録》:"是疏爲後人僞託,世不之重。此爲浙東所刻,尚是最初刊本,與余所藏黄唐刊本《禮記正義》行款相合,刻工姓名同者亦多。《禮記》刻於紹熙二年,成於三年,此避'擴''廓'等字,此爲寧宗繼位以後所刻。然余嘗見沈作賓所刊《春秋正義》,刻工亦有相同者,則不能定其爲誰氏所刻矣。惜僅存卷三、四,上下俱全。"②

但是在 1929 年左近由日本學者倉石武四郎拍攝的《舊京書影》中已有八行本《孟子注疏解經》殘卷的書影,爲卷三上之第一頁、第二十五頁及卷三下第一頁③。而書影中卷三上及卷三下首頁卻没有上述袁氏、曹氏藏書印鑒,就這一點來判斷,似乎《舊京書影》所載八行本《孟子注疏解經》之殘卷與現今國圖所藏之卷三、卷四殘卷應不是一種。另外,據橋本秀美等先生的意見,《舊京書影》的成書在1929 年前後,而由張元濟先生編纂的《寶禮堂宋本書目》其成書則在1937 年之後,因此從時間上來判斷二者也不應是同一種。那麽倉石武四郎先生所見爲何處藏書,此一問題有待進一步考證。

國圖所藏《孟子注疏解經》卷十三、卷十四的來源,從膠片來看,此兩卷殘泐之處頗多,其應出自内閣大庫無疑,至於進入當時國圖前的直接來源是書肆或是藏家,則不得而知。但其與書肆可能有很大的聯繫,因爲除了傅增湘先生所提及的文德堂外(詳下文),王文進的《文禄堂訪書記》中亦言其見過卷十三、卷十四,其云:"宋紹熙浙東庾司刻本。存卷三、卷四、卷十三、卷十四,均分上下。半葉八行,

---

① 袁克文《寒雲手寫所藏宋本提要廿九種》,《宋版書考録》,第 184 頁。

② 張元濟《寶禮堂宋本書録》,《張元濟全集》第八卷,商務印書館,2009 年,第 30 頁。

③ 詳參倉石武四郎編拍《舊京書影》,《舊京書影·北平圖書館善本書目》,第184—186 頁。

行十六字,注雙行二十二字。白口,板心上記大小字數,下記刊工姓名。"①王雨(藻玉堂主人)亦言曾經眼卷十三、卷十四,其《古籍善本經眼録》載宋刻本《孟子注疏解經》,云:"存卷十三上十六葉,下十八葉,卷十四上十八葉,下十六葉。半葉八行,行十六字。字大悦目,似有北宋古意,惜首二篇糟朽。蝶裝,一册。"②當然,這只是一種推測,而是否與實際情況相符則需要進一步的證據。

2. 北京大學圖書館

與中國國家圖書館相同,北大圖書館亦藏卷三、卷四、卷十三、卷十四。此四卷爲李盛鐸舊藏。傅增湘先生《藏園訂補邸亭知見傳本書目》中著録八行本《孟子注疏解經》,云:"袁克文有二卷,文德堂見二卷,後均歸李木齋先生。"③這裏傅氏所言袁克文所藏二卷歸李盛鐸,應當是記憶之誤,因爲通過上面的敘述,我們知道袁氏所藏後歸潘宗周,而後入藏國圖,與李盛鐸和北大圖書館没有任何關係。

卷十三、卷十四,由傅氏《藏園群書經眼録》及《藏園訂補邸亭知見傳本書目》知其見於文德堂,此兩卷亦當爲内閣大庫舊藏。文德堂爲北京琉璃廠一書肆。孫殿起《琉璃廠小志》云:"文德堂:韓逢源,字左泉,於光緒二十□年開設,在文昌館内。頗識版本。此人身長頭大,人呼爲韓大頭,民國十□年徙琉璃廠路南文貴堂舊址。經營三十餘年歇。"④

今按,北大所藏八行本《孟子注疏解經》卷十三、卷十四,曾爲周叔弢先生舊藏,其上鈐有"周暹"藏印。而在卷末又有李盛鐸"李印傳模"藏書印信。由此可以推知此卷先歸周叔弢,後歸李盛鐸,而後入藏北大。周叔弢先生在南昌府學本《孟子注疏解經》卷末有一段跋文,敘及其所藏宋刻八行本《孟子注疏解經》殘卷,云:

---

① 王文進撰,柳向春標點《文禄堂訪書記》,上海古籍出版社,2007 年,第 45 頁。

② 王雨《古籍善本經眼録》,《王子霖古籍版本學文集》,第 2 册,第 12 頁。

③ 《藏園訂補邸亭知見傳本書目》,第 141 頁。

④ 孫殿起輯《琉璃廠小志》,北京古籍出版社,1982 年,第 118 頁。

丙寅十一月得宋刊《孟子注疏解經》殘本,存卷十三上下、卷十四上下,共四卷。每頁十六行,行大十六字,小廿二字。字體方整,與世所傳三山黃唐本《禮記正義》相類,更以刻工證之,知爲同時所刻。取校此本,其增損乙改處,可補阮氏《校勘記》所未及者極夥。至經文"君子不可以虛拘"句,多一"以"字,則益見宋刊之可貴矣。袁寒雲文曾得卷三、四上下共四卷,今不知散失落何人手。幸得遇而續校之,是私心之所甚願也。廿五日未發記。①

丙寅爲 1926 年,但此本又因何爲李盛鐸所有,從現有《癸翁藏書年譜》及相關資料看,則不甚清楚。而此本在歸周叔弢先生之前,如傅增湘先生所言,爲書肆所有,則大體不誤。

3. 南京博物院

存卷一至卷六,卷十一至卷十四,共十卷。見於《第二批國家珍貴古籍名録圖録》。此十卷亦當爲内閣大庫遺藏。此十卷中,除去卷十三、十四兩卷,計有八卷,不知是否是傅增湘先生所提及的"八卷"②。

4. 臺北故宮博物院

此爲完帙。《國立故宮博物院善本舊籍總目》著録云:"宋嘉泰間兩浙東路茶鹽司刊,元明遞修本。五册。"③此書傅增湘先生也曾寓目,《藏園群書經眼録》云:"宋刊本,八行十六字,注雙行二十二

---

① 李國慶編《癸翁藏書題跋》,紫禁城出版社,2007 年,第 49 頁。

② 徐森玉先生《漢石經齋文存》中有 1939 年 7 月 26 日《致葉景葵》一函,云:"揆初先生賜鑒……寶前在西南各地奔走,均爲僅存之文物謀置善地,交通阻滯,盜匪出没無常,將來爲罪爲功,不能自卜。惟北平圖書館存滬最精之本,蘆溝變前悉數寄歸平館。内閣大哭舊藏明末清初地圖,全部陷在南京。此則令人最痛心者也。"(見氏著《漢石經齋文存》,海豚出版社,2010 年,第 214 頁。)可見當時確有平館圖書資料運抵南京而未運回北平者,可能傅增湘先生所説的八卷《孟子注疏解經》即在其中,亦未可知。徐氏此函,可以作爲我們推測的旁證。

③ 《"國立"故宮博物院善本舊籍總目》,臺北故宮博物院,1982 年,第 133 頁。

字,白口,左右雙闌。版心上記字數,下記人名。間有元刊之葉,與北京圖書館所藏同,此獨完全,極可珍貴。(丁卯七月見,故宮藏書)"①此本曾於 1986 年由臺北故宮博物院影印出版。

二、八行本與十行本《孟子注疏解經》之比較

關於八行本與十行本《孟子注疏解經》的關係,我們通過將《中華再造善本》中影印元刻明修十行本《孟子注疏解經》與北京大學所藏八行本殘卷對勘,根據異文的情況,我們發現上述二本不僅版式行款不同,文字也有大量歧異,因此我們大致認爲八行本與十行本《孟子注疏解經》并沒有十分直接的淵源關係。

通過比較,我們發現,兩個版本的異文主要有以下兩個方面,一是注文的差異,一是疏文的差異。在數量上,疏文異文共計 253 條,注文異文有 139 條。但從異文差異的程度上看,疏文異文數量雖多,但是多是文字上的差異,不足以視爲版本系統的差異。而注文的差異更加明顯,可以視爲版本系統的差異,這主要表現在以下三個方面:

第一,注文多寡不同,往往是十行本較八行本多出一句或者數字。例如:

《孟子·公孫丑上》"天下之民皆悦而願爲之氓矣"之注,八行本作:"則人皆樂爲之民矣。氓,民也。"十行本作:"則人皆樂爲之氓矣。氓者謂其民也。"

又如:《公孫丑下》"是地利不如人和也"之注,八行本作:"衛懿公之民曰:君其使鶴戰,若是之類也。"十行本作:"衛懿公之民曰:君其使鶴戰,余焉能戰是也。"

又如《公孫丑下》"夫既或治之,予何言哉"注文,八行本作:"不知諮於人也"。十行本作:"不知諮於人也。蓋言道不合者故不相與言,所以有是而言之也已。"

又如《公孫丑下》"辭十萬而受萬,是爲欲富乎"之注,八行本作:

---

① 《藏園群書經眼録》,第 79—80 頁。

"距時子之言也。"十行本作:"距時子所言,所以有是也。"

結合《孟子注疏校勘記》,不難發現,八行本注文的文字往往與經注本文字相同。例如上舉第一例,《校勘記》已出校,并涉及如下兩條校記:

> 卷三下第 23 條:"皆樂爲之氓矣",閩、監、毛三本同。孔本、韓本、《考文》古本"氓"作"民"。

> 卷三下第 24 條:"氓者謂其民也",閩、監、毛三本同。廖本、孔本、韓本、《考文》古本無"者謂其"三字。○按,尋"謂"字則經文當本作"萌"。

八行本注文的文字正與《孟子注疏校勘記》中所記錄的廖本、孔本、韓本文字相同,又《四部叢刊》影印蜀刻本《孟子章句》該處注文文字亦與八行本同。

由於《中華再造善本》中的十行本有許多并非原刻而是明代補版之葉,不能直接反映十行本原版與八行本原版的差別,然補版之葉應當源自原版葉,并結合《孟子注疏校勘記》所記錄的各本異文來考察,也會發現八行本的注文往往與經注本更爲接近。例如:

> 《校勘記》卷三上第 35 條:"道無形而生於有形",閩、監、毛三本同。廖本、孔本、《考文》古本"道"下有"謂陰陽大道"五字,無"於"字。韓本與廖本同,"大"作"天"。足利本亦與廖本同,"生有形"作"生於形",非。○按,有"謂陰陽大道"五字,無"於"字者是也。漢人皆以陰陽五行爲天道,《易》曰"一陰一陽之謂道",趙氏用此語以無形生有形者也。

此條校記之出文爲《孟子·公孫丑上》"其爲氣也,配義與道,無是餒也"之注,十行本此頁爲明代補版,文字與《校勘記》出文相同,八行本注文作"道謂陰陽大道無形而生有刑"[1],可見八行本的注文文字與廖本、孔本以及《考文》古本最爲接近,《四部叢刊》本作"道謂陰陽大道,無形而生有形"。

---

[1] 按,"刑"字位於八行本卷三上葉十一 B 行六末尾,而且此字爲後人補寫,非原刻。

第二,八行本與十行本注文分合不同。

　　《校勘記》卷四下第 16 條:"陳賈齊大夫也問王曰自視何如周公仁智乎欲爲王解孟子意故曰王無患焉王歎曰是何言周公何可及也",閩、監、毛三本同。廖本、孔本、韓本此注分二段,"陳賈"至"患焉"在經文"執仁且志"下,"王歎"至"及也"在經文"是何言也"下。

　　十行本之文字以及注文分合與閩、監、毛三本同,而八行本之注文分合與廖本、孔本、韓本相同,《四部叢刊》本亦與八行本同。又如《孟子‧盡心上》:

　　　　孟子曰:形色,天性也。惟聖人然後可以踐形。(注:形謂君子體貌尊嚴也。《尚書‧洪範》"一曰貌色",謂婦人妖麗之容,《詩》云"顏如舜華",此皆天假施於人也。踐,履居之也。《易》曰"黃中通理"聖人内外文明,然能以正道履居此美形。不言居而言踐,尊陽抑陰之義也。)

十行本經文注文分合如此。八行本注"形謂"至"人也",在經文"天性也"下,注文"踐履"之後則在經文"踐形"之下。《四部叢刊》本、廖本與八行本分合同,惟"然能以正道"作"然後能以正道"不同。

　　《校勘記》卷十三下第 61 條:"天性也",注文宋本、廖本分兩段,"形謂"至"人也"在此經下,孔本、韓本與宋本同。

由《校勘記》卷十三下第 61 條可知,孔本、韓本、宋本、廖本等經注本的注文分合正與八行本同。

　　第三,注文文字歧異。這裏主要是指以上兩種異文之外的差別。例如:

　　《孟子‧盡心下》"故王公不致敬盡禮則不得亟見之,見且由不得亟,而況得而臣之乎"之注文,八行本作"伊尹樂堯舜之道,不致敬盡禮可數見之乎?"十行本作"伊尹樂道堯舜,不致敬盡禮而數見之乎?"此處一可參考《孟子注疏校勘記》的相關校記:

　　　　《校勘記》卷十三上第 40 條:"伊尹樂道堯舜",閩、監、毛三本同。廖本、孔本、韓本、《考文》古本作"伊尹樂堯舜之道"。

由此條校記可知,廖本、孔本、韓本、《考文》古本皆與八行本注文相同。

基於以上三點，我們可以進一步作出如下推論：

第一，八行本與十行本《孟子注疏解經》中注文的來源不同，而且這種差異往往與《孟子注疏校勘記》中所反映的經注本與注疏合刻本的差異類似。即是説，八行本《孟子注疏解經》的注文與經注本《孟子章句》更加接近。而十行本系統的《孟子注疏解經》中的注文應該另有源頭。關於這一點，我們還可以提供一個旁證。《文獻通考·經籍考》著錄唐人陸善經注《孟子》七卷，云：“《崇文總目》：善經，唐人。以軻書初爲七篇，刪去趙岐《章指》與其注之繁重者，復爲七篇云。”①這説明至遲自唐陸善經始，趙岐《孟子章句》已有繁簡不同的不同文本，且不限於《章指》之有無。當然這僅僅是一個旁證，八行本與十行本《孟子注疏》注文之差異，與陸善經之刪減《孟子章句》有無直接關係，至今并無明證。

第二，八行本與十行本《孟子注疏解經》的疏文雖有差異，但遠不及注文差異顯著，因此我們推測，二者疏文的源頭是一致的。那麽這個一致的來源又是什麽呢？其中的可能之一就是單疏本。其他諸經如《周易》《尚書》《毛詩》《禮記》《公羊》《爾雅》均有單疏本傳世，南昌府學本《儀禮注疏》中疏文更是直接源自單疏本《儀禮》，而至今尚未發現有《孟子》的單疏本。當然這種差異本身亦只能作爲《孟子》單疏本存在的一個旁證。

三、八行本《孟子注疏解經》之校勘價值

上文已經指出，八行本與十行本《孟子注疏解經》屬於不同的版本系統，而我們今天所閲讀的《孟子注疏解經》主要是十行本系統的。因此，我們需要一個十行本系統之外的注疏本來補充十行本系統，上面的對勘告訴我們，八行本《孟子注疏解經》就符合這一條件。

我們在上文業已指出，《孟子注疏校勘記》中疏文的異文極少，章均不足一條。因此，八行本《孟子注疏解經》的校勘價值其一便是

① 馬端臨《文獻通考·經籍考》，新文豐出版公司，1986 年，第 294 頁。

能夠補充疏文的異文，更加全面的反映疏文的差異。這裏，我們仍以一組數字并結合《孟子注疏校勘記》來説明這一問題，《孟子注疏校勘記》卷三上所記録的疏文異文共18條，而八行本與十行本《孟子注疏解經》卷三上疏文異文卻有61條。《孟子注疏校勘記》全部疏文異文共255條，而八行本與十行本《孟子注疏解經》卷三、卷四、卷十三、卷十四的疏文異文的條數爲253條，也就是八行本僅四卷所揭示的疏文異文幾乎與《孟子注疏校勘記》全部疏文異文條目數量相等，而《孟子注疏校勘記》上述四卷疏文異文條目總數僅爲88條①。我們還可以以具體的例子來進一步論證這一點：

《公孫丑上》云："孔子曰：'德之流行，速於置郵而傳命。'"十行本疏文云："郵，驛名，云境土舍也……《説文》曰：境土行書舍也。"南昌府學本《孟子注疏解經》亦同。八行本"驛"作"釋"，二"土"字作"上"。這三處異文在《校勘記》中都没有反映，考閩本、毛本與十行本同，北監本當亦如是。按《釋名》中並未解釋"郵"字，故作"驛"或者"釋"存疑。然十行本之"土"當從八行本作"上"，《説文·邑部》云："郵，境上行書舍，从邑、垂。"又慧琳《一切經音義》引《文字集略》云："郵，境上舍也，待使館也。"由此知"土"當作"上"，二字當是形近而譌。

又如《公孫丑下》云："子噲不得與人燕，子之不得受燕於子噲。"趙注云："子噲，燕王也。子之，燕相也。"十行本《孟子注疏解經》解此注文云："燕王不如以國讓子之，子之以謂堯賢者，讓天下於許由……三年國大亂，百姓憫恐。"八行本作："燕王不如以國讓子之，人之謂堯賢者，以其讓天下於許由……三年國大亂，百姓恫恐。"以上疏文之異文，《校勘記》亦未出校，南昌府學本、閩本與十行本同，毛本與八行本相較，無"其"字，"恫"作"憫"。此段疏文乃引用《史記·燕召公世家》之文字，其與八行本正同，則此處當從八行本。

在補充異文這方面，八行本也可以補充注文的異文，本文結合

① 這裏需要説明的是，八行本與傳世十行本異文數量的統計中容有遺漏，而且這其中包括明代的補版頁。

《孟子注疏校勘記》，舉數例如下：

> 《校勘記》卷一上第 21 條："以公孫丑等而爲之一例者也"，閩、監、毛三本同。宋本、《考文》古本、孔本"以"作"與"，無"而""之""者"三字。韓本與宋本同，有"者"字。

據《校勘記》，宋本等數本作"與公孫丑等爲一例也"，韓本作"與公孫丑等爲一例者也"。今按，廖本無此段注文，而《續古逸叢書》、《四部叢刊》影印蜀刻本同宋本，而八行本此注作"與公孫丑等而爲之一例者也"，與上述諸本皆不同。又如：

> 《校勘記》卷一上第 97 條："率率獸而食人也"，閩、監、毛三本上"率"字作"是"。廖本作"是率禽獸以食人也"。宋本、孔本、韓本、《考文》古本作"爲率禽獸以食人也"。足利本與古本同，但"人"下有"者"字。

八行本此注作"爲率獸而食也人"，與上述諸本皆不同。

其二，八行本《孟子注疏解經》可以糾正《孟子注疏校勘記》中一些因爲版本不足而得出的錯誤的結論。例如：

> 《校勘記》卷二上第 2 條："梁惠王章句下"，監、毛本此下有正義一段，閩本無。案，十行本缺一頁，計其篇幅當有正義，閩本無者，蓋李元陽所見十行本已有缺頁，別據經注本補足，故無僞疏也。又各卷卷上篇題下並有"凡幾章"字，閩、監、毛本此卷獨缺，蓋經注本本無也。又按，此下正義是監本所補，監本若別有注疏本可據，不應脫漏"凡幾章"字，然則十行本及閩本所缺之正義而監、毛本有者，疑是僞中之僞也。

《孟子注疏校勘記》據所見闕頁之十行本推測《孟子注疏解經》卷二上第一段疏文爲"僞中之僞"，純是臆測之辭。"凡幾章"字由於刻工疏忽而脫漏不是完全沒有可能，僅據此而推斷恐難以服人。而八行本《孟子注疏解經》這段疏文與阮刻本全同，且有"凡十章"字，則《孟子注疏校勘記》云云，并不符合實際情況。這顯然是由於沒有見到更多的注疏本而得出了錯誤的結論。

八行本《孟子注疏解經》的價值是多方面的，這裏主要着眼於補充異文和糾正前人錯誤結論兩個層面作舉例性的論述，以期説明其在校勘方面的價值。

　　本文原發表於《版本目録學研究(第四輯)》,今在此基礎上稍加修改。又此文寫作得到北京大學《儒藏》編纂與研究中心張麗娟教授指導,并提供資料,謹致謝忱。

後　　記

　　清康乾以降，考據之學興起，校訂經書文字漸成時尚，惠棟、盧文弨、浦鏜諸儒開風氣之先，錢大昕、段玉裁、王念孫等人踵行其後，校經成果斐然。嘉慶初年，阮元組織江浙學者匯纂《十三經注疏校勘記》，其後又在江西南昌府學重刊《十三經注疏》并附録《校勘記》。《十三經注疏校勘記》基本網羅當時可見的重要版本，且廣泛吸收日人山井鼎《七經孟子考文》與清儒的學術成果，堪稱經典文本校勘的空前之作，時至今日，仍爲古典研究學者案頭必備文獻。

　　《十三經注疏校勘記》成書之後，阮氏文選樓予以刊布。南昌府學阮本《十三經注疏》則將《校勘記》散附各卷之後，因易于參看，讀者稱便，加之阮本的流行，以致此後學者所用《十三經注疏校勘記》多以南昌府學附録本爲准，文選樓單行之本反而不顯。但是南昌府學重刊《十三經注疏》成書倉促，主持校讎的盧宣旬學力有限，附録《校勘記》存在取捨隨意、删補失當、校勘不精諸種問題，實際不宜作爲阮校成果直接使用。

　　正是因爲南昌府學附録本的不可憑藉，筆者遂利用主持國家社科基金重點課題"《十三經注疏校勘記》研究"之便，邀集幾位年輕同道，共同進行文選樓本《十三經注疏校勘記》的系統整理，力求既忠實體現文選樓本《校勘記》的本來面目，又吸收南昌府學本的校勘成果，并反映二者的差異，以爲使用《校勘記》提供便利。整理本 2015年在北京大學出版社出版以來，學界稱便，頗受好評。此後，我們又藉收入北京大學《儒藏（精華編）》再版之機，在原整理本的基礎上進行了校本的調整、標校的統一，以及訛誤更正和校記改訂等項補充完善工作，力求後出轉精。

　　《十三經注疏校勘記》整理的主要目的是爲進行綜合研究。阮元開局校經作爲清代重要的學術工程，釐清其緣起經過、運作規程、成就不足，于今日經書整理和經學研究都具有重要意義。阮氏《校勘記》雖然廣受贊譽，但亦不乏版本缺失、校例不一、質量參差等項問題，對此前人已有不少討論，只是缺乏以文獻梳理爲基礎的系統考察，流于失之片面的批評。筆者以新發現的李鋭分校《周易注疏校勘記》稿本和謄清本爲切入點，就參與其事的學術群體進行綜合考察，關注其參與者的學術取向、學術評價和學術交遊，探討他們各自校經的成就得失，對某些似是而非的學術問題作出澄清，并分析校經成就與乾嘉之學的互動關係，闡述其學術史意義。分擔各經校勘記整理的諸君，則立足于文獻學的傳統治學理路，對阮刻《十三經注疏校勘記》的條目進行全面的梳理，考察其版本依據與文本來源，并進行歸納分類和量化統計，總結校勘工作的流程與《校勘記》采録文獻的幅度，從而客觀揭示《校勘記》的特點，頗有助于學界重新認識阮元《校勘記》的成就與不足，并在研究方法、研究思路上獲得啓示。

　　本書内容即是我們在《十三經注疏校勘記》整理基礎上開展研究的成果結集，部分篇章曾作爲各經校勘記整理本的前言，但是整理本出版之後，又有持續研究，不斷予以完善。今有幸列入北京大學人文學科文庫出版，首先需要感謝《十三經注疏校勘記》項目團隊成員唐田恬、袁媛、張文、王耐剛、張學謙博士，他們從讀書階段即參與該項整理研究工作，成績斐然，現在都有光明的學術前途；其次特別感謝北京大學出版社典籍與文化事業部馬辛民主任、吳遠琴編輯，他們從《十三經注疏校勘記》整理本、《儒藏（精華編）》本到本書的編輯出版，表現出的專業水準和認真負責態度，令人欽敬；當然，還要感謝北京大學人文學部領導和辦公室人員的大力支持。因多人執筆，書中或有説法相左和表述不當之處，敬祈不吝指正。

劉玉才

壬寅年仲夏于燕園大雅堂

北大古典學研究叢書

李四龍　彭小瑜　廖可斌　主編